AF272903

GÜNTHER WURZER

WOHIN GEHST DU ADAM?

novum ◣ pro

Dieses Buch ist auch als
e-book
erhältlich.

www.novumverlag.com

Bibliografische Information
der Deutschen Nationalbibliothek:

Die Deutsche Nationalbibliothek
verzeichnet diese Publikation in
der Deutschen Nationalbibliografie.
Detaillierte bibliografische Daten
sind im Internet über
http://www.d-nb.de abrufbar.

© 2020 novum Verlag

ISBN 978-3-99107-110-5
Lektorat: Susanne Schilp
Umschlagfotos: Romolo Tavani,
Dragan Mihajlovic | Dreamstime.com
Umschlaggestaltung, Layout & Satz:
novum Verlag

Gedruckt in der Europäischen Union
auf umweltfreundlichem, chlor- und
säurefrei gebleichtem Papier.

www.novumverlag.com

Prolog

Da der Zenit meines irdischen Daseins überschritten ist und ich auf einen längeren Zeitraum zurückblicken kann, den man Leben nennt, meine ich für mich und vielleicht für gegenwärtige Mitmenschen und nachfolgende Erdenbürger meine Erkenntnisse festhalten zu müssen, denn der Weg der Zukunft scheint von vielen Problemen gepflastert zu sein, sogar von existenzbedrohenden.

Außerdem kann ich über all das, was ich auf Erden kennengelernt habe, nicht einfach die Augen nichtssagend schließen und grußlos wieder gehen.

Als Kind, ich war noch im Vorschulalter, wurde ich von meiner Mutter zur Kirche mitgenommen. Es war Winterzeit und sehr kalt. Links und rechts am Portal der Kirche waren in Brusthöhe eines Erwachsenen in steinernen Sockeln Vertiefungen angebracht, in denen sich das Weihwasser befand, mit dem man sich vor dem Eintritt besprengte und gleichzeitig ein Kreuzzeichen schlug.

Da es am Eingang immer zugig war, sagte meine Mutter, ich solle den Handschuh nicht ausziehen und ihn nur anfeuchten, das würde reichen, damit wir schnell vom Eingang wegkämen.

Als die Kirchentür endlich von innen geöffnet wurde, fasste ich schnell nach oben, wie von Mutter vorher erklärt, aber meine kleine Hand suchte vergeblich nach dem geweihten Wasser. Mutter wurde ärgerlich und schob mich mit ihrem Bauch vorweg, damit sie ans Weihwasser kam.

An der Sitzreihe angekommen, flüsterte sie mir recht ärgerlich zu, warum ich denn nicht schneller weiter gemacht hätte. Ich erklärte ihr, dass ich kein Weihwasser gefunden habe, da war doch nur Eis in der Mulde. Sie nannte mich einen dummen Jungen, denn es sei eben gefroren!

Ich verstand die Welt nicht mehr, etwas Heiliges wie das geweihte Wasser, mit dem wir abends vor dem Einschlafen von ihr besprengt wurden, wird doch nicht so einfach gefrieren?

Von diesem Augenblick an betrachtete ich die Begriffe heilig, selig oder geweiht etwas mit Skepsis, und die Frage stellte sich für mich, ob der Segen des Pfarrers vielleicht wirkungslos war? Ich war im Vorschulalter, aber diese berechtigte Skepsis blieb für den Rest meines Lebens erhalten.

Es gibt sehr viele Menschen, die auf ein langes Leben zurück blicken können, für die es sich aber nicht gelohnt hat, den kommenden Generationen etwas zu vermitteln, da in ihrer Existenz dafür zu wenig Bewegung war, wie ich dies in meinem Falle jedoch anders sehe.

Bis zu meinem zehnten Lebensjahr bin ich aufgewachsen im ländlichen Bereich ohne WC und ohne fließendes Wasser, sondern mit Ziehbrunnen und Plumpsklo, so wie die Menschen Jahrhunderte zuvor auch gelebt haben, ohne dass sich bis in unsere Tage etwas geändert hatte.

Und wir waren alle arm, denn als Toilettenpapier diente die Tageszeitung, die in Stücke geschnitten an einem Bindfaden aufgefädelt und innen an der hölzernen Toilettentür befestigt wurde. Vor dem Gebrauch zerknitterte ich die einzelnen Stücke Zeitungspapier immer, damit es nicht so glatt war damit ich ein Abrutschen vom Papier vermeiden konnte. Die Toilette befand sich im Nebengebäude, wo sich auch Scheune und Stall befanden.

Bei jedem Wetter mussten wir deshalb über den Hof zur Toilette. Schlimm war es im strengen Winter, der manchmal für mehrere Wochen sehr kalt sein konnten, da bildete sich sehr schnell eine gefrorene Spitze, bei der man nicht unbedingt anstoßen wollte.

Noch schlimmer war es bei der Familie meines Onkels, die zwar auch täglich eine Zeitung bekamen die aber eine große Familie waren, denn da lag dann zusätzlich die sehr harte und steife Verpackung von Zementsäcken, was dann eher als Spachtel denn als Toilettenpapier zu verwenden war, da nützte auch kein Rubbeln. Wer zuletzt kam, dem blieb meist nur der Zementsack übrig.

Nein – wir waren trotzdem reich, denn die Hebräer hatten bei ihrem Auszug aus Ägypten keine Tageszeitung. Vielleicht brauchten sie aber kein Papier, wenn sie nur Manna verzehrten.

Ich habe das Schweigen über das Geschehen der Nazi-Generation vor uns erlebt und das unmittelbar darauf folgende Atomzeitalter mit dem Kalten Krieg wie danach die Zeit der Internet-Technologie, die man bereits heute als ein neues Zeitalter betrachten kann. Dazwischen liegt auch noch die Mondlandung, der größte Meilenstein, der nur durch eine höchstentwickelte Menschheit verwirklicht werden konnte, und ich durfte diese Einmaligkeit miterleben. Also zur richtigen Zeit gelebt, eine glückliche Fügung, der sich damals viele Menschen gewiss nicht bewusst waren.

Alles war aber nur möglich, weil der religiöse Einfluss im ehemaligen Abendland langsam zurückgedrängt worden war und die Menschen sich ihres eigenen Verstandes bewusst wurden. Wäre dies nicht erfolgt, glaubten wir heute noch an das ptolemäische Weltbild (Claudius Ptolemäus, ca. 100 bis 160 n. Chr., griechischer Mathematiker, Astrologe, Philosoph, lebte in Ägypten), was eine Reise zum Mond überhaupt nicht als eine Möglichkeit erkannt hätte.

Dieses Weltbild ist verständlich und schnell erklärt. Blickt man nämlich über das Meer oder über das flache Land, dann meint man zu erkennen, dass weit am Horizont sich Himmel und Erde berühren. Über das Land mit seinen Bergen und Tälern liegen die Sphären, und darüber spannt sich der Sternenhimmel wie ein Zelt, sogar die Bezeichnung „Sternenzelt" hat sich bis heute erhalten. Und alles, was da oben geschah, waren Zeichen der Götter.

Man wusste nicht, warum es Tag und Nacht gab, Sommer und Winter, Regen, Schnee und Eis. Alles unterlag dem Willen eines Schöpfers, den man Gott nannte und den man zu huldigen hatte, damit er möglichst alle Gefahren des täglichen Lebens von einem fernhielt.

Sogar Friedrich von Schiller schreibt in seiner Ode an die Freude:„Brüder, über dem Sternenzelt muss ein lieber Vater wohnen. Such ihn über dem Sternenzelt, über Sternen muss er wohnen". Warum über? Hatte er vergessen, dass der himmlische Vater mit seinen Heiligen von allen Malern in und über den Wolken schwebend dargestellt wurde?

Seit der Entdeckung der Neuen Welt war das alte ptolemäische Weltbild überholt, und trotzdem war es im alltäglichen Denken der Leute noch immer verankert.

Kritische Menschen wurden von Kirche und Staat ihres Lebens bedroht, wie der Reformator Jan Hus (geb. 1369), der beim Exil in Konstanz am 6. Juli 1415 am Scheiterhaufen verbrannt wurde, weil er es gewagt hatte, den Sittenverfall in der oberen Kirchenhierarchie anzuprangern.

Nicolaus Copernicus (geb. am 19.02.1473 in Thorn, gest. am 24.05.1543 in Frauenburg), der erklären konnte, dass die Sonne und nicht die Erde der Mittelpunkt unseres Systems ist.

Er lebte in einer bösen Zeit des religiösen Terrors, deshalb wagte er es erst einen Tag vor seinem Tode, seine Erkenntnisse zu veröffentlichen. Der Arm des „Heiligen Vater" lang war, und mit der „Heiligen Inquisition" wurde jeder Widerspruch unerbittlich im Keime erstickt, wenn es um die „Heilige Schrift" ging.

Galileo Galilei (geb. am 15.02.1564 in Pisa, gest. am 08.01.1642 im kirchlichen Hausarrest in Arcetri, in Italien), bekam die religiöse Unerbittlichkeit voll zu spüren. Der Kirche war er mit seiner Erkenntnis ein inakzeptabler Zeitgenosse und Unruhestifter. Am 22.Juni 1633 musste er sich zu seinen „Fehlern" und „Irrtümern" bekennen, damit er nicht auf dem Scheiterhaufen hingerichtet wurde.

Auch wenn er im Recht war, wurde er erst 350 Jahre später, im Jahre 1992 von Papst Johannes Paul II von seiner kirchlichen Verurteilung rehabilitiert, was längst zur Nebensache geworden war. Wie anständig und christlich von der katholischen Kirche. Für alle anderen, vor allem für die grausam Hingerichteten, kommt so viel Anstand leider zu spät, denn ihnen wurde ein Leben gestohlen.

Erst Johannes Kepler (geb. am 27.12.1571 in Weil der Stadt, gest. am 15.11.1630 in Regensburg), der nicht kreisförmige, sondern elliptische Bahnen der Planeten beobachtete und berechnete, bestätigte die Erkenntnisse von Nicolaus Copernicus und setzte das grandiose Wissen von Galileo Galilei ins rechte Licht.

Warum niemand den angeblichen „göttlichen Willen" hinterfragte, ist schnell erklärt, da die Kirche mit Mord und Totschlag auf jede andere Meinung reagierte, die ihr nicht passte. Damit war jeder betroffen, der es wagte, seinen Verstand zu gebrauchen und der damaligen Lehre, die dem Moses angeblich vom Gott der Hebräer am Berg von Sinai vermittelt wurde, zu widersprechen oder zumindest über Alternativen oder über den Wahrheitsgehalt nachzudenken.

Auch ein Karl Marx (geb. am 08.05.1818 in Trier, gest. am 14.03.1883 in London) wurde mit großer Leidenschaft bis in die Neuzeit von der Kirche abgelehnt, da man seinen Spruch, dass der Glaube „Opium für das Volk" sei, nicht hinnehmen wollte.

Zum Glück liegt uns die sogenannte Heilige Schrift vor, und wir haben die Gelegenheit, sie nicht mit den großen, runden, starren Augen eines religiösen Eiferers, sondern mit dem kühlen Verstand eines denkenden Menschen zu lesen. Wenn wir dies heute tun, dann deshalb, weil wir keine Angst mehr haben, deshalb ein ewiges Verdammnis zu riskieren, da auch unser Hirn eine Schöpfung Gottes ist.

Sehr interessant, dass es möglich war, über dreitausend Jahre jenes Geschehen bis heute als unumstößliche Wahrheit und Erbe einer Weltreligion in uns zu verankern. Man sieht, dass dies möglich war, weil der liebe Moses seine Geschichten von Gott kommend vermittelte und jede Kritik eben als Verdammnis eingeflochten hat, wie es andere Religionen auch gemacht haben.

Erst die päpstliche Salbung und Segnung machte aus einem König einen Kaiser, der dann als Beschützer des Abendlandes galt und von Gottes Gnaden regierte.

Seit 1918, als der deutsche und der österreichische Kaiser nach dem verlorenen Ersten Weltkrieg auch ihre Macht verloren und ins Exil gehen mussten, war ein Machtgefüge beseitigt, das sich immer auf göttlichen Willen berufen hatte. Jetzt erst konnte man sehen, wie sehr die Herrscher auf den Willen ihrer Völker und nicht auf Gott angewiesen waren. Ähnlich erging es den Kirchen, die sich bis dahin auf das Recht einer Staatsreligion beriefen, dem sich kaum ein Bürger entziehen konnte.

Nun war der Weg frei, und die Zeit war reif, dass sich eine Demokratie etablieren konnte, in der die Macht vom Volke ausging, wie es auch in der Französischen Revolution erträumt worden war. Es war aus mit den uneingeschränkten Bevormundungen und den Gehorsam verlangenden Staatsreligionen. Waren die Frauen bis dahin Wesen zweiten Ranges, wie die Heilige Schrift es vorsah, wurden sie endlich gleichberechtigt, wenn es schon mal um das Wahlrecht ging. Es war vorbei mit pathetischen Sprüchen und dem Gehorsamen „bis dass der Tod euch scheidet". Mutigen Menschen, die nicht die Meinung einer etablierten Kirche waren, verdanken wir, dass nach tausendjähriger Zwangschristianisierung und Unterdrückung allen freien Denkens den religiösen Fanatikern langsam aber sicher der Wind aus den Segeln genommen wurde.

Eine religiöse Gemeinschaft, auch wenn sie sich als Weltreligion betrachtet, muss längst zur Kenntnis nehmen, dass man dem mündigen Bürger nicht das Zahlen von Steuern abverlangen kann und ihn danach zum Schweigen verpflichtet, weil es Gott angeblich so will. Modernisierung und Fortschritt sind angesagt, denn es geht um die Würde des Menschen.

Wir verabscheuen heute das blutige Treiben von Maya und Azteken. Ihnen waren die Götter Menschenopfer wert, während wir Opfer unserer eigenen Religion nicht für so schlimm halten wenn nicht gar durch Vertuschen oder Ignorieren als nicht geschehen wähnen. Die eigene Religion, wie jeder Gläubige annimmt, kann nur das Wahre und das Gute und das Beste sein. Jede Kritik wurde und wird von den geistig Einfachen als Nestbeschmutzung gedeutet, womit anständige Bürger nichts zu tun haben wollen.

Und bevor man andere Völker in ein schlechtes Licht setzt, sollte man das eigene Treiben in der Zeit von Hexen- und Ketzerverfolgung beleuchten und als himmelschreiendes Unrecht erkennen.

Die Geschichtsschreibung sollte hier hinterfragen, ob vielen Völkern nicht durch das Aufzwingen einer anderen Religion die kulturelle Identität genommen wurde.

Allgemein braucht aber diese Frage nicht mehr gestellt zu werden, denn es zeigt sich immer deutlicher, dass der moderne Mensch eine ungezwungene Haltung zu Geistern, Göttern und Dämonen einnimmt oder dafür gar kein Verständnis mehr hat. Damit ist ein religiöses Denken längst erlahmt.

Und die christlichen Kirchen brauchen nicht den bösen oder schlechten Menschen die Schuld zu geben, der göttlichen Schöpfung, sondern sollten die Schuld lieber bei sich selber suchen. Da seit 1918 der Zwang zum religiösen Bekenntnis weggefallen ist, ist auch das Beten im Rudel nicht mehr aktuell. Jeder kann nicht glauben oder glauben so viel wie er will, denn der Glauben ist zur Privatsache geworden. Bis in unsere Tage hat es gedauert, dass man dies endlich als Recht erkannt hat. Damit erübrigt sich in unserer Gesellschaft die Frage nach einem persönlichen religiösen Bekenntnis. Es ist nur noch wichtig, wenn es um die Kirchensteuer geht.

Man mag daran denken, wie einfach dieses Weltbild eigentlich war, als die Menschen daran glaubten, dass einem Schöpfer namens Gott als übergeordnetes Wesen mit seinem Wissen alles regelt und der Mensch durch Anbetung oder Verehrung seine Gunst erlangen kann. Ein fataler Trugschluss und Warnung vor den noch kommenden Katastrophen, deren negativen Vorzeichen nicht mehr zu übersehen sind.

Wir brauchen dann keinen Gott um Hilfe anzurufen. Erstens bekommen wir keine Antwort, und zweitens sind wir seit der Vertreibung aus dem Paradies für unser Handeln selbst verantwortlich. Die Tierwelt wurde nicht von Gott verflucht, sondern Opfer verantwortungslosen, menschlichen Handelns. Dieses menschliche Treiben manifestiert sich darin, dass zu wenig Nahrung, aber zu viel menschlicher Nachwuchs produziert wird. Hier liegt auch der Grund für einen negativen Einfluss auf die

Umwelt, der besonders in der beschleunigten Klimaveränderung gesehen werden muss.

Die Existenz eines allwissenden und allmächtigen Gottes, die eben die Vertreter der „Wissenschaft" namens Theologie, den Gläubigen eingetrichtert haben, welche jeden Widerspruch sofort mit „Gotteslästerung" umschrieben und im Keime erstickten, ist existenziell nicht beweisbar.

Theologie muss sich heute die Fragen freier und denkender Menschen gefallen lassen und kann sich nicht mehr hinter Androhungen mit ewiger Verdammnis verstecken, nur weil der Mensch ein von „Gott" geschaffenes Organ, das Gehirn zur Anwendung bringt.

Irgendwann in grauer Vorzeit überließen unsere Vorfahren ihre Verstorbenen nicht mehr dem Fraß von wilden Tieren, sondern versuchten, sie durch eine „Bestattung" davor zu schützen, indem man über den Verstorbenen Steine aufhäufte oder später, als man über entsprechende Werkzeuge verfügte, sie sogar beerdigte. Vielleicht wollte man später, nach dem eigenen Ableben, auch so behandelt werden. Selbst unsere nahen Verwandten, die Primaten, sind dazu nicht fähig.

In mühseligen Ausgrabungen musste die Entwicklung und Datierung bezüglich unserer Spezies erforscht werden, um so Erkenntnisse über jene graue Vorzeit zu sammeln. Je mehr nun gefunden wurde, desto häufiger mussten ursprünglich, religiöse Erkenntnisse korrigiert oder gar über Bord geworfen werden, da die Wirklichkeit andere Ergebnisse erbrachte.

Urinstinkte hat der Mensch auch bis heute noch erhalten, man hat aber die verschiedenen Sportarten daraus gemacht. Am schönsten ist der Boxsport, der diesen Instinkt aus der Vorzeit verkörpert.

Aus reiner Unwissenheit entstand die Mystik, die die Fragen über unser Kommen und Gehen beantworten sollte. Fragen an die Ahnen waren auch nur über Schamanen möglich, die eigentlich alle Kulturen hervorbrachten, weil eben alle vor den gleichen Problemen standen. Die Mystik, auch wenn sie die Menschheit nicht weitergebracht hat, ist bis heute noch vorhanden. Das tägliche Horoskop mag etwas zum Schmunzeln verleiten, doch auch der heutige Mensch sucht Antworten auf seine Fragen, die seine Zukunft betreffen.

Waren die Saurier auch sündhaft, von denen Moses und sein Herr der himmlischen Heerscharen noch nichts gewusst haben, weil sie ein Gott ausgerottet und von der Erde getilgt hat? Heute wissen wir langsam, dass es auch schon vor den Sauriern eine Tierwelt gab, die auch nicht überlebt hat. Mühselig tasten wir uns in jene Zeiten zurück, und je mehr wir finden und ausgraben, umso besser runden sich die Bilder der Vergangenheit ab, von denen Religionsgründer damals nichts wussten und auch mit Hilfe ihres Gottes nichts erahnen konnten.

Weil die Entstehung dieser Welt anders, völlig anders abgelaufen war, als sich zu ihrer Zeit Heilige, wie Moses und seine Nachfolger, uns als göttliche Wahrheit und Weisheit vermitteln und die Theologen zur diktatorischen Doktrin machen wollten, hat sich die Menschheit mit Berechtigung auf die Suche nach der wahren Vergangenheit gemacht.

Immer noch versucht aber der religiöse Mensch, doch noch den göttlichen Willen zu finden, und sei es im ersten Tausendstel der Sekunde vor dem Urknall, der heute als Schöpfungsbeginn gilt. In den gigantischen Dimensionen des Weltalls ist unsere Existenz winzig und völlig unwichtig.

Die wissenschaftlichen Erkenntnisse werden sich Jahrtausende länger halten, als das Denken von Moses mit seiner unglaubwürdigen Götterwelt, die schriftlich vorliegt und die wir in Ruhe ansehen können.

Jesus sagte, dass er nicht kam, um zu vernichten, sondern zu erfüllen, gemeint waren Moses und die nachfolgenden Propheten, und ich schließe mich seinen Worten an. Allerdings nicht ihm als Christus mit den unerfüllten, religiösen Vorstellungen, wohl aber Jesus mit seiner Friedfertigkeit und damit einem unverzichtbaren Charakterzug im Atomzeitalter.

Mit Rücksicht auf meine religiöse Verwandtschaft möchte ich mich dem Thema vorsichtig nähern und auch erklären, dass jeder Mensch das Recht hat zu denken oder zu glauben, was er möchte. Sollte sich jemand melden, der dem widerspricht, um Einfluss auf die freie Meinung auszuüben, dann sollte man daran denken, dass er vielleicht nur Geld verdienen und davon leben möchte.

Das Alte Testament

Erstes Buch Mose (Genesis)

Nach kritischen Fragen im Religionsunterricht hatte man uns klargemacht, die Schöpfung in sieben Tagen sei natürlich nur symbolisch zu verstehen. Wir waren schon einen Schritt weiter als die Generation vor uns, die durfte nämlich gar nicht erst nachfragen.

Vielleicht wird sich der Leser fragen, warum man nicht nachfragen durfte.

Alleine Gottes Wort infrage zu stellen, war eine schwere Sünde. Man lief bereits Gefahr, als gottlos abgestempelt zu werden, und damit drohte ein Ausschluss aus der Gemeinschaft. Kann man denn überhaupt gottlos sein, wenn man von Gott geschaffen wurde?

In welcher Sprache sich Gott mitteilte, das interessiert einen Gläubigen nicht.

Man sollte dem Leser die Schöpfungsgeschichte ersparen, da nicht nur Kinder den Inhalt als Märchen betrachten! Man erkennt schnell, dass das Denken eines Moses des einen heutigen Menschen nicht ebenbürtig ist, womit er insgesamt unglaubwürdig wirkt.

Da steht oder schwebt ein Wesen in Menschengestalt (Gott) und sagt: „Es werde Licht".

Woher kam der Schöpfer in der Dunkelheit? Wann hat er Himmel und Hölle geschaffen?

James Ussher, Erzbischof von Armagh und Primas von Irland (geb. am 04. Januar 1581 in Dublin, gest. am 21. März 1656 in Reigate) hat sich die Mühe gemacht und laut Angaben der Heiligen Schrift den Zeitpunkt der göttlichen Schöpfung errechnet. Sein Ergebnis: am 23. Oktober 4004 v. Chr. um 9 Uhr wurde die Welt von Gott erschaffen. Es ist sehr schlimm, wenn über unumstößliche, von Gott kommende Weisheiten gelacht wird! Gewiss waren die christlichen Theologen selber einem Wunderglauben gegenüber skeptisch, da sie sich jede Nachfrage verbeten haben und als Sünde erklärten. Noch schlimmer: Für tausend Jahre duldeten sie neben ihrer sogenannten Theologie keine anderen Wissenschaften, bzw. durfte nichts existieren, was das Fundament des Glaubens infrage stellte oder schädigen konnte.

Heute wissen wir, dass die Schöpfungsgeschichte, die Moses erzählt hat, grundlegend falsch ist. Alle männlichen Säugetiere, ja auch in der gesamten Tierwelt, und damit auch der Mensch eingeschlossen, sind im embryonalen Zustand weiblich.

Das konnte Moses noch nicht wissen, da erst vor einigen Jahren ein schwedischer Forscher dies im Mutterleib fotografisch festgehalten und damit eindeutig nachgewiesen hat.

Die Schöpfungsgeschichte läuft also umgekehrt, zuerst entsteht Eva, und danach schafft die Natur aus ihr den lieben Adam, der schon in archaischen Zeiten das Sagen hatte.

Es war schon immer so, dass Eva und nicht Adam die Kinder zur Welt brachte. Um das Patriarchat zu fundamentieren, hat Moses die schöne Geschichte mit Adam und seiner Rippe erfunden und als göttlichen Schöpfungswillen dargestellt.

Moses hat von Gott wohl nichts von Gentechnik erfahren – warum nicht?

Diese Unwissenheit macht den sonst im Einfallsreichtum begabten Schreiber nicht glaubwürdiger, wenn er sogar behauptet, sein Wissen von seinem Gott erhalten zu haben, der mächtiger dargestellt wird, als die Götter Ägyptens!

Warum er sich auf einen Gott berufen hat, dafür gibt es nur eine Erklärung: Er musste dies den Mitmenschen seiner Zeit so klarmachen, damit ihm keiner widersprechen konnte.

Es gab ja auch weltliche Regenten, die ihre Abkunft von Göttern herleiteten, wie die alten Pharaonen oder wie das japanische Kaiserhaus. Ja, die Regenten selbst sahen sich auch als etwas Besonderes an und betrachteten ihre Macht als eine von Gottes Gnaden!

Weitere Ungereimtheiten von Moses:

Am ersten Tag schuf Gott das Licht (1 Mos. 1:4) und nannte es Tag und die Finsternis Nacht.

Am zweiten Tag schuf Gott das Wasser (1 Mos. 1:7) und die Ausdehnung darüber nannte er Himmel (1 Mos. 1:8). Wobei Gott immer mit sich selber sprach, laut Moses, der das berichtete!

Am dritten Tag schuf Gott das Land (1 Mos. 1:9) indem sich das Wasser an einem Ort sammelte.

Es folgte der Bewuchs der Erde mit allen Pflanzen (1 Mos. 1:12).

Am vierten Tag schuf Gott alle Lichter am Himmel (1 Mos. 1:14), sowohl die für den Tag, als auch die für die Nacht. Was die „Lichter" am Himmel bedeuteten, konnte er damals nicht wissen.

Am fünften Tag schuf Gott alle Geschöpfe im Wasser und in der Luft (1 Mos. 1:20).

Am fünften Tag schuf Gott (1 Mos. 1:24) die wilden Tiere und die Haustiere. Haustiere waren wohl eine menschliche Schöpfung! Weiter schuf er den Menschen (1 Mos. 1:27):

„Lasset uns Menschen machen in unserem Bilde, gemäß unserem Gleichnis". Warum „uns"?

Ist es nicht beschämend, dass sich ein Gott mit einem so unvollkommenen Wesen gleichsetzt.

Am sechsten Tag kam alles zur Vollendung seines Werkes (1 Mos. 2:2), damit er am siebenten Tag

alles segnen und heiligen konnte. Das durfte unaufgefordert später auch Moses übernehmen.

Segnen und heiligen ist in der Religion etwas ganz Wichtiges, auch wenn die Wirkung nicht beweisbar ist und auch nie hinterfragt wurde, aber bis heute als gottgefällig gilt.

Nachdem er am fünften Tag bereits Menschen geschaffen hatte, kommt es nun zur Wiederholung:

Nun war kein Strauch des Feldes auf der Erde zu finden (1 Mos. 2:5) denn Gott hatte es noch nicht regnen lassen und kein Mensch war da, um den Erdboden zu bebauen. Dann ging Gott daran, den Menschen aus Staub vom Erdboden zu bilden (1 Mos. 2:7). Gott bildete nun aus dem Erdboden jedes wildlebende Tier (1 Mos. 2:19), und der Mensch durfte ihnen einen

Namen geben. Dann hatte der Mensch plötzlich einen Namen (1 Mos. 3:17), nämlich Adam, der seiner Frau dann den Namen Eva gab (1 Mos.3:20).

Nach dem Genuss vom Baum der Erkenntnis wurde beiden die Augen aufgetan (1 Mos. 3:7). Danach hat Gott den Erdboden verflucht (1 Mos. 3:17), und von da ab wurde am laufenden Band verflucht, wenn es sein musste bis in alle Ewigkeit! Segnen, heiligen und verfluchen wurde fortwährend üblich, wahrscheinlich, weil weder das eine noch das andere von gewisser Wichtigkeit ist! Man hat hier das Gefühl, dass es von Moses gegenüber seinen Mitmenschen ein Druckmittel war, ganz schnell zu verfluchen und zu verdammen, wenn etwas nicht so verlief, wie er es haben wollte. Im Schweiße deines Angesichtes sollst du nach der Vertreibung dein Brot essen (1 Mos. 3:19). Haben sich die Priester auch daran gehalten, oder stammen die nicht von Adam ab?

Aus Staub bist du (Adam) und zu Staub sollst du zurückkehren (1 Mos. 3:19).

Warum betet man im Glaubensbekenntnis: „Ich glaube an die Auferstehung des Fleisches", wenn Gott hier von Staub zu Staub spricht?

Hat Moses schlecht hingehört oder nicht richtig mitgeschrieben? Konnte er überhaupt lesen und schreiben?

Die Wissenschaft ist der Meinung, dass die Juden 1300 Jahre vor Christus noch gar keine Schrift hatten. Hatte Moses im Hause des Pharao vielleicht gelernt, in Hieroglyphen zu schreiben?

Der älteste schriftliche Nachweis in hebräischer Sprache stammt aus der Zeit 925 v. Chr. und wurde auf einer Tontafel gefunden (Wikipedia: Gezer Kalender). Der Tanach (schriftlicher Nachweis) stammt aus dem dritten Jahrhundert vor Christus. Die ältesten erhaltenen Abschriften in althebräischer Sprache wurden im Jahre 1947 in Qumran gefunden.

Es drängt sich der Verdacht auf, dass, wenn die Israeliten zur Zeit von Moses noch gar keine Schrift hatten, die mosaischen

Geschichten am Lagerfeuer weitererzählt und erst Jahrhunderte später in seinem Namen aufgeschrieben wurden.

Es ist schon als sehr beachtlich zu bezeichnen, wie detailliert Moses die Gespräche zwischen Gott und Adam wiedergibt, obwohl er, gar nicht dabei war und schon gar nicht die, die in seinem Namen geschrieben haben.

Aber Gott fertigte lange Kleider aus Fell für die beiden (1 Mos. 3:20) und zog sie ihnen an. Mit keinem Wort wird erklärt, wer die Tiere geschlachtet und wer die Felle angefertigt hat.

Jedenfalls wurden beide aus dem Garten Edens vertrieben, und Gott stellte im Osten Cheruben auf, die mit flammenden Klingen den Weg zum Baum des Lebens bewachten (1 Mos. 3:24)! Stehen sie noch immer vor Ort? Gesehen wurden sie jedenfalls nicht mehr!

„Und wenn sie nicht gestorben sind, dann leben sie noch heute", heißt es in vielen Märchen.Nur, die Angelegenheit ist hier viel ernster, denn jede Kritik wurde als Gotteslästerung ausgelegt.

Es ist schade, dass es diesen wunderbaren Baum der Erkenntnis nicht mehr gibt, er wäre heute wichtiger denn je. Manchmal hat man den Eindruck, dass ganze Völker mit ihrer Entwicklung in der Zeit von Adam und Eva stehen geblieben sind, ohne je in den Genuss von Weisheit gekommen zu sein, oder sich einer weiteren Entwicklung sogar verweigern.

Bei den Tieren in der Serengeti kommen Neugeborene ganz schnell auf die Beine, damit sie mit der Mutter beziehungsweise im Schutze der Herde mitkommen. Unsere nahen Verwandten, die Primaten, können ihre Neugeborenen an die Hand nehmen, auf den Rücken schwingen, ohne dass sie Schaden daran nehmen.

Die Menschenbabys müssen ganz vorsichtig behandelt werden, da der Kopf der Neugeborenen so groß ist. Es wäre der sichere Tod eines Neugeborenen, würde man sie so behandeln, wie es die Primaten mit ihrem Nachwuchs tun. Mit dieser Entwicklung passt der Mensch nicht mehr in die Tierwelt, in der dieses Problem niemand kennt.

Ein religiöses Denken vorausgesetzt, ist Gott nur mehr für die Tierwelt verantwortlich, für Fressen und Gefressen werden in dem von ihm geschaffenen Paradies. Von einem menschlichen Handeln hat sich Gott längst verabschiedet, da er alles geschehen ließ, im Guten wie im Bösen, und niemals eingegriffen hat. Der religiöse Mensch erfand dafür eine Gerechtigkeit, die erst nach dem eigenen Ableben eintreten sollte, da doch nichts ungestraft und ungesühnt bleiben kann.

Unsere Vorfahren, die diese Eigenverantwortlichkeit noch nicht erkannt haben, meinten einen lieben Gott ganz einfach gewogen zu stimmen, indem man ihn mit Gebeten verehrt oder anruft. Intensiv ist das vor allem in ländlichen Gebieten üblich, um eine gute Ernte sicher zu stellen.

Auch wurden bei jedem kriegerischen Unternehmen auf beiden oder auf allen Seiten die Götter angerufen. Warum hat sich Gott dann einfach immer für den Stärkeren entschieden? Hat man daran noch nie gedacht, oder sind die Gebete des Stärkeren wirkungsvoller? Wurden Gebete von den Schwächeren nicht ernsthaft und oft genug wiederholt?

Das Gebet hat aber eine Wirkung. Es stärkt die labile Seele des Betenden und erfüllt somit seinen Zweck, egal ob es ins Leere läuft und von einem Gott überhaupt nicht gehört werden kann.

Es war damals üblich, und es wurde ernst genommen, wenn ein einzelner Mensch behauptete, Gott habe mit ihm gesprochen und ihm eine Lehre oder neue Richtlinien vermittelt.

Sogar die Traumwelt wurde als göttliche Eingebungen in das religiöse Denken mit einbezogen (1 Mos. 41:1 bis 41:32). Menschen konnten behaupten, dass ihnen Gott in Visionen begegnete und Aufträge erteilte, sodass sie später zu Propheten ernannt wurden.

Heute würde man einen solchen Menschen ganz vorsichtig am Hosenboden und am Nacken packen, um ihn in die nächste Anstalt zu bringen, zu seinem eigenen Schutze, auch wenn eine Heilung kaum möglich erschiene.

Je mehr wir heute vom Universum erfahren, umso sicherer wird erkennbar, dass Moses der Nachwelt etwas vorgegaukelt hat, nur um seine Macht zu festigen.

Nein, Moses musste seinen Mitmenschen etwas vorspielen, damit die sich an Regeln und Gesetzen hielten und nicht jeder machen konnte, was er wollte. Es gab vor Moses keine Gesetze, sondern nur das Recht des Stärkeren, wie bei allen Naturvölkern. Viele Erzählungen aus jener Zeit sind menschliche Erfindungen. Aus dem griechischen Kulturkreis sollte man hier auch die Ilias von Homer einordnen.

Auch Homer vermischte Fantasie, mit vielen Ungeheuern und ein wenig von der Wirklichkeit zu einem Kunstwerk. Die ersten wirklichkeitsnahen Berichterstatter waren einst die Römer, die waren so mächtig, dass sie der Nachwelt keine Lügen auftischen mussten und bei der Wahrheit blieben.

Vielleicht war es auch der Knall der ersten Atomexplosion, der Religion unmittelbar in Frage stellte.

Denn, wie klein sind plötzlich die Mächte der Götter geworden, wenn diese einst für Regen, Wind, Vulkanausbrüchen und Erdbeben und sonstige natürlichen Gewalten zuständig waren?

In Anbetracht der Erkenntnisse über die Kernenergie und deren militärischen Einsatz,stellt sich die gesamte Geschichte eines allwissenden und allmächtigen Schöpfers in Frage, der sich vor über dreitausend Jahren an einen Menschen namens Moses gewandt haben soll, um ihm damals die immerwährenden und bis ans Ende aller Zeiten gültigen Weisheiten zu offenbaren.

Mit den heute zur Verfügung stehenden Möglichkeiten könnte sich eine Gottheit vor der gesamten Menschheit präsentieren, ohne Hokuspokus und ohne Geister und Wunder!

Aber, wenn er uns schon in den Gebeten keine Antwort gibt, warum sollte er sich sogar persönlich vorstellen oder zeigen? Das hat er laut Moses nur damals zu seiner Zeit getan!

Und selbst, wenn es tatsächlich der Wahrheit entspräche, was Moses uns vermitteln möchte, so gibt es zu viele Ungereimtheiten in seinen Erzählungen, die man ganz einfach nicht ignorieren kann. Damit werden die heiligen Geschichten von Moses als absolute Wahrheit im Großen und Ganzen infrage gestellt und waren bis zur Neuzeit immer Anlass für Zank und Streit. Das hat überhaupt nichts mit Gotteslästerung zu tun, weil man unzureichende göttliche Handlungen sehr wohl zu hinterfragen berechtigt ist. Es ist ganz einfach berechtigte Kritik an den unglaubwürdigen Nacherzählungen im Namen von Moses, der gewiss kein einziges Wort davon selbst geschrieben hat, auch wenn dies behauptet wurde.

Dann hatte diese Inzuchtfamilie von Adam und Eva drei Söhne. Die Christenwelt kennt hier vor allem Kain, den Ackerbauern, und Abel, den Schafhirten. Anständig wie sie waren, boten sie ihrem Herrn eine Opfergabe dar. Während der Herr wohlwollend auf die fleischliche Opfergabe von Abel blickte, sah er nicht so wohlwollend auf die Feldfrüchte von Kain (1 Mos. 4:5). Ein allwissender Gott schürt hier die Zwietracht unter Brüdern bis hin zu Mord?

Nachdem Kain zum Mörder geworden war, bekam Eva aber noch einen Sohn namens Seth. Die ganze Menschheit sollte ja nicht unbedingt von einem Brudermörder abstammen, diese Chance bekamen wir in der Schöpfungsgeschichte nach Moses wenigstens noch mit.

Aber nun kommt der Hammer, und da kann Moses auch durch den Beistand des Herrn nichts mehr ändern oder retten, nämlich wie Kain zu seiner Frau kam!

Anscheinend war hier doch kein Allwissender am Werk, sondern ein Stümper, der vorher nicht ahnen konnte, was mit seiner Schöpfung geschieht.

Zum Heimatlosen und zum Flüchtling sollte er werden (1 Mos. 4:13).

Im Lande der Flüchtlingsschaft, östlich von Eden, fand er dann einen Wohnsitz, und da hatte er dann plötzlich eine Frau

(1 Mos. 4:17), die ihm einen Sohn namens Henoch gebar. Nachdem er nun eine Familie hatte, baute er in weiser Voraussicht gleich eine ganze Stadt und gab ihr auch den Namen Henoch. Warum baute ein einzelner Mann ganz alleine eine ganze Stadt?

Man könnte sich hier fragen, woher denn so schnell diese Frau kam, wenn Adam und Eva die ersten Menschen waren? Ein Regiefehler in aller Heiligkeit, der nicht in diese Schöpfungsgeschichte passt. So etwas kann passieren, bei dem Mangel an Wissen zu jener Zeit ist das schon verständlich.

Man sollte aber hier einen anderen Maßstab ansetzen, denn man sollte wissen, dass alle Religionen der Antike Stammes-, Volks- oder Staatsreligionen waren. Mit dem Untergang dieser antiken Staaten waren auch deren Religionen verschwunden. Egal ob Babylonier, Perser, Ägypter, Griechen oder Römer.

Mit anderen Worten: Adam und Eva waren für das jüdische Volk der Beginn ihrer Existenz und nicht der Beginn der gesamten Menschheit. So könnte und muss man diese Geschichte betrachten. Mit anderen Worten: Ein Nicht-Jude passt damit auch nicht in das Weltbild von Moses. Nochmal wird dann erwähnt, dass Adam als Gleichnis von Gott erschaffen wurde (1 Mos. 5:1). Schade, denn er wurde dann nur nach seiner Gestalt und nicht nach seinem Verstand so geschaffen. Irgendwie wird man von Scham ergriffen, wenn man sich so manchen Menschen als Ebenbild Gottes vorstellt. Bei der Mehrheit der Menschen wäre es wohl eine Beleidigung Gottes.

Nur Priester hatten ursprünglich zu diesen Schriften Zugang. Erst seit der Reformation durch Martin Luther (10.11.1483 bis 10.02.1546) und seit dem Buchdruck kann eine kritische Allgemeinheit dies nun alles selber lesen. Ist sich der Leser auch bewusst, dass Gott diese Reformation zuließ?

Zum ersten Mal kommt dann Gott auf die Idee, da der Mensch so schlecht ist, ihn ganz wegzuwischen und mit ihm gleich auch alles Getier. Die unschuldige arme Tierwelt, die mit dem Menschen alles ausbaden muss! Nur Noah, der ein gerechter Mann war, bekam mit seinen drei Söhnen den Auftrag, eine Arche zu bauen, damit sie die Sintflut überleben konnten (1 Mos. 6:7).

Im Jahre 1928 fanden Archäologen in den Ruinen der nordsyrischen Hafenstadt Ugarit (Stadtstaat, wurde 1200 v. Chr. vernichtet) zahlreiche Schrifttafeln. Entstanden waren die Tontafeln ca. 2500 Jahre v. Chr., und sie erzählen die Geschichte von Gilgamesch. Hier wird die Geschichte von Adam und Eva erzählt und auch die von einer großen Flut, wie in der Bibel, nach der Noah die Tierwelt rettet und dann auf dem Berg Ararat strandet.

Über tausend Jahre vor Moses wurde dies niedergeschrieben, während die Schriften des Alten Testaments in die Zeit bis 400 v. Chr. datiert werden, auch wenn Moses vielleicht um 1300 v. Chr. tätig war.

Bei Moses wird diese Erzählung zur Sintflut und damit zum göttlichen Strafgericht. Das muss man als absolute Lüge einstufen. Nicht weil er eine uralte Geschichte nacherzählt hat, sondern weil er behauptete, alles vom Gott der Hebräer erfahren zu haben. Moses war somit nicht nur ein Mörder, der einen Ägypter erschlagen hatte, sondern auch ein Lügner, den der Gott der Hebräer als Mittler für sein auserwähltes Volk bestimmt hat?

Das erzählte kein christlicher Priester, denn dies alles ist für einen Christen unfassbar.

Als Landwirt ging Noah daran, einen Weingarten zu pflanzen (1 Mos. 9:20). Nachdem er von seinem Wein getrunken hatte, lag er berauscht in seinem Zelt. Sein jüngster Sohn Ham, der Vater Kanaans, sah die Blöße des Vaters und erzählte es seinen beiden Brüdern Sem und Japhet. Die beiden nahmen einen Überwurf auf die Schultern, gingen rückwärts ins Zelt, um die Blöße des Vaters nicht zu sehen und bedeckten sie mit dem Überwurf. Was für eine verkrampfte Sauberkeit!

Als Noah vom Rausch erwachte und die Geschichte erfuhr, verfluchte er Ham und erklärte ihn zum Sklaven von Sem und Japhet (1 Mos. 9:24).

Wurde damals schon das menschliche Lustzentrum mit dem Wort „schlecht" zum „Geschlecht" formuliert, nach orientalischem Empfinden? Warum wurde es nicht mit dem Wort „gut" kombiniert? Hatte Moses ein verkrampftes Verhältnis zur Sexualität, oder hatte er etwas zu verbergen?

Noch heute laufen viele Menschen völlig nackt in Afrika herum, und keiner empfindet Scham oder empfindet gar, dass er etwas Unrechtes tut, sondern sie fühlen sich dabei glücklich. Erst die Religion hat ihren Gläubigen ein schlechtes Gewissen beigebracht, wenn es um Nacktheit und damit um Sündhaftigkeit geht.

Adam und Eva waren der Anfang der sündhaften Nacktheit, und Noah war hier eine verkrampfte Weiterführung.

Hatte vorher nur der liebe Gott verdammt und verflucht, durfte dies nun auch ein betrunkener Noah tun und den eigenen Sohn zum Sklaven seiner Brüder verdammen. Zementierte göttliche Weisheit mit sogenannter Sippenhaftung wie auch Sklaverei, was wir heute als Menschenrechtsverletzung verurteilen.

Also, bis jetzt konnte die Heilige Schrift nicht dazu verleiten, dass man sich als gläubiger Mensch betrachten möchte. Man käme sich geistig etwas einfach, wenn nicht sogar etwas dümmlich vor.

Als Mensch, der sich für dieses Thema interessiert wird man gefragt, ob man denn gläubig sei? Ja natürlich, denn Noah hat volle 350 Jahre gelebt (1 Mos. 9:29). Er hat jede Menge hinterlassen. Sollte er täglich nur 30 Gramm auf der Toilette gelassen haben (hatte man auch Toilettenpapier, oder nahm man ein paar Blätter oder die Finger?), dann waren dies in einem Jahr ca. 110 Kilogramm und in seinem gesamten Leben unglaubliche 38 500 Kilogramm, das sind 38,5 Tonnen!

In der christlichen Religion wird erlittenes Unrecht mit Prüfungen Gottes erklärt.

Auf solche Prüfungen sollte die Menschheit verzichten, indem sie bewusst lebt und dafür einzig und alleine den Verstand gebraucht und alle nebulösen, heiligen Sprüche und Vorgaben vergisst.

Die in der Tierwelt vorhandene Jagdlust hat eher mit Hunger und nicht mit Sadismus zu tun, denn der wird erst mit einem vorhanden Gehirn und bewusstem Handeln des Menschen möglich. Der Sadismus ist bei Frauen und Männern unterschiedlich in mehr oder weniger ausgeprägter Form vorhanden. Ist es bei der Frau eine normale Zank- und Streitsucht, verbunden mit verbaler Quälerei, so ist es beim Manne eine Neigung zu Gewalt, auch wenn kein Anlass dafür vorliegt, diese anwenden zu müssen. Dafür hat man auch den Boxsport als Begeisterung für die Massen erfunden.

Flora wie Fauna haben sich nach dem Prinzip des Stärkeren entwickelt. Nach Charles Darwin (12.02.1809 bis 19.04.1882) herrscht beweisbar auf dem gesamten Erdball eine natürliche Auslese in der Tier- und Pflanzenwelt. Der Stärkere und nicht der Schwächere hat für den Fortbestand seiner Art gesorgt.

Die Wirklichkeit in der menschlichen Gesellschaft, immerhin stammt die Hälfte laut Moses von Kain ab, ist nicht immer so friedfertig, und in der gesamten Tierwelt sieht es nicht besser aus. Vielleicht sind die Güte und die Sehnsucht nach Gerechtigkeit nur der Schmierstoff der Religion, oder sie muss im Atomzeitalter den Völkern zum friedlichen Zusammenleben dienen! Man darf im Schatten der Atomwaffen den Glauben an das Gute nicht verlieren.

Sehr wichtig wird hier (1 Mos. 17:11) das Wort des Herrn: „Und ihr sollt am Fleisch eurer Vorhaut beschnitten werden, und es soll zum Zeichen des Bundes zwischen mir und euch dienen. Und im Alter von acht Tagen soll alles Männliche beschnitten werden". (1 Mos. 17:12) „Und ein Unbeschnittener, der das Fleisch seiner Vorhaut nicht beschneiden lässt, diese Seele soll von ihrem Volke abgeschnitten werden. Er hat meinen Bund gebrochen". Wäre das so schlimm, in der heutigen Welt als normaler Mensch zu leben?

Widerspruch oder Blödsinn, wenn man im Alter von acht Tagen schon ungefragt beschnitten wird?

Die Heidenchristen, wie man die europäischen Christen im römischen Imperium nannte, haben diese Beschneidung nicht übernommen, weil ihnen anscheinend der Sinn nicht zu vermitteln war.

Es braucht kein religiöser Grund für eine Beschneidung vorzuliegen, sondern nur die Erkenntnis, dass sich durch die Beschneidung keine Pilzerkrankungen oder Entzündungen bilden können, die unter anderem auch allen Soldaten des Zweiten Weltkrieges in Afrika zu schaffen machte.

Krankheiten waren gewiss der realistische Hintergrund für die Beschneidung, und dafür war kein göttlicher Auftrag nötig. Schon bei Ötzi, der tausende Jahre vor dem Auszug der Hebräer aus Ägypten in Europa gelebt hat, konnte der Befall von Fußpilz nachgewiesen werden.

Der heutige medizinische Fortschritt rechtfertigt keine Beschneidung, denn die Vorhaut hat von Natur aus eine wichtige Schutzfunktion vor Verletzungen oder auch nur vor Sonnenbrand.

Die Natur hat mit ihrer Evolution schon gewusst, was sinnvoll ist.

Alle Gespräche zwischen Gott und den Tieren (1 Mos. 3:1) oder Menschen und zwischen Menschen und den Tieren gehören schon längst in den Bereich von Fabeln. Das ist eine eigene Dichtkunst, die kommt aber ohne göttlichen Dunstschleier aus und verlangt keine Erklärung bezüglich ihrer Wunder.

So gesehen ist das erste Buch Mose (Genesis) tatsächlich fabelhaft!

Als Europäer muss man doch feststellen, dass man nichts mit dem Auszug aus Ägypten und damit nichts mit dem Berg von Sinai und nichts mit dem Gott der Hebräer zu tun hat.

Zum zweite Buch Mose (Exodus)

Heute wissen wir aus der ägyptischen Geschichte, dass es einst einen Pharao namens Echnaton gab (Wikipedia: gest. 1326 v. Chr.), seine Frau war die schöne Nofretete, deren Büste der deutsche Forscher Ludwig Borchardt 1911 im Schutt gefunden hat (heute im Ägyptischen Museum in Berlin ausgestellt). Warum wurde die Büste im Schutt gefunden? Es scheint, als ob es Absicht war, da die Ägypter den Pharao Echnaton aus der Geschichte Ägyptens tilgen wollten, mitsamt seiner Frau.

Schon die Vorfahren von Echnaton, Thutmosis IV und Amenophis II hatten erstmals den Glauben an einen Gott Aton (Monotheismus) eingeführt und wollten die Erneuerung für ihr Volk durchsetzen, wobei sie auch die alten Götter weiter verehren ließen (wegen der Priesterschaft?). Es scheint zeitlich zu der Geschichte um Moses und seinen Monotheismus zu passen. Da haben wir einen Mosis (Thutmosis V), Bruder von Echnaton, ähnlich wie im Alten Testament.

Echnaton ließ sogar eine neue Stadt errichten (Amarna auf der rechten Nil-Seite), die anscheinend aber eine kurze Blütezeit erlebte und später von der Wüste wieder eingenommen wurde.

Es stellt sich die Frage: Wo waren die für die Stadt vorgesehenen Menschen hingekommen? Wurden sie zur Auswanderung gezwungen? Waren sie es, die das gelobte Land suchten?

Warum wurde der in Stein gehauene Name des Pharao Echnaton zerstört? Man hat den Eindruck, dass man noch nicht alles aus der ägyptischen Geschichte in Erfahrung bringen konnte.

Die Söhne Israels werden hier unentwegt als Hebräer tituliert, und ununterbrochen wird erklärt, dass Gott sich in alles einmischt. Alle Knaben der Hebräer wollte der Pharao in den Nil werfen lassen, und nur die Mädchen wurden verschont. Wer sollte dann aber die Sklavenarbeit für den Pharao verrichten, für die die Israeliten angeblich in Ägypten lebten?

Unter 2 Mos. 2:10 fällt zum ersten Male der Name Moses. Also berichtet jemand für Moses nicht in der Ich-Form, sondern beschreibt das Wirken von ihm.

Eine Einmaligkeit, die eben den Eindruck einer nachträglichen Bearbeitung durch andere Personen verstärkt.

Im Schilf am Nil-Ufer fand die Tochter des Pharao einen Knaben in einem Kästchen (2 Mos. 2:6) Somit wuchs Moses am Hofe des Pharao auf und gehörte wohl zur Familie!

Als er groß und stark wurde, ging er zu seinen Brüdern hinaus, um zu sehen, welche Lasten sie zu tragen hatten (2 Mos. 2:11) Woher wusste er, dass die Hebräer seine Brüder waren, wenn er mit seiner Mutter, der Tochter des Pharao, am Hofe lebte und gewiss ihre Sprache sprach?

Dann sah er, wie ein Ägypter einen Hebräer schlug, worauf Moses diesen erschlug und im Sand vergrub (2 Mos. 2:12). Trotz des Mordes wurde Moses der persönliche Gesprächspartner Gottes!

430 Jahre haben die Hebräer in Ägypten gelebt, davon hat man bislang in der ägyptischen Geschichtsschreibung noch nichts erfahren.

War es vielleicht jene Zeit, in der Pharao Amenophis IV als Echnaton regierte, der den Sonnengott Aton als alleinigen Gott einführte und sich als dessen Sohn bezeichnete?

Wieder wird berichtet (2 Mos. 5:1) und (2 Mos. 5:3), dass Israeliten den wahren Gott haben.

Wieder wird von Moses erzählt (2 Mos. 6:7), dass Gott allen erklärte, er werde die Söhne Israels als sein Volk annehmen und führen.

Wieder gibt es Zauber (2 Mos. 7:11), Aaron wirft seinen Stab vor den Pharao und seine Diener, damit er zu einer großen Schlange wird (dem nach der Vertreibung verfluchten Tier). Der Pharao ließ daraufhin von seinen Magiern und Priestern dasselbe tun. Deren Stäbe wurden auch zu Schlangen, die aber von Aarons Schlange gefressen wurden (2 Mos. 7:12).

Da der Pharao die Hebräer nicht ziehen ließ, musste der gesamte Viehbestand Ägyptens sterben (2 Mos. 9:6). Nachdem die Hebräer noch immer nicht gehen durften, schickte der Gott der Hebräer Hagel über Ägypten (2 Mos. 9:25), der alles zerschlug, was auf dem Felde war, Mensch und Tier. Vorher konnte man erfahren, dass der Viehbestand bereits verstorben war!

Da der Pharao die Israeliten nicht ziehen ließ, wird hier eindeutig erklärt, dass der Verursacher dieser Plagen der Gott der Hebräer war (2 Mos. 9:1).

Und der Gott der Hebräer hatte es mit dem Blut zu tun (2 Mos. 12:7), damit er sein Volk verschonen und nur die Ägypter bestrafen konnte. Als Gott der Hebräer war er nicht für die Ägypter zuständig!

Und der Gott der Hebräer wird sogar ein Strafgericht (2 Mos. 12:12) an allen Göttern Ägyptens vollziehen, denn er ist der wahre Gott! Die Götter Ägyptens existierten dennoch weiter!

Zum Abschluss, damit die Hebräer endlich gehen durften, wurde alles Erstgeborene, von Menschen wie von den Tieren (2 Mos. 12:29), die anscheinend doch wieder lebten, vom Gott der Hebräer getötet. Was für ein mächtiger Gott, der es mit dem Töten hatte oder es den Priestern anordnete!

Welche mörderische Macht, die unserem heutigen Zeitgeist aber gar nicht mehr entspricht und gar nicht als eine göttliche Macht angesehen wird, sondern eher als blutrünstig bezeichnet wird.

Bevor sie nun das Land verließen, bekamen sie von den Ägyptern Gold und Silber, und was die nicht freiwillig gaben, hat man ihnen geklaut (2 Mos. 12:36).

600 000 körperlich taugliche Männer zu Fuß mit „Kleinvolk" waren am Auszug beteiligt (2 Mos. 12:37). Wie schafften es die bösen Ägypter, diese Masse an Menschen als Sklaven zu halten? Außerdem kann die Rolle eines Sklaven gar nicht so schlecht gewesen sein, da auch die Hebräer, noch gar nicht sesshaft geworden, von ihrem Gott genaue Regeln für die Behandlung ihrer Sklaven bekamen (2 Mos. 21:6, 21:7, 21:20, 21:26, 21:27).

Der wahre Gott sprach zu Moses (2 Mos. 13:2): „Heilige mir alles männliche Erstgeborene, das jeder Mutterschoß unter den Söhnen Israels öffnet, bei Menschen und Tieren, es ist mein!"

Göttliche Unvernunft oder mosaische Mordlust (2 Mos. 13:13), wenn jeder Erstling eines Esels mit einem Schaf von Gott losgekauft werden muss, und wenn man ihn nicht loskauft, dann muss man sein Genick brechen. Und jeden Erstgeborenen vom Menschen unter den Söhnen sollte man loskaufen oder das Genick brechen? Gibt es in der Tierwelt einen ähnlichen Blödsinn? Wie sollte man seinen Erstgeborenen loskaufen, wenn man nichts mit der Viehzucht zu tun hat?

Wer als kultivierter Mensch und im Atomzeitalter lebt, bei dem erwachen bei solchen angeblich göttlichen Gesetzen allergrößte Zweifel und ein Gefühl von Abscheu und Ekel.

Und Gott zog vor ihnen her (2 Mos. 13:21), bei Tage in einer Wolkensäule und bei Nacht in einer Feuersäule, damit die Söhne Israels bei Tag und Nacht gehen konnten.

Doch der Pharao bereute den Weggang der Hebräer und verfolgte sie mit sechshundert auserlesenen Wagen.

Moses wusste bereits vorher (2 Mos. 14:13), dass mit Hilfe Gottes alle Ägypter sterben werden.

Dann sprach der Herr zu Moses (2 Mos. 14:16): „Erhebe deinen Stab über das Meer, damit die Söhne Israels auf trockenem Land durch das Meer gehen können." Warum tat es Gott nicht selber?

Schließlich sprach der Herr zu Moses: „Strecke deine Hand über das Meer aus, damit die Wasser über die Ägypter, über ihre Kriegswagen und ihre Berittenen zurückkehren." (2 Mos. 14:26)

40 Jahre hat Gott die Söhne Israels auf der Wanderung bis ins gelobte Land Kanaan mit Manna versorgt (2 Mos. 16:35)? Auch die Wasserversorgung war in der Wildnis kein Problem, Gott war ja immer helfend anwesend (2 Mos. 17:6) und Moses mit seinem Zauberstab auf dem Felsen am Horeb. Statt Wildnis ist hier vielleicht angebrachter das Wort Wüste, denn zu jener Zeit könnte die Landschaft anders ausgesehen haben, das wird hier von Moses aber nicht näher beschrieben.

Moses wurde beigebracht, wie er die Schlange am Schwanz packen musste, damit sie wieder zum Stab wurde (2 Mos. 4:4).

Im dritten Monat nach dem Auszug aus Ägypten (2 Mos. 20:1/2) lagerten die Israeliten vor dem Berg in der Wildnis Sinai. Moses stieg dann auf den Berg und bekam vom Herrn neue Order. Warum stieg er hinauf auf den Berg, wenn Gott doch immer anwesend war – am Tage in Form von Rauch und nachts in Form einer Flamme (2 Mos. 14:13)?

Am dritten Tage kam Gott mit Blitz und Donner auf den Berg in Sinai herab (2 Mos. 19,16).

Am Fuße des rauchenden Berges stellte er das Volk auf, während der Schall des Hornes immer lauter wurde (2 Mos. 19:19). Weder Tier noch Mensch (2 Mos. 19:13) durften den nun geheiligten Berg ersteigen oder Moses folgen, auch nicht die Priester, damit er, Gott, nicht gegen sie losbreche. Wie hätte es denn ausgesehen, wenn Gott gegen diese Priester losgebrochen wäre (2 Mos. 19:2)?

Gott drohte jedem, der den Rand des Berges anrührt, ob Tier ob Mensch, mit Steinigung oder mit Erschießung durch Pfeil und Bogen (2 Mos. 19:13), denn Laserkanonen kannte man damals nicht!

Hier wird Moses vom Herrn der Glaube an einen Gott beigebracht (2 Mos. 20:3) und dass er Strafe über die folgenden Generationen bis ins dritte und vierte Glied bringen werde, die ihn nicht verehrten. An der dummen Aussage „bis ins vierte Glied" erkennt man die Unmöglichkeit, denn wer sollte das vierte Glied zeugen, wenn Opa, Vater und Sohn tot sind? Moses überträgt hier göttliche Macht auf seine Person und festigt diese mit Tyrannei.

Später wird ein Prophet erklären, dass Söhne nicht für die Väter haften und auch nicht umgekehrt.

Dort oben bekam er die Gebote des Herrn (2 Mos. 20:7 bis 17): „Ich bin der Herr, dein Gott, der ich dich aus dem Land Ägypten herausgeführt hat, und du sollst keine anderen Götter verehren." Moses ist hier mit dem „du" gemeint und nicht alle Welt?

Du sollst kein geschnitztes Bild anfertigen und verehren, da er es bestraft bis zur vierten Generation (wie gehabt: Sippenhaftung und Rache)?

Sechs Tage sollte man arbeiten und am siebten ruhen.

Vater und Mutter sollte man ehren, auf dass man lange lebe im Lande, das der Herr geben wird. Sind alle Gebote alleine auf die Israeliten gerichtet, die auf der Suche nach dem gelobten Land sind? Du sollst nicht töten. Du sollst nicht ehebrechen. Du sollst nicht stehlen. Du sollst nicht falsch Zeugnis reden wider deinen Nächsten. Du sollst nicht begehren den Besitz deines Nächsten (bereits vorhin in „nicht stehlen" erklärt).

Das ganze Volk sah nun die Donnerschläge und die aufflammenden Blitze und den Schall des Horns und den rauchenden Berg (2 Mos. 20:18).

Und du solltest mir einen Altar aus Steinen machen, du darfst sie nicht als behauene Steine aufbauen. Den Meißel darüber zu schwingen, entweiht den Stein. Interessante Erklärung!

Und du sollst nicht auf Stufen zu meinem Altar hinaufkommen (2 Mos. 20:26), damit nicht deine Schamteile über ihm aufgedeckt werden (schon wieder diese sexuelle Verkrampfung).

Der Herr scheint eine große Abneigung gegen seine eigene Schöpfung entwickelt zu haben, oder war ihm die Schöpfung so misslungen, dass er sich dafür schämte?

Danach folgen nun gesellschaftliche Vorschriften und Regeln (2 Mos. 21/22).

Wer einen Mann schlägt (2 Mos. 21:12), so dass der tatsächlich stirbt, soll unbedingt zu Tode gebracht werden. Wer das machen soll und wie das zu machen ist, lässt der Gott der Hebräer offen!

Er hält wohl nicht viel von seiner eigenen Schöpfung, oder warum hat er Kain ins Land der Flüchtlingsschaft laufen lassen und nicht getötet (1 Mos. 4:17)? Fand er keinen Vollstrecker? Hier fehlt eine gute Idee: Zuschlagen hätte die böse Schlange können, sie ist auch seine Schöpfung!

Auge um Auge und Zahn um Zahn und Leben für Leben (2 Mos. 21:23 bis 21:25), obwohl er vorher in einem der zehn Gebote verkündet hatte: Du sollst nicht töten!

Man staune über einen so mächtigen Gott der Gewalttätigkeit, oder war alles nur eine Erfindung von Moses, dem Gewalttäter und Mörder, oder seinem namenlosen Schreiber (2 Mos. 2:11)?

Und falls ein Stier einen Mann oder eine Frau tötet (2 Mos 21:28), soll der Stier unbedingt gesteinigt werden, und sein Fleisch darf nicht gegessen werden.

Warum nicht? Nach einer Begründung hat Moses bei Gott nicht gefragt.

Und wer seinen Vater oder seine Mutter schlägt (2 Mos. 21:15), soll unbedingt zu Tode gebracht werden. Und wer Übles auf seinen Vater oder seine Mutter herabruft, soll unbedingt zu Tode gebracht werden (2 Mos. 21:17).

Wer, lieber Herr und Gott der Hebräer, bestellt den Menschen, der hier töten sollte, lebte Kain noch? Gratulation für die missglückte göttliche Schöpfung, da nützt auch der großartige und angsteinflößende Auftritt am Berg von Sinai nichts!

Mein Engel wird vor dir hergehen (2 Mos. 23:23) und wird dich zu den Amoritern, den Heditern, den Chiwitern und den Jebusitern bringen, und ich werde sie gewisslich austilgen. Was haben diese Völker dem Herrn der Israeliten getan, dass er gewillt war, sie auszurotten?

Und du sollst dich nicht vor ihren Göttern niederbeugen noch ihnen dienen (2 Mos. 23:24).

Nachdem nun Moses vom Berg herunterkam, erzählte er alles (2 Mos. 24:4), um am nächsten Morgen am Fuße des Berges einen Altar zu errichten, der mit Blut geweiht wurde (2Mos. 24:6).

Den Rest des Blutes sprengte er über die 600 000 Mann mit ihrem Kleinvolk (2 Mos. 24:8). Danach wurden Stiere als Schlachtopfer dargebracht (2 Mos. 24:5).

Immer wieder braucht der Gott der Hebräer den Wohlgeruch von verbranntem Fleisch oder Fett! Ja, wo hatten denn die flüchtenden Israeliten die vielen Stiere plötzlich her?

Ach ja, es waren ja 600 000 wehrfähige Männer mit Kleinvolk, die im kargen Land von Sinai, vielleicht war zu jener Zeit noch nicht alles Wüste, ernährt und komplett versorgt werden mussten. Eine logistische Meisterleistung, wenn man daran denkt, dass Geiserich, der König der Vandalen im Jahre 429 n. Chr. bei der Überquerung von Gibraltar nach Afrika nur 80 000 Köpfe zählte. Alle zusammen, Krieger, alte Leute, Frauen und Kinder (Wikipedia).

Eine Vergleichsrechnung:

10 000 Krieger	10 000 Frauen
	20 000 Mütter und Schwiegermütter
7 000 Väter	13 000 Väter und Schwiegerväter und Alte
	20 000 Kinder (alle nicht wehrfähig)

Summe:
17 000 Krieger 63 000 Personen im Tross = <u>80 000 Personen</u>

Nicht berücksichtigt, dass gewiss mehrere Krieger die gleiche Mutter hatten.

Wenn 80 000 gleich 100 Prozent sind, dann sind 17 000 Krieger (wehrfähige Männer) gleich 21,25 Prozent

Wir wollen großzügig sein und nehmen 20 000 Krieger von 80 000 der Gesamtzahl des Volkes an.

Genauere Auflistungen wird man nie vornehmen können. Das wären dann aber 25 Prozent davon Krieger.

Bei 600 000 wehrfähigen Männern (25 Prozent) wäre das Gesamtvolk (in der Bibel von Moses als „Kleinvolk" bezeichnet) insgesamt 2 400 000 Personen gewesen (2,4 Millionen)!

Die etwaigen Sklaven, von denen er, Gott der Hebräer, so viel redete, noch nicht berücksichtigt.

Der Herr rief am siebenten Tag Moses aus der Wolke zu sich, die den Berg umgab, der dann 40 Tage und Nächte auf dem Berg blieb (2 Mos. 24:18). 40 Tage und Nächte mussten die 600 000 Männer und das „Kleinvolk" in der Sonne ausharren.

Als Moses dann zurückkam (2 Mos 25:3 bis 6), sollte er von allen einen Beitrag erheben: Gold, Silber, Kupfer, blauen Faden, purpurrötlich gefärbte Wolle, karmesinfarbenen Stoff, feines Leinen und Ziegenhaar, rotgefärbte Widder- und Seehundfelle und Akazienholz, Öl für Licht, Balsam-Öl für wohlriechendes Räucherwerk, Onyxsteine und Steine zum Einsetzen für das Ephod und für das Brustschild. Der richtige Glaube hatte bereits damals seinen Preis, und der Herr der Hebräer liebte wie jeder einfache Mensch viel Gold, Silber und sonstige wertvolle Sachen und Geschmeide, das natürlich bei Moses verblieb.

Damit musste auch die Bundeslade gebaut werden (2 Mos. 25:10 bis 22), bestes Holz und viel Gold und an beiden Enden je ein Cherub, ebenfalls aus Gold. Das Thema Gold reicht noch viel weiter, da sakrale Gegenstände angefertigt werden mussten und der Bau der Stiftshütte stand auch noch an (2 Mos. 26:1). Und in der Stiftshütte wurde auch ein Altar errichtet (natürlich ohne Stufen wegen der Scham), obwohl man noch gar nicht am Ziele war, nämlich im Gelobten Land. Wahrscheinlich war die kleine Stiftshütte nur für Moses oder seine Priester gedacht und nicht für die 600 000 körperlich tauglichen Männer und das begleitende Kleinvolk, die wurden selbst in der Not zur Kasse gebeten oder mussten alles Wertvolle dem Moses aushändigen.

Alles unnütz und vergebens, da die römischen Besatzer im Jahre 70 n. Chr. den Tempelschatz von Jerusalem entwendeten und im Triumphzug durch Rom trugen. Ursprünglich von den Ägyptern bekommen oder geklaut, war er anscheinend für die Israeliten nicht segenbringend.

Auch in Rom blieb er nicht ewig. Denn im Jahre 410 n. Chr. belagerten die Westgoten Rom und nahmen den Staatsschatz der Römer und damit auch den Tempelschatz von Jerusalem mit auf ihren Weg in Richtung Süditalien, wo König Alarich verstarb und mit ihm, wie man erzählt, wohl auch der gesamte Schatz vergraben wurde.

Am Berg von Sinai bekommt Moses weitere göttliche Richtlinien, als habe es niemals zuvor die Vermittlung der zehn Gebote gegeben:„Wenn eine Sklavin ihrem Herrn missfällt, sodass er sie nicht zur Nebenfrau bestimmt, sondern an ein fremdes Volk verkauft, dann handelt er treulos!" Man staune: Vielweiberei geduldet von Gott? Dann darf trotz der zehn Gebote gemordet werden (2 Mos. 21:12 bis 19).

Du sollst eine Zauberin nicht am Leben lassen (2 Mos. 22:18). Mein lieber Herr und Gott der Hebräer: In unserer heutigen Rechtsprechung nennen wir das einen vollendeten Straftatbestand, nämlich Anstiftung zu Mord!

Irgendjemand, der bei einem Tier liegt, soll bestimmt zu Tode gebracht werden (2 Mos. 22:19). Man hat es auch mit Tieren getrieben, sonst wäre ein Verbot nicht nötig gewesen!

Deinen vollen Ertrag und den Überfluss deiner Presse (hier in der Wildnis) sollst du nicht zögernd geben. Den Erstgeborenen deiner Söhne sollst du mir geben (2 Mos. 22:29).

Umbringen oder freikaufen mit einem anderen, unnötigen Getier? Vielleicht steht uns nicht zu, nach der Intelligenz jenes Gottes zu fragen, der Mordopfer fordert.

Aber, wenn unsere eigene Religion darauf aufgebaut wird, dann haben wir ein Recht, wenn nicht sogar die Pflicht, dies hier anzusprechen oder zu hinterfragen.

Und der Herr wird es geduldig ertragen, auch wenn er angeblich allwissend und allmächtig ist, oder weil er allwissend und allmächtig ist.

Und dann gingen Moses und Aaron, Nadab und Abihu und 70 von den Ältesten Israels hinauf (2 Mos. 24:9/10), und sie bekamen den Gott Israels zu sehen, und dann aßen und tranken sie. Der Gott der Hebräer hat eine Party veranstaltet, leider leben heute keine Zeitzeugen mehr!

Heilige Kleider müssen gemacht werden (2 Mos. 28:2) für Aaron und seine Söhne, damit sie für den Herrn amten. Und sie selbst werden (2 Mos. 28:5) alles Gold und den blauen Faden und die purpurrötlich gefärbte Wolle und den karmesinfarbigen Stoff und das feine Leinen entgegennehmen. Die Bekleidung der Priester schmücken Topas, Smaragd, Rubin, Saphir, Diamant, Achat, Amethyst, Türkis, Onyx und Jaspis (2 Mos. 28:19). Mehr an Edelsteinen kannte man wohl nicht.

Alles Wertvolle der Flüchtlinge wurde eingesammelt und wurde von der richtige Stelle verwaltet!

Und du sollst ein glänzendes Stirnband aus purem Gold machen (2 Mos. 28:36).

Du sollst den Turban auf sein (Aarons) Haupt setzen und das heilige Zeichen der Hingabe am Turban anbringen (2 Mos. 29:6). Und du sollst das Salböl nehmen und es auf sein Haupt gießen und ihn salben (2 Mos. 29:7). So eine Schweinerei über dem Turban! Danach muss wieder ein Stier geschlachtet werden, wie bei allen diesen heiligen Handlungen, und das Blut um den Altar vergossen werden. Wobei das Fett auf dem Altar in Rauch aufgehen muss (2 Mos. 29:13).

Wann immer du die Gesamtzahl der Söhne Israels bei ihrer Musterung aufnimmst, dann sollen sie, ein jeder für seine Seele, dem Herrn ein Lösegeld geben, dass nicht eine Plage über sie komme (2 Mos. 30:12). Folgendes werden sie alle geben (2 Mos. 30:13): Einen halben Schekel nach dem Schekel der heiligen Stätte. 20 Gera sind gleich ein Schekel.

Irgendjemand (2 Mos. 31:15), der am Sabbattag Arbeit verrichtet, wird bestimmt zu Tode gebracht werden!

Da nun Moses so lange auf dem Berg von Sinai war, ordnete Aaron, der Bruder von Moses, an, dass alle Frauen, Söhne und Töchter ihre Ohrringe aushändigten (2 Mos. 32:2).

Dann ging es zum Schmelzen von Gold (in der Wüste), da man ein Standbild in Form eines Kalbes brauchte (2 Mos. 32:4).

Trotz Gottes Handschrift zerschmetterte Moses im Zorn die beiden Tafeln mit den Geboten am Fuße des Berges (2 Mos. 32:19). Dann nahm er das goldene Kalb (2 Mos. 32:20), verbrannte und zermalmte es (Metall: Gold). Danach streute er es auf die Oberfläche von Wasser und gab es den Söhnen Israels zu trinken (2 Mos 32:20). Das Gold blieb gewiss als Bodensatz für Moses. Wer ist auf der Seite des Herrn? Zu mir (2 Mos. 32:25)! Jeder von euch lege sein Schwert an und schreite im Lager von Tor zu Tor, und jeder töte seinen Bruder und vertrauten Bekannten. An jenem Tag fielen etwa 3 000 Mann (2 Mos. 32:28), wie es Moses befohlen hatte!

Waren sie nicht als Sklaven aus Ägypten gekommen, und jetzt stehen plötzlich 600 000 Männer unter Waffen? Wo hatte man sie denn so schnell in der Wüste geschmiedet?

Du sollst keinen Bund mit den Bewohnern des Landes schließen (Amoriter, Kanaaniter, Hethiter, Perisiter und Chiwiter), da sie gewiss unsittlichen Verkehr mit ihren Göttern haben (2 Mos. 34:15). Man trieb es nicht nur mit Tieren, sondern auch mit Göttern?

Religiöse Vorschriften folgen, wie ein Verbrüderungsverbot mit Ungläubigen, das kennen wir heute noch immer, oder schon wieder! Es kommt, wie schon so oft, zu Wiederholungen (2 Mos. 34:19). Wird ein Blödsinn auch noch so oft wiederholt, wird er dennoch nicht zur Weisheit oder Wahrheit!

Auch das zweite Buch Mose kann mit göttlicher Wahrheit und Allmacht nicht überzeugen.

Zum dritten Buch Mose (Levitikus)

Und er soll (gemeint ist der Besitzer) seine Hand auf den Kopf des Tieres legen (3. Mos. 1:4), und es soll gnädig angenommen werden, um für ihn Sühne zu leisten. Arme unschuldige Tierwelt!

Getreideopfer bestehen aus Mehl, das mit Öl und duftendem Harz angerührt werden muss, damit es zum beruhigendem und lieblichen Wohlgeruch für den Herrn wird (3 Mos. 1:9).

Wie muss der liebliche und beruhigende Wohlgeruch dem Herrn gefallen haben, als im Ersten Weltkrieg hunderttausende Soldaten beider Seiten auf dem Schlachtfeld ihr Leben ließen? Die von Kugeln niedergestreckt, von Granaten zerfetzt oder von Flammenwerfern verbrannt wurden. Sie blieben alle auf freiem Felde liegen und wurden von der aufgewühlten Erde mit dem nächsten Artilleriefeuer überdeckt. Beim nächsten Bombardement wurden die zerfetzten Toten wieder aus der Erde gerissen und über das „Feld der Ehre" verteilt. Nach monatelangen Gefechten erreichte der Gestank vom verwesendem Fleisch solche Ausmaße, dass Soldaten beider Seiten einen Angriff über dieses Feld verweigerten und standrechtlich erschossen wurden!

Hat jemand die Stimme des Herrn gehört, oder hat er Erbarmen gezeigt?

Nein, denn wir müssen langsam erkennen, dass wir seit der Vertreibung aus dem Paradies für uns selbst verantwortlich sind, denn kein himmlisches Wesen rührte jemals auch nur einen Finger!

Hier (3. Mos. 1 bis 11) geht es andauernd nur um Brand-, Sühne-, Feuer-, Schuld-, Getreide-, Dank-, Gemeinschafts-, Ganz-, Webe- oder Schlachtopfer und alles immer mit viel Blut, das am Altar verspritzt wird (welch verdreckte Bescherung mit Fliegen und Ungeziefer).

Natürlich sind die Priester die Gewinner der Opfergabe, denn nur sie dürfen das Fleisch der Opfergabe essen (3 Mos. 7:31 bis 36). Wer sonst von den Gaben isst, verdient den Tod.

Essbare Tiere sind solche, die gespaltene Hufe haben und wiederkäuen. Nicht essbar ist das Kamel, das zwar wiederkäut aber keine gespaltene Hufe hat (3. Mos. 11). Der Hase hat keine gespaltene Hufe, ist aber für den Gott der Hebräer ein Wiederkäuer (3 Mos. 11:6)! Der Gott der Hebräer kannte seine eigene Schöpfung nicht, oder hat sich Moses nur vertan?

Und wer ein unreines Tier in totem Zustand berührt, ist unrein bis zum Abend (3 Mos 11:31). Essen dürft ihr Heuschrecke, Grashüpfer und Grillen (3 Mos 11:22). Guten Appetit!

Diese sollen euch auch unrein sein unter den Tieren, die auf der Erde wimmeln: Wiesel, Maus und Kröte (3 Mos. 11:29). Warum hat Gott dieses unreine Getier und Gewimmel überhaupt erschaffen? Von Bakterien und Viren hatte man damals trotz göttlichem Kontakt ohnedies keine Ahnung!

Der Priester ist auch gleich der Medizinmann und ist bei Erkrankungen zuständig (3 Mos. 14:2). Bei Verdacht von Aussatz erfolgt Quarantäne. Sollte sich danach der Verdacht auf Aussatz nicht bestätigen, bedarf es wieder eines Schlachtopfers (3 Mos. 14:6).

Dann eine Zeremonie mit dem Blut des Schuldopfers, das der Priester auf das rechte Ohrläppchen dessen tun, der sich reinigt, und auf den Daumen der rechten Hand und großen Zeh des rechten Fußes (3 Mos. 14:14).

Bei möglichen Erkrankung hatte man vor dem Herrn Sühne zu leisten und war zu Schuldopfern verpflichtet (3 Mos. 24:29). Erkrankungen mit Medizin zu heilen, sahen die göttlichen Gesetze nicht vor.

Man ist noch am Berg von Sinai, doch da wird schon von Häusern gesprochen, die eventuell von Plagen befallen sind (3 Mos. 14:33 bis 48). Danach, wenn nach Abriss und Neubau keine Plagen mehr erkennbar sind, erfolgt das Opfer eines Vogels, der über fließendem Wasser getötet wird. Ein zweiter Vogel wird in das Wasser und das Blut des geopferten Vogels getaucht, und danach wird er ins freie Feld gesendet (3 Mos. 14:48/52), damit er Sühne für das Haus leistet.

Erkrankungen und Plagen waren einfach Strafen des Herrn, die nur ein Priester abwenden oder heilen konnte, durch das Töten eines unbeteiligten und unschuldigen Tieres!

Es folgen umfangreiche Verhaltensregeln bei Erkrankungen bei denen man von Unreinheit spricht.

Dies ist das Gesetz (3 Mos. 15:32) in Bezug auf den, der einen Ausfluss hat, und den, dem der Samenerguss abgehen mag, so dass er dadurch unrein wird. Der arme Moses hatte anscheinend keinen Grund, durch Samenerguss unrein zu werden?

Zwei Söhne von Aaron waren gestorben (3 Mos. 16:1), weil sie vor den Herrn getreten waren, und es musste wieder geopfert werden. Mit dem Blut musste die Bundeslade siebenmal bespritzt werden (3 Mos. 16:14). Auch der Altar brauchte dieses Blut (3 Mos. 16:18). Der Herr sprach zu Moses: Rede zu Aaron und seinen Söhnen (3 Mos. 17:2) und allen Söhnen Israels. Ja, lebten sie doch wieder, die Söhne von Aaron?

Sexuelle Verhaltensregeln folgen, um Inzucht zu vermeiden (3 Mos. 18:6 bis 19:23). So nebenbei aber sehr beachtlich (3 Mos. 19:18): „Und du sollst deinen Mitmenschen lieben wie dich selbst!" Diese Aussage rechnen die Theologen lieber erst später Herrn Jesus Christus zu, denn irgendwie passt sie auch gar nicht zu diesem Moses mit seiner Auge-um-Auge-Weisheit!

Wenn ein Mann oder eine Frau Geister beschwört oder Zeichen deuten kann, so sollen sie des Todes sterben; man soll sie steinigen. Ihr eigenes Blut komme über sie (3 Mos. 20:27). Betrifft das auch die Propheten mit ihren irrealen Visionen, die später noch folgen werden?

Wenn eines Priesters Tochter sich durch Hurerei entheiligt, so soll man sie mit Feuer verbrennen, denn sie hat auch ihren Vater entheiligt (3 Mos. 21:9). Mord zur Rettung der Ehre eines Priesters oder zum lieblichen und beruhigenden Wohlgeruch des Herrn? Hebräische Priester hatten Töchter?

In der katholischen Kirche hatten zwar normale Priester keine Töchter, aber es gab andere Gelegenheiten für solche Brandopfer, als die Kirche den Höhepunkt ihrer Macht entfaltet hatte!

Keiner, der einen Fehler hat, sei er blind, lahm, mit entstelltem Gesicht, mit irgendeiner Missbildung oder gebrochenem Fuß oder gebrochener Hand, wer buckelig oder verkrümmt ist, wer Krätze, Flechten oder beschädigte (?) Hoden hat, der soll nicht hinzutreten, um dem Herrn zu opfern (3 Mos. 21:18). Der Gott der

Hebräer wird dadurch entheiligt (von seiner eigenen Schöpfung)! Kommen die Behinderungen denn nicht auch vom gleichen Gott? Er ist ausschließlich für gesunde Gläubige zuständig, und wer überprüft die Hoden der 600 000 Männer? Könnte schon zur Lustorgie ausarten, denn es muss bei jedem Opfergang überprüft werden, denn wer ans Heiligtum mit einer Unreinheit herantritt, wird vom Herrn ausgerottet (3 Mos. 22:3).

Und ihr sollt euch am ersten Tag die Frucht prächtiger Bäume holen (3 Mos. 23:40), die Palmwedel und die Äste von Bäumen mit vielen Zweigen und von Pappeln aus dem Wildbachtal.

Welche herrlichen Gebote am Berg von Sinai, obwohl man von der Zukunft noch nichts wusste? Gott, der Herr der Hebräer, träumt weiter: In den Laubhütten ließ er sie wohnen (3 Mos. 23:43)?

Und Gott sprach (in der Wüste): „Gebiete den Söhnen Israels Olivenöl zu besorgen, damit die Lampen aus purem Gold beständig leuchten." (3 Mos. 24:2)

Der Sohn einer Israelitin, der Vater war Ägypter, zankte sich mit einem israelitischen Mann, wobei er den Namen des Herrn lästerte (3 Mos. 24:10). Und der Herr sprach: „Führet ihn hinaus vor das Lager, legt ihm eure Hände auf seinen Kopf und steinigt ihn." (3 Mos. 24:16)

Falls ein Mann seinem Genossen ein Gebrechen zufügt (3 Mos. 24:19), dem soll ebenso getan werden, Bruch um Bruch, Zahn um Zahn. Ein Flucher wird aus dem Lager geführt und gesteinigt, wie es der Herr Moses geboten hatte (3 Mos. 24:23).

Denn mir sind die Söhne Israels Sklaven, die ich aus Ägypten herausgeführt habe (3 Mos. 25:55).

Von Tag zu Tag werden den Söhnen Israels von Moses die Schrauben enger gezogen und die Gesetze ständig erweitert und erneuert, zugunsten der Macht von Moses!

Der Gott der Hebräer kündigt sogar Rache an, sollte sein Volk nicht hörig sein (3 Mos. 26:14).

Wenn ihr nicht auf mich hört (spricht der Herr laut seinem Knecht Moses), dann will ich euch heimsuchen mit Tuberkulose und Fieber und dass euch die Augen versagen (3 Mos. 26:16).

Dann wird der Gott der Hebräer brutal und wüst (3 Mos. 26:29): „Wenn ihr nicht gehorcht, dann werde ich wilde Tiere eure Herden (am Berg von Sinai?) zerreißen lassen und ihr werdet das Fleisch eurer Söhne essen, und ich will den lieblichen Geruch eurer Opfer nicht mehr riechen, und ich werde das Land wüst und leer machen!" Die übelsten, bis zum Kannibalismus reichenden Drohungen von Gott, von einem Menschen namens Moses vermittelt, dem Mörder und Lügner (3 Mos. 26:46).

Dann wird auch die Steuer eingeführt (3 Mos. 27:1 bis 30): Soll ein Gelübde vom Herrn abgelöst werden, dann hat ein Mann einen Schätzwert von 50 und eine Frau 30 Schekel, ein Junge fünf und für ein Mädchen drei Schekel Silber. Jeder Zehnte des Landes (in dem man noch gar nicht eingetroffen ist), von der Saat des Landes und von den Früchten der Bäume gehört dem Herrn. Kann er sich nicht selber bedienen? Nein, das läuft natürlich zugunsten von Moses und den nachfolgenden Priestern, die nicht selber arbeiten!

Auch das dritte Buch Mose brachte kein bewegendes Moment wichtiger göttlicher Erkenntnisse, es geht andauernd bei den Hebräern nur um gesellschaftliche Regelungen, die mit brachialer Gewalt bis hin zu Mord und Totschlag durchzusetzen sind.

Das vierte Buch Mose (Numeri)

Am ersten Tag des zweiten Monats, im zweiten Jahr ihres Auszugs aus Ägypten, wurden nun die zwölf Stämme Israels gezählt. Vom Zwanzigjährigen aufwärts, der zum Heer auszieht in Israel.

Da waren sie zwar noch gar nicht angekommen, die ehemaligen Sklaven, trotzdem wird von einem Heer gesprochen, insgesamt von 603 550 wehrfähigen Männern.

Natürlich wird bei der Zählung auch von Familien gesprochen aber deren Umfang nicht erwähnt!

Bei den Leviten waren überzählige Erstgeborene, die losgekauft werden mussten (4 Mos. 3:3). 273 Erstgeborene für je fünf Schekel. Ein Schekel ist gleich 20 Gera. Und du sollst das Geld Aaron und seinen Söhnen (Priestern) geben (4 Mos. 3:47).

Weitere Regelungen folgen, besonders bezüglich untreuer Frauen, die bitteres Wasser zu trinken bekommen, wenn nur ein Verdacht besteht (4 Mos. 5:12 bis 31).

Wann immer Moses die Stiftshütte betrat, hörte er Gottes Stimme zwischen den Cheruben, die sich oben auf dem Deckel der Bundeslade befanden (4 Mos. 7:89).

Am zwanzigsten Tag im zweiten Monat des zweiten Jahres erhob sich die Wolke, die stets über der Stiftshütte ruhte und die Kinder Israels in die Wildnis Paran, nach Kadesch, führte (4 Mos. 13:26), wo sie wieder haltmachte (4 Mos. 10:11).

Das Volk begann zu murren, weil es immer nur Manna gab (4 Mos. 11:7). Man wollte auch mal Fleisch essen. Moses wusste sich keinen Rat und rief den Herrn um Hilfe (4 Mos. 11:13).

Zum ersten Male (4 Mos. 11:24) begannen 70 ältere Männer als Propheten zu amten, da der Herr in einer Wolke herniederkam und über sie den Geist ausbreitete.

Dann kamen vom Meer her Wachteln geflogen und ließen sich über dem Lager fallen, sodass sie ausgiebig Fleisch hatten (4 Mos. 11:30). Dann entbrannte der Zorn Gottes und begann mit einer großen Schlachtung des Volkes wegen ihres selbstsüchtigen Verlangens (4 Mos. 11:33).

Mirjam regte sich auf, weil Moses sich eine kuschitische Frau genommen hatte (4 Mos. 12:1), dafür wurde sie mit Aussatz geschlagen und musste sieben Tage außerhalb des Lagers verbringen.

Nicht Moses, nein die Frau wurde mit Aussatz bestraft! Orientalisches Gerechtigkeitsempfinden?

Gott sprach: „Wie lange wird diese Gemeinde weiterhin gegen mich murren (4 Mos. 14:27)? In dieser Wildnis werden eure Leichname fallen (4 Mos. 14:29). Eure Söhne werden für 40 Jahre in der Wildnis Hirten werden (4 Mos. 14:33), und sie werden sich für eure Hurerei zu verantworten haben." Das Wort „Gemeinde" wurde erstmals gebraucht.

Nicht alle waren sich sicher für eine Landnahme, weshalb sie murrten. Gott verband dies gleich mit Hurerei, für die die Söhne zu büßen hatten! Ein sehr komischer Moses. Danach wurde wieder umfangreich Schlachtvieh geopfert. Vorher beklagte man aber Fleischmangel!

Ein Mann wurde am Sabbattag beim Sammeln von Holzstücken erwischt (4 Mos. 15:32), daraufhin befahl Gott seine Steinigung außerhalb des Lagers.

Jetzt gibt es doch einige Klagen gegenüber Moses, der sie in die Ödnis geführt hatte, und weil er sich bis zum Äußersten als Fürst über die anderen aufspielen möchte (4 Mos. 16:13).

Die göttliche Strafe folgte für die ganze Sippe der Kritiker, da sie nicht Moses, sondern gleich Gott damit gelästert hatte (4 Mos. 16:30).

Die Erde tat sich auf und verschlang die Männer lebendig samt Hausgemeinschaften, die respektlos über Moses und damit über Gott gesprochen hatten (4 Mos. 16:32).

Und es wird weiterhin geopfert zum beruhigenden Wohlgeruch des Herrn (4 Mos.18:17). Natürlich geht es auch um den Kaufpreis für den Erstgeborenen der Menschen (4 Mos.18:15).

Mit fünf Schekel ist jeder ab dem ersten Monat dabei, und alle heiligen Beiträge gehören Aaron und seinen Nachkommen (4 Mos. 18:19).

Noch immer ist man nicht im Gelobten Land, dennoch wird bereits der Anteil (4 Mos. 18:25) von zehn Prozent aller Erträge festgelegt, den die Priester bekommen! Und Sichon, der König der Amoriter, gestattete Israel nicht durch sein Gebiet zu ziehen, sondern sammelte seine Krieger (4 Mos. 21:23). Darauf wurde er von Israel mit der Schärfe des Schwertes geschlagen, und man nahm Besitz von seinem Land (4 Mos. 21:24).

Wieder kommt der Berichterstatter zurück zum Auszug aus Ägypten (4 Mos. 21:5). Die Männer wurden von giftigen Schlangen gebissen, die der Herr geschickt hatte, da sie aus Mangel an Wasser und Brot gemurrt hatten. Aber Meister Moses wusste Rat, nachdem er für sein Volk bei dem Herrn Fürsprache eingelegt hatte. Er fertigte eine Schlange aus Kupfer und befestigte diese auf einer Signalstange (4 Mos. 21:9). Wurde jetzt ein Mann gebissen, brauchte er nur auf die Kupferschlange zu blicken, um nicht zu sterben.

Warum schickte Gott zuerst die Giftschlangen, um danach für Abhilfe zu sorgen? Leider kommen wir heute nicht mehr in den Genuss solcher göttlicher Wohltaten.

Danach gingen sie daran, den König von Baschan, seine Söhne und sein ganzes Volk zu schlagen, bis kein Überlebender übrig blieb; und sie nahmen dann von seinem Land Besitz (4 Mos. 21:35).

Als die Eselin den Engel des Herrn zu sehen bekam (4 Mos. 22:26), legte sie sich unter Bileam nieder, und er schlug sie wiederholt mit dem Stab.

Sogar ein Esel erkannte einen Engel des Herrn! Schließlich öffnet der Herr das Maul der Eselin, und sie sprach zu Bileam (4 Mos. 22:28): „Was habe ich dir getan, dass du mich dreimal geschlagen hast?" Darauf sprach Bileam zur Eselin:

„Nun, weil du Mutwillen mit mir getrieben hast. Wäre nur ein Schwert in meiner Hand, so hätte ich dich getötet!" (4 Mos. 22:29) Laufend werden tierische Opfergaben zum beruhigenden Wohlgeruch des Herrn verbrannt.

Demzufolge legte Israel (gleich ein ganzes Volk – übertrieben wie immer) dem Herrn ein Gelübde ab und sprach (4 Mos. 21:2): „Wenn du dieses Volk gewisslich in meine Hand geben wirst, so werde ich ihre Städte der Vernichtung weihen." Da hörte Gott auf die Stimme Israels und übergab die Kanaaniter, und sie weihten sie und ihre Städte der Vernichtung (4 Mos. 21:3).

Es ist schon interessant, dass zuerst der Herr am Heiligen und Weihen war und diesen Vorgang später auf Moses und seine Priester übertrug, und nun konnte dies ein ganzes Volk vornehmen! Mörderische göttliche Eingaben, genau nach dem Charakter von Moses.

Jetzt reichte nicht mehr ein Altar, denn es mussten gleich derer sieben sein, und bei jedem wurde ein Stier und ein Widder geopfert (4 Mos. 23:1). Anscheinend hatte man genug Opfertiere, während die Leute murrten, dass es an Fleisch mangelte. Dann wird es interessant: Und da werden Schiffe sein von der Küste Kittims, und sie werden bestimmt Assyrien niederdrücken (4 Mos. 24:24). In den Schriften, die aus der Zeit von Jesus stammen, gefunden 1949 in den Höhlen von Qumran, werden ebenfalls die „Kittim" erwähnt. Vielleicht muss hier der Zusammenhang festgestellt werden, dann könnte man auch die Niederschrift des Alten Testamentes zeitlich genauer zuordnen.

Wie lange geht es noch, bis Assyrien dich gefangen wegführen wird (4 Mos. 24:22)? Wenn dies keine Prophezeiung, sondern ein bereits bekanntes Wissen war, dann war es die Zeit in Babylon 592 bis 536 v. Chr. Dann ist dies eine Nachbearbeitung bereits bekannter Tatsachen, die hier im Namen von Moses geschrieben wurden.

Wieder war es Gott, der Plagen über das Volk brachte, weil die Israeliten mit den Töchtern der Moabs unsittliche Beziehungen hatten und sich vor ihren Göttern niederbeugten (4 Mos. 25:1). Pinechas, Nachkomme Aarons des Priesters, nahm eine Lanze und stach dem Mann aus Israel und der midianitischen Frau durch ihre Zeugungsorgane. Darauf wurden die Plagen, die 24 000 Israeliten das Leben kosteten, schlagartig abgewehrt (4 Mos. 25:8). Moses hatte sich doch auch straffrei eine kuschitische Frau genommen, und es gab keine Plagen! Interessante Logik: Mit Mord an einem Paar konnten göttliche Plagen abgewehrt werden!

Wegen der Schuld Einzelner hat ein ganzes Volk zu leiden. Sippenhaftung wird hier bei Moses zur göttlich geschützten Normalität!

Die Stämme Israels werden wieder gezählt (4 Mos. 26:1 bis 51), insgesamt: 601 730 Mann, natürlich ohne das unwichtige „Kleinvolk", Frauen und Kinder und Alte.

Die Söhne Israels sind nicht mehr die gleichen von einst, die Ägypten verlassen haben. Sie hatten Gott gelästert, sodass sie das Gelobte Land nicht zu sehen bekamen (4 Mos. 26:65). 600 000 wehrfähige Männer in der Wildnis von Sinai begraben? Den Archäologen stehen noch unglaubliche Knochenfunde bevor.

Es folgen Landzuteilungen an die Söhne von diesem und jenem Vorfahren, was eigentlich uninteressant und auch nicht nachprüfbar ist. Es wird wieder geopfert ohne Maß (4 Mos. 28:11). Man zählt diesmal 66 Stiere, woher man die vielen Tiere hatte, wird nicht beschrieben.

Zwei fehlerlose, einjährige männliche Lämmer (4 Mos. 28:3) müssen geopfert werden.

Lämmer sind „fehlerlos"? Dämliche fehlerhafte göttliche Schöpfung? Gehörte auch Moses dazu? Eher geistiges Unvermögen von Moses und nicht Unlogik seines imaginären Gottes. Sollte man lachen oder weinen, oder geht es hier einfach nur um die Ernährung der Priester?

Möge der Herr und Gott der Geister des Fleisches jeglicher Art einen Mann über die Gemeinde stellen (4 Mos. 27:16).

Aaron stirbt am Berge Hor (4 Mos. 33:38). 40 Jahre, fünf Monate, am ersten Tag des Monats im Alter von 123 Jahren, sehr exakt festgehalten. Nachfolger wird sein Sohn Eleasar.

Landnahme geht unvermittelt weiter (4 Mos. 35:9).

Dann die göttliche Anordnungen für Mörder, Totschläger und Zuflucht für Bluträcher (4 Mos. 35:11).

Der Bluträcher wird den Mörder zu Tode bringen, als göttliches Gesetz verkündet (4 Mos. 35:19).

Das fünfte Buch Mose (Deuteronomium)

Es folgen Wiederholungen ohne Ende, weitere Gesetze und Landnahmen.

Wir weihten 60 Städte mit hohen Mauern und Türen mit Riegeln der Vernichtung samt Männer, Frauen und Kleinkinder (5 Mos. 3:4). Ihre Haustiere und die Beute der Städte nahmen wir als Raubgut(5 Mos. 4:7).

Dein Herr und Gott ist ein verzehrendes Feuer, das ausschließlich Ergebenheit fordert (5 Mos. 4:23). Denn der Herr ist ein barmherziger Gott und wird dich nicht im Stich lassen (5 Mos. 4:31). Barmherzig zum eigenen Volke? Pathetische Nullwertigkeit, denn zuerst die Babylonier und später dann die Römer machten dieser göttlichen Allmacht ein erbarmungsloses Ende.

Ihr aber seid es, die Gott genommen hat, und euch aus dem Eisen-Schmelzofen, aus Ägypten, herausgeführt hat, damit ihr ihm ein Volk zum persönlichen Besitz werdet (5 Mos. 4:20).

Und der Herr wird bestimmt jede Krankheit von dir entfernen und was die üblichen Seuchen Ägyptens betrifft, er wird sie nicht auf dich legen, sondern auf die, die dich hassen (5 Mos. 7:15).

Und du sollst alle Völker vertilgen, die der Herr dein Gott dir gibt. Göttlicher Mordauftrag!

Und du sollst ihren Göttern nicht dienen, denn das wird dir zur Schlinge sein (5 Mos. 7:16).

Und er wird ihre Könige bestimmt in deine Hand geben, und du sollst ihre Namen unter dem Himmel hinweg vernichten (5 Mos. 7:24). Niemand wird gegen dich standhalten, bis du sie ausgerottet hast.

Unfassbare Nullwertigkeit, denn gerade das Gegenteil wartete auf die Nachkommen der Hebräer!

Man möchte keinen geschichtlichen Vergleich anstellen, aber dazu würde man heute sagen, dass es sich hier im höchsten Grade um einen religiös bedingten Rassismus handelt.

Gottes Zorn wird entbrennen, wenn ihr vom Wege abweicht und er die Himmel verschließt, sodass kein Regen fällt (5 Mos. 11:17). Wie human waren einst die Zehn Gebote! Propheten und Träumer gegen den Herrn sollen zu Tode gebracht werden (5 Mos. 13:5). Du sollst deinen Bruder oder Sohn deiner Tochter töten, wenn sie mit anderen Göttern locken. Und du sollst ihn steinigen, denn er hat dich von deinem Gott abwendig gemacht (5 Mos. 13:10).

Anscheinend hat man bereits in jener Zeit das Treiben von Moses kritisch gesehen, und es gab nicht immer Zustimmung oder sogar Zweifel, dass der Läufer zwischen dem Gott der Israeliten und seinem Volk nicht unbedingt göttliche Wahrheiten vermittelte und schon gar nicht Weisheiten.

Es kann nur der Mordgier von Moses entsprechen, dem wahrhaften Mörder eincs Ägypters, und nicht dem Willen eines Gottes, der sein Volk auserwählt, geführt und angeblich geliebt hat. Gott und Sadismus, was dem grausamen Erschlagen mit Steinen entspricht, das passt nicht zusammen.

Es ist nicht ein Schöpfer, sondern es ist Moses, der Mörder und Lügner, der hier seine sadistische Mordlust mit der Steinigung zum perversen Höhepunkt bringt.

Es folgen Wiederholungen bezüglich Opfergaben. Der zehnte Teil der Ernte ist fällig, wobei die Priester auch Geldopfer annehmen (5 Mos. 14:24). Leviten, vaterlose Knaben und Witwen und der Fremdling sollen kommen und sich sättigen, damit dich Gott segne (5 Mos. 14:29).

Der „vaterlose" Knabe soll kommen und sich sättigen. Und wo bleibt das „vaterlose" Mädchen? Es ist auffallend, dass diese gesamte Geschichte auf männliche Akteure ausgerichtet ist und Frauen kaum eine Erwähnung finden.

Dein Gott wird dich in der Tat segnen und du wirst vielen Nationen auf Pfand leihen, während du selbst nicht borgen wirst; und du sollst über viele Nationen herrschen, während sie nicht über dich herrschen werden (5 Mos. 15:6).

Drei Städte soll es geben, die als Zuflucht für Totschläger dienen, damit Mörder nicht von Bluträchern totgeschlagen werden, bevor die älteren Männer geurteilt haben (5 Mos. 19:4).

Falls ein Mann einen störrischen Sohn hat, der Vater und Mutter nicht gehorcht und ein Prasser und Trunkenbold ist, führt man ihn zu den Ältesten der Stadt, und er soll von allen gesteinigt werden (5 Mos. 21:18). So sollst du das Böse aus deiner Mitte wegschaffen (als Mörder).

Hat jemand gesündigt und ist des Todes würdig, hängt man ihn an ein Holz (5 Mos. 21:22); so soll sein Leichnam nicht über Nacht am Holz bleiben, sondern du sollst ihn noch am Tage begraben.

Der Gehängte ist von Gott verflucht, und du sollst deinen Boden mit ihm nicht verunreinigen.

Findest du ein Vogelnest mit Eiern oder Jungen, dann nimm nur die, und die Vogelmutter sollst du freilassen, damit es dir gut ergehe und du deine Tage verlängerst (5 Mos. 22:6).

Keine Tochter Israels darf Tempel-Prostituierte und kein Sohn Israels darf Tempel-Prostituierter werden (5 Mos. 23:17). Du sollst den Lohn einer Hure oder den Preis eines Hundes nicht in das Haus deines Gottes bringen (5 Mos. 23:18).

Fremde Huren und Hurensöhne werden doch nicht den sauberen Israeliten gedient haben, die dann nicht als Täter gesehen wurden, wenn sie ein solches Angebot angenommen haben? Hier fällt das Wort Tempel! Ja, seit wann gibt es denn einen Tempel? Wieder kann hier der Zeitpunkt der biblischen Niederschrift fixiert werden. Man ist ja noch immer mit der Landnahme beschäftigt, da gab es noch gar keinen Tempel!

Falls zwei Männer raufen und die Frau des einen mischt sich helfend ein und packt den anderen bei seinen Geschlechtsteilen, dann sollst du ihr die Hand abhauen (5 Mos. 25:11).

Haarsträubend, was der Herr und Gott der Israeliten angeblich dem Moses alles auferlegt hat.

Zum ersten Male wird der Gott der Hebräer, der so viel mächtiger war als die Götter Ägyptens, als Schöpfer aller anderen Nationen bezeichnet (5 Mos. 26:19).

Papier ist sehr geduldig, denn andauernd war vorher die Rede davon, dass der Herr alle anderen Nationen der Vernichtung zuführen würde, damit die Israeliten ihre Feindschaft nicht fürchten müssen.

Es folgen gesellschaftliche Verhaltensregeln und Wiederholungen, wonach heute kein Hahn mehr kräht. Und wer sich nicht daran hält, soll verflucht sein (5 Mos. 27:15).

Die Leviten erklären jeden Punkt, der zur Verfluchung führt, und das Volk sollte jedes Mal dazu „Amen" sagen. Man zähle hier insgesamt elf Punkte (5 Mos. 27:16 bis 26) Amen!

Zum ersten Male wird nicht nur geopfert und geschlachtet für Gott und zum Wohle der Priester, sondern das Volk muss sich mit dem Wort „Amen" beteiligen, was später als allgemeine Floskel zum Gebetsende hinzugefügt wurde.

Und alle Völker der Erde werden sehen müssen, dass Gottes Name über dir (Israeliten) genannt worden ist, und sie werden sich tatsächlich vor dir fürchten (5 Mos. 28:10). Alle Völker der Erde! Wie großspurig, denn die kannte man damals noch gar nicht.

Die Israeliten sind gesegnet, wenn sie auf die Stimme Gottes hören, und sie werden verflucht, wenn sie sich abwenden (5 Mos. 28:1 bis 68).

Geheiligt und gesegnet oder verflucht und verdammt für immer.

Dafür gibt es später noch eine Steigerung: Verdammt bis in alle Ewigkeit, Amen!

Und es soll geschehen, wenn du nicht auf die Stimme Gottes hörst (5 Mos. 28:15), dass er dich mit den Beulen Ägyptens schlägt, mit Hämorrhoiden (jetzt sind wir am Hintern der Schöpfung gelandet) und Ekzem und Hautausschlag, von denen du nicht geheilt werden kannst (5 Mos. 28:27).

Gott, der Rächer und Richter (5 Mos. 28:15 bis 68), was Moses als geheimer aber beflissener Empfänger verkündete.

Göttliche Freude an der Vernichtung und Vertilgung der abtrünnigen Schöpfung (5 Mos. 28:6). Hier wird Sodom und Gomorrha als göttliches Strafgericht erwähnt (5 Mos. 29:23). Auch wenn beide Städte durch eine Naturkatastrophe zerstört wurden, für den religiös gebundenen Menschen war eine göttliche Bestrafung glaubhaft.

Moses stirbt auf göttlichem Wunsch mit 120 Jahren und beruft Josua, den Sohn von Nun, zu seinem Nachfolger (5 Mos. 31:23). Warum brauchte Moses einen Nachfolger? Es folgen beschämende Lobpreisungen zu seinem geplanten Abschied (5 Mos. 32:1 bis 33:29). Danach starb Moses (5 Mos. 34:5), der Knecht des Herrn, und er (der Herr) begrub ihn (mit welchem Werkzeug?) dann im Tal im Lande Moab vor Beth-Peor, und niemand kennt sein Grab bis auf den heutigen Tag. Damit war eine wichtige Figur der religiösen Weltgeschichte verschwunden.

Nach den fünf Büchern Mose braucht man sehr lange, um seine Gedanken zu ordnen und seine Gefühle zu beruhigen, denn man will nicht voreilig ein ungerechtes Urteil fällen.

Ein vergleichbares Buch ähnlich schrecklichen Inhaltes wird man kaum in der Literatur finden.

Beigefügte Feststellungen sollten weder den Befürworter noch Kritiker abschrecken, noch sie vor den Kopf stoßen oder Gefühle religiöser oder einfacher Menschen verletzen.

Es kann nicht schaden, wenn die Leute dies kritisch lesen, zum Wohle einer ruhigeren und besseren Welt ohne von einem Gott verordneten und von Moses verkündeten Mord oder Lustmord.

Jeder sollte sich seine Meinung bilden, doch es ist erschreckend und enttäuschend, was man in der Kindheit so nicht vermittelt bekommen hat.

Zum Schutze der Jugend muss das Alte Testament verboten werden, damit sie nicht herangeführt wird an Mord und Totschlag und alle anderen, von einem Gott verordneten Verbrechen.

Mit einer Vorstellung von göttlicher Allmacht hat dies in der Christenheit nichts zu suchen, sondern kann nur Abscheu und Ekel hervorrufen.

Eine umfangreiche alte Märchenerzählung, bestens geeignet für eine Verfilmung von Hollywood mit allen fantastischen, technischen Möglichkeiten und grandiosen Schauspielern.

Die umfangreichen Anordnungen im gesellschaftlichen Leben des israelitischen Volkes, die Moses angeblich immer von Gott erhalten hat, sind seine Rechtfertigung für Mord und Totschlag.

Der Gipfel der mörderischen Perversion wird mit der Steinigung erreicht – ein Mord mit Lustfaktor; also ein Lustmord, da das Opfer langsam und qualvoll zu sterben hatte. Der Gipfel von Sadismus.

Auch die Blutrache verdanken wir diesen von Gott empfohlenen und diktierten Gesetzen.

Obwohl es in den zehn Geboten heißt: Du sollst nicht töten.

Oh du himmlischer Gott der Hebräer! Überboten nur von den Göttern der Maya und Azteken.

Davon abgesehen, auch die Germanen kannten die Blutrache, die hatte ihnen aber der katholische Kaiser Karl der Große untersagt und ausgetrieben. Man hätte hier auch der „fränkische" oder der erste „germanische" Kaiser schreiben können, aber „katholisch" bedeutet bereits, dass eine christliche Religion hinzugelernt hatte und sich nicht mehr ausschließlich auf Moses berief.

Was dem einzelnen Menschen untersagt ist, ist auch einem Herrscher, einer Gruppe oder einem Volk oder irgendeiner Nation nicht erlaubt, vor allem die Todesstrafe.

Wenn sogar ein Gott sich nicht an die von ihm vorgegebenen zehn Geboten hält, wie von Moses vermittelt, dann muss man annehmen, dass etwas nicht stimmt an allen Geschichten von Moses.

Auf dem Berg von Sinai hatte er vorher mit Hammer und Meißel zwei Steinplatten angefertigt, damit Gott zehn Zeichen, jedes für ein Gesetz, darauf verewigen konnte.

Er hatte behauptet, dass er alle weiteren Gesetze des Herrn mitgeschrieben habe. Ja womit denn? Mit Hammer und Meißel? Oder hatte man eine Papyrus-Fabrikation dabei?

Dann wurde von Priestern schon mal behauptet, dass die Hebräer als Sklaven beim Pyramidenbau eingesetzt waren. Eine völlig falsche Einschätzung. Bei welcher Pyramide sollte dies gewesen sein? Die Pyramiden des Alten Reiches auf dem Gizeh-Plateau wurden in der vierten Dynastie zwischen 2680 und 2180 v. Chr. errichtet (Wikipedia).

Der Auszug der Hebräer, falls je geschehen, erfolgte aber angeblich um ca. 1300 v. Chr.

Bis zur Niederschrift ca. 500 v. Chr. wurde alles lebhaft am Lagerfeuer weitererzählt, und da kam immer mal etwas Neues dazu, vor allem Wunder über Wunder und orientalische Übertreibungen.

Und man konnte nach langer Zeit auch den Namen des damaligen Pharao nicht mehr benennen.

So passiert es im Laufe von Jahrhunderten, dass aus einer Mücke ein Elefant gemacht wurde, oder aus einem kleinen Wandertag wurde gleich der Auszug von 600 000 Mann mit „Kleinvolk" in Begleitung eines gewalttätigen Gottes. Der nach Rache sann, wenn man ihn nicht verehrungswürdig fand.

Die orientalischen Geschichten von „Tausendundeine Nacht" sind schöner zu lesen.

Mit anderen Worten, die von Moses oder seinem Schreiber erfundenen Geschichten müssen sich den Verdacht der Unwahrheit gefallen lassen und der Nicht-Beweisbarkeit.

Vielleicht hat der Leser auch gemerkt, dass eigentlich der Bruder von Moses, Aaron der Priester, als Sprecher zwischen Gott und den Israeliten zuständig gewesen wäre.

Der spielte eine völlig untergeordnete Rolle, während alles auf den Willen von Moses hinauslief. Ein absolutistischer Herrscher mit einem Gott im Hintergrund, mit dem nur er sprechen konnte und von dem er alle diese Weisheiten und Grausamkeiten erfahren haben wollte.

Die immer wieder erwähnten Namen von Vätern und ihren Vorvätern sind in keiner Weise überprüfbar und für uns heute ohnehin völlig unwichtig. Die fünf Bücher Mose, der gesamte geschichtliche Werdegang vom Anfang bis zum Ende, sind auf dem Patriarchat aufgebaut, weshalb auch nur die männlichen Nachkommen von Bedeutung sind. Das fing bei Gott an, der selbstverständlich dann auch männlich sein musste, wie auch der erste Mensch, Adam. Damit nicht genug: Selbst die unschuldigen Opfertiere mussten männlich sein.

Gott als neutrales Wesen wäre aus heutiger Sicht eine bessere und zeitlose Lösung gewesen. Nebenbei: Michelangelo hat in der Sixtinischen Kapelle den Adam mit einem Geburtsmal, einem unübersehbaren Bauchnabel, gemalt. Niemand, auch nicht die Theologen, störten sich daran! Hatte Adam als Geschöpf Gottes aber dann doch eine Mutter? Vielleicht eine göttliche Mutter? Andere Völker hatten viele Götter, und die waren nicht nur männlich, sondern auch weiblich.

Die Geschichte ist orientalisch und gleicht anscheinend kritiklos noch heute dem Denken und Empfinden religiöser Menschen. Man hat den Eindruck, dass sich auch nach Jahrtausenden nichts geändert hat. Wobei man hier eigentlich mehr an die islamische Welt denkt, die sich anscheinend konsequent jeder Veränderung der Ursprünglichkeit verweigert, obwohl sich in der Neuzeit alles verändert hat!

Auch wenn unsere christlichen Religionen eigentlich nur die zehn Gebote als Basis brauchen, so sind diese Gebote längst in unsere Rechtsprechung eingegangen, und damit brauchen wir auch kein Mysterium (Gott hinter Feuer und Rauch am Berg von Sinai) für eine Rechtfertigung! Damit verliert ein Glaube seine Wichtigkeit, und vor allem verbreitet er keinen Schrecken mehr.

Die fünf Bücher von Moses, mit den andauernden Wiederholungen, reichen nicht aus, um dahinter einen universalen, göttlichen Willen zu erkennen.

Erzählungen, die heute als Märchen und Fabeln bekannt sind, müssen unseren Argwohn wecken. Auch, wenn sie noch so oft wiederholt werden, werden sie trotzdem nicht zur Wahrheit!

Moses war ein geschickter Läufer zwischen seinen Israeliten und dem angeblichen Gott auf dem Berg, der später über die Bundeslade mit ihm sprach, zu der sonst niemand Zugang hatte. Eine Erfindung von Moses, um sich mit Gottes Hilfe besser als Führer der Israeliten durchzusetzen.

Diese nachträglich geschriebene Geschichte von Moses hatte für gläubige Menschen aber bis in unsere Zeit widerspruchslose und uneingeschränkte Gültigkeit.

Der Glaube fragt nicht nach Wirklichkeit, sondern eher nach dem Mysterium oder Imaginären, dem Überirdischen oder Übersinnlichen, und dies bedarf dann auch keiner näheren Erklärung oder Logik.

Heute kennen wir die ganze Welt, von der Moses damals nur unwissend sprechen konnte.

Heute wissen wir von einem Universum und seinen Dimensionen, das uns auf der Erde ganz winzig erscheinen lässt, als seien wir gar nicht existent oder nur mit einem Ameisenhaufen vergleichbar. Moses, ein Mensch mit seinem Nichtwissen oder Glauben an einen Gott, wird völlig unwichtig. Gott in Menschengestalt und hinter dem Mond, das wird einfach lächerlich.

Der umgekehrte Fall, dass der Mensch mit der Gentechnik den göttlichen Schöpfungsakt nachvollziehen kann, scheint eher eine erreichbare Wirklichkeit zu sein.

Also verliert dann damit die Religion eines ihrer letzten Wunder.

Die geheimnisvolle Gentechnik öffnet langsam alle ihre Türen und Tore, was einst nur Gott vorbehalten war. Es wird so kommen, dass der Mensch bessere genetische Kombinationen finden wird, für die die Natur Millionen von Jahren brauchte.

Der Gott der Hebräer führte sein Volk mit Hilfe von Moses in ein Land, in dem Milch und Honig fließen.

Sie waren dabei sehr schlecht beraten, denn wären sie nicht nach links oben, sondern nach rechts unten gewandert, sie hatten ja immerhin 40 Jahre Zeit, dann wäre nicht Milch und Honig, sondern Erdöl geflossen, und die Israeliten wären ein wohlhabendes Volk geworden.

Einen kleinen Hoffnungsschimmer gibt es noch, Licht in diese unglaubhafte mosaische Geschichte zu bringen, wenn die Gegenseite, die Ägypter, auch über diesen Vorgang berichtet, da sie ja 600 Streitwagen mit Kriegern samt einem namenlosen Pharao im Roten Meer verloren haben.

Immerhin sind die Hieroglyphen heute lesbar, die einst in Vergessenheit geraten waren.

Es mögen Gläubige an den heiligen Schriften fanatisch festhalten, für den Lauf der Weltgeschichte ist es unwesentlich, aber als ernsthafter geschichtlicher Rückblick taugen sie nicht. Auch literarisch sind sie von geringer Bedeutung, sie beinhalten weder Ironie oder irgendwelchen Spaß und leider nichts von Ästhetik und Schönheit, das von grandioser göttlicher Freude wäre, sondern grenzenlosen Fanatismus, gefestigt mit Mord und Totschlag.

Auf diesen Gott der Hebräer kann nicht nur, sondern muss diese Welt verzichten, damit nicht wieder ein Gegner der Vernichtung geweiht und der Schärfe des Schwertes zugeführt wird, sprich einem Völkermord, mit der Rechtfertigung des Einverständnisses einer imaginären Gottheit.

Warum schweigen seither die Götter oder ihre Boten, obwohl wir sie heute mehr denn je bräuchten? Weil es sie so nicht gibt und nie gegeben hat?

In den weltweiten Medien wäre heute ein göttlicher Zauber oder ein Wunder sehr schnell entlarvt.

Das Schweigen seiner Göttlichkeit könnte ja so gedeutet werden, dass der Mensch heute zu gottlos sei. Dann könnte er sich ja jenen zuwenden, die auch heute noch zu ihm beten und seine Hilfe erflehen. Aber auch die bleiben weltweit ohne Antwort und unwissend zurück. Immerhin hatte er sich ja einst angeblich an Noah gewandt, um ihn und die Seinen für eine neue Inzucht zu retten. Inzucht deshalb, da keine weiteren Ehepartner mehr zur Verfügung gestanden hätten.

Bei den Problemen der heutigen Zeit nützt es gar nichts, noch weitere 1000 Jahre zu beten, denn auch wir werden nie eine Antwort bekommen, weshalb wir schon selber mit unserer Vernunft und Eigenverantwortlichkeit handeln müssen, bevor es für unsere Nachkommen ganz zu spät ist. Immerhin sind die Zeichen einer Klimaveränderung als Bedrohung unbestreitbar zu sehen.

Josua

So, wie in den fünf Büchern Moses, geht es nun weiter. Ganz so, als ob der gleiche Schreiber am Werke war. Übergangslos schließt sich das Thema der Landnahme an.

Die Männer in Schlachtordnung antworten: „Alles was du uns geboten hast, werden wir tun und wohin du uns senden magst, wir werden gehen (Jos. 1:16). Führer befiehl, wir folgen dir!"

Schwülstiges Reden des Herrn, der die Übergabe von seinem Knecht Moses nun auf Josua weiht, der zum Kampf rüstet (Jos. 1:1 bis 9).

Die Lade des Bundes wurde vorangetragen (Jos. 3:15), damit das herabfließende Wasser des Jordan stehenblieb, während ganz Israel trockenen Fußes hinüberzog.

Dann wird nicht mehr von ganz Israel gesprochen, sondern von 40 000 Mann zum Heer gerüstet, das gegen Jericho aufbrach (Jos. 4:18).

Mache dir ein Messer aus Feuerstein, und beschneide erneut die Söhne Israels (Jos. 5:2).

Nun musste die ganze Nation beschnitten werden (Jos. 5:8), da bislang keine Zeit war. Dann wurde Jericho eingenommen, indem sieben Priester mit sieben Widderhörnern die Bundeslade sieben Mal um die Stadt trugen (Jos. 6:4). Und nach einem großen Kriegsgeschrei stürzten die Mauern von Jericho ein, womit es der Vernichtung geweiht war.

Um einen Überfall auf andere rechtfertigen zu können, dafür braucht man den Gegner vorher nur der Vernichtung zu weihen (Jos. 7:12 auch Jos. 8:26).

Wohl eine geschichtliche Lüge: Forscher haben in unseren Tagen festgestellt, dass Jericho 1000 Jahre vorher schon unbewohnbar war. Kriegerische Einwirkung oder Erdbeben konnten noch nicht als Ursache festgelegt werden! Josua: „Verflucht sei der, der Jericho wieder aufbaut." (Jos 6:26)

Der Herr ließ Steine auf die Gegner regnen (Jos. 10:11), während Josua Sonne und Mond Stillstand befahl, damit man an den Feinden Rache nehmen konnte (Jos. 10:13).

Hier wird Glaube zur unerschütterlichen Größe für alle, die im Atomzeitalter noch nicht angekommen sind! Josua starb im Alter von 110 Jahren ebenfalls als Knecht des Herrn (Jos. 24:30).

Richter

Nach dem Tode von Josua befragten nun die Söhne Israels ihren Herrn, wer nun gegen die Kanaaniter kämpfen sollte (Ri. 1:1). Der Herr sagte: „Juda wird hinaufziehen." (Ri. 1:2)

Wie soll denn das Gespräch des Herrn mit den Söhnen Israels abgelaufen sein?

Der Herr erweckte deshalb Richter, die den Kontakt zu ihm pflegen sollten (Ri. 2:16).

Israels Söhne dienten anderen Göttern, weshalb er sie an den König von Mesopotamien verkaufte (Ri. 3:8).

Gott als Verkäufer und was machte er mit dem Kaufpreis, bekamen die Armen davon etwas ab?

Die sündigen Israeliten brauchten Hilfe, da erweckte der Herr Ehud als Retter (Ri. 3:15).

Ehud machte sich ein zweischneidiges Schwert mit einer Länge von einer Elle (Ri. 3:16).
Danach brachte er dem König von Moab den Tribut (Ri. 3:17). Bei der Übergabe rammte Ehud dem König das Schwert in den Bauch, sodass sich das Fett um die Klinge schloss. Er zog das Schwert nicht aus seinem Bauch heraus, sodass die Fäkalien herauskamen (Ri. 3:22).

Immer wiederkehrende Geschichten, dass die Israeliten ihrem Gott untreu wurden, und deshalb kamen sie immer in Bedrängnis mit ihren Nachbarn, hier mit den Philistern (Ri.8:33).

Damit eine unfruchtbare Frau einen Sohn bekam, bedurfte es eines himmlischen Boten! (Ri. 13:3) Aber der Engel sprach zu mir: „Siehe! Du wirst einen Sohn gebären, und er, Simson, wird die Israeliten aus den Händen der Philister retten." In den Flammen des Brandopfers, die gute Frau hatte Geld für einen Stier, stieg der Engel dann zum Himmel empor (Ri. 13:20).

Lauter Nichtsnutze aus Gibea belagerten das Haus und bedrängten den alten Hausbesitzer: „Bringe den Mann heraus, der in dein Haus als Besucher gekommen ist, damit wir mit ihm Verkehr haben können." (Ri. 19:22)

„Nein, meine Brüder, begeht nicht diese Torheit, hier sind meine jungfräuliche Tochter und die Nebenfrau meines Besuchers (Ri. 19:23), und ihr vergewaltigt sie und tut mit ihnen was in euren Augen gut ist." Für uns ein sehr befremdliches orientalisches Rechtsempfinden!

Die Nebenfrau lag am nächsten Morgen tot vor der Tür, worauf er sie nach ihren Knochen in zwölf Stücke zerlegte und sie in jedes Gebiet Israels schickte (Ri. 19:29). Die Söhne Israels schlugen dann die ganze Stadt Gibea mit der Schärfe des Schwertes (Ri. 20:37).

In jenen Tagen gab es keinen König in Israel. Ein jeder war gewohnt zu tun, was recht war in seinen Augen (Ri. 21.25).

Ruth: Unwichtige Familiengeschichten mit damaligem traditionellem Hintergrund.

Samuel

Hanna war bitterer Seele, da sie keine Kinder bekam und betete zu Gott (1 Sam. 1:10).

Ein neues Wort wurde erfunden für eine Tätigkeit, die bisher unbekannt war: Beten! Bislang wurden ja nur unschuldige Tiere geopfert für menschliches Vergehen!

Nach einem Jahr gebar sie einen Sohn, dem sie den Namen Samuel gab (1 Sam. 1:20).

Darum gebe ich dem Herrn wieder sein Leben lang, weil er vom Herrn erbeten ist (1 Sam. 1:28).

Samuel blieb bei Eli, dem Priester, und wurde ein Diener des Herrn (1 Sam. 2:11).

Die Söhne von Eli, dem Priester, lagen immer bei den Frauen, die am Eingang des Zeltes der Zusammenkunft dienten (1 Sam. 1:22).

Und dann kam ein Mann Gottes (?) zu Eli und sprach zu ihm: Deine Söhne Chophin und Pinechas werden an einem Tag sterben, und ich werde einen treuen Priester erwecken (Sam. 2:27 bis 36).

Du fährst fort, deine Söhne mehr zu ehren als mich, indem ihr euch mästet vom Besten jeder Opfergabe Israels, meines Volkes (1 Sam. 2:29).

Es wird Zelt der Zusammenkunft und Tempel des Herrn, wo sich die Lade Gottes befand, einfach durcheinander gewürfelt, als ob es sich um ein und dieselbe Sache handle (1 Sam. 3:3).

„Samuel, Samuel!" Darauf sprach Samuel: „Rede, denn dein Knecht hört." (1 Sam.3:10)

Samuel wurde dann vom Herrn mit der Stellung eines Propheten betraut (1 Sam. 3:20).

Dann ging es wieder in den Krieg gegen die Philister, und Israel erlitt eine Niederlage (1 Sam. 4:1).

Man holte die wundersame Bundeslade, und das Volk brach in Jauchzen aus (1 Sam. 4:6).

Da die erbeutete Lade den Philistern unheimlich war und die Hand Gottes sie mit Hämorrhoiden schlug, schickten sie die

Lade auf einem Kuhgespann zurück zu den Israeliten (1 Sam. 5:1 bis 15). Als Samuel alt wurde, wollten die Israeliten einen König haben. Samuel betete deshalb zu Gott, der dem Verlangen zustimmte (1 Sam. 8:1 bis 22).

Und Samuel selbst sah Saul, und der Herr seinerseits antwortete ihm: „Hier ist der Mann, von dem ich dir gesagt habe: ‚Dieser ist es, der mein Volk in Schranken halten wird' (1 Sam. 9:17)."

Saul spricht an das Volk: „Bringt jeder herbei seinen Stier und jeder sein Schaf, und ihr sollt an diesem Ort schlachten und essen, ohne dass ihr das Blut mitesst." (1 Sam. 14:34)

Im Kampf gegen die Philister sagte Saul: „Verflucht ist der Mann, der Brot isst vor dem Abend und ehe ich an meinen Feinden Rache genommen habe." (1 Sam. 14:24)

Jonathan, sein Sohn, hatte es nicht gehört und naschte an einer Honigwabe (1 Sam. 14:27). Das Volk erlöste damit Jonathan, denn Gott hat gewirkt und er starb nicht (1 Sam. 14:45).

„Höre auf die Stimme Gottes", sprach Samuel zu Saul: „Du sollst Amalek niederschlagen und der Vernichtung weihen, und ohne Mitleid sollst du sie zu Tode bringen, Mann wie Weib, Kind wie Säugling, Stier wie Schaf, Kamel wie Esel." (1 Sam.15:3)

Saul und das Volk hatten aber Mitleid mit dem Klein und Großvieh und weihten es nicht der Vernichtung. Worauf das Wort Gottes an Samuel erging: „Ich bedaure, dass ich Saul als König regieren ließ, denn er hat meine Worte nicht ausgeführt." (1 Sam. 15:11)

Später sandte Gott Samuel aus, die Amalektiker der Vernichtung zu weihen, und du sollst gegen sie kämpfen bis du sie ausgerottet hast (1 Sam. 15:18).

Damit hieb Samuel (der Priester) dann Agag, dem König von Amalck, vor Gott in Gilgal in Stücke (1 Sam. 15:33).

Der Gott der Israeliten hat sich geirrt, und er sandte Samuel aus, um einen neuen König für Israel zu suchen (1 Sam.16:1). In Jerusalem wurde er fündig und salbte David, den jüngsten Sohn von Isai, und der Geist Gottes wurde über David wirksam (1 Sam. 16:13).

Die Philister rüsteten mal wieder zum Kampf gegen Israel (1 Sam. 17:1). Ein Vorkämpfer namens Goliath trat aus den Schlachtreihen hervor und forderte einen Israeliten zum Zweikampf. Keiner wagte es, gegen den Riesen Goliath anzutreten. David kam zu den Schlachtreihen und fragte: „Wer ist dieser unbeschnittene Philister, dass er die Schlachtreihen des lebendigen Gottes verhöhnt?" (1 Sam. 17:26) David streckte Goliath mit seiner Steinschleuder nieder und enthauptete ihn mit seinem eigenen Schwert (1 Sam. 17:51), worauf die Philister flohen.

Jonathan, der Sohn von Saul, und David schlossen einen engen Bund, weil er ihn liebte wie seine eigene Seele (1 Sam. 18:3).

Saul wollte seine Tochter Michal David zur Frau geben. Der König hatte Gefallen nicht an Heiratsgeld, sondern an 100 Vorhäuten der Philister (1 Sam. 18:25). David und seine Männer gingen hin und schlugen 200 Philister nieder, und David brachte ihre Vorhäute vollzählig dem König, um sich mit ihm zu verschwägern (1 Sam. 18:28).Wir nennen das Leichenschändung!

David lebte ein Jahr und vier Monate mit seinen beiden Frauen im Lande der Philister (1 Sam. 27:3).

Dann überfiel er die Geschuriter, Girsiter und Amalektiker und ließ weder Mann noch Weib am Leben (1 Sam. 27:10).

Auch Saul schlich verkleidet zu einer Wahrsagerin und bat sie: „Bring mir Samuel herauf." (1 Sam. 28:11) Samuel sprach zu Saul: „Warum beunruhigst du mich, indem du mich heraufbringen lässt?" (1 Sam. 28:15)

Saul wurde dann im Kampfe gegen die Philister mit einem Pfeil schwer verwundet und bat seinen Waffenträger: „Zieh dein Schwert und erstich mich, dass ich nicht von den Unbeschnittenen schimpflich behandelt werde." (1 Sam. 31:4) Saul stürzte sich in sein eigenes Schwert, da sein Waffenträger sich auch in sein eigenes Schwert stürzte, starben sie gemeinsam (1 Sam. 31:6).

Samuel II

Ein Jüngling kam zu David angelaufen und berichtete, dass er von Saul gebeten wurde, ihn zu töten, bevor es ein Philister machte, da er schwer verwundet war (2 Sam. 1:10). Er hatte das Diadem und die Armspange von Saul bei sich und übergab es nun David. Darauf rief David einen von seinen Jünglingen und befahl, den angeblichen Mörder von Saul zu töten, da er den Gesalbten Gottes zu Tode gebracht habe (2 Sam. 1:16). Vorhin klang die Geschichte anders!

Im Laufe der Zeit kamen alle Stämme zu David nach Hebron und sprachen: „Als Saul noch König war, hast du Israel aus- und wieder heimgeführt. Und der Herr sprach dann zu dir: Du selbst wirst mein Volk Israel hüten." (2 Sam. 5:2)
Woher wusste das ganze Volk, was der Herr zu David gesprochen hatte?
Der Gott der Heerscharen ist Gott über Israel (2 Sam. 7:26).
Hier wird Josaphat, der Sohn Achiluds, als Geschichtsschreiber erwähnt (2 Sam. 8:16).

David war immer wieder mit Kriegshandlungen beschäftigt und ließ seine Frauen und Nebenfrauen zurück. Für seinen Sohn Absalom schlug man auf dem Dach des Hauses ein Zelt auf, und vor den Augen von ganz Israel hatte er Beziehungen zu den Frauen seines Vaters (2 Sam. 16:22).

Rauch stieg auf in seiner Nase, ja Feuer an seinem Munde fraß ständig; Kohlen selbst flammten auf von ihm aus (2 Sam. 22:9). Und er ging daran, die Himmel zu neigen und herabzufahren; Und dichtes Dunkel war unter seinen Füßen (2 Sam. 22:10). Und so geht es weiter (2 Sam. 23:7). Der Schreiber schien einem Drogenrausch zu verfallen.

Zum Abschluss hatte David wieder mal gesündigt, und der Herr schickte die Pest über sein Volk, weshalb David ein Brandopfer darbringen musste (2 Sam. 24:21). Und ein Engel hielt seine Hand gegen Jerusalem ausgestreckt, um es zu verderben; und Gott begann Bedauern zu empfinden wegen des Unglücks, und so sprach er zu dem Engel, der Verderben unter das Volk brachte: „Es ist genug, lass deine Hand sinken." (2 Sam. 24:16)

Droht uns die ewige Verdammnis, nur weil wir den alten Geschichten keinen Glauben schenken?

Das erste Buch der Könige

40 Jahre hatte David über Israel regiert. Davon sieben Jahre in Hebron und 33 Jahre in Jerusalem, danach legte er sich zu seinen Vorvätern (1 Kön. 2:11).

Da Adonia die hübsche Abischag, die David zuletzt pflegte, zur Frau haben wollte, ließ Salomo seinen Bruder töten (1 Kön. 2:25).

Joab, ein Befürworter für Adonia, flüchtete danach zum Altar und ergriff die Hörner (1 Kön. 2:28) und wurde auf Geheiß von Salomo dort ermordet (1 Kön. 2:31), denn Gott soll sein eigenes Blut auf sein Haupt zurückbringen (1 Kön. 2:33). Und weiter wurde gemordet (1 Kön. 2:46).

Als Salomo mit dem Bau eines Hauses für sich und für Gott und mit einer Mauer um Jerusalem herum fertig war, nahm er sich die Tochter des Pharaos von Ägypten zur Frau (1 Kön. 3:1).

Salomo träumte nachts auch von Gesprächen mit Gott, und der Schreiber war wieder nah dabei (1 Kön. 3:5)!

Salomos Weisheit war größer als die Weisheit aller Orientalen und aller Ägypter (1 Kön. 4:30).

480 Jahre nach dem Auszug aus Ägypten baute Salomo für den Gott der Israeliten ein Haus (1 Kön. 6:1). Es war 60 Ellen lang und 20 Ellen breit und 30 Ellen hoch (1 Kön. 6:2). Jetzt wird es auch „Tempel mit Vorhalle" genannt (1 Kön. 6:3).

Nach Fertigstellung überzog er alles mit Gold (1 Kön. 6:22).

Nachdem die Bundeslade ins Heiligtum gebracht worden war, füllte sich der Raum mit Rauch, sodass die Priester nicht zur Dienstleistung schreiten konnten, da die Herrlichkeit des Herrn den Raum füllte (1 Kön. 8:10).

Nach dem starken Auftritt mit Gebet und Segen für sein Volk erklärt Salomo: „Damit alle Völker der Erde wissen, dass der Herr der wahre Gott ist." (1 Kön. 8:60)

Und dann wurde ein Gemeinschafts-Schlachtopfer dargebracht, 22 000 Rinder und 120 000 Schafe, damit der König und alle Söhne Israels das Haus Gottes einweihen konnten (1 Kön. 8:63).

Hiram, der König von Tyrus, hatte Salomo Zedernholz und Gold für den Tempel zur Verfügung gestellt, wofür ihm Salomo dann 20 Städte gab, und sie wurden das Land Kabul genannt bis auf diesen Tag (1 Kön. 9:13).

Salomo hatte 1400 Wagen und 12 000 Reitpferde (1 Kön. 10:26).

Salomo hatte in der Folge 700 Frauen und 300 Nebenfrauen (1 Kön. 11:3).

Zweimal war der Herr dem Salomo erschienen (1 Kön. 11:9).

Nun kündigte er die Zerschlagung seines Reiches in zehn Stämme an, da er anderen Göttern gedient hatte (1 Kön. 11:6).

Da Salomo versuchte, seine Widersacher zu töten, floh Jerobeam nach Ägypten zu Schischak, dem König (Pharao) von Ägypten und blieb da, bis Salomo starb (1 Kön. 11:40).

Nachdem sich Salomo zu seinen Vorvätern gelegt hatte, ließ sich sein Sohn Rehabeam in Sichem zum König machen, wohin ganz Israel kam (1 Kön. 12:1).

Nun waren sie wieder alle so sündhaft und huldigten anderen Göttern, weshalb sie der Herr bestrafte, indem nun Schischak, der König von Ägypten, heraufkam und alle Schätze aus dem Hause des Herrn und aus dem Hause des Königs nahm (1 Kön. 14:25).

Elia, der Tischbiter von den Bewohnern Gileads, sprach zu Ahab: „So wahr der Herr, Gott der Israeliten, lebt, vor dem ich ja stehe, es wird während dieser Jahre weder Tau noch Regen geben. Außer auf Befehl meines Wortes!" (1 Kön. 17:1) Nach den Worten des Herrn solle er wegziehen und sich östlich vom Jordan verstecken. Und die Raben selbst brachten ihm Brot und Fleisch am Morgen und am Abend (1 Kön. 17:6). Dann ging das Wort des Herrn wieder an ihn; dass er nach Zarephath gehen sollte, das zu Sidon gehörte, da wohne eine Witwe, die ihn mit Nahrung versorgen werde. Genauso geschah es (1 Kön. 17:9).

Nur den Sohn der Frau wollte der Herr zu Tode bringen.

Man liest hier richtig: Der Herr selber war es, der das Kind zu Tode brachte.

Es entstand ein Wettstreit zwischen den Propheten, die dem alten Gott der Baal und dem neuen Gott der Hebräer nach Moses anhingen.

Elia sprach zu den Propheten von Baal, sie sollten ihren Gott anrufen, doch niemand antwortete.

Elia weiter höhnisch: „Ruft lauter, denn er ist ein Gott, er wird in eine Sache vertieft sein, oder er hat Ausscheidung oder muss austreten oder ist eingeschlafen!" (1 Kön. 18:27)

Sind das die Tätigkeiten des eigenen Gottes, wenn er lebt, hat er Ausscheidungen?

Hier riecht es nach Blasphemie. Gewöhnlich musste man für Gotteslästerung sterben. Damals schien es normal zu sein, den Gott der anderen zu lästern, oder war es sogar eine Verpflichtung?

Dann sprach Elia zu ihnen (seinen Gehilfen): „Ergreift die Propheten Baals, insgesamt 450 und lasst keinen entrinnen!" (1 Kön. 18:19)

Elia führte sie dann hinab zum Wildbachtal Kischon und schlachtete sie dort hin (1 Kön. 18:40).

Ein letztes Beispiel (1 Kön. 20:35): Und ein gewisser Mann von den Söhnen der Propheten sprach zu seinem Freund nach dem Worte Gottes: „Schlage mich, bitte!" Aber der Mann weigerte sich.

Daher sprach er zu ihm (1 Kön. 20:36): „Darum, dass du nicht auf die Stimme Gottes gehört hast, wird dich ein Löwe niederschlagen!" Und ein Löwe fand ihn und schlug ihn nieder.

Dann machte sich Zedekia (1 Kön. 22:11) Hörner aus Eisen und sprach: „Dies ist, was Gott gesagt hat: ,Mit diesen wirst du die Syrer stoßen, bis du sie ausgerottet hast'. "

Die Syrer leben auch heute noch, sogar noch viel mehr als damals.

Das zweite Buch der Könige

Elia, der Tischbiter in härenem Gewand, saß auf einem Gipfel des Berges (2 Kön. 1:9), und der König schickte einen Obersten mit seinen 50 Männern zu ihm, damit er zu ihm herunter käme.

Elia antwortete: „Wenn ich ein Mann Gottes bin, so möge Feuer aus den Himmeln herabkommen und dich und deine 50 fressen."

Und Feuer kam dann aus den Himmeln herab und fraß ihn und seine 50 Männer.

Dem nächsten Obersten mit seinen 50 (2 Kön. 1:11/12) erging es ebenso.

Der dritte Oberste bat auf Knien dann den heiligen Mann, seine Seele als kostbar zu erachten (2 Kön. 1:15), worauf der Engel des Herrn sagte: „Geh mit ihm hinab und fürchte dich nicht vor ihm." Aber Elisa sprach: „So wahr der Herr lebt, und so wahr deine Seele lebt, ich will dich nicht verlassen."(2 Kön. 2:2)

Dann nahm Elia sein Amtsgewand und wickelte es zusammen und schlug die Wasser (des Jordan), und sie wurden allmählich geteilt, hierhin und dorthin, sodass sie beide auf dem trockenen Boden hinübergingen (2 Kön. 2:8). Jetzt wissen wir allmählich, warum die Hebräer keine Brücken bauten!

Und es begab sich, dass ein Kriegswagen und feurigen Rossen eine Trennung zwischen ihnen herbeiführten; und Elia fuhr im Windsturm zum Himmel auf (2 Kön. 2:11).

Elia schrie: „Mein Vater, mein Vater, der Kriegswagen Israels und seine Reiter!" (2 Kön. 2:1)

Dann nahm er das Amtsgewand Elias, das von ihm gefallen war, und schlug die Wasser des Jordan, da wurden sie allmählich geteilt (2 Kön. 2:14).

Dann warf Elia Salz in die Wasserquelle, und nie mehr wird Tod oder irgendetwas, was Fehlgeburten verursacht, daraus hervorgehen (2 Kön. 2:21).

Und das Wasser blieb geheilt bis auf diesen Tag.

Dann ging er nach Bethel hinauf (2 Kön. 2:23). Da kamen Knaben aus der Stadt, die ihn verhöhnten: „Geh hinauf, du Kahlkopf!" Er aber rief Übles auf sie herab (2 Kön. 2:24).

Dann kamen zwei Bärinnen aus dem Wald und zerrissen 42 Kinder von ihnen in Stücke (2 Kön. 2:24). Eine Schauergeschichte für unfolgsame Kinder.

Die Israeliten führten zwischendurch wieder Krieg gegen Moab (2 Kön. 3:6).

Elia hat dann einen Jungen wieder zum Leben erweckt (2 Kön. 3:34).

Alle waren sie irgendwann dann ja dennoch gestorben, mit oder ohne göttliche Wiedererweckung!

Dem König von Moab gelang es nicht, zum König von Edom durchzubrechen, weshalb er seinen erstgeborenen Sohn als Brandschlachtopfer auf der Mauer opferte (2 Kön. 3:27)!

Elia wurde von einer Frau um Hilfe angefleht, da der Gläubiger ihre Kinder als Sklaven wegholen wollte (2 Kön. 4:1). Da füllte er ihr alle ihre Krüge mit Öl, das sie verkaufen sollte, um ihre Schulden zu bezahlen.

Elia erfuhr vom Tode eines Kindes und erweckte es wieder zum Leben (2 Kön. 4:32 bis 37).

Es herrschte Hungersnot im Lande, und Elia versorgte alle mit einer wundersamen Brotvermehrung (2 Kön. 4:38 bis 44).

Das konnte später ein anderer auch noch, oder hatte Jesus hiervon gehört?

Einem Aussätzigen gab er den Rat, sieben Male im Wasser des Jordans unterzutauchen, worauf dieser von seiner Krankheit geheilt wurde (2 Kön. 5:14).

Der König von Syrien wollte des Elia habhaft werden und schickte eine Streitmacht nach Dothan, wo sich dieser gerade aufhielt (2 Kön. 6:13/17). Und der Herr schlug die ganze Nation mit Blindheit, wie sie Elia von ihm so gewünscht hatte (2 Kön. 6:18).

Dann wird wieder Krieg gegen die Syrer geführt (2 Kön. 9:28), obwohl der Gott der Hebräer bereits längst die Ausrottung angekündigt hatte (1 Kön. 22:11)!

Elia rief alle Propheten und Anhänger Baals zusammen, wie Gott es ihm befahl (2 Kön. 10:17).

Dann wurden sie in das Hause Baals gelockt und vertilgt und der Ort als Abort genutzt (2 Kön. 10:27).

„Aus diesem Grunde hast du gut gehandelt, indem du getan hast, was Recht ist in meinen Augen (2 Kön. 10:30)", sprach der Herr zu Jehu, dem König von Israel, der laufend Leute zu Tode bringt!

Und noch immer existiert das goldene Kalb (2 Kön. 10:29).

Was das Geld für Schuld- und Sühneopfer betrifft, es wurde zum Eigentum der Priester (2 Kön. 12:16).

Der syrische König Chasael war wohl nach Jerusalem gekommen, und alles Gold vom Hause des Herrn und vom Hause des Königs wurde ihm ausgehändigt, damit er wieder abzog (2 Kön. 12:18).

Der Zorn Gottes flammte wieder auf, und er gab Israel in die Hände Ben-Hadads, Sohn des verstorbenen syrischen Königs Chasael (2 Kön. 13:3).

Es folgt ein neuer König, der nur einen Mondmonat regierte und dann von einem Rivalen getötet wurde (2 Kön. 15:13). Und er legte sich zu seinen Vorvätern (2 Kön. 15:22).

Und alles war aufgeschrieben und vorhergesagt im „Buche der Angelegenheiten der Tage der Könige von Israel" (2 Kön. 15:26). Joach, der Sohn Asaphs, ist der Geschichtsschreiber (2 Kön. 18:18).

Im neunten Jahr Hoscheas nahm der König von Assyrien Samaria ein und führte Israel ins Exil nach Assyrien und ließ die Juden in den Städten der Meder wohnen (2 Kön. 17:6).

Hiskia, der König der Juden, betete zu seinem Herrn: „Herr, Gott Israels, der seinen Sitz auf den Cheruben hat, du alleine bist der Gott aller Königreiche der Erde." (2 Kön. 19:14)

Wenn der „wahre Gott" der Schöpfer von Himmel und Erde ist, dann müsste er zwangsläufig der Schöpfer von allem sein. Eine Erkenntnis, die hier zum ersten Male Erwähnung findet.

Nur die anderen Völker haben dies damals gewiss gar nicht erfahren.

Aber später folgt ein Rückzieher, und es wird erwähnt: „Darum hat der Herr, Gott Israels, folgendes gesagt." (2 Kön. 21:12). Also was nun, doch nicht der Gott aller, nur der Israeliten?

Und es begab sich in jener Nacht, dass der Engel des Herrn dann auszog und 185 000 im Lager der Assyrer niederschlug (2 Kön. 19:35).

Wieder mal Gott, der persönlich einen Gehilfen zum Mord an seiner Schöpfung beauftragt, nur diesmal bedurfte es keiner himmlischen Heerscharen, sondern nur eines Engels. Und wie lange war dieser mit dem Morden beschäftigt?

Warum ließ man Gott nicht morden, sondern einen Gehilfen des Herrn, vielleicht weil dieser „sauber" bleiben wollte? Der Anstifter bekommt heute die gleiche Strafe wie der Täter!

Und Nebukadnezar, der König von Babylon, zog gegen Jerusalem (2 Kön. 24:11).

Alle Schätze des Tempels und des Königshauses sowie alle Fürsten und tapferen Männer nahmen sie mit ins Exil nach Babylon (2 Kön. 24:14).

Nebukadnezar machte seinen Onkel zum König von Jerusalem (2 Kön. 24:17).

Man sollte die Geschichten des Griechen Homer, Verfasser von Ilias und Odyssee, dessen Schriften so ungefähr aus der gleichen Zeit stammen, gegenüberstellen und sich fragen, wie viel Dichtung und wie viel Wahrheit hier vorliegt.

Was man ursprünglich bei Homer für reine Dichtung hielt, entpuppte sich doch als Teilwahrheit.

Seit Heinrich Schliemann die alte Stadt Troja aus der Erzählung von Homer gefunden hat, weiß man, dass wenigsten der geographische Hinweis sehr wertvoll war und im Jahre 1881 den vermeintlichen Schatz des Priamos zutage förderte.

Immerhin war da sehr viel Gold im Spiel – aber Vorsicht vor Hämorrhoiden!

Als die Römer im Jahre 70 nach Christus den Tempelschatz von Jerusalem in Beschlag nahmen und im Triumphzug nach Rom brachten, war die Bundeslade wohl nicht mehr dabei.

Das erste und zweite Buch der Chronik

Dann betet Salomo, der Sohn Davids, in umfangreichen, von Esra in schmeichelnden Worten wiedergegebenen Selbstgesprächen mit dem Herrn (2 Chr. 6:1 bis 42).

Wie kam Esra an den Inhalt dieser Gespräche mit dem Herrn?

Ja, er erwähnt sogar die Antworten des Herrn, die für Salomo bestimmt waren.

Mit keinem Wort erwähnt er, ob er persönlich dabei war, oder ob Salomo so laut gebetet hat, dass es ganz Israel hören konnte, wie übertrieben immer das ganze Volk erwähnt wird.

Auch was Salomo von Gott im Traum erzählt bekam, wusste Esra wortwörtlich zu berichten.

Sobald nun Salomo mit seinem Beten fertig war, kam das Feuer von den Himmeln herab und verzehrte das Brandopfer, und Gottes Herrlichkeit selbst erfüllte das Haus (durch das Dach). (2 Ch. 7:1)

Und alle Söhne Israels beugten sich und dankten dem Herrn, denn er ist gut, denn seine liebende Güte währt auf unabsehbare Zeit (2 Ch. 7:3).

Tatsächlich lebte das Volk von Israel zwischen mächtigen Staaten und deren strategischen Interessen, weshalb es immer wieder zu Krieg, Raub und Mord kam.

Die Israeliten waren gewiss kein sündhafteres Volk als andere Völker, das göttliche Strafen dafür zu erdulden hatte, wie es die Priester andauernd erwähnten, sondern durch ihre geographische Lage wurden sie zum Spielball ihrer mächtigen Nachbarvölker.

Der Herr und Gott der Israeliten, der sein Volk 40 Jahre lang durch die Wüste führte, hat dann keinen besseren Siedlungsplatz gefunden!

Gott hat sie ja in das Land ihrer Vorväter geführt, wie bereits bei Moses als Motivation für den Auszug bekundet und später mehrmals wiederholt wurde, und dafür bedurfte es 40 Jahre?

Würde man heute einen direkten Weg nehmen, dann wären die 400 Kilometer Luftlinie ohne göttliche Hilfe mit einigen Tagen Fußmarsch zu bewältigen.

Salomo nahm sich die Tochter des Pharao zur Frau (2 Ch. 7:11).

Noch heute spricht man von „salomonischen" Urteilen, wenn ein solches besonders weise ausfällt.

Sogar die Königin von Scheba besuchte ihn mit eindrucksvollem Tross und brachte ihm 120 Talente Gold und Balsamöl in großen Mengen und kostbare Steine (2 Ch. 9:9).

Das Gold, das bei Salomo in einem Jahr einging, belief sich auf 666 Talente (2 Ch. 9:14). Deshalb wurde sein Thron aus Elfenbein mit Gold überzogen, wie auch seine Trinkgefäße aus purem Gold waren (2 Ch. 9:20).

Er regierte 40 Jahre lang, galt als sehr weise, knechtete aber sein Volk (2 Ch. 10:4).

Sein Sohn Rehabeam hat sich 18 Frauen und 60 Neben-frauen genommen, sodass er 28 Söhne und 60 Töchter hatte (2 Ch. 11:21).

Wie gut ist Gott zu mir, das Wohlergehen meiner Mitmen-schen ist mir egal!

Dieses egozentrische Denken von religiösen Menschen fin-den wir bis in die Gegenwart.

Aber schon wieder verließ Rehabeam das Gesetz Gottes (2 Ch.12:1), weshalb Schischak, der König von Ägypten, mit 1200 Wagen und 60 000 Reitern gegen Jerusalem heraufkam, und zahllos war das Volk, das mit ihm aus Ägypten kam (2 Ch. 12:4).

Schischak nahm alle Schätze vom Haus Gottes und des Kö-nigshauses und machte alle in Jerusalem zu seinen Knechten (2 Ch. 12:9).

Nach Rehabeam regierte sein Sohn Abija, der schon wieder mit Krieg zu tun hatte, aber man opferte bereits wieder auf ei-nem Tisch aus purem Gold, und daraus sind auch die Leuchter und Lampen (2 Ch. 13:11). Israel war anscheinend ein Land mit unvorstellbaren Goldvorkommen.

Die Söhne Judas waren mächtiger und erschlugen 500 000 auserlesene Männer Israels (2 Ch. 13:17). Die Söhne Judas er-wiesen sich als überlegen, da sie sich auf den Gott ihrer Vorvä-ter stützten (2 Ch. 13:18).

500 000 tote Krieger – wie lange braucht ein Volk, um sich von einem solchen gigantischen Verlust zu erholen? Es geht aber alles gleich weiter, so als ob es nie einen Verlust gegeben hätte.

Später zog Serach, der Äthiopier, mit einer Streitmacht von einer Million Mann und 300 Wagen herauf, und sie stellten sich im Tal Zephata bei Maresha im Schlachtordnung auf (2 Ch. 14:9).

Ein intensives Gebet zu Gott reichte aus, um eine Million Äthiopier in die Flucht zu schlagen und zu verfolgen, bis kein Mann von ihnen mehr am Leben war (2 Ch. 14:13).

Und sie kehrten mit Unmengen an Beute nach Israel zurück. 700 Rinder und 7000 Schafe wurden dann für den Herrn geopfert (2 Ch. 15:12).

Wo verblieben die Gebeine von einer Million getöteten Äthiopiern?

Wohl aber gibt es wieder ein Gespräch im Himmel (2 Ch. 18:18).

Gott auf seinem Throne sitzend und das ganze Heer der Himmel zu seiner Rechten und zu seiner Linken stehend, fragte (das ganze Heer): „Wer wird Ahab, den König von Israel, betören, dass er hinaufziehe und zu Ramoth-Gilead falle?" (2 Ch. 18:19)

Schließlich trat ein Geist hervor und sprach zum Herrn: „Ich selbst werde ihn betören."

„Wodurch?", fragte Gott (2 Ch. 18:20/21).

„Ich werde ausziehen und bestimmt ein trügerischer Geist im Munde aller Propheten werden."

Oh – Propheten lassen sich trügerische Worte in den Mund legen?

Den Verdacht hatten wir beim Lesen der Bibel schon lange, von Anfang an.

Nicht zu vergessen: Der Berichterstatter Esra war als Lebender persönlich im Himmel dabei.

Der Propheten Michaja war dann der Überbringer der göttlichen Botschaft.

Es ist unbestreitbar, dass nur der Glaube solche Geschichten möglich macht.

Oder ist dies alles nur eine übertriebene Spaßnummer für stupide Gläubige?

Waren da vielleicht auch Drogen im Spiel, wenn nicht ein überdimensionaler Gehirnschaden oder religiöse Verblendung vorliegt?

Wenn der Leser mit sachlichem Verstand zu den glücklichen Ungläubigen gehört und doch den Wahrheitsgehalt bezweifelt, dann hat er noch immer die Möglichkeit, dies alles selbst in der Bibel nachzulesen.

Aber es war von Gott aus, dass der Untergang Ahasja dadurch ereilte, dass er zu Joram kam. Und er zog mit ihm zu Jehu, dem Enkel Nimschis, den der Herr dazu gesalbt hatte, das Haus Ahabs wegzutilgen (2 Ch. 22:7). Gott persönlich hat Nimschis gesalbt? Wie ging denn das? Und schon wieder hat Gott eine Vernichtung angeordnet!

Die Leviten bewachten das Haus Gottes, und wer vom Volke es betritt, soll zu Tode gebracht werden (2 Ch. 23:6/7).

Im Alter von 23 Jahren begann Jehoachas in Jerusalem zu regieren. Nach drei Monaten nahm ihn der König von Ägypten als Gefangenen mit und setzte seinen Bruder Jojakim zum König von Juda ein (2 Ch. 36:1/4). Nach elf Jahren Regentschaft kam der König von Babylon, Nebukadnezar, und brachte ihn in Kupferfesseln nach Babylon (2 Ch. 36:6).

Die vom Schwerte Übriggebliebenen wurden für 70 Jahre nach Babylon weggeführt (2 Ch. 36:20). Erst der Perserkönig Cyrus ließ sie wieder zurückkehren nach Jerusalem (2 Ch. 36:22).

Man kann sich die Mühe machen nachzuzählen, wie oft ein angeblich sündiges Verhalten zum Überfall eines Nachbarlandes führte. Jeder zweite König verfing sich in irgendwelche Sünden, wofür immer gebüßt werden musste. Natürlich war dann auch das ganze Volk davon betroffen.

Hätten damals alle Völker einen einheitlichen Glauben gehabt, wäre ihnen viel Kummer und Leid erspart geblieben – bis auf den heutigen Tag (so ein Bibelzitat an anderer Stelle).

Esra

Die ganze Versammlung zählten 42 360 Personen (Esr. 2:64).

Dazu kamen 7337 Sklaven (Esr. 2:65)?

Sie waren selber 70 Jahre Gefangene und hatten nun wieder jede Menge an Sklaven?

Außerdem wurden sie von Cyrus überhäuft mit Gold und Silber und mit Haustieren.

Dann wurde für die Bauten der Gotteshäuser gespendet. Gemäß ihrem Vermögen gaben sie Gold für die Arbeitsmaterialien: 160 000 Drachmen (Esr. 2:69).

Und viele von den Priestern und Leviten, den alten Männern, die das frühere Haus (des wahren Gottes) gesehen hatten, weinten mit lauter Stimme (Esr. 3:12).

Wenn sie 70 Jahre entführt in Babylon gelebt hatten, dann waren sie schon sehr betagt und doch noch kräftig bei Stimme.

Auch dies gehört zum Thema Glauben und ist für Nichtisraeliten völlig unwichtig.

Esra hat die Weisheit Gottes in der Hand und bestellt Magistrate und Richter (Esr. 7:25).

Ein neuer Begriff: Magistrate! Wieder fällt ein Geldwert von 1000 Dareiken (Gulden) (Esr. 8:27).

Was jetzt folgt, sind völkerrechtliche Abscheulichkeiten, und man wird gut daran tun, keine historischen Vergleiche anzustellen, sonst wird man als Rassist beschimpft.

Das Volk Israel, die Priester und die Leviten haben sich nicht von den Völkern im Hinblick auf deren Abscheulichkeiten unterschieden, nämlich von den Hetithern, Ammonitern, Moabitern, Ägyptern und Amoritern (Esr. 9:1). Denn sie haben einige von deren Töchtern für sich und ihre Söhne genommen; und der heilige Same ist mit den Völkern der Länder vermischt worden, und es hat sich erwiesen, dass die Fürsten und die bevollmächtigten Vorsteher in dieser Untreue an vorderster Stelle gewesen sind (Esr. 9:2).

Sobald Esra dies hörte, zerriss er sein Kleid und sein ärmelloses Obergewand und begann seine Haare vom Kopf und Bart (Schamhaare nicht) zu raufen und blieb betäubt sitzen (Esr. 9:3):

„Oh mein Gott, ich schäme mich wirklich und scheue mich, mein Angesicht zu dir zu erheben.

Oh mein Gott, denn unser Vergehen selbst ist mir über den Kopf gewachsen und unsere Verschuldung ist groß geworden, selbst bis in den Himmel." (Esr. 9:6)
Esra hat geweint und sich vor dem Hause des wahren Gottes niedergeworfen (Esr.10:1).

Sie versprachen durch Handschlag, ihre fremdländischen Frauen fortzuschicken und, weil sie schuldig waren, dass ein Widder für ihre Verschuldung gegeben wird (Esr. 10:19).
Nicht die Israeliten, die sich eine fremdländische Frau genommen hatten, sondern diesen Frauen wurde alle diesbezügliche Schuld aufgeladen!
Großartiges, für uns fremdes Gerechtigkeitsempfinden; man wälzt alle Schuld einfach auf das Opfer ab, wie bereits mehrmals bekundet!

Alle, die sich eine fremdländische Frau genommen hatten, gingen daran, ihre Frauen samt Söhnen fortzuschicken (Esr. 10:44).
Nur Frauen mit ihren Söhnen, die Töchter nicht?

Nehemia

Erstmals fällt die Bezeichnung: Juden (Ne. 1:1)!
Es geht nun um den Wiederaufbau der zerstörten Städte. Viele lange Seiten wird von Ausbesserungsarbeiten berichtet und wer dafür zuständig war.
Die Araber treten nun auch in Erscheinung, die anscheinend in der Zeit der Abwesenheit der Israeliten hier einen Siedlungsraum vorgefunden haben (Ne. 2:19).
Nun begab es sich, dass Sanballat zornig wurde und die Juden bezüglich des Wiederaufbaues verspottete (Ne. 4:1). Die Hälfte der Juden musste bewaffnet die beim Bau Beschäftigten schützen.

Sanballat, Tobia und Geschem, der Araber, werden hier als Feinde genannt (Ne. 6:1).

Esra, der Priester und Abschreiber der Gesetze von Moses, las den Männern und Frauen, die Verständnisvermögen hatten, von Tagesanbruch bis zum Mittag auf dem öffentlichen Platze daraus vor (Ne. 8:1/4).

Dann segnete Esra den wahren Gott, worauf das ganze Volk antwortete: „Amen." (Ne. 8:6)

Gott lässt sich von einem Menschen segnen?

Das Volk segnete all die Männer, die sich freiwillig anboten, in Jerusalem zu wohnen (Ne. 11:2). Jetzt ist das ganze Volk berechtigt zu segnen und zu heiligen, und wie ging das vonstatten?

Das Nebeneinander verschiedener Religionen bringt Probleme mit sich (Ne. 13:15/18).

Geschrieben bereits ca. 450 Jahre vor Christus!

Am Sabbattag wurden dann sogar die Stadttore geschlossen, damit konnten keine Arbeiten verrichtet werden (Ne. 13:19/21), und Nehemia drohte den fremden Händlern eigenhändig Gewalt an. Nehemia beging Gewalttaten gegen jene, die nicht jüdisch sprachen (Ne. 23/28).

Esther

Haman, der Agagiter, sprach zum König: „Da ist ein gewisses Volk, zerstreut und abgesondert unter den Völkern in allen Gerichtsbezirken deines Reiches, und ihre Gesetze sind verschieden von jedem anderen Volk, und des Königs eigene Gesetze halten sie nicht, und es ist nicht angebracht, dass der König sie gewähren lasse." (Est. 3:8)

Wenn es dem König gut erscheint, so werde geschrieben, dass man sie vernichte (Est. 3:9).

Und man sandte die Briefe an alle Gerichtsbezirke des Königs, um alle Juden, den jungen wie den alten Mann, Kleine und Frauen, zu vertilgen, zu töten und zu vernichten (Est. 3:13).

Es kam aber dann anders, und Haman, der Agagiter, endete am Pfahl (Est. 7:10).

Dann schlugen die Juden all ihre Feinde mit einer Schlachtung durch das Schwert und mit Tötung und Vernichtung, und sie taten dann mit ihren Hassern nach ihrem Belieben (Est. 9:5).

Und in Schuschan, dem Schloss, töteten die Juden 500 Mann (Est. 9:6).

Schockierend – Judenverfolgung und Rache – und dies ca. 450 Jahre vor Christus?

Tod und Verderben ohne Ende und im Auftrage der Verschiedenheiten in den Religionen!

Hiob

Angeblich geschrieben von Moses in der Wildnis.

Gott sprach zu Satan, wer suchte nun hier die Kommunikation? „Woher kommst du?"

Satan sprach: „Vom Umherstreifen auf der Erde und vom Wandern auf ihr." (Hi 1:7)

Gott zu Satan: „Siehe! Alles, was Hiob im Lande Uz hat, ist in deiner Hand. Nur gegen ihn selbst strecke deine Hand nicht aus!" (Hi. 1:12)

Satan versucht dann vergebens, Hiob zu verführen, damit er sich gegen den Herrn richte.

Hiob blieb aber standhaft und starb wohlhabend nach 140 Jahren (Hi. 42:16).

Die Psalmen

Als Schreiber der Sprüche werden David und andere erwähnt.

Darum werden die Bösen nicht aufstehen im Gericht.
  Noch Sünder in der Gemeinde der Gerechten (Ps. 1:5).
  Er selbst, der in den Himmeln sitzt, wird lachen; Gott selbst wird sie verspotten (Ps. 2:4).

Der Herr macht sich lustig über seine eigene Schöpfung?
  „Ich, ja ich, habe meinen König eingesetzt. Auf Zion, meinem heiligen Berge." (Ps. 2:6).

Man lasse mich auf die Verordnung des Herrn hinweisen:
  „Du bist mein Sohn. Ich, ich bin heute den Vater geworden." (Ps. 2:8)
  Genau dieser Spruch wird im Neuen Testament zitiert und anders gedeutet.

Vom Anfang bis zum Ende Überhöhung, Verherrlichung und Wehklagen oder Wünsche an den Herrn wegen ungeliebter Gegner. Menschen, die nach Drogenkonsum zur Bewusstseinserweiterung gelangten, können dies bestens nachvollziehen. Ohne großartige Aussagen und für uns völlig unwesentlich!

Sprüche

Verfasser angeblich Salomo, Agur und Lemuel (um 716 v. Chr.).

Mein Sohn, mein Gesetz vergiss nicht und meine Gebote, möge dein Herz beobachten, denn Länge der Tage und Jahre des Lebens und Frieden werden dir hinzugefügt werden (Spr. 3:1/2).

Vertraue auf den Herrn mit deinem ganzen Herzen, und stütze dich nicht auf deinen eigenen Verstand (Spr. 3:5). Sondern auf den der Priester?

Mein Sohn, behalte meine Reden, und mögest du meine eigenen Gebote bei dir verwahren (Spr. 7:1). Hier macht einer auf Prophet!

Und nun, oh meine Söhne, hört auf mich; ja glücklich sind die, die meine Wege einhalten (Spr. 8:32). Mal spricht der Schreiber für sich, mal im Namen des Herrn!

Die Schätze des Bösen werden von keinem Nutzen sein, Gerechtigkeit aber ist das, was vom Tode befreit wird (Spr. 10:2). Wer garantiert für dieses Versprechen?

Mein Sohn, fürchte den Herrn und den König. Mit denen, die für eine Veränderung sind, lass dich nicht ein. Denn ihr Unheil wird sich so plötzlich erheben, dass – wer weiß vom Untergang derer, die für eine Veränderung sind (Spr. 24:21/22).

Wer anmaßender Seele ist, erregt Streit, wer sich aber auf den Herrn verlässt, wird fett (Spr. 28:25).

Das Auge, das einen Vater verspottet und das den Gehorsam gegenüber einer Mutter verachtet, die Raben des Wildbachtales werden es aushacken, und die Söhne des Adlers (nicht die Töchter) werden es auffressen (Spr. 30:17).

Hier wird in der Gesamtheit sehr viel leeres Stroh wiederholt gedroschen.

Es hat nun mal einen Beigeschmack, wenn man von einem Menschen den Bückling vor dem Herrn verlangt, einem Herrn und Gott, dessen Ruf nicht vorauseilend von Großzügigkeit und Toleranz gegenüber seiner eigenen Schöpfung berichtet.

Prediger

Der Verfasser ist angeblich Salomo (ca. 1000 v. Chr.).

Hier gleichen die Ansichten denen im vorangegangenen Kapitel „Sprüche".

Denn da ist kein Mensch gerecht auf der Erde, der ständig Gutes tut und nicht sündigt (Pre. 7:20)?

Und ich fand heraus: Bitterer als den Tod fand ich das Weib, das selbst gleich Fangnetz ist und dessen Herz gleich Schleppnetze und dessen Hände Fesseln sind. Man ist gut vor dem wahren Gott, wenn man ihr entrinnt, aber man sündigt, wenn man von ihr gefangen wird (Pre. 7:26)?

Da will jemand den Fängen einer zanksüchtigen Frau entrinnen?

Denn wer allen Lebenden zugesellt ist, für den ist Zuversicht da, weil ein lebender Hund besser ist als ein toter Löwe (Pre. 9:4).

Und der Törichte redet viele Worte (Pre. 10:14). Wie wir ständig hier lesen können!

Die harte Arbeit der Unvernünftigen ermüdet sie, weil nicht einer erkannt hat, wie man zur Stadt geht (Pre. 10:15)? Die harte Arbeit der Unvernünftigen?

Der Abschluss der Sache, nachdem man alles gehört hat, ist: Fürchte den wahren Gott, und halte seine Gebote. Denn das ist des Menschen ganze Pflicht (Pre. 12:13).

Denn der wahre Gott selbst wird jederlei Werk ins Gericht über alles Verborgene bringen im Hinblick darauf, ob es gut ist oder böse (Pre. 12:14).

Das Hohelied

Wertloses Gesülze von Liebe um den König Salomo.

Jesaja

Jesaja, Sohn des Amoz, hatte Visionen (Jes. 1:1).

Höret, oh Himmel, und schenke Gehör, denn der Herr selbst hat geredet: „Söhne habe ich groß gezogen und empor gebracht, aber sie selbst haben sich gegen mich aufgelehnt (Jes. 1:2).

Ein Stier kennt seinen Käufer, und ein Esel die Krippe seines Besitzers; Israel selbst hat nicht erkannt, mein Volk hat sich nicht verständlich benommen." (Jes. 1:3).

Und er wird gewisslich Recht sprechen unter den Nationen und die Dinge richtig stellen hinsichtlich vieler Völker. Und sie werden ihre Schwerter zu Pflugscharen schmieden müssen und ihre Speere zu Winzermessern. Nation wird nicht mehr gegen Nation das Schwert erheben, auch werden sie den Krieg nicht mehr lernen (Jes. 2:4).

Eine wunderschöne Vision, wie sie bis heute, nach 2500 Jahren noch nicht verwirklicht wurde, sondern sich bis heute nur gewaltig verstärkt hat!

Aber Visionen kosten nichts und vor Priestern, die dies lesen, braucht man sich nicht verantworten.

Du hast das Haus Jakob verlassen. Denn sie sind voll von dem geworden, was aus dem Osten ist, und sie trieben Magie wie die Philister, und es wimmelt bei ihnen von den Kindern der Ausländer (Jes. 2:6).

Für solche Erkenntnisse bedurfte es einst Propheten mit Visionen, die haben wir heute nicht mehr nötig, denn wir leben heute selbst in einer solchen Gesellschaft.

Jesaja schickt ein Strafgericht über sein Volk, wegen seines hochmütigen Benehmens gegenüber Gott.

Nach dem Zorn Gottes blüht Zion wieder auf, für die Entronnenen und Verbliebenen (Jes. 4:2/3).

In dem Jahr, da König Usija starb, bekam ich den Herrn auf erhabenem Throne zu sehen (Jes. 6:1).

Seraphe standen über ihm. Ein jeder hatte sechs Flügel. Mit zwei hielt er sein Angesicht bedeckt, und mit zwei hielt er seine Füße bedeckt, und mit zwei pflegte er herumzufliegen (Jes. 6:2).

Und dieser rief jenem zu und sprach: „Heilig, heilig, heilig ist der Herr der Heerscharen. Die Fülle der ganzen Erde ist seine Herrlichkeit." (Jes. 6:3)

In dieser irrealen Herrlichkeit geht es unentwegt noch weiter. Der Einfluss von bewusstseinsverändernden Drogen scheint hier kein Ende zu finden.

Und der Wolf wird tatsächlich bei dem männlichen Lamme weilen, und beim Böcklein wird selbst der Leopard lagern, und das Kalb und der junge Löwe und alle wohlgenährten Tiere beieinander; und ein kleiner Knabe wird sie führen (Jes. 11:6).

Und die Kuh und der Bär, sie werden weiden; zusammen werden ihre Jungen lagern.

Und selbst der Löwe wird Stroh fressen, so wie der Stier (Jes. 11:7).

Und es soll geschehen an jenem Tage, dass der Herr wieder seine Hand darbieten wird, ein zweites Mal, um den Überrest seines Volkes zu erwerben, der übrig bleiben wird in Assyrien, Ägypten, Pathros, Kusch, Elam, Schinear, Hamath und von den Inseln des Meeres (Jes. 11:11).

Das geht uns also nichts an!

Oh, welche Vernichtung droht den Sündern, die im Lande vertilgt werden (Jes. 13:9).

„Denn so hat der Herr zu mir gesprochen." (Jes. 18:4)

Der Herr spricht zu Jesaja: „Geh und du sollst das Sacktuch von deinen Hüften lösen, und deine Sandalen solltest du von den Füßen ziehen." (Jes. 20:2)

Die Feste des Meeres hat gesprochen, aus dem Munde des Propheten!

Der Herr der Heerscharen selbst hat diesen Rat gegeben, um den Stolz aller Schönheit zu entzweien, um all die Geehrten der Erde mit Verachtung zu behandeln (Jes. 23:9).

Heulet, ihr Schiffe von Tarschisch, denn eure Feste ist verheert worden (Jes. 23:14).

Und es soll geschehen am Ende von 70 Jahren, dass der Herr seine Aufmerksamkeit Tyrus zuwenden wird, und sie soll zurückkehren zu ihrem Lohn und Prostitution begehen mit allen Königreichen der Erde auf der Oberfläche des Erdbodens (Jes. 23:17). Und geschehen wird alles noch in 70 Jahren, damit hat unsere Welt also nichts mehr zu tun!

Das Land wird bestimmt leer gemacht werden, und unfehlbar wird es geplündert werden, denn der Herr selbst hat dies gesprochen (Jes. 24:3).

Für mich gibt es Magerkeit! Die treulos Handelnden haben treulos gehandelt.

Ja mit Treulosigkeit haben die treulos Handelnden treulos gehandelt. (Jes. 24:16)

Vielleicht versteht der Leser endlich, warum ein Prophet nichts lernen oder gar studieren muss.

Wir sind schwanger geworden, wir haben Wehen gehabt; wir haben sozusagen Wind geboren (Jes. 26:18). Wir nennen dies heute ganz einfach einen Furz!

Ganz selten, dass man auch mal etwas Lustiges in der Heiligen Schrift findet, die sonst von Verkrampfung und vom ewigem Verdammnis lebt.

Wie eine Menstruierende wirst du dazu sprechen: „Nichts als Schmutz!" (Jes. 30:22).

Ein neues Wort: „Wo ist der Sekretär?" (Jes. 33:18).

Denn der Herr hat heftigen Zorn gegen alle Nationen und Grimm wider all ihr Heer. Er wird sie bestimmt der Vernichtung weihen; er muss sie der Schlachtung hingeben (Jes. 34:2).

Und alle vom Heer der Himmel sollen verwesen (Jes. 34:4).

Fürchterliche Vernichtung, Nationen betreffend, in Staub und Blut und Fett (Jes. 34:6/7).

Seht, euer eigener Gott wird kommen, ja Gott mit Vergeltung. Er selbst wird kommen und euch retten (Jes. 35:4) Und alles war nicht nach vorhergesagten 70 Jahren geschehen!

Oh Herr der Heerscharen, du Gott Israels, du alleine bist der Gott von allen Königreichen der Erde (Jes. 37:16).

Es ist nicht bekannt, dass alle Nationen der Erde jemals erfahren haben, dass der Gott der Hebräer für sie zuständig ist!

Und der Engel des Herrn zog dann aus und schlug im Lager der Assyrer 185 000 Mann nieder.

Danach zog Sanheriba, der König von Assyrien, weg und ging und kehrte zurück und nahm Wohnsitz in Ninive (Jes. 37:37).

König Hiskia fügte der Herr 15 Jahre an seine Tage hinzu (Jes. 38:5).

Und die Sonne ging allmählich zehn Stufen an der Treppe des Ahas zurück, die sie vorher abwärts gegangen war (Jes. 38:8).

Der Herr, der Schöpfer der äußersten Enden der Erde, ist Gott auf unabsehbare Zeit (Jes.40:28).

Ich, der Herr, der Erste; und bei den Letzten bin ich derselbe (Jes. 41:4).

Jesaja erzählt, was der Herr und Gott der Israeliten alles zu ihm gesagt hat (Jes. 41:1 bis 66:24).

Von Anfang bis Ende zeigt Jesaja menschliches Wunschdenken und erklärt am laufenden Band, dass dies göttlicher Wille sei und dass ihm Gott dies gesagt habe.

Wer die verworrenen Tiraden von Jesaja nicht gelesen hat, hat in seinem Leben nichts versäumt.

Jeremia

„Bevor ich dich im Mutterleib bildete, kannte ich dich, und bevor du dann aus dem Mutterleib hervorkamst, heiligte ich dich. Zum Propheten für die Nation machte ich dich." (Jer. 1:5)

Hatte der Herr kein Vertrauen zu den Priestern?

Darauf streckte der Herr die Hand aus und ließ sie meinen Mund berühren. Dann sprach der Herr: „Siehe, ich habe meine

Worte in deinen Mund gelegt." (Jer. 1:9) „Siehe, ich habe dich an diesem Tage über die Nationen und über die Königreiche bestellt, um auszurotten, und niederzureißen und zu vernichten und abzubrechen, zu bauen und zu pflanzen." (Jer. 1:10)

Das waren die schmutzigen Worte, die Gott ihm in den Mund gelegt hatte?

Es ist unfassbar, dass sich hier jemand hinstellt und erklärt, der Herr habe ihn mit Machtbefugnissen über alle Nationen ausgestattet! Welche hier gemeint sind, konnte er nicht erklären – eben alle!

Ein Mensch mit solchen Worten würde heute nicht lange predigen, bevor er in der Anstalt landet.

Und der Herr sprach zu Jeremia: „Geh, und du sollst vor den Ohren Jerusalems ausrufen und sprechen." (Jer. 2:2) Er beklagt die Untreue zum Herrn durch die Verehrung falscher Götter.

Dies ist, was der Herr der Heerscharen, der Gott Israels, gesprochen hat: „Fügt diese eure Ganzbrandopfer zu euren Schlachtopfern hinzu und esst Fleisch." (Jer. 7:21)

Vor mir haben schon andere Propheten, ja sogar Moses selbst hat dies bereits gesagt.

Bei seiner Stimme gibt es durch ihn ein Getöse von Wassern in den Himmeln, und er lässt Dämpfe aufsteigen vom äußersten Ende der Erde. Er hat sogar Schleusen für den Regen gemacht, und er bringt den Wind aus seinen Vorratshäusern hervor (Jer. 10:13).

Wenn sie fasten, höre ich nicht auf ihr inständiges Rufen (Jer. 14:12).

Der Begriff „fasten" wurde früher auch schon gebraucht (2 Ch. 20:3), (Est. 4:16) und (Jes. 58:5), aber es ist typisch für die Bibel, dass neue Begriffe eingeführt werden, ohne dass ein höheres oder gar ein göttliches Begehren vorgelegen hätte.

Das Jahr über weniger zu essen und im Schweiße des Angesichtes zu arbeiten, dann erübrigt sich auch ein Fasten und vermeidet Fettleibigkeit vor dem Herrn.

Du sollst zu ihnen sagen: „Mögen meine Augen in Tränen zerfließen Nacht und Tag, und mögen sie nicht gestillt werden, denn mit großem Zusammenbruch ist die Jungfrau, Tochter meines Volkes, zerbrochen worden, mit einem ganz heillosen Schlag." (Jer. 14:17)

Der Herr selber empfiehlt, über seine Taten zu weinen, die er seinem Volke angetan hat?

„Und danach", sprach der Herr, „werde ich Zedekia, den König von Juda, und seine Diener und das Volk und diejenigen, die in der Stadt von der Pest, vom Schwert und von der Hungersnot übrig blieben, in die Hand Nebukadnezars, des Königs von Babylon, geben." (Jer. 21:7)

Der Herr beschwerte sich laut Jeremia, dass die Propheten Falsches prophezeien (Jer. 23:25).

Dann schrieb der Prophet Jeremia einen Brief an die älteren Männer im Exil in Babylon (Jer. 29:1).

„Und ich will ihnen mit dem Schwert, mit dem Hunger und mit der Pest nachjagen, und ich will sie allen Königreichen der Erde zum Erbeben hingeben, zum Fluch und zum Gegenstand des Entsetzens und zum Auspfeifen und zur Schmach inmitten aller Nationen." (Jer. 29:18).

Die Stimmen derer, die sprechen: „Lobet den Herrn der Heerscharen, denn er ist gut; denn auf unabsehbare Zeit währt seine liebende Güte!" (Jer. 33:11) Da ist die liebende Güte wieder!

Vorher war der Herr ein herzloser Rächer, nun ist er die liebende Güte!

Laut Jeremia sagte der Herr: „So, wie ich über dieses Volk all dieses Unglück gebracht habe, so bringe ich über sie all das Gute, das ich sie betreffend rede." (Jer. 32:42)

Es wird im Falle Davids kein Mann davon abgeschnitten werden, auf dem Thron Israel zu sitzen. (Jer. 33:17)

Die Sprache und der Satzbau sind hier unentwegt irreführend.

Während sich der Prophet Jeremia und der Schreiber Baruch versteckten (Jer. 36:19), las Jehudi, Sohn von Nathanjas, dem König von Juda, Jojakim, aus der Rolle vor (Jer. 36:21). Niemand erschrak, als der König die ganze Rolle verbrannte (Jer. 36:23). Jeremia wird beschuldigt, fliehen zu wollen und wird geschlagen und eingesperrt (Jer. 37:13/16).

Nebenbei wird erzählt, dass die Ägypter kamen und die Chaldäer, die Jerusalem belagerten (Jer. 37:5). Nachdem die Ägypter sich aber wieder zurückgezogen hatten, kamen die Chaldäer wieder, um Jerusalem zu zerstören. Die Söhne des Königs Zedekia wurden vor seinen Augen geschlachtet, dann ließ ihn Nebukadnezar blenden und in Kupferfesseln nach Babylon wegbringen (Jer. 39:6/7).

Jeremia, der Prophet, und Baruch, der Sohn Nerijas, und alle tauglichen Männer, Frauen und Kinder kamen nach Ägypten, wie der Herr es empfahl (Jer. 43:6/7).

Die ägyptische Streitmacht unter Pharao Nechos wurde bei Karkemisch südlich vom Euphrat von Nebukadnezar besiegt (Jer. 46:2).

Danach wird auch so nebenbei das Kommen der Philister erwähnt.

Dies ist, was sich als das Wort des Herrn an Jeremia, den Propheten, erwies hinsichtlich der Philister, bevor Pharao daranging, Gasa niederzuschlagen (Jer. 47:1).

Verflucht sei, wer den Auftrag des Herrn nachlässig ausführt; und verflucht sei, wer sein Schwert vom Blut zurückhält (Jer. 48.10). Verflucht, wer nicht genug Feinde tötet, der lästert Gott!

Für Damaskus: „Hamath und Arpad sind beschämt worden, denn einen schlechten Bericht haben sie gehört. Sie haben sich aufgelöst. Im Meer gibt es angstvolle Besorgtheit; es vermag nicht ruhig zu bleiben." (Jer. 49:23)

„Und ich will hinter ihnen her das Schwert senden, bis ich sie ausgerottet haben werde."

„Und ich will meinen Thron in Elam aufstellen, und ich will daraus den König und die Fürsten vernichten", ist der Ausspruch des Herrn aus dem Munde von Jeremia (Jer. 49:37/38).

„Und ich will Babylon und allen Bewohnern Chaldäas all ihr Böses heimzahlen, das sie in Zion vor euren Augen begangen haben", ist der Ausspruch des Herrn (Jer. 51:24).

Er hat mich verschlungen wie eine große Schlange; er hat seinen Leib mit meinen lieblichen Dingen angefüllt. Er hat mich fortgespült (Jer. 51:34).

Die an mir und meinem Organismus verübten Gewalttat komme über Babylon (Jer. 51:35).

Das Perserreich griff das assyrische Reich an. Nach dem Sieg der Perser durften die in Gefangenschaft gehaltenen Israeliten wieder zurück in ihr Gelobtes Land. Da lag auch kein göttlicher Auftrag vom Gott der Hebräer vor, dass Babylon von den Medern angegriffen werden musste, denn das hätte wiederum in der Hand der Götter von Persien gelegen!

Was für ein menschlicher Unsinn, wenn alles auf Religion und die Macht von Göttern bezogen wird!

Klagelieder: Wiederholung der Vorgänge in unzusammenhängenden Sätzen.

Hesekiel

Nun begab es sich im dreißigsten Jahr, im vierten Monat, am fünften Tag des Monats, als ich inmitten der ins Exil Weggeführten am Strom Kebar war, dass die Himmel aufgetan wurden und ich Visionen Gottes zu sehen begann (Hes. 1:1).

Das Wort des Herrn ging ausdrücklich an Hesekiel, den Sohn Busis, den Priester, im Lande der Chaldäer (Hes. 1:2).

Als Sohn eines Priesters war er in Zugzwang und musste schon etwas Besonderes bringen. Da war ein stürmischer Wind, der vom Norden kam, eine große Wolkenmasse und zuckendes Feuer, und ein Glanz war daran ringsum, und mitten aus ihm hervor, da war etwas wie der Anblick von Goldsilber, mitten aus dem Feuer (Hes. 1:4). Und mitten aus ihm hervor war etwas, was vier lebenden Geschöpfen glich, und so sahen sie aus: Sie waren das Gleichnis von Erden-Menschen (Hes. 1:5).

Und ein jedes hatte vier Angesichter und ein jedes von ihnen vier Flügel (Hes. 1:6).

Und ihre Füße waren gerade, und die Sohlen ihrer Füße waren wie die Sohle des Fußes eines Kalbes; und sie funkelten wie mit der Glut von geglättetem Kupfer (Hes. 1:7).

Und Menschenhände waren unter den Flügeln an ihren vier Seiten, und alle vier hatten ihre Angesichter und ihre Flügel (Hes. 1:8).

Und was das Gleichnis ihrer Angesichter betrifft, sie hatten alle vier ein Menschenangesicht mit einem Löwengesicht zur Rechten, und alle vier hatten ein Stiergesicht zur Linken; alle vier hatten auch ein Adlerangesicht (Hes. 1:10).

Wohin immer der Geist zu gehen geneigt war, dahin pflegten sie zu gehen (Hes. 1:13).

Da waren auch noch Räder, die sich mit den Geschöpfen bewegten (Hes. 1:21). Blieben die Geschöpfe stehen, pflegten sie ihre Flügel zu senken. Oberhalb der Ausdehnung war das Gleichnis eines Erden-Menschen glühend im Goldsilber und der sprach: „Menschensohn, ich sende dich zu den Söhnen Israels, die gegen mich rebelliert haben. Dies ist, was der Herr und Gott gesprochen hat." (Hes. 1:4)

Und ich sah dann eine Hand nach mir ausgestreckt, darin war eine Buchrolle (Hes. 2:9).

Menschensohn, verspeise diese Rolle, und geh, rede zum Hause Israel (Hes. 3:1).

Wie umfangreich war denn die Rolle? Hat sie auch geschmeckt?

Siehe, ich habe dir Rinder-Dünger statt Dungfladen des Menschen gegeben, und du sollst dein Brot darauf bereiten (Hes. 4:15).

Hunger und Krankheiten und das Schwert wird ohne Ende über das Volk kommen (Hes. 5/6/7).

Eine Vision überwältigte Hesekiel: „Und ich sah den Herrn, abwärts der Hüfte wie in Feuer, und von der Hüfte aufwärts war ein Glanz wie das Glühen von Goldsilber." (Hes. 8:2)

Da streckte er die Hand aus und nahm mich beim Schopf meines Hauptes und trug mich zwischen der Erde und den Himmeln nach Jerusalem (Hes. 8:3). Eine beachtliche Flugreise!

Und er sprach denn zu mir: „Menschensohn, erhebe bitte deine Augen in Richtung Norden."

(Hes. 8:5). „Und noch wirst du wiederum große Abscheulichkeiten sehen." (Hes. 8:6)

Es ist fast nicht zu glauben, der Herr konnte neben Mord und Vernichtung sehr höflich sein und sagte sogar „bitte" zu Hesekiel. So freundlich war der Herr der Hebräer zuvor noch nie gewesen!

Er sprach nun zu mir: „Menschensohn, durchbohre bitte die Wand." (Hes. 8:7)

Und ich durchbohrte allmählich die Wand (Hes. 8:8). Wieder mal „bitte" zum Menschensohn.

Ja, wo hatte der Prophet denn so schnell nun Werkzeug her, war doch kein Baumarkt in der Nähe.

Er wird doch nicht mit bloßen Händen eine dicke Wand durchbohrt haben?

Einem religiösen Leser, der das bisherige irreale „Sehen" anstandslos zur Kenntnis genommen hat, der wird auch nicht auf die Idee kommen, dies zu hinterfragen.

Es tut gut, wenn man diesen Gott der Rachsucht, der Mordlust mit enormen Vernichtungswillen nicht als seinen Gott betrachtet, auch wenn hier nur Hesekiel damit angesprochen wird.

Dann schildert Hesekiel die gesamte göttliche Abscheu bis hin zur Vernichtung von Jerusalem, das sich der Prostitution hingegeben hat. (Hes. 15/16)

Wobei alles so geschildert wird, als handle es sich bei Jerusalem um eine Person.

Der Prophet stellt hier einen Schöpfergott als Stümper dar, dessen Schöpfung misslungen war, trotz seiner Allmacht und Allwissenheit, und der jetzt seine Schöpfung durch Mittäterschaft eines Propheten mit Mord korrigieren möchte. War das nicht schon bei Kain und Abel so?

Eine solche unlogische und würdelose Dreistigkeit macht eigentlich sprachlos, aber nicht religiös.

Niemand hat das Recht, einen Mitmenschen oder auch ein Freudenmädchen zu ermorden.

Nicht die böse Menschheit um ihn herum, sondern er, der Prophet mit seiner Schlauheit, mit der er sich auf Gott beruft, ist der dreiste Anstifter zum Verbrechen, auf den die Welt verzichten kann und muss. Es ist eine unverständliche Dummheit, und es ist beschämend, eine solch unmoralische Schilderunge in einem „Heiligen Buch" aufzunehmen und sie dann als göttliche Weisheit darzustellen! Solche dreisten Geschichten reichen, um vernunftbegabte Menschen von der Religion abzuhalten.

„Der Mensch ist frei, und sei er in Ketten geboren!" So heißt es bei Friedrich Schiller, der die von religiöser, christlicher Obrigkeit geprägte Willkürherrschaft zu seiner Zeit kennengelernt und verurteilt hat.

Ein Sohn selbst wird keine Schuld tragen wegen des Vergehens des Vaters, und ein Vater selbst wird keine Schuld tragen wegen des Vergehens des Sohnes (Hes. 18:20).

Der Herr geht hier laut Hesekiel von der Sippenhaftung ab, die einst Moses unumstößlich gepredigt hatte. Na, wenigstens etwas Positives! Es kommt nur auf den richtigen Propheten an, und die göttlichen Werte kehren sich um.

Der Glaube war schon damals sehr wandelbar, man kommt aus dem Staunen nicht heraus.

Und die Söhne Babylons gingen fortgesetzt zu ihr ein, zu dem Bett der Liebkosungen, und verunreinigten sie mit ihrem unsittlichen Verkehr (Hes. 23:17). Unsittlicher Verkehr!

Halbherzig und unklar wird auf eine Person oder doch auf eine ganze Stadt hingewiesen.

Und ständig mehrten sie ihre Taten der Prostitution bis zu dem Punkt, da sie der Tage ihrer Jugend gedachte, als sie sich im Lande Ägypten als Prostituierte preisgab (Hes. 23:19).

Also doch nicht eine Stadt, sondern es waren leibliche Frauen, anders ist dies nicht zu verstehen, da eine Stadt nicht an ihre Tage der Jugend denken kann!

Und ständig hatte sie sinnliches Verlangen gemäß der Art von Nebenfrauen, die denen gehören, deren fleischliches Glied wie das fleischliche Glied von Eselhengsten und deren Zeugungsorgan wie das von Hengsten ist (Hes. 23:20).

Es hat nun nicht lange gedauert, bis der oberschlaue Schwätzer und Prophet Hesekiel mit seinem anscheinend mickrigen Würstchen seine wahre charakterliche Einstellung schriftlich bekundet. Blanker Neid des Würstchens geht daraus hervor, der in Hass und im Aufruf zu Mord und Totschlag gipfelt. Er stellt andauernd seine Meinung als die des Herrn dar und erwähnt wahrscheinlich deshalb auch fortwährend: „Und das Wort des Herrn erging an mich."

Jetzt kommt Nebukadnezar wider Tyrus: „Und den Stoß seiner Angriffsmaschine wird er gegen deine Mauern richten, und deine Türme wird er niederreißen mit seinen Schwertern." (Hes. 26:9)

Diese Erklärung ist zwar schon Vergangenheit, da man sich längst in der Gefangenschaft in Babylon befindet, aber deshalb interessant, da Nebukadnezar Angriffsmaschinen hatte (600 vor Chr).

Dann wird von Hesekiel sehr umfangreich erzählt, dass Nebukadnezar auch die Ägypter angreift.

„Pharao und seine ganze Streitmacht werden mit dem Schwert Erschlagene sein", ist der Ausspruch des Herrn (Hes. 32:31).

Wie der Blödsinn geschehen sollte, konnte Hesekiel nicht näher erzählen, sondern nur schreiben, da er selbst auch als Gefangener in Babylon weilte (Hes. 33:1).

Und alles wird mehrmals wiederholt. Vielleicht deshalb, damit es zur Wahrheit werden sollte.

Die Hand des Herrn war über mir, sodass er mich im Geiste des Herrn hinausführte und mich mitten in der Tal-Ebene niedersetzte, und sie war voller verdorrter Gebeine (Hes. 37:1).

Und er begann zu mir zu sprechen: „Menschensohn, können diese Gebeine zum Leben kommen?"
Darauf sprach ich: „Herr, du weißt es wohl." (Hes. 37:3).
Und er sprach weiter zu mir: „Prophezeie über diese Gebeine, und du sollst sprechen: Oh ihr verdorrten Gebeine, höret das Wort des Herrn. Siehe, ich bringe Atem in euch, und ihr sollt zum Leben kommen." (Hes 37:5). Ja, warum spricht der Herr nicht selbst zu den Gebeinen?

Da begann ein Klappern, und die Gebeine begannen sich zu nähern. Und darauf kamen Sehnen und Fleisch, und Haut begann sich oben darüber zu ziehen (Hes. 37:7).

Und du sollst zum Wind sprechen: „Von den vier Winden komm her, oh Wind, und wehe diese Getöteten an, damit sie zum Leben kommen." (Hes. 37:9). Und sie begannen zu leben (Hes. 37:10).

Dies sprach der Herr: „Siehe ich öffne eure Grabstätten, und ich will euch heraufführen aus euren Grabstätten, oh mein Volk, und euch auf den Boden Israels bringen." (Hes. 37:12)

„Und ich will meinen Geist in euch legen und ihr sollt zum Leben kommen." (Hes. 37:14)

Und das Wort des Herrn ging weiter an mich: „Menschensohn, richte dein Angesicht wider Gog vom Lande Magog, den Hauptvorsteher von Meschech und Tubal, und prophezeie gegen ihn." (Hes. 38:2)

Genau dies kann man bei dem „Seher" Dr. Nostradamus (14.12.1503 bis 02.07.1566) auch lesen, der den Dritten Weltkrieg am Ende des 20. Jahrhunderts vorhergesagt hat.

Hesekiel schreibt nämlich in einer erquickenden geistigen Verblendung, dass er, der Herr und Gott der Israeliten, sein sündhaftes Volk der Vernichtung preisgeben werde. Die Gegner werden mit Ross und Wagen aus Persien, Ägypten und Put kommen und mit Pfeil und Bogen kämpfen (Hes. 38:5).

An menschlichen und tierischen Schlachtopfern sollten sich wilde Tiere am Fleisch und Blut sättigen (Hes. 39:17/18/19).

Ross und Reiter, Pfeil und Bogen, das sind Dinge, die nicht mehr unsere Zeit und Welt betreffen!

Nach 25 Jahren in Gefangenschaft brachte der Herr dann Hesekiel nach Jerusalem, wo er vor dem Tor von einem Mann empfangen wurde, der das Aussehen von Kupfer hatte. Mit ihm wurde gemessen und der Bau eines Tempels umfangreich geplant (Hes. 40). Hesekiels Beschreibung erfolgte gleich so, als ob die Bauten bereits fertig dastanden (Hes. 41).

Dann kommt die Herrlichkeit des Herrn wieder zum Vorschein (Hes. 43:1), und es wird das Opfer der Entsündigung geplant (Hes. 43:23), obwohl man noch immer in der Gefangenschaft lebt.

Dies ist, was der Herr gesprochen hat: „Kein Ausländer, der unbeschnittenen Herzens und unbeschnittenen Fleisches, darf in mein Heiligtum kommen." (Hes. 44:9)

Als der Mann ostwärts hinausging mit der Mess-Schnur in seiner Hand, ging er auch daran, an Ellen 1000 zu messen und mich durchs Wasser gehen zu lassen (Hes. 47:3).

Der Herr hatte aber auch gleich die Grenzen des Landes festgelegt (Hes. 47:15).

Behandelt der Herr und Gott der Israeliten so sein geliebtes und auserwähltes Volk?

Nein und ganz allgemein, jeder religiöse Mensch kann auf Hesekiel gerne verzichten.

Man vergisst besser alle Erzählungen von Hesekiel, um Gehirnkrämpfe zu vermeiden.

Daniel

Laut Nebukadnezar sollten einige gutaussehende Söhne Israels, die keine Gebrechen hatten, gut ernährt werden und die Sprache der Chaldäer erlernen (Da. 1:4).

Daniel gehörte dazu und bekam den Namen Beltschazar.

Schließlich hatte der König einen Traum, den Daniel deuten konnte.

Nach dir wird sich ein anderes Königreich erheben, geringer als du, und ein anderes Königreich, ein drittes, von Kupfer, das über die ganze Erde herrschen wird (Da. 2:39).

Schon wieder wird von der ganzen Erde gesprochen, jetzt erfahren wir ihren Umfang: Berichtet wurde von Ägypten, Äthiopien, Nubien, Assyrien, Persien und das Gebiet der Philister. Nachfolgend wird Griechenland erstmals erwähnt (Da. 10:20).

Und was das vierte Königreich betrifft, es wird sich stark wie Eisen erweisen (Da. 2:40).

Nebukadnezar errichtet ein Bild aus Gold, und wenn der Schall des Horns oder eines anderen Instruments erklingt, müssen alle davor niederfallen und es anbeten (Da. 3:5).

Und wer nicht niederfällt und anbetet, der wird im selben Augenblick in den brennenden Feuerofen geworfen (Da. 3:6). Da sich Daniel und seine Freunde weigerten, den Göttern der Chaldäer zu dienen, wurden sie in den Ofen geworfen (Da. 3:20). Als Nebukadnezar die Männer frei und unversehrt im Feuer wandeln sah, ließ er sie aus dem Ofen holen (Da. 3:26).

Belsazar, der Sohn von Nebukadnezar, richtete ein großes Festmahl für 1000 seiner Großen (Da. 5:1). Unter dem Einfluss des Weines ließ er alle Gefäße aus Gold und Silber hereinbringen, die sein Vater aus dem Tempel in Jerusalem weggenommen hatte (Da. 5:2). Der König und seine Großen, seine Konkubinen und seine Zweitfrauen tranken daraus (Da. 5:3).

In jenem Augenblick kamen die Finger einer Hand hervor und schrieben dem Leuchter gegenüber auf den Putz der Wand (Da. 5:5).

Wieder wurde Daniel gerufen, um die Worte zu deuten (Da. 5:12).

Und dies ist die Schrift, die aufgezeichnet wurde: MENE, TEKEL und U-PARSIN (Da. 5:25).

In derselben Nacht wurde Belsazar, der chaldäische König getötet (Da. 5:30), und Darius selbst, der Meder, empfing das Königreich, als er etwa 62 Jahre alt war (Da. 5:31).

Darius setzte 120 Satrapen ein, die über das Königreich sein sollten (Da. 6:1) und über sie drei hohe Beamte, von denen einer Daniel war (Da. 6:2).

Daniel hatte aber Neider, die König Darius baten, ein Schriftstück zu unterschreiben, in dem das Anbeten einer fremden Gottheit in Strafe gestellt wird (Da. 6:6/7/8).

Da sich Daniel nicht an das Verbot hielt, landete er in der Löwengrube (Da. 6:16).

Der König selbst fand Daniel am nächsten Morgen unversehrt in der Löwengrube und ließ ihn aus der Grube holen (Da. 6:23).

Und der König gebot, und man brachte jene körperlich tauglichen Männer, die Daniel angeklagt hatten, und in die Löwengrube warf man sie, ihre Söhne und ihre Frauen; und sie hatten den Boden der Grube noch nicht erreicht, als die Löwen sich schon ihrer bemächtigten, und alle ihre Gebeine zermalmten sie (Da. 6:24).

Dann hatte Daniel animalische Träume und Visionen, die er für sich behalten sollte, hier aber doch aufgeschrieben hat (Da. 7/8).

Es handelte sich um die Zeit des Endes (Da. 8:17).

Nach 70 Jahren in Gefangenschaft richtete Daniel sein Flehen an den Herrn (Da. 9:1/20).

Gabriel, den er vorher in seinen Visionen gesehen hatte, sprach dann: „Oh Daniel, nun bin ich hergekommen, um dir Einsicht mit Verständnis zu verleihen." (Da. 9:22)

Daniel hatte lange gehungert und nicht getrunken. Danach hatte er starke Visionen und sah die große Erscheinung, die anderen nicht sahen (Da. 10:1/10).

Und die Erscheinung gleich eines Erden-Menschen rührte ihn an und erklärte ihm die Zukunft.

Da ging es um die Könige des Nordens und des Südens (Da. 11:1 bis 44).

Und was dich betrifft, oh Daniel, halte das Buch bis zur Zeit des Endes (Da. 12:4).

„Wie lange wird es bis zum Ende der wunderbaren Dinge sein?", fragte einer am Ufer des Stromes.

Und ich begann den mit Linnen bekleideten Mann, der oben über den Wassern des Stromes war, während er dann seine rechte Hand und seine linke Hand zu den Himmeln erhob und bei dem Einen, der auf unabsehbare Zeit lebt, schwor: „Es wird für eine bestimmte Zeit, bestimmte Zeiten und eine halbe sein. Und sobald die Kraft des heiligen Volkes vernichtet sein wird, werden all die Dinge ein Ende nehmen." (Da. 12:7)

Einmal ausgesprochen, das Ende aller Tage, wurden sie fortwährend in den nächsten 2500 Jahren aufgewärmt, um Angst und Schrecken bei den Gläubigen zu verbreiten.

Und von der Zeit an, da das beständige Opfer entfernt worden ist und das abscheuliche Ding, das Verwüstung verursacht, aufgestellt worden ist, werden es 1290 Tage sein (Da. 12:11). Eine überschaubare Zeit von dreieinhalb Jahren.

Daniel wird vorhergesagt, dass er am Ende der Tage aufstehen werde (Da. 12:12).

Dies wird für kommende Propheten zum Sprungbrett für die Auferstehung des Fleisches.

Der liebe Daniel hat sich aber in keiner Weise an die Anordnung von ganz oben gehalten, dass er das Buch geschlossen halten sollte bis jene Endzeit gekommen ist (Da. 12:8/9).

Wir leben heute in einer realen Welt, der wir in die Augen sehen müssen.

Wir wissen von der eigenen, vom Menschen inszenierten atomaren Gefahr und von den Gefahren, die nicht nur uns bedrohen, sondern die auch schon die Saurier bedroht haben. Wir brauchen keine Visionen und Kontakte zu den Himmeln, um für die Zukunft etwas zu erfahren. Wir haben einen Verstand und sehen auch ohne religiöse Verzückung, was auf uns zukommt oder zukommen könnte.

Hosea

Hier geht es nochmal in der Zeit zurück zu Hiskia, dem König von Juda und Jerobeams, des Königs von Israel. Das Wort des Herrn ging an Hosea, den Sohn Beeris (Hos. 1:1).

Es geht hier um Hurerei und Anbetung fremder Gottheiten und Untreue zum wahren Gott der Israeliten. Vielleicht ein Merkmal dieser Schriften sind unzusammenhängende Sätze und wirre Formulierungen. Man hat den Eindruck, hier möchte jemand Wichtiges sagen mit gewaltigen Worten, aber irgendwie fehlt es an einer Sinngebung, und er bringt nichts Neues, möchte aber alles Gewesene und vorher Gesagte überbieten.

Joel

Das Wort des Herrn geht hier an Joel, dem Sohn des Pethuels.

Welche Katastrophe: Die Ernten sind ausgeblieben, die Felder vertrocknet, und das Feuer hat selbst die Weidegründe der Wildnis verzehrt (Joel 1:1/20).

Dann kommt auch noch ein Feind, zahlreich und mächtig, wie nie zuvor dagewesen (Joel 2:1/10).

Aber schon folgt der Aufruf im Namen des Herrn, zu ihm zurückzukehren (Joel 2:11).

Und schon werden goldene Zeiten versprochen (Joel 2:12/27).

Und danach soll es geschehen, dass ich meinen Geist auf Fleisch aller Art ausgießen werde und eure Söhne und eure Töchter (!) werden gewisslich prophezeien (Joel 2:28).

Oh Schreck lass nach! Zum Glück ist dies nie geschehen.

Dann folgt das göttliche Strafgericht gegen alle Feinde in der Tiefebene Josaphat (Joel 3:1/17).

Nun etwas Gegenteiliges, was wir bei Jesaja anders gelesen haben (Jes. 2:4)!

Schmiedet eure Pflugscharen zu Schwertern und eure Winzermesser zu Lanzen (Joel 3:10).

Und es soll geschehen an jenem Tage, dass die Berge von süßem Wein triefen werden, und die Hügel, sie werden von Milch fließen, und selbst die Flussbetten Judas werden alle von Wasser fließen (Joel 3:18).

Was Ägypten betrifft, eine wüste Einöde wird es werden; und was Edom betrifft, zur Wildnis einer wüsten Einöde wird es werden wegen der Gewalttat an den Söhnen Judas, in deren Land sie unschuldiges Blut vergossen haben (Joel 3:19).

Was Ägypten betrifft, es war immer so und es wird immer so bleiben, trotz Verfluchung.

Egozentrik in der Religion, denn wir sind die Guten und die Ägypter sind die Bösen.

Amos

Zwei Jahre vor dem Erdbeben hatte Amos, der Schafzüchter aus Tekoa, Visionen (Am. 1:1).

Hier stellt sich berechtigterweise die Frage, wer hat denn für den Schafzüchter geschrieben?

Dies hat der Herr gesprochen: „Wegen der drei Auflehnungen von Damaskus und wegen vier werde ich es nicht abwenden, weil sie Gilead sogar mit eisernen Dreschwerkzeugen gedroschen haben."

(Am. 1:3) Leicht variiert wird das gleich mehrmals wiederholt. Weiteres ist wirr und unwichtig!

Hört dieses Wort, ihr Kühe Baschas, die auf dem Berg Samaria sind, die die Geringen übervorteilen, die die Armen zertreten, die zu ihren Herren sprechen: „Bringe her und lass uns trinken." (Am. 4:1)

Was bislang Amos hier von sich gegeben hat, war anscheinend auch nur für die Rinder gedacht.

Der Herr hat bei seiner Heiligkeit geschworen: „Siehe, es kommen Tage über euch, und er wird euch gewisslich mit Fleischerhaken aufheben und den letzten Teil von euch mit Angelhaken." (Am. 4:2)

Ist mit „er" der Herr selbst gemeint? Und woher hat er denn die Fleischer- und Angelhaken? Wer hat dem Herrn den Schwur abgenommen, Amos oder eine blinde Kuh vom Berg Samaria?

Der Herr hat bei seiner eigenen Seele geschworen, ist der Ausspruch des Herrn, des Gottes der Heerscharen: „Ich verabscheue den Stolz Jakobs, und seine Wohntürme habe ich gehasst, und ich will die Stadt und das, was sie erfüllt ausliefern." (Am. 6:8)

Denn siehe, der Herr gebietet, und er wird gewisslich das große Haus zu Schutt zerschlagen und das kleine Haus zu Bruchstücken (Am 6:11).

Dann sprach der Herr zu mir: „Was siehst du Amos?" Da sprach ich: „Ein Senkblei." Und der Herr sprach weiter: „Siehe, ich lege ein Senkblei an mitten in meinem Volk Israel. Ich werde es fernerhin nicht mehr entschuldigen." (Am. 7:8)

Dies ist daher, was der Herr gesprochen hat: „Was deine Frau betrifft, in der Stadt wird sie eine Prostituierte werden. Und was deine Söhne und Töchter betrifft, durch das Schwert werden sie fallen. Und was deinen Erdboden betrifft, durch das Mess-Seil wird er aufgeteilt werden. Und was dich selbst betrifft, auf unreinem Erdboden wirst du sterben; und was Israel betrifft, es wird bestimmt von seinem eigenen Boden hinweg ins Exil gehen." (Am. 7:17)

Gott schuf unreinen Boden?

Die weitere Prophezeiung, dass die Israeliten nach ihrer Rückkehr dann nicht mehr von ihrem Boden herausgerissen werden, ist eine der gröbsten und falschesten aller Prophezeiungen.

Nach dem Aufstand gegen die Römer, im Jahre 70 n. Ch. wurden sie für 1900 Jahren in alle Welt zerstreut, um erst nach dem Zweiten Weltkrieg in ihr ehemaliges Land zurückzukehren.

Obadja (Die Vision Obadjas)

Und ich werde gewisslich die Weisen aus Edom vernichten von der Berggegend von Esau.

So wie du getan hast, wird dir getan werden (Ob. 1:15).

Du hättest nicht nach dem spähen sollen, was am Tage deines Bruders zu sehen war, und du hättest dich nicht freuen sollen über die Söhne Judas an dem Tage, da sie umkamen; und du hättest nicht ein großes Maul führen sollen am Tage ihrer Bedrängnis (Ob. 1:13).

Jona

Der gute Jona war drei Tage und Nächte im Bauch eines großen Fisches (Jona 1:17)

Dann betete Jona zum Herrn, seinem Gott, aus dem Innern des Fisches (Jona 2:1).

Mit der Zeit befahl der Herr dem Fisch, sodass er Jona auf das trockene Land spie (Jona 2:10).

Jona sollte laut Willen des Herrn nach Ninive gehen, und die Bewohner sollten Reue üben bezüglich ihrer Schandtaten und sich zu Gott bekennen.

Nun erwies sich Ninive selbst als eine für Gott große Stadt (Jona 3:4).

Ninive hatte damals 120 000 Einwohner (Jona 4:11).

Micha

Das Wort des Herrn ging an Micha, das er über Samaria und Jerusalem Visionen schaute (Mi. 1:1).

Höret, oh ihr Völker, ihr alle; zollet Aufmerksamkeit, oh Erde und was dich füllt, und der Herr möge wider euch als Zeuge dienen, Gott aus seinem heiligen Tempel (Mi. 1:2).

Und die Berge sollen unter ihm zerschmelzen, und die Talebenen selbst werden sich spalten wie das Wachs vor dem Feuer, wie Gewässer, die einen Abhang hinuntergegossen werden (Mi. 1:4).

Obwohl der bekannte Erdkreis damals sehr beschränkt war: „Oh ihr Völker der Erde!"

Welche Berge sind je zerschmolzen, wenn der Herr vom Himmel herunterkam?

Dann folgt wieder Vernichtung und Zerstörung: „Und all ihre Götzen werde ich zur Einöde machen."

Denn vom Prostituierten-Lohn gegebene Dinge brachte sie zusammen, und zu dem als Prostituierten-Lohn Gegebenen werden sie zurückkehren (Mi. 1:7).

Zuerst erzählt Micha, dass die Berge schmelzen, wenn der Herr herunterkommt; kurz danach erzählt er (in Ich-Form), dass er alle Götzen zur wüsten Einöde machen werde.

Man sieht hier, wie so oft, dass die Meinung des Propheten mit der des Herrn verschwimmt.

Es konnte gar nicht anders sein, da es ohnehin immer um die Meinung des Propheten ging.

Und sie werden durch ein Tor ziehen, und sie werden durch dasselbe hinausgehen. Und ihr König wird vor ihnen vorbeiziehen mit dem Herrn an der Spitze (Mi 2:13).

Und ich sprach dann: „Hört bitte, ihr Häupter Jakobs und ihr Befehlshaber des Hause Israel." (Mi 3)

In jener Zeit werden sie zum Herrn um Hilfe rufen (Mi. 3:4).

Und so geht es weiter; einmal der Herr, der spricht und dann der Prophet in der Ich-Form, würde man nachfragen, dann würde er bestimmt sagen, dass der Herr ihm alles so gesagt hat.

Eine unglaubwürdige Lachnummer allemal, mit der wir heute nichts anfangen können.

Und sie werden ihre Schwerter zu Pflugscharen schmieden müssen und ihre Speere zu Winzermessern. Nicht werden sie das Schwert erheben, Nation gegen Nation, auch werden sie den Krieg nicht mehr lernen (Mi. 4:3). Gleiches lasen wir schon bei Jesaja (Mi. 2:4).

Bei Joel (Mi. 3:10) haben wir Gegenteiliges gelesen.

Denn die Völker ihrerseits werden wandeln, ein jedes im Namen seines Gottes; wir aber unsererseits werden im Namen des Herrn, unseres Gottes, wandeln auf unabsehbare Zeit, ja immerdar (Mi. 4:5).

Da meldet sich einer zu Wort, der den Gott der Hebräer erstmals nicht als Gott aller ansieht:

„Mache dich auf und drisch, oh Tochter Zion, denn dein Horn werde ich in Eisen verwandeln, und deine Hufe werde ich in Kupfer verwandeln, und du wirst bestimmt viele Völker zu Staub zermahlen; und durch einen Bann wirst du ihren ungerechten Gewinn in der Tat dem Herrn übergeben und ihr Vermögen dem wahren Gott der ganzen Erde." (Mi. 4:13)

Micha, welch ein Träumer mit göttlichen Visionen, die sich nie erfüllt haben – aber Papier ist sehr geduldig – und anscheinend hat nie jemand, der des Lesens und Schreibens fähig war, diese großen Worte je auf Verwirklichung nachgeprüft, sondern sie wurden einfach so weitergegeben.

Und ich will deine heiligen Pfähle aus deiner Mitte ausreißen und deine Städte vertilgen. Und in Zorn und in Grimm will ich Rache üben an den Nationen, die nicht gehorcht haben (Mi. 5:14).

Hört bitte, was der Herr spricht, mache dich auf, führe einen Rechtsfall mit den Bergen, und lass die Hügel deine Stimme hören (Mi. 6:1).

Hört, oh ihr Berge, den Rechtsfall des Herrn, auch ihr Dauerhaften, ihr Grundfesten der Erde; denn der Herr hat einen Rechtsfall mit seinem Volke, und es ist mit Israel, das er rechten wird (Mi. 6:2).

„Oh mein Volk, was habe ich dir getan? Und auf welche Weise habe ich dich ermüdet? Zeuge wider mich." (Mi. 6:3) Erbarmungswürdig, fast hilflos wirkt die Fragestellung des Herrn aus dem Munde des Propheten.

Die Nationen werden Staub lecken wie die Schlangen; wie Reptilien der Erde werden sie bebend aus ihren Bollwerken hervorkommen. Zu Gott, unserem Herrn, werden sie zitternd kommen, und sie werden sich vor dir fürchten (Mi. 7:17). Die Worte des Herrn werden vom Propheten zuerst zitiert, und im gleichen Satz folgt seine persönliche Meinung, dass sie sich vor dir (dem Herrn) fürchten werden.

Wer ist ein Gott wie du, einer, der Vergehen verzeiht und an der Übertretung des Überrestes seines Erbteils vorübergeht? Er wird gewiss nicht für immer an seinem Zorn festhalten, denn er hat Gefallen an liebender Güte (Mi 7:18). Er wird uns wieder Barmherzigkeit erweisen; er wird unsere Verfehlungen zertreten. Und du wirst alle ihre Sünden in die Tiefe des Meeres werfen (Mi. 7:19). Du wirst liebende Güte gewähren, die du unseren Vorvätern von alters her geschworen hast (Mi. 7:19).

Nahum wiederholt, was man vor ihm auch schon behauptet hat.

Berge selbst haben seinetwegen gebebt, und die Hügel, sie sind zerschmolzen (Nah. 1:5). Wer kann standhalten angesichts seiner Strafankündigung? Und wer kann gegen seine Zornesglut aufstehen (Nah. 1:6)? Und durch die übermächtige Flut wird er eine offenkundige Ausrottung ihrer Stätten herbeiführen, und Finsternis wird seinen Feinden nachjagen (Nah. 1:8).

Wie immer: Der Herr bestraft seine von ihm selbst so unvollkommen geschaffene Schöpfung!

Was würde heute geschehen, wenn da ein Prophet ins Dorf gelaufen käme und erklärte, der Herr habe ihre Vernichtung offenbart? Die Zeit dieser Propheten ist längst Vergangenheit! Man kann ganz sicher sein, man würde den Propheten in die nächstgelegene Anstalt bringen.

„Siehe! Ich bin gegen dich", ist der Ausspruch des Herrn der Heerscharen, „und ich will ihren Kriegswagen im Rauch verbrennen. Und ein Schwert wird deine eigenen mähnigen jungen Löwen verzehren. Und ich will von der Erde deinen Raub wegtilgen, und nicht mehr wird die Stimme deiner Boten gehört werden." (Nah. 2:13)

Es geht weiter mit Ross und Flamme des Schwertes und der Blitz des Speeres und es gibt kein Ende der Leichen (Nah. 3:3).

Alles nur wegen der Menge der Prostitution, anziehenden Reizen einer Meisterin der Zauberei, die Nationen und Familien bestrickt (Nah. 3:4).

Ich will die Schleppen über dein Angesicht ziehen, und ich will Nationen deine Blöße sehen lassen und Königreichen deine Unehre (Nah. 3:5).

Oh König von Assyrien, deine Hirten sind schläfrig geworden, es gibt keine Erleichterung für deine Katastrophe (Nah. 3:18).

Äthiopier, Ägypter, Put und die Libyer, sie waren alle für das Exil bestimmt und gingen in die Gefangenschaft. Ihre Kinder wurden am Eingang der Straßen zerschmettert (Nah. 3:9/10).

Habakuk

Wie lange, oh Herr soll ich nach Hilfe schreien, und du hörst nicht? Wie lange werde ich zu dir gegen Gewalttat um Beistand rufen, und du rettest nicht? (Hab. 1:2).

Das ist aber auch heute noch genauso, denn es gab und gibt keine Antwort von oben!

Warum schreit der Prophet so um Gottes Hilfe, wenn der ihm eine schreckliche Zukunft verkünden wollte? (Hab. 1:6) Oder ist es schon Gegenwart oder gar Vergangenheit?

Diese Kraft (der Chaldäer) ist ihrem Gott zuzuschreiben (Hab. 1:11), die da kommen um Wohnsitze in Besitz zu nehmen, die ihnen nicht gehören (Hab.1:6).

Also haben die Chaldäer doch ihren eigenen Gott und nicht den der Hebräer, wie immer spekuliert!

Warum schweigst du fortwährend, wenn ein Böser einen Gerechten verschlingt (Hab. 1:13).

Wehe wenn du einen Gefährten betrunken machst, um seine Schamteile anzuschauen. Du wirst mit Unehre und nicht mit Herrlichkeit gesättigt werden (Hab. 2:15).

Je nachdem, was man zu sehen bekommt, kann die Herrlichkeit schon auf der Strecke bleiben!

Er stand still, damit er die Erde erschüttere. Er sah und ließ dann die Nationen hüpfen.

Und die ewig währenden Berge wurden zerschmettert; die auf unabsehbare Zeit dauernden Hügel beugten sich nieder (Hab. 3:6).

Mit seinen eigenen Stäben durchbohrtest du das Haupt seiner Krieger (Hab. 3:14).

Eindeutig ist dies hier Vergangenheit. Dann kommt wieder künftiges Geschehen zu tragen.

Dennoch, was mich betrifft, will ich frohlocken im Herren selbst; ich will jubeln in dem Gott meiner Rettung (Hab. 3:18).

Das waren die verwirrten Sprüche von Habakuk.

Zephanja

„Ich werde bestimmt allem, was sich auf der Oberfläche des Erdbodens befindet, ein Ende machen", ist der Ausspruch des Herrn (Zep. 1:2).

Der göttliche Vernichtungswille findet kein Ende! Heult, ihr Bewohner von Machtesch, denn alles Volk der Händler ist zum Schweigen gebracht worden (Zep. 1:12).

Oh Kanaan, du Land der Philister (die Unbeschnittenen, die eigentlich Gegner der Israeliten sind und mit ihrem Gott nichts zu tun hatten), ich will auch dich vernichten, sodass es keinen Bewohner geben wird (Zep. 2:5).

Furchteinflößend wird der Herr wider sie sein; denn er wird gewisslich alle Götter der Erde hinschwinden lassen, und man wird sich vor ihm niederbeugen, ein jeder von seiner Stätte her, alle Inseln der Nationen (Zep. 2:11).

Diese Vernichtungsorgien sind weder damals noch bis heute eingetroffen!

Juble, oh Tochter Zion! Brich in Freudenrufe aus, oh Israel! Freue dich und frohlocke mit ganzem Herzen, oh Tochter Jerusalem, der Herr hat die auf dir lastenden Gerichte entfernt. Er hat deinen Feind weggeschafft (Zep. 3:14/15).

Denn ich werde euch zum Namen und zum Lobpreis machen unter allen Völkern, wenn ich eure Gefangenen zurückkehren lasse (Zep. 3:20).

Haggai

Dies ist, was der Herr der Heerscharen gesprochen hat: „Richtet euer Herz auf eure Wege!" Und alles Volk begann, auf die Stimme ihres Gottes zu hören, und auf die Worte Haggais des

Propheten, den ihnen Gott gesandt hatte (Hag. 1:7/12). Weiter geht es um den Wiederaufbau von heiligen Stätten. Man ist wohl unter dem Perserkönig zurück gekommen nach Israel, was nicht wörtlich erwähnt wird!

Und ich werde den Thron von Königreichen umstürzen und die Stärke der Königreiche der Nationen vertilgen (Hag. 2:22).

Warum hat dies der Gott der Hebräer schon wieder vor? Sollte es nur ein Beweis seiner Macht sein?

Andauernd diese Androhungen von Vernichtung.

Geschichtlich gesehen, wissen wir heute, dass genau das Gegenteil eingetroffen ist.

Sacharja

Im achten Monat, im zweiten Jahr des Darius, erging das Wort des Herrn an Sacharja (Sach. 1:1).

Und du sollst ihnen sagen, was der Herr der Heerscharen gesprochen hat: „Kehrt um zu mir, und ich werde zu euch umkehren." (Sach. 1:3/4).

Laut dem Propheten Sacharja bezeichnet sich nun der Herr selbst als „Herr der Heerscharen"!

Man findet keine Worte für eine solche Lachnummer, oder ist dies nur ein Fehler, der sich bei der Übersetzung der göttlichen Botschaften eingeschlichen hat?

Ich sah in der Nacht einen Mann zwischen Myrten-Bäumen auf einem roten Ross, und hinter ihm waren rote, hellrote und weiße Pferde (Sach. 1:8).

Und da sprach ich (Sacharja): „Wer sind diese, mein Herr?"

Darauf sprach der Engel zu mir: „Ich werde dir zeigen, wer eben diese sind." (Sach. 1:9).

Der Mann zwischen den Myrten-Bäumen antwortete: „Diese sind es, die der Herr ausgesandt hat, um auf der Erde umher zu gehen." (Sach. 1:10)

Es wäre lächerlich, hier genau wiedergegebene Gespräche zu erwähnen, die Märchenhaftes von Gott, Engeln und Unbekannten erzählen! (Sach. 1:8 bis zum Ende 14:21).

Erklärend dazu kurz einige Sprüche:
Und dies ist, was sich als die schlagartige Plage erweisen wird, mit der Gott alle Völker plagen wird, die Heeresdienst wider Israel leisten werden; Jemandes Fleisch wird verwesen, während er auf seinen Füßen steht; und selbst jemandes Augen werden in ihren Höhlen verwesen, und jemandes Zunge wird in seinem Munde verwesen (Sach. 14:12).

Und es soll geschehen, was alle betrifft, die übrig bleiben von all den Nationen, die gegen Jerusalem kommen, sie sollen dann von Jahr zu Jahr hinaufziehen, um sich vor dem König, Gott der Heerscharen, niederzubeugen und das Laubhüttenfest zu feiern (Sach. 14:16).
Schlagartige Plagen werden einsetzen für die Nationen, die nicht heraufkommen.
Nichts dergleichen gab es seit über 2000 Jahren! Deshalb kann man auch auf Sacharja verzichten.

Maleachi

„Ich habe Jakob geliebt und Esau habe ich gehasst", waren die Worte des Herrn (Mal. 1:1/2).
Der Herr der Heerscharen wird hier ja so richtig menschlich mit Liebe und Hass.
Und verflucht ist, wer listig handelt, wenn in seiner Herde ein männliches Tier vorhanden ist und er ein Gelübde ablegt und

dem Herrn ein verdorbenes opfert. „Denn ich bin ein großer König", hat der Herr der Heerscharen gesagt, „und sein Name wird furchteinflößend sein unter den Nationen". (Mal. 1:14)
Der Herr der Heerscharen: „Und ich werde euch verächtlich und niedrig machen" (Mal. 2:9).
Anschließend: „Ist es nicht ein Vater, den wir alle haben? Ist es nicht ein Gott, der uns erschaffen hat? Warum handeln wir denn treulos miteinander, indem wir den Bund unserer Vorväter entweihen?" (Mal. 2:10)
Zuerst die Worte Gottes und sofort anschließend die des Propheten, beides in der Ich-Form und dann fällt auch zum ersten Male die Bemerkung, dass es sich bei dem da oben um einen Vater handeln könnte.

Juda hat die Tochter eines fremdländischen Gottes als Braut in Besitz genommen (Mal. 2:11).
Der Herr wird jeden, der das tut, aus den Zelten Jakobs wegtilgen (Mal. 2:12).
Zugewanderte will der Herr wegtilgen, oder ist dies nur die Meinung des Propheten?
Deswegen, weil der Herr selbst Zeugnis abgelegt hat zwischen dir und dem Weibe deiner Jugend, an der du selbst treulos gehandelt hast, obwohl sie das Weib deines Bundes ist (Mal. 2:14).
Denn der Herr hat Ehescheidung gehasst (Mal. 2:16).
Der Herr aus dem Munde des Propheten: „In den Zehnten und in den Beiträgen habt ihr mich beraubt." (Mal. 3:8).
„Mit dem Fluch verflucht ihr mich, und mich beraubt ihr, die Nation in ihrer Gesamtheit. Bringt alle Zehnten in das Vorratshaus, damit schließlich Speise in meinem Hause sei; und stellt mich bitte darauf auf die Probe", hat der Herr der Heerscharen gesprochen (Mal. 3:9/10).
Endlich spricht der letzte Prophet und Nutznießer der Gaben den nötigen Klartext.

Zum Abschluss folgt noch eine neue Version für die später verbesserte Deutung: Der Herr hört bei den Gesprächen zu und schreibt alles in ein Gedenkbuch (Mal. 3:16). Denn siehe, der Tag kommt, der brennend ist wie der Ofen, und alle Vermessenen und alle, die Böses tun, sollen wie Stoppeln werden. Und der kommende Tag wird sie gewisslich verzehren (Mal. 4:1).

Und euch, die ihr meinen Namen fürchtet, wird gewisslich die Sonne der Gerechtigkeit aufleuchten mit Heilung in ihren Flügeln; und ihr werdet tatsächlich ausziehen und den Boden stampfen wie Mastkälber (Mal. 4:2).

Gedenket des Gesetzes Mose, meines Knechtes, mit dem ich ihm am Horeb hinsichtlich ganz Israel Gebote gegeben habe, ja Bestimmungen und richterliche Entscheidungen (Mal. 4:4).

Resümee: Das Alte Testament

Hier müsste man einige Seiten leer lassen, damit man Zeit zum Nachdenken bekommt.

Wie muss es vor der „göttlichen" Gesetzgebung von Moses unter den Hebräern zugegangen sein?

Es ist erschütternd und schockierend, was sich hier vor den Augen eines Lesers auftut, denn es geht immerhin um die Basis der christlichen Weltreligion.

So haben uns die Theologen und deren Gehilfen die Heiligen Schriften des Alten Testamentes nicht erklärt. Dafür hat die katholische Kirche einen Katechismus, als sauberes und mit dem Christentum vereinbares Lehrbuch geschaffen, besonders für die jüngeren Christen im Schulunterricht.

Ist einem religiösen Menschen jemals aufgefallen, dass die 600 000 wehrfähigen und bewaffneten Hebräer, die als Sklaven in Ägypten waren und die sich mit ihrem „Kleinvolk" auf den Weg machten, sich später mit keinem restlichen „Volk" vereint haben?

Das hätten sie aber machen sollen, da sonst das gesamte Volk der Hebräer nach Ägypten entführt worden wäre, wovon kein Geschichtsschreiber je berichtet hat!

Wie lächerlich einfach scheinen die Zehn Gebote auf zwei Steintafeln im Vergleich zur heutigen Rechtsprechung, die sich in Deutschland nach dem Bürgerlichen Gesetzbuch (BGB) richtet, das eine riesige und dicke Schwarte ist, womit religiöse Vorgaben ins Hintertreffen geraten sind.

Anscheinend waren die neuen Gesetze von Moses wichtig, um Faustrecht und Willkür in geregelte Bahnen zu führen. Die von Moses verkündeten grauenhaften Gesetze gipfelten in der Steinigung, die offenbar sadistischen Lustgewinn brachten.

Im späteren Christentum, in den Zeiten der Heiligen Inquisition, fand man nach Stechen, Schneiden und Quetschen auch das

Verbrennen bei lebendigem Leibe humaner als die Steinigung. Damit mussten die Sadisten in ihrem Vergnügen zufrieden sein.

Dass Adam nicht aus Dreck und von einem Gott durch Wunder geschaffen wurde, sondern der Mensch sich durch Evolution entwickelt hat, ist daran zu erkennen, dass alle Nachkommen sich mühsam das Wissen der Menschheit durch Lernen aneignen müssen. Bei Gottes Wunder wäre dies nicht nötig gewesen, da sein Ebenbild Adam und seine Nachkommen keine Entwicklung gebraucht hätten. Die Evolution hat nun mal mit Entwicklung zu tun!

Wir haben hier schriftlich vorliegen, dass ein Schöpfergott mit seiner mangelhaften Schöpfung, die er angeblich zuvor aus dem Paradies vertrieben hatte, nicht zufrieden war und deshalb einem Menschen namens Moses, einem Mörder und Lügner, ohne Zeugen auf dem Berg von Sinai und unter Blitz und Donner nicht nur die Zehn Gebote, sondern seine gesamten Weisheiten vermittelt hat.

Für sein „auserwähltes Volk" ist so eine gewaltige, historische Mitteilung mystisch und kommt natürlich einer unumstößlichen „Offenbarung" gleich.

Es geht auch nicht genau daraus hervor, ob nur bei den Zehn Geboten der Herr eindrucksvoll mit Blitz und Donner herunterkam, oder ob er die gesamte Zeit anwesend war, während Moses die Schöpfungsgeschichte und die gesamte Gesetzgebung mitgeschrieben hat, wie er behauptete.

Eine unglaubhafte, irreale Erzählung aber eindrucksvoll für die nachkommenden Generationen.

Nach Eusebius von Caesarea, Theologe und Geschichtsschreiber, (geb. 260/264 in Palästina, gest. 339/340 in Caesarea) erfolgte der Auszug der Hebräer aus Ägypten zur Zeit des Pharao Amenophis III, Gründer des Sonnenkultes. Amenophis IV, der sich später nach der Sonne „Aton" Echnaton, nannte, war der Enkel von Thutmosis IV. Auch sein älterer Bruder hieß Mosis, Tutmosis.

Da haben wir einen Mosis, ein Anhänger des Monotheismus, und den hebräischen Religionsgründer Moses! Ein Zufall in der Geschichte?

Ägyptologen stellten fest, dass der Pharao Echnaton ein Anhänger des Monotheismus war und somit Gott Aton als einzigen Gott und sich selber als seinen Sohn einführen wollte. Und dass er Ärger mit der allmächtigen Priesterschaft bekommen hat, da man ihn, nach seinem Ableben, aus der ägyptischen Geschichtsschreibung tilgen wollte. Sein Sohn Tutenchamon, dessen Grab im Jahre 1922 von Howard Carter entdeckt wurde, kehrte anscheinend wieder zum alten Glauben zurück.

Echnaton hatte die Stadt Amarna gegründet, die 30 000 oder gar 50 000 Menschen Platz bot.

Es ist natürlich gewagt und der Gedanke sehr spekulativ, dass man den Auszug aus Ägypten vielleicht eine Vertreibung nennen müsste, denn wo waren die Einwohner von Amarna geblieben?

Wurden sie vertrieben und deshalb von der ägyptischen Reiterei verfolgt?

Der Hass auf Echnaton und seine Frau Nofretete war anscheinend maßlos. Es wurde alles zerstört, was mit Echnaton zu tun hatte, und auch die wunderschöne Büste der Nofretete fand man als Abfall beschädigt im Schutt und Geröll.

Vielleicht kann uns eines Tages die ägyptische Geschichte mehr Auskunft darüber geben.

Laut Moses war das Paradies jenseits von Eden, hier nebenan, ganz real auf dieser Erde.

Wenn die Tierwelt noch immer im Paradiese lebt, sie wurden ja daraus nicht vertrieben, dann kann man sicher sein, dass kein Mensch von heute dort leben möchte, wenn man nur im Kampfe mit den wilden Tieren überleben kann, um nicht gefressen oder von einer Giftschlange gebissen zu werden.

Die Geschichte um Adam und Eva und deren drei Söhne als erste Menschen ist falsch und nur dann verständlich, wenn sich diese Schöpfung nur auf die Hebräer bezieht, da doch Kain sich eine Frau im Lande der Asylanten genommen hatte. Also waren auch andere Menschen da gewesen.

Wie konnten sich sonst Adam und Eva mit ihren drei Söhnen zur Menschheit vermehren?

Alle antiken Religionen wurden nur für das eigene Volk gemacht und gerieten in Vergessenheit, wenn das Volk als eigener Staat seine Existenz verloren hatte, durch Katastrophen oder einen übermächtigen Gegner. Ganz einfach die Erklärung: Die eigenen Götter waren eben zu schwach gewesen!

Moses, am Hofe des Pharao aufgewachsen, war er der Schrift der Ägypter mächtig?

Mit keinem Wort wird darüber berichtet. Aber eine eigene Schrift hatten die Hebräer damals nicht.

Auf den Steintafeln waren dem Bericht zufolge zehn Zeichen, die nur Moses zu deuten wusste.

Warum erkannte er in den Sklaven der Ägypter plötzlich sein Volk?

Beherrschte er deren Sprache, da er doch ganz familiär beim Pharao aufgewachsen war?

Aaron sollte nach Gottes Willen ein Prophet werden und als Priester amten (2 Mos. 7:1).

Er „amtete" weder als Priester, noch wurden ihm irgendwelche Prophezeiungen nachgesagt.

Warum pflegte aber nur Moses den Kontakt zu Gott, was eigentlich Aarons Aufgabe gewesen wäre?

Eines der Zehn Gebote vom Herrn der Heerscharen lautete: Du sollst nicht töten!

Das ließ einen Moses völlig kalt, denn er erweiterte die göttlichen Gesetze mit jedem Gang auf den Berg.

3000 Männer fielen an diesem Tage dem Mörder Moses zum Opfer, der sie im Namen des neuen Gottes der Hebräer töten ließ, weil sie um ein goldenes Kalb tanzten.

Aaron hatte in Abwesenheit von Moses ein goldenes Kalb gegossen, das das Volk als Gottheit verehrte. Während Moses das goldene Kalb zermalmte und auf der Oberfläche von Wasser zerstreute und es den Söhnen Israels zu trinken gab, ging Aaron straffrei aus.

Einige Beispiele der Mordlust von Moses:

Propheten und Träumer sollen zu Tode gebracht werden, die Auflehnung gegen den Herrn der Hebräer reden (5 Mos.13:5).

Das hat aber nachfolgende Propheten nicht von Visionen abgehalten.

Wer anderen Göttern dient, sollte durch Steinigung sterben (5 Mos.13:8/10).

Nichtsnutzige Männer in einer Stadt, die die Abscheulichkeit begehen, anderen Göttern zu dienen, sollst du weihen mit der Schärfe des Schwertes schlagen (5 Mos. 13:15). Tod dem, der am Sabbat arbeitet (2 Mos. 35:2).

Die Aussagen entsprechen nicht einem liebenden Gott sondern genau dem Charakter von Moses.

Der Erzähler dieser Geschichte um Moses musste wohl die Gesetze als vom Gott der Hebräer kommend erklären, da sich sonst das „halsstarrige" Volk daran nicht gehalten hätte.

Man hat sich ohnehin nicht daran gehalten, wie alle nachfolgenden Propheten berichteten, da fortwährend „Bestrafungen" über das Volk in der Form kamen, dass sie von mächtigen Nachbarvölkern überfallen wurden, was als Strafen Gottes gesehen wurde.

Den Rest der Welt geht diese Religion ohnedies nichts an, obwohl man mehrmals den Gott der Hebräer auch zum Gott über die anderen bekannten Völker erheben wollte, obwohl die dies nie erfahren haben, geschweige denn jemals ihn verehrt hätten.

Das fünfte Buch Mose muss hier nochmal zitiert werden, da der Schreiber vergessen hat, dass alle 600 000 Männer, die einst von Ägypten auszogen, das gelobte Land aber nicht zu sehen bekamen. Der Schreiber hat ganz vergessen, was er vorher geschrieben hatte!

Man war dann angekommen und hatte Städte eingerichtet, die der Herr für die verschiedenen Stämme vorgesehen hatte, also doch mit den 600 000 Mann zur Besitznahme.

Moses: „Und nun, oh Israel, höre auf die Bestimmungen und die richterlichen Entscheidungen, die ich euch zu tun lehrte, damit ihr lebt und tatsächlich einzieht und das Land in Besitz nehmt, das der Herr, der Gott der Vorväter, euch gibt." (5 Mos. 4:1)

Nur hüte dich und gib gut acht auf deine Seele, damit du die Dinge nicht vergisst, die deine Augen gesehen haben (5 Mos. 4:9) an dem Tage, da du vor deinem Herrn und Gott am Horeb standest, als der Herr zu mir sprach: „Versammle das Volk zu mir, damit ich sie meine Worte hören lasse, dass sie mich fürchten lernen alle Tage, die sie auf dem Erdboden am Leben sind, und damit sie ihre Söhne lehren." (5 Mos. 4:10)

Da tratet ihr herzu und standet am Fuße des Berges, und der Berg brannte mit Feuer bis in die Himmelsmitte hinauf; da war Finsternis, Gewölk und dichtes Dunkel (5 Mos. 4:11).

Das liest sich so, als ob ein Vulkan ausgebrochen sei bis zur Hälfte des Himmels.

Und der Herr begann mitten aus dem Feuer zu euch zu reden. Den Schall der Worte, den hörtet ihr, aber ihr saht keine Gestalt, nichts als eine Stimme (5 Mos. 4:12).

Und er ging daran, euch seinen Bund darzulegen, den zu halten er euch gebot, die zehn Worte, wonach er sie auf zwei steinerne Tafeln schrieb (5 Mos. 4:13).

Und mir gebot der Herr Bestimmungen und richterliche Entscheidungen zu lehren, damit ihr sie tut in dem Lande, in das ihr hinüberzieht, um es in Besitz zu nehmen (5 Mos. 4:14).

Als die antike Weltmacht Rom im Jahre 15 v. Chr. sich die Provinz Norikum einverleibte, wollte man gleichzeitig mit zwölf Legionen einen Angriff auf das Markomannen-Reich unternehmen.

Für das damalige römische Imperium eine logistische Meisterleistung mit ca. 80 000 Mann.

Das kleine Volk der Hebräer war mit 600 000 Mann und für 40 Jahre unterwegs?

Eine fantastische und maßlose Geschichte, die einfach jeder Glaubwürdigkeit entbehrt.

Für religiöse Menschen scheint die Wirklichkeit unwichtig und uninteressant zu sein!

Welchen Wert haben die Aussagen all der Propheten von einst für uns heute?

Sie sind für uns nullwertig, da sie sich nur auf das Volk der Hebräer beziehen und nicht für die ganze Menschheit gedacht waren, auch wenn man schlussendlich versuchte, darauf hinzudeuten. Die Frage muss sofort erlaubt sein: Was ist denn da so „heilig" an diesen Schriften? Sind das die Gespräche mit einem imaginären Gott, Herr der himmlischen Heerscharen, und seinen Gesandten; Cherube und später Engel genannt, oder die beschämenden Gespräche mit den Tieren, wie Schlangen und Eseln, die später von den Propheten doch nicht mehr wiederholt wurden?

Betrachtet man die sich zur gleichen Zeit entwickelnde griechische Kultur, dann ist dies ein gewaltiger Unterschied im realistischen Denken, obwohl auch bei den Griechen Religion vorhanden war. Hier gab es Menschen, die in einer demokratischen Lebensform Geschichte geschrieben haben, wie Thales von Milet, Platon, Sokrates, Aristoteles, Pythagoras, Sophokles, Euripides, Euklid, Archimedes, Epikur, Eratosthenes und viele mehr.

Bereits hier, in der Antike, wird der erschütternde Unterschied zwischen dem späteren Okzident und dem von Religion dominierten Orient erkennbar. Darf man sehenden Auges annehmen, dass dies auch heute noch so ist, oder berührt dies wieder das Thema Rassismus?

100 Jahre vor bis 100 Jahre nach Christus verfielen die Hebräer in eine religiöse Hysterie, da ihnen Priester vom Kommen eines Erlösers berichteten, was sie in ihren Schriften gelesen hatten.

Während die Griechen ihre Kultur zur höchsten Blüte brachten und längst von der kugeligen Form der Erde wussten und diese Eratostenes sogar berechnete, lebten die von ihren „heiligen" Büchern beeinflussten Orientalen auf einer flachen Erde, was dann auch das Christentum übernahm und bis 1500 n. Chr. Gültigkeit hatte.

Statt religiöser Dominanz herrschte bei den Griechen ein Wissensstand, der auch heute noch in vielen Bereichen von Kunst, Kultur und Technik bemerkenswert Eindruck macht. Hier existierte eine Basis für eine weitere Entwicklung in allen Bereichen und gipfelte nach der Befreiung aus dem religiösen Diktat in der Landung von Menschen auf dem Mond. Leider auch in der fragwürdigen Nutzung der Kernenergie für zivile und kriegerische Zwecke.

Allerdings kam es auch in Europa zu einer geschichtlichen Verzögerung, da eine über alles dominierende Religiosität den Weg zurück zu Moses und seinen mörderischen Gesetzen nahm, diese mit brachialer Gewalt zu ihrem Vorteil durchsetzte und damit eine freie geistige Entfaltung für ein Jahrtausend verzögerte, verhinderte und verbot.

Die ominösen religiösen Erkenntnisse der Hebräer können hier nicht mithalten, sondern bedeuten Stillstand der einmal als göttliche Basis definierten und aufgezwungenen Unveränderlichkeit.

Unveränderlichkeit deshalb, da die einmal von Moses festgelegten Gesetze als göttlich und damit für alle Zeiten bindend betrachtet wurden. Dafür sorgte eine mächtige religiöse Hierarchie.

Die Androhung von ewiger Verdammnis und einer Hölle war aber nicht eindrucksvoll genug, sondern man schuf eine religiöse Oberaufsicht mit der „Heiligen Inquisition".

Es besteht mit Gewissheit der Verdacht, dass die Geschichten von Moses hunderte Jahre lang am Lagerfeuer weitererzählt wurden, bevor sie irgendwann schriftlich bearbeitet wurden.

Niemand weiß, wie oft diese Schriften zerstört und wieder neu geschrieben wurden, bei den vielen Auseinandersetzungen, die die Israeliten übersichergehen lassen mussten.

Was sind denn eigentlich Sünden, wie sie von religiösen Schwätzern erfunden wurden, damit dauerhaft die Einkünfte stimmten zur Ernährung eines Berufsstandes, nämlich den der Priester?

Seit Moses, der eigentlich seinem Bruder Aaron und seinen Söhnen das priesterliche Handeln zugestehen sollte, da es nach göttlichem Willen so vorgesehen war, gibt es dieses sündhafte und damit strafwürdige Verhalten und ist bis heute so geblieben.

Jeder der Propheten berichtet, dass der Herr und Gott der Hebräer ihnen in Visionen alles so gesagt habe, auch wenn es sich um heimtückischen Mord und Totschlag gehandelt hat. Kein Einziger hat sich von den schaurigen göttlichen Vorgaben distanziert. Im Gegenteil, jeder hat versucht zu übertreiben, um so seine Vorgänger in deren Aussagen zu übertreffen.

Wer es wagte, über die Bibel nachzudenken, beging bereits eine Sünde, und wer es sogar wagen sollte, darüber zu sprechen, durfte dies nicht kritisch tun, da er sonst eine Gotteslästerung beging.

Unfassbar beschämend, denn es geht häufig um hoffnungslosen und nicht beweisbaren Blödsinn!

Unfassbar, dass damit ein Schöpfer als geistig sehr einfach und stümperhaft dargestellt wird.

Wo sind sie geblieben, in den letzten 1000 Jahren, diese allwissenden und allmächtigen Götter?

Warum sind sie auf einmal in Schweigen verfallen? Ist diese Frage auch Blasphemie?

Oder ist nicht automatisch jede kritische Frage für die Theologen eine Gotteslästerung?

Mit unseren technischen Errungenschaften, von denen man damals nichts ahnen konnte, und die Götter nichts erzählt haben, können sie sich heute präsentieren und dies gleichzeitig und weltweit.

Und nicht vor tausenden von Jahren, als der Inbegriff des Lebens aus einer angeborenen Unwissenheit bestand und den Menschen von Priestern ein göttliches Theater vorgespielt werden konnte.

Eigenartig, dass sich Götter nicht melden oder gar nicht melden können und dass sie es auch später nicht mehr getan haben.

Das lässt die visionären Geschichten der Propheten als erlogen erscheinen, oder sie müssen als groteske Phantasie abgetan werden. Oder waren da nicht erwähnte Drogen im Spiel?

Liegt die Ursache des göttlichen Schweigens vielleicht schon wieder an dem sündhaften Verhalten seiner bösen oder unvollendeten Schöpfung, oder tun sie es deshalb nicht, weil sie den vielen Sprachen nicht gewachsen sind?

Was hat die ganze Welt mit dem vagen Gott der Hebräer zu tun? Nichts, absolut nichts!

Der Gott der Hebräer stand erfolgreich, laut Altem Testament, in Rivalität zu den Göttern der alten Ägypter, beanspruchte aber in keinem Punkte uneingeschränkte Weltgeltung.

Welche Götter waren nun die mächtigsten oder die richtigen? Die der Babylonier, der Perser, der Ägypter, der Griechen oder der Römer, oder die in der später entdeckten Neuen Welt, die der Maya, Inka oder Azteken oder die der Asiaten?

Nach ihren Bauten zu urteilen sind wohl die Ägypter führend mit ihren riesigen Pyramiden.

Alle diese Götter vergingen früher oder später, da um ca. 1300 v. Chr. erstmals Monotheismus aufkam, den man bis heute für richtig hält, obwohl es noch immer unüberschaubar viele Gottheiten rund um den Erdball gibt, die von Gläubigen glühend und mit Überzeugung verehrt werden.

Damit wurde Religion zu einem Bestandteil jener kulturellen Identifikation.

Den religiösen Besserwissern war und ist keine Rechtfertigung billig genug, um mit brachialer Gewalt kritische Stimmen möglichst schnell zum Schweigen zu bringen.

Wer den Propheten beleidigt, beleidigt auch mich, damit rechtfertigen heute noch Menschen die Neigung zu Gewalttaten, die sie, wie sie glauben, selber nicht verantworten müssen, da nämlich ein „höherer" Wille dahinter steht. Oder die bei gekränkter Ehre sogar nach Gewalt verlangen.

Im heutigen Christentum ist dieses Denken längst nicht mehr erlaubt, weil es an der Macht der Völker lag, dies zu ändern und nicht an einer eventuell bereitwilligen Priesterschaft.

So kann man sagen, dass jedes Volk der Religion nacheifert oder sich zu der bekennt, mit der sie sich identifizieren kann, da sie auch ihrem eigenen Charakter entspricht.

Muss man sich hier schon wieder den Vorwurf von Rassismus gefallen lassen?

Nein, denn Religion muss mit Rasse nichts zu tun haben.

Wenn ja, dann wird es wohl in seiner Vielschichtigkeit eine Richtigkeit haben und sollte vielleicht endlich zum Nachdenken derer anregen, die sich negativ betroffen fühlen.

Während die Wissenschaften von Einsprüchen und Widersprüchen lebt und sich damit weiterentwickelt, achtet der religiöse Mensch nur auf die Unveränderlichkeit einmal bestehender Aussagen, da sonst die ganze Geschichte ins Rutschen gerät und priesterliche Pfründe verloren gehen könnten. Außerdem bedarf es keiner großen geistigen Anstrengung, wenn alles schön beim Alten bleibt.

Da Religion nicht erweitert werden kann oder keiner weiteren Berichte von Göttern bedarf, ist sie ein abgeschlossenes Thema und damit auch nur eine Pseudo-Wissenschaft.

Jede andere Wissenschaft lebt vom Zugewinn neuer Erkenntnisse, aber eben nicht Theologie!

Es waren die Theologen oder Schriftgelehrten, die jede Wissenschaft nicht nur kritisch betrachteten, sondern sogar unterdrückten und jeden Schritt zu neuen Erkenntnissen verhindert haben, wenn es nicht in ihr vorgegebenes religiöses Weltbild passte.

Man fürchtete sie in berechtigter Weise als Konkurrenz, durch Forschung und freies Denken, und genau das war es auch, was die Theologie nun in einem Schattendasein verschwinden lässt.

Man hat den Eindruck, dass religiöse Menschen förmlich Angst hatten vor jeder Realität.

Bei jungen Menschen, die den gewaltigen technischen Fortschritt der letzten 70 Jahre mitbekommen haben, spielt Religion keine wichtige Rolle mehr.

Die Auseinandersetzung zwischen Wissen und Glauben hat schlussendlich die Theologie in der Gegenwart verloren, was sie mit allen Mitteln und mit brachialer Gewalt zu verhindern suchte.

Damit hat die Theologie ihre omnipotente Wichtigkeit für immer verloren!

Religion und Glauben haben sich damit von selbst überlebt und verschwinden stillschweigend in der Versenkung. Es ist heute völlig unwichtig, an was der einzelne Mensch glaubt oder nicht glaubt.

Und diese Einstellung wird von allen Mitbürgern zur Kenntnis genommen und akzeptiert.

Auch nur so ist ein Zusammenleben verschiedener Kulturen oder Religionen möglich, wenn von allen Seiten auf extreme religiöse Ansichten verzichtet wird.

Jeder darf ohnedies denken und glauben, was er will, denn sein Glauben ist nicht überprüfbar.

Wenn die Schöpfung ein göttlicher Wille war, dann kann der Mensch als ein Teil dieser Schöpfung, egal ob er glaubt oder nicht glaubt, nicht von Eiferern der Gottlosigkeit beschuldigt werden, denn dann hat man automatisch einen Gott, der sich allerdings in Schweigen hüllt.

Und, wenn der Mensch sich so verhält, wie die Natur es ihm befiehlt und nicht so, wie ein Prophet unter Visionen die Normen für Sündhaftigkeit konstruiert hat, dann kann er sicher sein, gottgefällig zu leben und ins Paradies zu kommen, jenseits von Eden oder irgendwo über den Wolken.

Da das göttliche Paradies aber in der Tierwelt Fressen oder Gefressen werden bedeutet, hat sich das Gebiet des Paradieses gewandelt und liegt mittlerweile nicht mehr in oder über den Wolken, sondern jenseits des Lebens und ist damit irgendwo nach dem Tode zu erwarten.

Gesetzestreue, für uns eine Selbstverständlichkeit, wird nach den Zehn Geboten mit dem Paradies belohnt! Bei Nichteinhaltung dieser nur Zehn Gebote droht die Hölle mit ewigen Qualen!

Leider kann es die Hölle nicht geben, da ein quälender Gott einfach ein menschlicher Sadist wäre.

Aus zwischenmenschlichen oder gesellschaftspolitischen Gründen halten wir uns selbstverständlich an die von Menschen geschaffenen Gesetze. Als Dank für das Einhalten dieser Gesetze wird uns weder das Paradies noch der Himmel versprochen. Bei Nichteinhaltung droht uns nur das Gefängnis, aber kein ewiges Verdammnis!

Keine Frage: Ein Mensch, der zum Mord aufruft, macht sich an der Tat mitschuldig.

Die Frage muss erlaubt sein, ob sich ein Gott oder die Propheten mitschuldig machten, die Gesetze vermittelten, die das Töten sogar verlangen, obwohl ein Gesetz bekannt war, das dies verbot? Ein unübersehbarer und gewaltiger Widerspruch in der eigenen Lehre!

Damit haben diese alten Götter im Atomzeitalter ausgedient, wahrscheinlich melden sie sich auch deshalb nicht mehr, oder fehlt es am Erfindergeist und der menschlichen Inspiration oder an Visionen von selbsternannten Propheten?

Man sah göttliches Eingreifen als Strafgericht in natürlichen Vorgängen wie Krankheit, Krieg und Elend oder Regen, Sturm, Hagel, Erdbeben und Kometen.

Wenn sie schon dafür verantwortlich waren, warum haben Götter niemals auch nur einen einzigen schrecklichen Krieg verhindert, und warum wird kein einziges Mal von einem für alle zufriedenstellendes Eingreifen berichtet? Oder lag alles doch nur an menschlichen Unfähigkeiten?

In atomar angetriebenen U-Booten mit Kernwaffen an Bord hat nicht irgendein Gott, sondern ein vernunftbegabter Mensch bislang das Ende jeder irdischen Existenz verhindert!

Die Vernichtung der menschlichen Existenz und Ausrottungsängste stehen fast bei jedem Propheten als Thema im Vordergrund. Alle Wissenschaften der Neuzeit können über das Schicksal der Menschheit viel ausführlicher berichten, ohne in schamlose irreale Visionen zu verfallen.

Alle gewaltigen Vorhersagen sind damals nicht und auch bis heute nicht eingetroffen, auch wenn sie mit der ewigen Verdammnis zu tun hatten, sind sie für die Menschen heute nur eine irre Lachnummer, da man lernen muss, ohne göttliche Hilfe mit Atomwaffen zu leben.

Die Eigenverantwortlichkeit des Menschen wird immer deutlicher, je weiter sich die Menschheit entwickelt. Egal, ob eine positive oder eine negative Entwicklung vorliegt, es gibt keinen Gott und keinen allmächtigen Richter, wie ihn sich der Mensch der Frühzeit wünschte, der hier regulierend eingreift oder jemals eingegriffen hat! Alle Schrecklichkeiten in der Welt kann man nicht billig als Prüfungen bezeichnen und schicksalsergeben durch sein Leben gehen, weil dann andere das Handeln bestimmen, so wie dies mit den autoritären Herrschern der Vergangenheit geschah und auch heute noch geschieht.

Es scheint einen unübersehbaren Zusammenhang zwischen mangelnder Bildung, Armut und übertriebener Religiosität zu geben, wie es bei vielen oder allen Völkern zu beobachten ist.

Dieses Schicksal der Selbstverantwortlichkeit muss ein jeder des Denkens fähige Mensch endlich akzeptieren, mit oder auch ohne irgendeine Religion.

Alle antiken Götter sind für uns heute unbrauchbar geworden.

Selbst Moses und sein himmlischer Herrscher mit seinen imaginären Kriegern und Racheengeln ist für das Christentum unbrauchbare Phantasie, wie alle anderen vergangenen Religionen auch.

Brauchbar von Moses sind die Zehn Gebote für das Christentum, empfangen mit oder ohne Blitz und Donner oder gewaltigen Rauch und Getöse, denn eine atomare Explosion ist sowohl optisch wie auch akustisch unermesslich verheerender und vernichtender als die damalige göttliche Macht!

Das Neue Testament

Matthäus

Das Buch der Geschichte Jesu Christi, des Sohnes Davids, des Sohnes Abrahams (Mat 1:1): Warum ist die Abstammung wichtig, da die Mutter Maria doch vom „heiligen Geist" geschwängert wurde und Joseph damit gar nicht sein leiblicher Vater war?

Es wird auch nicht erwähnt, dass Jesus Geschwister hatte, die wohl nach ihm geboren wurden, wenn er schon von einer Jungfrau geboren werden musste. Wer hat die anderen Kinder nach Jesus gezeugt? Davon wird nichts berichtet, denn wenn Josef aus Altersgründen nicht der Vater von Jesus war, wie behauptet wurde, dann war er gewiss auch nicht der Vater weiterer Kinder!

Abraham	Salomo	Schealtiel
Isaak	Rehabeam	Serubbabel
Jakob	Abija	Abiud
Juda	Asa	Eliakim
Peres	Josaphat	Asor
Chezron	Joram	Zadok
Ram	Usija	Achim
Amminadab	Jotham	Eliud
Nachschon	Ahas	Eleasar
Salmon	Hiskia	Matthan
Boas	Menasse	Jakob
Obed	Amon	Joseph
Isai	Josia	Jesus
David	Jechonjas	

Von Abraham bis David waren es 14 Generationen und von David bis zur Wegführung nach Babylon 14 Generationen und bis Jesus 14 Generationen (Mat. 1:17).

Mit der Geburt Jesu Christi verhielt es sich so (Mat 1:18): Als seine Mutter Maria mit Joseph verlobt war, fand es sich, dass sie vor ihrer Vereinigung durch den heiligen Geist schwanger war. Im Traum erschien ihm (Joseph) der Engel des Herrn. Du sollst ihm den Namen Jesus geben, denn er wird sein Volk von den Sünden erretten (Mat. 1:21).

Nachdem Jesus in Bethlehem in den Tagen des Königs Herodes geboren war, da kamen Astrologen aus östlichen Gegend und sprachen: „Wo ist der als König der Juden Geborene?" (Mat. 2:2)

Anscheinend hatten sie sich doch nicht ganz auf den Stern verlassen, da sie sich bei den Oberpriestern und Schriftgelehrten erkundigten, wo denn Jesus zur Welt gekommen war (Mat. 2:4).

Warum gingen sie nicht gleich nach Bethlehem in Judäa? Denn aus dir wird ein Regent hervorgehen, der mein Volk regieren wird? So stand es geschrieben (Mat. 2:5).

Zuerst sprach der Engel von einem Jesus, der sein Volk von den Sünden errettet, nun wird er als König der Juden bezeichnet! Leider ist er nie König geworden und hat das jüdische Volk auch nie regiert. Im Gegenteil, er wurde mit Spott unter diesem Titel gefoltert und hingerichtet.

Und als sie in das Haus kamen, sahen sie das kleine Kind bei Maria und fielen nieder und huldigten ihm und brachten ihm Gaben dar: Gold und duftenden Harz und Myrrhe (Mat. 2:11).

Im Traum erschien Joseph der Engel des Herrn, damit er nach Ägypten fliehe, da Herodes auf der Suche nach dem Kind war, um es zu vernichten (Mat. 2:13).

Damit wurde erfüllt, was die Propheten geredet hatten. Sie blieben dort, bis Herodes verstorben war.

Damit sich erfüllte, was ein Prophet gesagt hat: „Aus Ägypten rief ich meinen Sohn." (Mat. 2:15)

Bevor Herodes aber starb, ließ er alle Knaben bis zum zweiten Lebensjahr töten, damit sich erfüllte, was der Prophet Jeremia gesagt hatte: „Eine Stimme wurde in Rama gehört, Weinen und viel Wehklagen; es war Rahel, die um ihre Kinder weinte, und sie wollte sich nicht trösten lassen, weil sie nicht mehr sind." (Mat. 2:17/18)

Eine Frau weint um ihre Kinder, davon wird ein massenhafter Kindermord abgeleitet?

Eigentlich geht es bei den Sprüchen von Jeremia ca. 600 Jahre vor Jesus um die Rückführung der Israeliten aus der babylonischen Gefangenschaft (Jer. 31:1 bis 40), mit der falschen Aussage, dass es nicht mehr niedergerissen werde auf unabsehbare Zeit.

Diesem prophetischen Spruch bereiteten die Römer bereits im Jahre 70 n. Chr. ein Ende.

Eine großartige Prophezeiung, die sich zur ungenauen Erfüllung Jahrhunderte Zeit ließ.

Heute würde man in Gelächter ausbrechen, wenn sich ein Schlaumeier hinstellte und sagte: „Es wird einer kommen, nur ob es in zehn oder 100 oder gar 1000 Jahren sein wird, das kann ich nicht genau sagen!" Gelächter gäbe es deshalb, weil selbst Wettervorhersagen heute genauer sind.

Wieder werden die Propheten bemüht, die erklärt hatten, dass er Nazarener genannt werde. Deshalb erschien der Engel des Herrn Joseph im Traum und führte in dorthin (Mat. 2:20/23).

Jetzt kommt aber Johannes der Täufer ins Spiel, der sich von Heuschrecken und wildem Honig ernährte. Wir würden ihn heute als Penner bezeichnen, der nicht fähig war, für sein tägliches Brot zu sorgen. Aber wieder beruft sich Matthäus auf die Propheten. Johannes taufte die Leute im Jordan, und sie bekannten offen ihre Sünden (Mat. 3:6). Gewiss wurde alles zu einer zeitraubenden Taufe.

Daraufhin wurden auch die Pharisäer aufmerksam und kamen hinzu. Johannes nannte sie aber eine „Otternbrut", die dem Zorn des Herrn nicht entfliehen werde (Mat. 3:1 bis 13).

Die Taufe ist eine Erfindung des Johannes, damit die Menschen von Sünden gereinigt werden.

Eine andere Religion macht dies auch, nur nicht im Jordan, sondern im Schmutzwasser des Ganges.

Jesaja hatte es vor 700 Jahren vorhergesagt: „Horch! Es ruft jemand in der Wildnis. Bereitet den Weg des Herrn! Macht die Straßen gerade." (Mat. 3:3) Wer war der Rufer? Man staune, die Wege wurden für den Herrn begradigt, und dann kommt Johannes?

Auch Jesus ließ sich von Johannes taufen, und siehe, der Himmel wurde geöffnet, und der Geist Gottes kam wie eine Taube herabgefahren, und eine Stimme ertönte: „Dies ist mein Sohn, der Geliebte, an dem ich Wohlgefallen habe." (Mat. 3:17)
Etwas blöde wurde Jesus später trotzdem von ihm gefragt, ob er der Messias sei (Mat. 11:3).

Jesus wurde danach vom Geist in die Wildnis geführt, für 40 Tage und Nächte, um dann vom Teufel versucht zu werden (Mat. 4:1 – 11). Wofür der Beweis seiner Standhaftigkeit?
Johannes wurde festgenommen, und Jesus ging nach Kapernaum und begann zu predigen: „Bereut, denn das Königreich der Himmel hat sich genaht." (Mat. 4:12/17). Seine erste Fehleinschätzung.

Hatte Jesus ein Königreich ausgerufen mit himmlischem Hintergrund? Daraus wurde doch nichts!
Jesus wanderte nichts tuend am Galiläischen Meer entlang und sah zwei Brüder, Simon, der Petrus genannt wurde und seinen Bruder Andreas, die ein Netz ins Meer warfen.
Jesus sagte: „Kommt mir nach, ich will euch zu Menschenfischern machen." (Mat. 4:18/19).
Im Weitergehen sah er zwei weitere Brüder, Jakobus und Johannes, auch die folgten ihm.
Dann ging er in Galiläa umher, lehrte in ihren Synagogen und predigte die gute Botschaft vom Königreich und heilte jede Art von Leiden und Gebrechen (Mat. 4:23).
Jesus heilte Epileptiker, Gelähmte und von Dämonen Besessene, weshalb ihm eine große Volksmenge folgte. Deshalb stieg er auf einen Berg und sprach (Mat. 5:1 bis 7:29): „Glück-

lich sind die, die sich ihrer geistigen Bedürfnisse bewusst sind, da das Königreich der
Himmel ihnen gehört.
Glücklich sind die Trauernden, da sie getröstet werden.
Glücklich sind die mild Gesinnten, da sie die Erde erben werden.
Glücklich sind die, die nach Gerechtigkeit hungern und dürsten, da sie gesättigt werden.
Glücklich sind die Barmherzigen, da ihnen Barmherzigkeit erwiesen werden wird.
Glücklich sind die, die reinen Herzens sind, da sie Gott sehen werden.
Glücklich sind die Friedsamen, da sie Söhne Gottes genannt werden.
Glücklich sind die, die um der Gerechtigkeit willen verfolgt werden.
Glücklich seid ihr, wenn man euch schmäht und verfolgt und Böses nachsagt um meinetwillen.
Freut euch und springt vor Freude, da euer Lohn groß ist in den Himmeln.
Ihr seid das Salz der Erde.
Ihr seid das Licht der Welt.
Ich bin nicht gekommen, um das Gesetz oder die Propheten zu vernichten, sondern um zu erfüllen.
Ihr werdet nur in das Königreich der Himmel eingehen, wenn ihr gerechter seid als die Pharisäer.
Nicht nur wer einen Mord begeht, sondern wer auch seinen Bruder zürnt und beleidigt, wird dem höchsten Gericht Rechenschaft ablegen müssen und wird der Hölle verfallen.
Bevor du eine Gabe zum Altar bringst, schaffe Frieden mit deinem Bruder.
Verständige dich mit dem Kläger, bevor du ins Gefängnis geworfen wirst.
Wer in Leidenschaft entbrennt und fortwährend eine Frau ansieht, hat bereits Ehebruch begangen.
Wenn dich dein Auge straucheln macht, dann reiß es aus und wirf es weg.

Es ist nützlicher, wenn dir ein Glied verloren geht, als dass dein ganzer Leib in die Hölle kommt. Schwört auf nichts, euer Wort ‚Ja‘ bedeute einfach ja und euer ‚Nein‘ einfach nein.“

Es wurde gesagt: „Auge um Auge und Zahn um Zahn“.

Doch ich sage euch: „Wenn dich jemand auf die rechte Wange schlägt, halte ihm auch die linke hin.“

„Wer vor Gericht dein inneres Kleid haben will, überlasse ihm auch das äußere Kleid.

Wer dich für eine Meile zum Dienst zwingt, so gehe mit ihm zwei Meilen.“

Es wurde gesagt: „Du sollst deinen Nächsten lieben und deinen Feind hassen.“

Doch ich sage euch: „Ihr sollt eure Feinde lieben und für die beten, die euch verfolgen.

„Wenn du Gaben der Barmherzigkeit spendest, schreie es nicht vor dir her, dein Vater sieht zu.

Wenn ihr betet, sollt ihr nicht wie die Heuchler in den Synagogen oder auf den Straßen tun, denn sie beten stehend, damit es alle sehen.

Du hingegen sollst in deinem Privatraum hinter verschlossenen Türen tun, der Vater wird es sehen.“

„Macht im Gebet nicht zu viele Worte, der Vater weiß, was ihr benötigt, bevor ihr betet: Unser Vater in den Himmeln, dein Name werde geheiligt.

Dein Königreich komme. Dein Wille geschehe wie im Himmel so auch auf der Erde.

Gib uns heute unser Brot für diesen Tag; und vergib uns unsere Schulden, wie auch wir unseren Schuldigern vergeben haben.

Und bringe uns nicht in Versuchung, sondern befreie uns von dem der böse ist.“ (Mat. 6:10 – 13)

„Wenn ihr menschliche Verfehlungen vergebt, wird der Vater auch euch vergeben.

Macht beim Fasten kein betrübliches Gesicht, wie die Heuchler, damit sie als Fastende erscheinen.

Wenn du fastest, öle dein Haupt und wasche dein Gesicht, dein Vater im Verborgenen sieht es.

Häufe nicht Reichtum auf Erden, sondern eher für den Himmel an, wo kein Dieb ihn verzehrt.

Seht die Vögel des Himmels, sie säen nicht noch sammeln sie, dennoch ernährt sie der Vater.

Fragt nicht nach Essen und Trinken, euer himmlischer Vater weiß, was ihr benötigt.

Sucht zuerst das Königreich und seine Gerechtigkeit und alle diese Dinge werden hinzugefügt.

Du schaust auf den Strohhalm im Auge deines Bruders, den Balken im eigenen siehst du nicht.

Gebt das Heilige nicht Hunden, noch werft eure Perlen nicht den Schweinen vor.

Wenn euer Sohn um Brot bittet, wer wird ihm einen Stein reichen?

Bittet und es wird euch gegeben; sucht und ihr werdet finden.

Ihr sollt das tun was ihr auch von den Mitmenschen erwartet.

Das ist es, was das ‚Gesetz' und die ‚Propheten' bedeuten.

Jeder, der auf meine Worte hört, baut sein Haus auf Felsen, dem die Fluten nichts anhaben können.

Wenn du eine Gabe der Barmherzigkeit spendest, schreie es nicht vor dir her, wie es die Heuchler
in den Synagogen und auf den Straßen tun, damit sie von Menschen verherrlicht werden."

Diese Bergpredigt ist für uns heute nichts Besonderes, wir finden dies alles selbstverständlich.

Das war zu seiner Zeit anscheinend noch nicht so, als die Ansichten von Moses galten.

Hier wird dem mordlüsternen Treiben eines Moses und seiner nachfolgenden Propheten widersprochen. Auch, wenn er vorher erklärte, dass er nicht kam, um das „Gesetz" oder die „Propheten" zu vernichten, sondern nur um zu erfüllen!

Die Ansicht, dass Nichtstun und Inaktivität und Sorglosigkeit positiv seien, das können wir heute nicht mit seiner Meinung in Einklang bringen. Wir sehen darin den Beginn von Verwahrlosung.

In der Friedfertigkeit liegt hier der gewaltige Unterschied zum Alten Testament.

Der Herr der himmlischen Heerscharen, ein alles vernichtender Rächer, wird bei Jesus zum Vater im Himmel; und mit einer Vaterfigur da oben kann auch heute noch jeder Mensch gut leben.

„Ja" heißt ja und „Nein" heißt nein.

Damit wurde theatralisches, orientalisches Schwören, bei wem auch immer, überflüssig.

Nicht im Namen des Herrn, nicht beim Leben der Mutter und auch nicht beim Bart des Propheten.

Hier bleibt auch nicht das heuchlerische Treiben der Pharisäer unerwähnt. Die haben sich anscheinend unbeliebt gemacht. Man spricht auch vom heuchlerischen Treiben in den Synagogen.

Auch das öffentliche Beten im Rudel wird nicht mehr positiv, sonder eher als Heuchelei gesehen.

Es wird aber nicht erklärt, warum Jesus im Alter von 30 Jahren keiner Arbeit nachging und mehr als Bettler durch die Gegend wandelte und die Mildtätigkeiten seiner Mitmenschen erwartete.

Er hätte doch auch als Wunderheiler viel Geld machen können.

Die Heilung von Epileptikern, die natürlich nach einem Anfall wieder laufen konnten, als sei nichts geschehen, oder der von Dämonen Besessenen war kein großes Problem. Aber die Heilung von mit Lepra Befallenen, ist schon eine fragwürdigere Angelegenheit, wenn Beweise nicht vorliegen.

Matthäus erzählt hier, was er auch nur aus Erzählungen kannte, da er persönlich nicht dabei war.

Jesus heilte Kranke und herrschte dann über die Winde und das Meer, und die Menschen staunten.

Das sind Geschichten, viele Jahre nach dem Ableben von Jesus erzählt und dann im Orient!

Als Jesus ins Land der Gadarener kam, begegneten ihm zwei von Dämonen Besessene, die aus den Gedächtnisgrüften hervorkamen. Sie schrien: „Was haben wir mit dem Sohn Gottes zu schaffen? Bist du hergekommen um uns vor der bestimmten Zeit zu quälen?" (Mat. 8:29).

Sohn Gottes, ja woher wussten die Dämonen denn, mit wem sie es hier zu tun hatten?

Entfernt sah man eine große Herde von Schweinen. Da begannen die Dämonen zu bitten:

„Wenn du uns austreibst, so sende uns doch in die Herde Schweine!" (Mat. 8:31)

Jesus sagte zu ihnen: „Geht!" Sie fuhren aus und in die Schweine, ohne Rücksicht auf deren Eigentümer, und so stürmten die Schweine über den Steilhang hinab ins Meer und ertranken (Mat. 8:32).

Großartige Tat, die unschuldigen armen Schweine mussten herhalten als Beweis seiner Macht.

Woher kamen überhaupt jene sprechenden Dämonen, wir kennen solche heute gar nicht mehr?

War es eine Zeiterscheinung oder erschaffen vom Vater, Schöpfer des Himmels und der Erde? Wofür?

Die Schweinehüter erzählten alles in der Stadt, worauf Jesus von den Leuten gebeten wurde, aus ihrem Gebiet wegzugehen. Man könnte auch negativer formulieren: Er solle verschwinden.

Jesus erblickte einen Menschen namens Matthäus, der im Steuerbüro saß, und sagte zu ihm:

„Folge mir nach!" Darauf stand er auf und folgte ihm. Später, als er in dem Hause zu Tische lag (in welchem Hause wohnten die Arbeitslosen oder Arbeitsscheuen?), da kamen viele Steuereinnehmer und Sünder und legten sich mit Jesus und seinen Jüngern zu Tisch.

Als die Pharisäer dies sahen (die waren aber auch überall), sagten sie zu seinen Jüngern:

„Wie kommt es, dass euer Lehrer (jetzt ist Jesus nur Lehrer) mit Steuereinnehmern und Sündern isst?" (Mat. 9:9/13)

„Jesus erblickte Matthäus." Dieser Matthäus schreibt hier über sich selbst nun alles in Erzählform?

Wohlhabende Leute, die nicht schnell und großzügig zu Spenden bereit waren, und Steuereintreiber hatten bei Jesus ein ganz schlechtes Image.

Immerhin waren Jesus und seine Jünger von Spenden abhängig, um nicht zu verhungern.

Jesus antwortete: „Gesunde benötigen keinen Arzt, wohl aber Leidende. Ich will Barmherzigkeit und nicht Schlachtopfer. Denn ich bin nicht gekommen, Gerechte zu rufen, sondern Sünder."

Eine Frau litt zwölf Jahre an Blutfluss, berührte nur den Saum seines Kleides und wurde gesund.

Jesus heilte Blinde und Stumme und alle, die an seine Wunder glaubten.

Also, glauben musste man schon an seine Wunder, sonst ging gar nichts!

Da so viele Menschen mit Gebrechen kamen, rief er seine zwölf Jünger:

Simon, der Petrus genannt wird, und Andreas, sein Bruder; und Jakobus, der Sohn des Zebedäus, und Johannes, sein Bruder; Philippus und Bartholomäus, Thomas und Matthäus, der Steuereinnehmer; Jakobus, der Sohn des Alphäus, und Thaddäus; Simon der Kananäer, und Judas Iskariot, der ihn später verriet (Mat. 10:2).

Dann sandte er die Zwölf aus, Kranke zu heilen, Tote zu erwecken, Aussätzige zu reinigen, Dämonen auszutreiben und sich dabei nicht zu bereichern (Mat. 10:5 bis 12).

Wenn euch jemand nicht aufnimmt oder nicht auf eure Worte hört, da schüttelt den Staub von euren Füßen, denn am Gerichtstag wird es dem Lande Sodom und Gomorrha erträglicher ergehen.

Hütet euch vor den Menschen, denn sie werden euch an örtliche Gerichte ausliefern und in den Synagogen geißeln. (Mat. 10:17) Flieht in eine andere Stadt, wenn ihr verfolgt werdet, denn wahrlich ich sage euch: Ihr werdet mit dem Kreis der Städte keinesfalls zu Ende sein, bis der Sohn des Menschen gekommen ist (Mat. 10:23).

Und, ist er gekommen? Der Sohn des Menschen kam weder zu seiner Generation, noch später!
Er kam damals nicht und nach 2000 Jahren noch immer nicht. Die Theologen verlegten daher seine Wiederkehr einfach eigenmächtig auf den „Jüngsten Tag"!

Denkt nicht, ich sei gekommen, um Frieden auf die Erde zu bringen, sondern ein Schwert (Mat. 10:34). Wer zum Vater oder zur Mutter mehr Zuneigung hat als zu mir, ist meiner nicht würdig.
Und wer irgend seinen Marterpfahl nicht annimmt und mir nachfolgt, ist meiner nicht würdig (Mat. 10:38). Auch seine Mitstreiter sollten sich quälen lassen und sterben wie er?
Warum spricht Jesus jetzt schon von einem Marterpfahl? Hat er dieses Ende gesucht?
Wenn man euch ausliefert, macht euch keine Sorgen, was ihr reden sollt. Der Geist eures Vaters ist es, der durch euch redet (Mat. 10:20).
Jesus sprach von seinem Vater in den Himmeln, der nun auch zum Vater aller wurde.
Dann fing er an, die Städte, in denen die meisten seiner Machttaten geschehen waren, zu tadeln, weil sie nicht bereuten (Mat. 11:20/23). Und du, Kapernaum, zur Hölle hinab wirst du kommen.

Johannes der Täufer, der im Gefängnis vom Wirken von Jesus gegen die Pharisäer gehört hatte, sandte seine Jünger hin und ließ ihn fragen: „Bist du der Kommende, oder sollen wir einen anderen erwarten?" (Mat. 11:3). Johannes verfügte auch über Jünger?
Weshalb kann der Johannes nachfragen, wo er doch bei der Taufe von Jesus die Taube vom Himmel kommen sah und die Stimme hörte: „Dies ist mein Sohn, der Geliebte, an dem ich Wohlgefallen habe." (Mat. 3:17). Wo liegt die Wahrheit aller Erzählungen?

Es folgen laufend Zwistigkeiten mit den Pharisäern, während Jesus heilte (Mat. 12:1 bis 15).

Otternbrut (gemeint sind die Schriftgelehrten, auch Pharisäer genannt, was später als Schimpfwort ins Christentum einging), wie könnt ihr Gutes reden, wenn ihr böse seid? (Mat. 12:34) Jesus sprach dann in mehr oder weniger sinnvollen Gleichnissen (Mat. 13:1 bis 52).

Ich will Barmherzigkeit und nicht Schlachtopfer (Mat. 12:7). Eine bedeutungsvolle Änderung zu Moses und seinen Propheten, der man sich anschließen kann!

Und nachdem er in sein Heimatgebiet gekommen war, begann er, sie in der Synagoge zu lehren, so dass sie höchst erstaunt waren und sagten: „Woher hat dieser Mensch eine solche Weisheit und diese Machttaten"? (Mat. 13:54)

„Ist dieser nicht des Zimmermanns Sohn? Heißt seine Mutter nicht Maria und seine Brüder Jakobus, Joseph, Simon und Judas?" (Mat. 13:55)

„Und seine Schwestern, sind sie nicht alle bei uns? Woher hat dieser Mensch denn all dies?"

Ja, wie viele Schwestern hatte Jesus eigentlich?

Wer war denn der leibliche Vater der übrigen Kinder, wenn Josef bei Jesus schon zu alt war und der „heilige Geist" einspringen musste. Wurden alle anderen auch von einer Jungfrau zur Welt gebracht?

Darüber gibt es keine Auskunft in der Bibel, und eine Nachfrage bedeutet Gotteslästerung.

Jungfrauen waren und sind im Orient anscheinend auch heute noch ein ganz großes Ideal, so wie es auch im Christentum sein musste mit Maria, der Mutter Gottes.

Bleibt eine Frau ein Leben lang Jungfrau, hat sie dann ihren Lebenszweck erfüllt?

Jungfrauen in Ehren, aber jede Frau, die in der Gesellschaft ihren Pflichten nachkommt, ist genauso wertvoll oder liebenswert und trägt gewiss zum Glück und Wohlergehen bei.

Es zeigt sich die noch immer vorhandene Verkrampfung in der Sexualität, sowohl im christlichen wie auch im orientalischen Denken, das sich in dieser Weltgegend entwickelt hat. Jesus sprach aber zu ihnen: „Ein Prophet ist nicht ohne Ehre, ausgenommen in seinem Heimatgebiet und in seinem eigenen Hause." (Mat. 13:57)

Und wegen ihres Unglaubens verrichtete er dort nicht viele Machttaten (Mat. 13:58).

Es war schon abends, und Jesus machte aus fünf Broten und zwei Fischen eine Verpflegung für 5000 Männer, dazu Frauen und kleine Kinder. Alle wurden satt, und es blieben zwölf Körbe mit Brot über. (Mat. 14:15/20). Er hat nicht nur Brot vervielfacht, sondern auch gleich Körbe dazu. Woher kamen die Menschenmassen und haben sie auch gleich im Freien übernachtet?

Die Jünger machten danach eine Bootsfahrt, wobei der Wind und die Wellen sich verstärkten, dass sie Angst um ihr Leben hatten. Da kam Jesus auf dem Wasser gehend herbei. Petrus bat ihn, auch auf dem Wasser zu gehen, und als sie wieder im Boot waren, ließ der Wind nach (Mat. 14: 23 bis 34).

Nochmal geschieht die wundersame Vermehrung von Brot und Fisch für 4000 Männer, dazu Frauen und Kinder. (Mat. 15:33)

Jesus sagte zu Petrus: „Du bist Petrus, und auf diesen Felsen will ich meine Versammlung bauen, und die Tore des Hades (Hölle) werden sie nicht überwältigen." (Mat. 16:18)

Dieser Satz wird später als Aufforderung und Rechtfertigung angesehen, um Kirchen zu errichten.

Ich will dir die Schlüssel des Königreiches der Himmel geben, und was irgend du auf Erden binden magst, wird in den Himmeln gebunden sein. Was du auf Erden löst, wird in den Himmeln gelöst sein. (Mat. 16:19)

Dieser Spruch wird noch bei Hochzeiten gebraucht, aber nur was gebunden wird, ein Lösen wird nicht genehmigt bei dieser einseitigen und eigenwilligen theologischen Auslegung.

Jesus erklärte seinen Jüngern, dass er nach Jerusalem gehen werde und von den älteren Männern und Oberpriestern und Schriftgelehrten vieles erleiden und getötet und am dritten Tage auferweckt werden müsse. (Mat. 16:21) Er war der Meinung, dass die Propheten dies so vorhergesagt haben.

„Tritt hinter mich, Satan! Du bist für mich eine Ursache des Strauchelns, weil du nicht Gottes Gedanken denkst, sondern die der Menschen." (Mat. 16:23) Petrus hatte versucht, ihn umzustimmen. Jesus hatte seinen Weg längst so geplant und betrachtete dies als göttlichen Auftrag.

Sechs Tage später ging Jesus mit Petrus, Jakobus und dessen Bruder Johannes auf einen hohen Berg. Jesus wurde vor ihren Augen umgestaltet, und sein Angesicht leuchtete wie die Sonne, und seine Kleider wurden glänzend wie das Licht. Dann erschien ihnen Moses und Elia, die sich mit Jesus unterhielten. Dann überschattete sie eine leichte Wolke, und daraus kam eine Stimme:

„Dies ist mein Sohn, der geliebte, an dem ich Wohlgefallen habe; hört auf ihn!" (Mat. 17:1/5)

Jesus sagte seinen Jüngern: „Erzählt niemanden von der Vision, bis der Sohn des Menschen von den Toten auferweckt ist." (Mat. 17:9)

Bislang hatte uns Jesus mit Visionen verschont, und wir mussten nur mit Wunder fertig werden.

Es ist leichter für ein Kamel, durch ein Nadelöhr zu gehen, als für einen Reichen, in das Königreich Gottes einzugehen (Mat. 19:24).

Jesus hatte es bis zu seinem dreißigsten Lebensjahr zu keinem Wohlstand gebracht, weshalb er anscheinend so eine unüberbrückbare Abneigung gegen Menschen hatte, die mehr besaßen als er, diese Erfahrung mussten auch die Geldwechsler ausbaden.

Trotzdem nahm er aber ohne Scham von wohlhabenden Frauen in orientalischer Gelassenheit.

Als Jesus auf einem Esel reitend in Jerusalem einzog, geriet die ganze Stadt in Bewegung und sagte: „Wer ist dieser?" (Mat. 21:10) Die ganze Stadt stellte diese Frage?

Die Volksmengen sagten: „Dies ist der Prophet, Jesus aus Nazareth in Galiläa." (Mat. 21:11)

Hier wurde der Gottessohn zum gewöhnlichen Propheten, wie andere vor ihm auch.

Jesus steuerte zum Tempel und verjagte die Händler und Käufer und warf die Tische der Geldwechsler um. Es steht geschrieben: „Mein Haus wird ein Haus des Gebets genannt werden; ihr aber macht es zu einer Räuberhöhle." (Mat. 21:13)

Er übernachtete in Bethanien und kam am nächsten Morgen hungrig zurück. Auf dem Wege erblickte er einen Feigenbaum, der aber keine Früchte trug.

Daraufhin sagte Jesus: „Keine Frucht komme mehr von dir immerdar."

Und der Feigenbaum verdorrte augenblicklich. (Mat. 21:19)

Der arme Baum, der da zur falschen Zeit am falschen Ort stand und deshalb eingehen musste.

Wehe euch, Schriftgelehrte und Pharisäer, Heuchler … (Mat. 23:13 bis 29) Schlangen, Otternbrut, wie solltet ihr dem Gericht der Hölle entfliehen (Mat. 23:33).

Jesus macht mit seinem Rundumschlag alle Priester zu seinen Feinden. Ihr seht mich nicht wieder, bis ihr sagt: „Gesegnet ist der, der im Namen des Herrn kommt!" (Mat. 23:39)

Wahrlich ich sage euch: „Keinesfalls wird hier ein Stein auf dem anderen gelassen, der nicht niedergerissen werden wird." (Mat. 24:2)

Auf dem Ölberg sagte Jesus zu seinen Jüngern: „Viele werden aufgrund meines Namens kommen und sagen: ‚Ich bin der Christus' und werden viele irreführen." (Mat 24:5)

Kriege und Drangsal sagte er vorher, was seine Jünger noch zu erleben haben (Mat. 24:6).

Alle seine Prophezeiungen liefen ins Leere und verwirklichten sich nicht − bis heute nicht!

Kriege vorherzusagen ist keine große Kunst, aber es ist nicht bekannt, dass nach ihm ein weiterer Christus, ein Erlöser kam.

Untergangsszenarien folgen: „Wahrlich ich sage euch, dass diese Generation auf keinen Fall vergehen wird, bis alle diese Dinge geschehen." (Mat. 24:7 bis 51)

Richtige Vorhersagen sind hier Fehlanzeige und nur Spekulation, die er selber nicht mehr erlebt hat.

Ein Gleichnis von Jesus: „Denn jedem, der hat, wird mehr gegeben werden, und er wird in Fülle haben; dem aber, der nicht hat, wird selbst das, was er hat, weggenommen werden." (Mat. 25:29)

Anderseits tut sich ein Reicher schwerer als ein Kamel, ins Himmelreich zu gelangen.

Als sich Jesus gerade im Hause Simons, des Aussätzigen, befand (Mat. 26:6), trat eine Frau mit wohlriechendem Öl an ihn heran und goss es über sein Haupt (Mat. 26:7), während er zu Tische saß. „Wozu diese Verschwendung?", fragten die Jünger, die das kostbare Öl lieber verkauft hätten.

„Als die Frau das Öl über meinen Leib goss, tat sie es als Vorbereitung auf mein Begräbnis." (Mat. 26:12) Jesus plante und suchte seinen Tod, indem er dafür einen Verräter brauchte.

Danach ging einer von den Zwölf, Judas Iskariot, zu den Oberpriestern und verriet ihn für 30 Silberstücke (Mat. 26:14/15).

Es war Abend geworden, und sie feierten das Passah. Während sie aßen, sprach Jesus: „Wahrlich ich sage euch: Einer von euch wird mich verraten." (Mat. 26:21) Judas antwortete: „Ich bin es doch nicht etwa, Rabbi?" Jesus: „Du selbst hast es gesagt."

Jesus nahm ein Stück Brot, und nachdem er es gesegnet hatte, brach er es und gab es seinen Jüngern und sagte: „Nehmt, esst! Dies bedeutet mein Leib." (Mat. 26:26)

Auch nahm er einen Becher, nachdem er Dank gesagt hatte, gab er ihnen diesen und sprach: „Trinkt daraus ihr alle, denn dies bedeutet mein ‚Blut des Bundes', das zugunsten vieler zur Vergebung der Sünden vergossen werden wird." (Mat. 26:28) Nach Lobgesängen gingen sie zum Ölberg. Während die Jünger wachen sollten, betete Jesus: „Mein Vater, wenn es möglich ist, so gehe dieser Becher in mir vorbei." (Mat. 26:39)

Dreimal fand er danach seine Jünger schlafend. Warum schlief er nicht mit ihnen?

Und während er noch redete, siehe, da kam Judas, einer von den Zwölf, und mit ihm eine große Volksmenge mit Schwertern und Knüppeln (Mat. 26:47).

Nun hatte ihnen sein Verräter ein Zeichen gegeben, indem er sprach: „Wen immer ich küsse, der ist es." Und gerade auf Jesus zugehend, sagte er: „Guten Tag, Rabbi!" und küsste ihn sehr zärtlich.

Dann nahmen sie Jesus in Gewahrsam. Einer der Jünger schlug dem Sklaven des Oberpriesters ein Ohr ab (Mat. 26:51). „Stecke dein Schwert weg", sagte Jesus, „denn alle, die zum Schwert greifen, werden durch das Schwert umkommen."

Die Begleiter von Jesus waren bewaffnet?

Danach verließen ihn alle Jünger und flohen (Mat. 26:56).

Mittlerweilen suchten die Oberpriester nach Zeugnissen gegen Jesus, um ihn zu Tode zu bringen.

Zwei traten dann auf und sprachen: „Dieser hat gesagt: ‚Ich kann den Tempel Gottes niederreißen und in drei Tagen aufbauen'." (Mat. 26:61)

Jesus schwieg, weshalb ihn der Hohepriester fragte: „Bist du der Christus, der Sohn Gottes?"

„Du selbst hast es gesagt. Doch ich sage euch: Von jetzt an werdet ihr den Sohn des Menschen zur Rechten der Macht sitzen und auf den Wolken kommen sehen." (Mat. 26:64)

Da zerriss der Hohepriester sein äußeres Kleid und sprach: „Er hat gelästert! Wozu brauchen wir weitere Zeugen? Jetzt habt ihr die Lästerung gehört. Was ist eure Meinung?" (Mat. 26:66)

Sie entgegneten ihm: „Er ist des Todes schuldig" und spien ihm ins Gesicht und schlugen ihn.

Als Judas sah, dass Jesus verurteilt worden war, hatte er Gewissensbisse und brachte die 30 Silberstücke zurück und sagte: „Ich habe gesündigt, als ich gerechtes Blut verriet." (Mat. 27:4)

Da man das Geld nicht annahm, warf er es in den Tempel, ging hin und erhängte sich (Mat.27:5).

Der Statthalter fragte Jesus: „Bist du der König der Juden?"
Jesus sagte: „Du selbst sagt es."
Pilatus sagte zu ihm: „Hörst du nicht, wie viele sie gegen dich bezeugen?" (Mat. 27:13)

Nun war es von Fest zu Fest Brauch, dass der Statthalter der Volksmenge einen Gefangenen, den, den sie haben wollten, freigab. Gerade hatte man einen berüchtigten Gefangenen namens Barabbas.

„Wen soll ich nach eurem Willen freigeben: Barabbas oder Jesus, den sogenannten Christus?"

Die Menge, von den Priestern und den älteren Männern überredet, verlangten Freiheit für Barabbas und Jesus sollte an den Pfahl (Mat. 27:22/23). Das Wirken von Jesus hatte die Leute wohl nicht überzeugt. Jesus wird misshandelt und als „König der Juden" verspottet (Mat. 27:27/31).

Dann wurden zwei Räuber mit ihm an den Pfahl gebracht, einer zu seiner Rechten und einer zu seiner Linken.

„Steige vom Kreuz, wenn du Gottes Sohn bist", wurde Jesus verhöhnt (Mat. 27:39 bis 44).

Von der sechsten bis zur neunten Stunde brach Finsternis herein (Mat. 27:45).

„Mein Gott, warum hast du mich verlassen", rief Jesus zur neunten Stunde (Mat. 27:46).

Nochmal schrie Jesus, als ihm einer mit einem Speer in die Seite stach (Mat. 27:49/50).

Danach wurde der Vorhang des Heiligtums von oben bis unten entzweit, die Erde erbebte, und die Felsen wurden gespalten. Die Gedächtnisgrüfte wurden geöffnet, und die Leiber der Heiligen wurden aufgerichtet und gingen durch die heilige Stadt (Mat. 27:51/53). Welche Heiligen?

Am späten Nachmittag kam nun ein reicher Mann von Arimathia namens Joseph, der auch selbst Jünger geworden war (namentlich wurde er vorher nicht genannt), der ging zu Pilatus und bat um den Leib Jesu (Mat. 27:57/58).

Joseph nahm den Leib, wickelte ihn in feine Leinwand und legte ihn in seine neue Gedächtnisgruft, die er im Felsen ausgehauen hatte, und wälzte einen großen Stein vor die Türöffnung (Mat. 27:60).

Als der erste Tag der Woche anbrach, kamen Maria Magdalena und die andere Maria, um das Grab zu besehen (Mat. 28:1). Ein großes Erdbeben hatte sich ereignet, denn ein Engel des Herrn war vom Himmel herabgestiegen und hatte den Stein weggewälzt und saß darauf. Sein Aussehen war wie ein Blitz und seine Kleider waren so weiß wie Schnee (Mat. 28:2/3).

Der Engel sprach: „Fürchtet euch nicht, denn ich weiß, dass ihr Jesus sucht. Er ist nicht hier, denn er ist auferweckt worden, und er ging euch nach Galilea voraus." (Mat. 28:5/8)

Sie liefen, um es den Jüngern zu berichten. Auf dem Weg begegneten sie Jesus und er sprach: „Guten Tag!" Und sie fassten ihn an den Füßen, und sie huldigten ihm (Mat. 28:9).

„Fürchtet euch nicht! Geht, berichtet meinen Brüdern, dass sie nach Galilea fortgehen sollen; und dort werden sie mich sehen." (Mat. 28:10) Warum tat er es nicht selber?

Die elf Jünger gingen nach Galilea zu dem Berge, wohin sie Jesus bestellt hatte, und als sie ihn sahen, huldigten sie ihm, einige aber zweifelten (Mat. 28:16/17).

„Geht hin und macht Jünger aus Menschen aller Nationen, tauft sie im Namen des Vaters und des Sohnes und des Heiligen Geistes, und lehrt sie, alles zu halten, was ich euch geboten habe. Und siehe! Ich bin bei euch alle Tage bis zum Abschluss des Systems der Dinge." (Mat. 28:19/20)

Manche Menschen bezweifeln heute, dass Jesus überhaupt gelebt hat, da die Geschichten nicht immer glaubwürdig erscheinen. Wir wollen annehmen, dass er gelebt hat und dass sich alles so oder so ähnlich abgespielt hat. Matthäus war nicht immer zugegen, und ist somit nur ein Nacherzähler.

Wenn Jesus als Gottes Sohn gehandelt wurde, dann musste er Wunder bewirken und Krankheiten heilen, die sein Vater als Strafen über die Menschen brachte. Unpassende orientalische Geschichten!

Er konnte auch nur die Menschen heilen, die mit einem festen Glauben an Heilung zu ihm kamen. Brachten die Menschen den Glauben nicht mit, verweigerte er ihnen sogar seine Wunderheilung.

Und in seiner Heimatstadt konnte er anscheinend keinen von seinem angeblich von Gott gegebenen Wirken überzeugen, weshalb er sich dort auch nicht lange aufhielt (Mat. 13:55/58).

Wenn man Jesus als Menschen und nicht als Partner eines übergeordneten Gottes betrachtet, dann tut er einem leid, denn er ist letztendlich gestorben wie ein Mensch, der in jungen Jahren Todesangst und Todesqualen erlitten hat. Deshalb sind die Worte in seiner letzten Stunde verständlich: „Herr, warum hast du mich verlassen?" (Mat. 15:34)

War dies die Erleuchtung, dass die göttliche Gewalt, von der er überzeugt war, doch nicht vorhanden war und er als gequälter Mensch schmerzlich zugrunde gehen musste?

Gewiss hat er bis zu seinem dreißigsten Lebensjahr erfahren, dass das Kommen eines Königs von Propheten vage vorher gesagt worden war. Vielleicht sah er in seiner Kindheit gewisse Zusammenhänge und lebte sich dann in eine solche Rolle hinein, der er dann eine noch weitere, noch größere, religiöse Dimension gab, mit einem überirdischen, liebenden Vater.

Hatte er als Kind Probleme mit seinem Vater, da er ihn selbst oben in den Himmeln suchte?

Weil die göttlichen Vorstellungen aller Propheten, Moses eingeschlossen, nicht glaubhaft sind, kann man davon überzeugt sein, dass Jesus in seiner Unwissenheit oder Gutgläubigkeit auf deren unlautere Vorhersagen reingefallen und dennoch von persönlicher Gunst eines Gottes überzeugt war.

Wahrscheinlich hatte er keinen Einblick in das gesamte Wirken eines Moses und aller Propheten, denn deren Schlauheiten passten überhaupt nicht zu seinem Wirken oder seinen Vorstellungen.

Seine übertriebene Vorstellung von einer Friedfertigkeit: „Schlägt man dir auf die Linke, dann halte auch die Rechte hin", war eigentlich damals, und gilt auch heute noch als eine Einladung für Sadisten. Sein Ableben ist der beste Beweis dafür, dass er damals mit seiner passiven Lebenseinstellung, keine Chance zum Überleben hatte.

„Seht die Vögel, die nicht säen und doch ernten", hat damals gegolten, aber es ist heute einfach kein gutes Gleichnis mehr, denn wer für sich nicht sorgt, kann sich auch auf andere nicht berufen. Das betrifft nicht nur die Menschheit, fleißig oder faul, sondern auch die bedrohte Tierwelt. Im Angesicht des Artensterbens heute hat dieses Gleichnis seine Gültigkeit längst verloren!

Markus

Eine Erklärung ist erwähnenswert, obwohl bislang die Texte sich mit Matthäus gleichen: „Und Jesus trieb viele Dämonen aus, die er nicht reden ließ, da sie wussten, dass er Christus war." (Mar. 1:14)

Lieblingsbeschäftigung von Jesus war es, den Menschen die Dämonen auszutreiben (Mar. 1:39).

Der Andrang zu Jesus als Wunderheiler war so groß, dass man sogar das Dach eines Hauses abtrug, um einen Gelähmten in seine Nähe zu bringen. Als Jesus ihren Glauben sah, sprach er zu dem Gelähmten: „Kind, deine Sünden sind dir vergeben." (Mar. 2:5)
Jesus war, wie die Propheten vor ihm, der Meinung, dass Krankheit von Sündhaftigkeit kommt!
Er erklärte, dass er auf Erden die Macht hat, Sünden zu vergeben (Mar. 2:10).
Allerdings wenig Trost für die, die auch seiner Hilfe bedurften, seinen Weg aber nicht kreuzten.
Hier heißt der neue Apostel Levi, der Sohn des Alphäus, der im Steuerbüro saß, und den Jesus zum Mitkommen aufforderte (Mar. 2:14).

Bei Matthäus hieß der Steuereintreiber Matthäus. Eigenartig: Hier schreibt einer über sich selbst! Auch hatte hier der Bruder von Simon, der Petrus genannt wurde, den Namen Andreas!

Jesus erklärt alle Speisen für rein, denn: „Alles, was in den Menschen hineingeht und wieder ausgeschieden wird, verunreinigt den Menschen nicht. Alles, was wieder hinausgeht, verunreinigt einen Menschen nicht." (Mar. 7:19/20) Hiermit widerspricht er den Vorschriften von Moses bezüglich essbaren und nicht essbaren Tieren.

Denn Nation wird sich gegen Nation erheben und Königreich gegen Königreich, es wird an einem Ort nach dem anderen Erdbeben geben, Lebensmittelknappheit wird eintreten. Diese Dinge sind ein Anfang der Wehen (Mar. 13:8).

Denn jene Tage werden eine Drangsal sein, wie es seit Anfang der Schöpfung, die Gott schuf, bis zu dieser Zeit keine gegeben hat und nicht wieder geben wird (Mar.13:19).

Und dann werden sie den Sohn des Menschen in den Wolken mit großer Macht und Herrlichkeit kommen sehen (Mar.13:26). Wahrlich ich sage euch, dass diese Generation auf keinen Fall vergehen wird, bis alle diese Dinge geschehen (Mar. 13:30).

Kein Publikum und kein Sterblicher wird dies je sehen, denn die werden dann nicht mehr leben!

Himmel und Erde werden vergehen, meine Worte aber nicht (Mar.13:31).

Es geht auch nicht um die Vision eines Weltunterganges, sondern um das Ende von Judäa. Eine Weissagung nach dem Motto: Wenn ich schon alleine sterben muss, dann werden die Überlebenden auch nicht lange ihre Freude haben.

Zu der Zeit lag einer, Barabbas genannt, in Fesseln bei den Aufrührern, die bei einem Aufstand einen Mord begangen hatten (Mar. 15:7). Leider wird hier nichts über das Zeitgeschehen berichtet; nur so nebenbei erfährt man von einem Aufstand in einer Zeit, als die Römer als Besatzer im Lande waren.

Abweichend von Matthäus wird hier berichtet, dass Maria Magdalena und Maria, die Mutter von Jakobus und Salome, zur geöffneten Gruft kamen und dort trafen sie einen jungen Mann an, der mit einem weißen langen Gewand bekleidet war. Er sprach zu ihnen: „Seid nicht so bestürzt, ihr sucht Jesus den Nazarener, der an den Pfahl gebracht worden war. Er ist auferweckt worden. Geht hin und sagt seinen Jüngern und dem Petrus: Er geht euch nach Galiläa voraus, dort werdet ihr in sehen, so wie er es euch sagte." (Mar. 16:8) Warum war Jesus nicht selbst zugegen, sondern ein Vertreter?

Nachdem bislang bei Markus alles gleich erzählt wurde wie bei Matthäus, sogar die Reihenfolge der einzelnen Geschichten, muss man wohl von einer Abschrift ausgehen, oder von einer Übersetzung aus einer anderen Sprache, weshalb sich Unterschiede eingeschlichen haben könnten.

Lukas

Weil ich den Dingen von Anbeginn genau nachgegangen bin, schreibe ich sie dir, vortrefflichster Theophilus, in logischer Reihenfolge (Luk. 1:2).

In den Tagen des Herodes waren da ein Priester namens Sacharja und seine Frau Elisabeth. Sie hatten keine Kinder, da Elisabeth unfruchtbar war. Sacharja erschien aber ein Engel, der seiner Frau die Geburt eines Sohnes verkündete, dem sie den Namen Johannes geben sollten (Luk. 1:8 bis 17).
    Nach sechs Monaten wurde der Engel vom Herrn nach Nazareth gesandt zu einer Jungfrau Maria, die einem Manne namens Joseph zur Ehe versprochen war (Luk. 1:26/28).
    Der Engel verkündete, ihr einen Sohn zu gebären, und sie sollte ihm den Namen Jesus geben, dieser wird Sohn des Höchs-

ten genannt werden, und er wird den Thron Davids bekommen (Luk.1:31).

Und er wird immer als König über das Haus Jakob regieren, und sein Königreich wird kein Ende nehmen (Luk. 1:33).

Die Prophezeiung des Engels namens Gabriel hat sich leider nie erfüllt, da Jesus weder den Thron Davids bestiegen hat, noch hat er als König das Hause Jakobs endlos regiert.

„Und siehe! Elisabeth, deine Verwandte, auch sie hat in hohem Alter einen Sohn empfangen, und dies ist der sechste Monat", sprach der Engel zu Maria (Luk. 1:36).

Bisher haben wir kein Wort davon gelesen, dass Jesus und der spätere Johannes der Täufer Verwandte waren!

Sehr erstaunlich, da Sacharja doch Priester genannt wird. Hier liegt sozusagen das Religiöse in den Genen. Die beiden Jungs haben gewiss von Sacharja über die prophetischen Vorhersagen erfahren!

Es folgen nacherzählte Lobpreisungen von Maria; sie erklärt sich als Sklavin des Herrn und rühmt die Vorväter. Es waren bislang immer nur Propheten, die sich so genau auskannten und nicht Frauen!

Maria sprach: „Hoch erhebt der Herr meine Seele, und mein Geist kann sich nicht zurückhalten über Gott, meinen Retter, zu frohlocken. Von nun an werden mich alle Generationen glücklich preisen." (Luk. 1:48) Nun, wer war denn Zeuge, als sie das gesagt hat – Lukas bestimmt nicht!

Es muss Sacharja, der Priester und Vater von Johannes, gewesen sein, der hier in so weiser Voraussicht die angeblichen Worte von Maria so umfangreich erzählte, es war sonst ja niemand dabei.

Dass sogar Gespräche zwischen Elisabeth und einem Engel und Gespräche von Maria mit einem Engel nach dem Lebensende von Jesus wörtlich wiedergegeben wurden, ist schon sehr verdächtig!

Von wem Lukas hier die Gespräche so genau erfahren hat, bleibt für immer ein Rätsel.

Nachdem sowohl Johannes wie auch Jesus ihr Lebensende gefunden hatten, begann Lukas mit dem Einsammeln all dieser Geschichten. Da kamen dann bestimmt die eine oder andere Übertreibung und manches Wunder hinzu, so wie sie bei allen vorherigen religiösen Berichten (siehe Altes Testament) einem orientalischen Charakter entsprechen.

Und Maria blieb für drei Monate, und danach kehrte sie in ihr Haus zurück (Luk. 1:56).

Und Sacharja wurde vom Heiligen Geist (den gab es bislang gar nicht) erfüllt, danach folgt eine Lobpreisung für die Propheten und dann Lobpreisung für den Herrn, den Gott Israels (nicht der ganzen Welt), der schon den Vorvätern so viel Barmherzigkeit erwiesen hatte (Luk. 1:67 bis 79).

Dann verläuft die Geschichte etwas anders als bei Matthäus. In jenen Tagen ging von Cäsar Augustus eine Verordnung aus, dass die bewohnte Erde eingeschrieben werde.

Das römische Imperium war natürlich damals die bekannte Erde, und Quirinius, der Statthalter von Syrien, sollte die Bevölkerung einmal zählen (Luk. 2:1/2).

Natürlich ging auch Joseph von Nazareth nach Bethlehem, da er aus dem Hause Davids stammte.

Als sie dort waren, gebar Maria ihren Sohn, und sie legte ihn gewickelt in eine Krippe, da im Besucherraum kein Platz mehr war (Luk. 2:6/7).

Hirten, die draußen bei der Herde wachten, bekamen vom Engel des Herrn Besuch, und der „erleuchtete" sie, sodass sie in große Furcht gerieten, aber dieser sprach: „Euch ist heute ein Retter geboren worden, welcher Christus der Herr ist, und ihr werdet ihn gewickelt in einer Krippe finden." (Luk. 2:8 bis 12) Und plötzlich befand sich bei dem Engel eine Menge der himmlischen Heerscharen (da haben wir sie doch nochmal „die himmlische Heerscharen"), die Gott priesen und sprachen (im Chor): „Herrlichkeit Gott in der Höhe droben und Friede auf Erden unter den Menschen guten Willens." (Luk. 2:14) Damit verschwand der Engel wieder im Himmel, wahrscheinlich mit den himmlischen Heerscharen (Luk. 2:15). Die Hirten fanden das Kind in der Krippe und erzählten Maria, was sie von einem Engel erfahren hatten (Luk. 2:16 bis 20). Interessante Erzählung nach dem Ableben von Jesus, 30 Jahre später!

Bei Matthäus waren es Astrologen aus östlicher Gegend, die Geschenke mitbrachten (Mat. 2:2).

Daraus wiederum hat später das Christentum drei Könige gemacht! Fragte man nach, aus welchen Ländern die Könige kamen, erklärte man einfach, dass sie aus dem Morgenland stammten.

Am achten Tag wurde er beschnitten und bekam den Namen Jesus. Dann brachen sie wieder nach Jerusalem auf, um zwei Tauben als Schlachtopfer für den Erstgeborenen darzubringen (Luk. 2:23).

Alle Menschen, die auf die Befreiung Jerusalems warteten, redeten von dem Kind, was seinen Vater und seine Mutter sehr verwunderte (Luk. 2:25 bis 38).

Jahr für Jahr gingen die Eltern mit Jesus zum Passahfest nach Jerusalem. Und als Jesus zwölf Jahre alt geworden war, haben sie übersehen, dass Jesus nicht mit ihnen zurück nach Hause gekommen war. In Sorge gingen sie nochmal nach Jerusalem und fanden ihn im Tempel, wo er mit den Priestern diskutierte oder von ihnen lernte (Luk. 2:41 bis 50).

Es ruft jemand in der Wildnis: „Bereitet den Weg des Herrn, macht die Straßen gerade." (Luk. 3:4)

Jede Schlucht soll aufgefüllt und jeder Berg und Hügel eingeebnet werden (Luk. 3:5).

Und alles Fleisch wird Gottes Mittel zur Rettung sehen (Luk. 3:6). Wer rief in der Wildnis, und wer hat es gehört, oder wer war zugegen?

Keine Zeugen werden genannt, und auch keine Berge und Hügel wurden eingeebnet!

Dies ist die Sprache von Propheten, die Eindruck schinden wollen, deren Visionen aber ins Leere laufen.

Diese Aussage kam angeblich vom Prophet Jeremia, der das Wirken von Johannes dem Täufer vorhergesagt hat. Wer hat den

Ungeziefer-Esser in der Wildnis gerufen und wozu? Umfangreich wurde vorher berichtet, dass Johannes der Täufer als Sohn eines Priesters geboren worden war. Doch warum zog er umher wie ein Bettler, Außenseiter oder Taugenichts, der sich von Heuschrecken ernähren musste?

Für uns heute ist dies ein Zeichen gewisser menschlicher Unfähigkeit und hat mit göttlicher Eingebung nichts zu tun, sondern eher mit einer geistigen Behinderung.

Und von einem solchen Menschen göttliche Weisheit verkündet zu bekommen, ist für uns heute ein wertlose Vorhersage, das ganz einfach nicht als von einem Gott kommend respektiert werden kann.

„Ihr Otternbrut, wer hat euch angezeigt, wie ihr dem kommenden Zorn entfliehen könnt? Bringt also Früchte hervor, die der Reue entsprechen." (Luk. 3:7/8)

Es ist nicht verwunderlich, dass er nach seinem Reden im Gefängnis landete.

Hier werden nicht nur die Pharisäer, sondern hier wird die Volksmenge als Otternbrut bezeichnet.

Er wurde gefragt, ob er der Christus sei, der kommender Erlöser. Nein, der käme nach ihm und würde mit einer Wolfsschaufel die Tenne reinigen, um die Spreu vom Weizen zu trennen (Luk. 3:17).

Herodes, hier der Bezirksherrscher, sperrte Johannes den Täufer ins Gefängnis (Luk. 3:20).

Als alles Volk getauft war („alles Volk" ist eine normale orientalische Übertreibung), wurde auch Jesus getauft, und als er betete, öffnete sich auch hier der Himmel, und der Heilige Geist kam in leiblicher Gestalt einer Taube, und eine Stimme kam aus dem Himmel: „Dies ist mein Sohn, der geliebte; an dir habe ich Wohlgefallen gefunden." (Luk. 3:22)

Wer hatte Jesus denn getauft, wenn Johannes bereits im Gefängnis war?

Der Ablauf war vielleicht etwas anders, wird von Lukas hier aber so und nicht anders beschrieben.

Nun folgt auch bei Lukas der sinnlose Stammbaum von Jesus:

Gott	Nachor	Melea	Resa
Adam	Terach	Eleakim	Johanan
Seth	Abraham	Jonam	Joda
Enos	Isaak	Joseph	Josech
Kainan	Jakob	Juda	Semein
Mahalaleel	Juda	Symeon	Mattathias
Jared	Peres	Levi	Maath
Henoch	Chezron	Matthat	Naggai
Methusalah	Arni (Ram)	Jorim	Esli
Lamech	Amminadab	Elieser	Nahum
Noah	Nachschon	Jesus	Amos
Sem	Salmon	Er	Mattathias
Arpachschad	Boas	Elmadam	Joseph
Kainan	Obed	Kosam	Jannai
Schelach	Isai	Addi	Melchi
Eber	David	Melchi	Levi
Peleg	Nathan	Neri	Matthat
Reu	Mattatha	Schealtiel	Heli
Serug	Menna	Serubbabel	Joseph
			Jesus

Ein Stammbaum, der in weiten Bereichen nicht mit dem bei Matthäus übereinstimmt.

Sinnlos deshalb, da Josef gar nicht der leibliche Vater von Jesus war und der Stammbaum eigentlich völlig überflüssig ist als Nachweis seiner vermeintlichen Göttlichkeit.

Was übereinstimmt mit dem Stammbaum von Matthäus ist der Abschnitt von Abraham bis David, wobei für Ram hier Arni steht. Es ist eigentlich schon erstaunlich, dass dies nicht kritisiert werden durfte, sondern als Gottes Worte ausgelegt wurde. Steckt da nur die Einfältigkeit der Apostel dahinter oder die Unfähigkeit zu lesen und zu schreiben?

Leider schreit Papier nicht, weder bei der Wahrheit und auch nicht bei Unwahrheiten.

Auch hier folgt die versuchte Verführung durch den Teufel, nachdem Jesus 40 Tage und Nächte in der Wildnis hungerte. Warum tat er es, damit er die lächerliche Geschichte mit dem Teufel erzählen konnte, oder waren da auch noch Zeugen dabei, die mit ihm Hunger und Durst litten?

Jesus predigte in der Synagoge, danach führte man ihn eilend aus der Stadt, und sie führten ihn auf einen Vorsprung des Berges, um ihn kopfüber hinabzustürzen. Er aber schritt mitten durch sie hindurch und ging seines Weges (Luk. 4:20 bis 30). Hielt man ihn für einen Scharlatan?

Davon hat bislang keiner etwas berichtet, dass er nicht die Liebe seiner Mitmenschen erntete.

Während Jesus in einer Synagoge in Kapanaum predigte, wurde ein vom Dämon Besessener laut.

Jesus trieb ihm den Dämon aus, ohne dass dem Mann Schaden zugefügt wurde (Luk. 4:31 bis 37).

Da waren Fischer, die müde und ohne Fang zurückkamen. Jesus bat sie, nochmal hinauszufahren und zeigte ihnen eine Stelle, wo sie die Netze auslegen sollten. Daraufhin machten sie einen riesigen Fang (Luk. 5:3 bis 10). Ein Fischer hieß Simon, der dann auch ohne nähere Erklärung Simon Petrus genannt wurde. Als sie an Land gingen, folgte er Jesus, auch Jakobus und Johannes, die Söhne des Zebedäus schlossen sich ihnen an. (Luk. 5:11). Zebedäus musste dann alleine arbeiten.

Auch hier kam ein Gelähmter durch das Dach zu Jesus und wurde von ihm geheilt (Luk. 5:19 bis 26).

Es folgen identische Erzählungen, die wir von Matthäus und Markus schon kennen.

Bei den zwölf Aposteln fehlt hier bei Lukas der Name Thaddäus, dafür wird einmal Judas, der Sohn des Jakobus und noch einmal Judas, der Verräter erwähnt (Luk. 6:13/16).

Dann begab sich Jesus nicht auf einen Berg, sondern auf einen großen Platz (Luk. 6:17 bis 49).

Somit wurde hier bei Lukas aus der Bergpredigt eine große Platzpredigt:

Glücklich seid ihr Armen, denn euch ist das Königreich Gottes.

So sehr lehnte Jesus die Wohlhabenden ab, dass er ihnen das Königreich Gottes verweigerte!

Glücklich seid ihr, die ihr hungert, denn ihr werdet gesättigt werden.

Glücklich seid ihr, die ihr jetzt weint, denn ihr werdet lachen.

Glücklich seid ihr, wann immer die Menschen euch hassen und euch schmähen meinetwegen.

Freut euch an jenem Tag und hüpft, denn euer Lohn ist groß im Himmel.

Doch wehe euch, ihr Reichen, denn ihr habt bereits euren vollen Trost.

Den Armen wird kostenlos das Paradies versprochen, da sie auf Erden arm sind. Wie schön, dass man solche Prophezeiungen nicht beweisen muss, sondern dass sie nur als Trost herhalten müssen.

Wehe euch, die ihr jetzt satt seid, denn ihr werdet hungern.

Wehe euch, die ihr jetzt lacht, ihr werdet trauern und weinen.

Wunschdenken oder nur kleine Rachegedanken des mittellosen und arbeitsunwilligen Jesus?

Wehe, wenn alle Menschen wohl von euch reden, denn desgleichen taten ihre Vorväter den falschen Propheten. Auf die Vorgänger der Pharisäer gemünzt?

Aber ich sage euch fortzufahren, eure Feinde zu lieben, denen Gutes zu tun, die euch hassen.

Dem, der dich auf eine Wange schlägt, halte auch die andere hin.

Der dein äußeres Kleid wegnimmt, dem gib auch das untere Kleid.

Gib jedem, der dich bittet, und von dem, der dir das Deine wegnimmt, fordere es nicht zurück.

Und wie ihr wollt, dass euch Menschen tun, so tut auch ihnen.

Fahrt fort, eure Feinde zu lieben, und euer Lohn wird groß sein, und ihr werdet Söhne des Höchsten sein. Fahrt fort, barmherzig zu werden, wie euer Vater barmherzig ist.

Hört überdies auf zu richten, und ihr werdet bestimmt nicht gerichtet werden.

Hört auf zu verurteilen, und ihr werdet bestimmt nicht verurteilt werden.

Uns wurde beigebracht, dass niemand dem Jüngsten Gericht entkommen kann.

Fahrt fort freizulassen, und ihr werdet freigelassen werden.

Übt euch im Geben und man wird euch geben.

Denn mit dem Maß, mit dem ihr messt, werdet ihr gemessen werden.

Warum schaust du auf den Strohhalm, der im Auge deines Bruders ist, beachtest aber nicht den Balken, der in deinem eigenen Auge ist. Heuchler, zieh zuerst den Balken aus deinem Auge, dann siehst du klar den Strohhalm im Auge deines Bruders. Sehr wichtig: Einen Mitmenschen seines orientalischen Kulturkreises seinen Bruder zu nennen.

Wie groß war denn die Volksmenge, die da ohne Vorankündigung zugegen war?

Waren es fünf, zehn oder gar 100 Personen, oder wie immer das ganze Volk?

Im Prinzip ist die Platzpredigt ähnlich der Bergpredigt bei Matthäus.

Nachdem er seine Reden vor dem Volke (doch: Volk) vollendet hatte, ging er nach Kapanaum.

Die Jünger und eine große Volksmenge zog mit ihm (Luk. 7:1). Heute nennt man dies eine Demo.

Auf dem Wege nach der Stadt Nain wurde er von einem Offizier angesprochen, seinem Sklaven zu helfen, der im Sterben lag. Danach fand man den Sklaven bei guter Gesundheit (Luk. 7:10).

Auf dem gleichen Wege erweckte er einen verstorbenen Jüngling wieder zum Leben (Luk. 7:12).

Dann folgt die Geschichte mit Johannes dem Täufer, der alle taufte, außer Pharisäer und Gesetzeskundige (Luk. 7:29/30).

Im Unterschied zu Matthäus, bei dem Jesus zu Gast im Hause eines Aussätzigen war, ist er hier zu Gast im Hause des Pharisäers (Luk. 7:36), als eine bekannte Sünderin mit wohlriechendem Öl kam und die Füße von Jesus einrieb. Zuvor hatte sie mit ihren Tränen seine Füße benetzt und mit dem Haar ihres Hauptes getrocknet. Jesus vergab ihr ihre Sünden, obwohl es ihrer viele waren, weil sie viel geliebt hat (Luk. 7:36 bis 50).

Wem wenig oder gar nicht vergeben wird, der liebte zu wenig? Wie sündhaft sind denn die Menschen, die einfach viel lieben? Gibt es schlimmere Sünden?

Wir wissen zwar, was hier gemeint ist, mit der vielen Liebe, aber es harmoniert eben nicht mit der Aussage von vorhin, dass man sogar seine Feinde lieben sollte.

Danach ging es von Dorf zu Dorf und von Stadt zu Stadt, wobei er die gute Botschaft vom Königreich Gottes verkündete. Und die Zwölf waren mit ihm und einige Frauen: Maria Magdalena, aus der er sieben Dämonen ausgetrieben hatte, Johanna, die Frau Chusas, dem Beauftragten des Herodes, Susanne und viele andere Frauen, die ihnen mit ihrer Habe dienten (Luk. 8:1/3).

Interessant, sie ließen sich von den Frauen mit ihrer Habe aushalten und arbeiteten nicht selber!

Dann folgen schleierhafte Gleichnisse. Schleierhaft deshalb, weil viele seiner Zuhörer den Sinn nicht erfassen oder gar nicht erfassen sollten, damit es geheimnisvoll wirkte (Luk. 8:10).

Man hat hier unweigerlich das Orakel von Delphi vor Augen, man konnte es so oder so deuten.

Hier folgt die Geschichte mit den Dämonen, die ein Unbekleideter namens Legion hatte, der in Grüften lebte und dessen Dämonen Jesus in eine Schweineherde fahren ließ (Luk. 8:26 bis 36).

Auch gleichen sich alle Wundertaten, die wir von Jesus schon von Matthäus her kennen.

Sehr egozentrisch sind seine Aussagen, dass jedes Haus oder jede Stadt, die sie nicht freundlich aufnehmen und versorgen, zu verdammen seien (Luk. 10:4 bis 14).

Betteln statt arbeiten, obwohl sie alle jung waren. Danach alle verfluchen, die nicht gaben!

Und du Kapanaum, zum Hades hinab wirst du kommen, bloß weil man hier nicht bereit war, die religiöse Wandertruppe zu versorgen (Luk. 10:15).

Wann immer ihr betet, lehrte Jesus seine Jünger, so sprecht (Luk. 11:2): „Vater, dein Name werde geheiligt (Opfertiere und Feinde musste man vorher auch heiligen, bevor man sie abschlachten durfte), dein Königreich komme (Verhältnisse nach himmlischen Vorbild, und es ist nicht das Leben nach dem Tode gemeint), gib uns unser Brot für den Tag, so, wie der Tag es erfordert (Eben, das hat mit dem Leben nach dem Tode nichts zu tun), und vergib unsere Sünden, denn auch wir vergeben jedem, der uns verschuldet ist (Sind die Sünden hier materiell gemeint und nicht moralisch und vor allem nicht sexuell, wie dies alle Generationen danach gedeutet wurde), und bringe uns nicht in Versuchung."

Bei Matthäus folgte noch: „sondern befreie uns von dem, der böse ist." (Mat. 6:13)

Hier ist wohl die Versuchung gemeint, nicht auch böse zu sein?

Zweifelhafte Gleichnisse von Jesus (gewaltig oder nur banal): Wenn ein starker, gut bewaffneter Mann seinen Palast bewacht, bleibt sein Habe in Frieden.

Wenn aber ein Stärkerer kommt und ihn besiegt, nimmt er ihm seine volle Rüstung weg, auf die er vertraute, und er teilt die Rüstung aus, die er von ihm erbeutet hat (Luk. 11:21).

Wer nicht auf meiner Seite ist, ist gegen mich, und wer nicht mit sammelt, zerstreut (Luk. 11:23).

Man wird das Gefühl nicht los, dass die Gleichnisse leicht hinken und unpassend sind.

Zum Beispiel: Wenn ein unreiner Geist von einem Menschen ausfährt, durchwandert er dürre Orte, um eine Ruhestätte zu suchen, und nachdem er keine gefunden hat, sagt er: „Ich will in mein Haus zurückkehren." Und bei der Ankunft findet er es sauber und geschmückt. Dann geht er hin und nimmt sieben andere Geister mit sich, die bösartiger sind als er selbst, und nachdem sie eingezogen sind, werden die letzten Umstände jenes

Menschen schlimmer sein als die ersten. (Luk. 11:24/26). Wehe euch ihr Pharisäer, denn ihr liebt die vorderen Sitze in der Synagoge und die Begrüßungen auf den Marktplätzen (Luk. 11:43). Wehe auch euch, ihr Gesetzeskundigen, weil ihr den Menschen Lasten aufladet, doch ihr rührt die Lasten mit keinem einzigen eurer Finger an (Luk. 11:46).

Deswegen hat die Weisheit Gottes auch gesagt: „Ich will Propheten und Apostel zu ihnen senden, und sie werden einige von ihnen töten und verfolgen (Luk. 11:49), sodass das Blut aller Propheten, das seit Grundlegung der Welt vergossen worden ist, von dieser Generation gefordert werden kann (Luk. 11:50), vom Blut Abels bis zum Blut Sacharjas, der zwischen Haus und Altar starb."

Woher kommt die Weisheit Gottes, die da mal etwas „gesagt" haben will?

„Ja ich sage euch, es wird von dieser Generation gefordert werden." (Luk. 11:51)

Nachdem der Generation nichts abgefordert wurde, muss man die Vorhersage als Orakel werten.

Gewiss standen bei diesen Worten seine Zuhörer mit offenem Mund dabei und überlegten sich die Bedeutung, was denn da von ihrer Generation gefordert werden sollte.

Wir sollten einen nicht zu strengen Maßstab an die Worte von Jesus legen, da alles nur Erzählungen sind, die nach seinem Tode von Verherrlichung umsäumt wurden, aber manche Logik und Wirklichkeit vermissen lassen. Unklarheiten können den Erzählern später unterlaufen sein.

Es folgen Erklärungen über das göttliche Wohlwollen der Besitzlosigkeit. Wenn der Hunger und Durst sich melden, dann nimmt man eine Einladung von den Mitmenschen an, die den Lohn dafür im Himmelreich versprochen bekamen (Luk. 12:13 bis 34).

Der Vater da oben weiß, was ihr braucht und sorgt für euch (Luk. 12:30).

Fluch und Verdammung galt denen, die diese Bettelkultur nicht unterstützten.

Aber wenn etwas erbettelt wurde, dann wurde zuerst feierlich gesegnet und dem Herrn gedankt.

Dann kommen Sklaven ins Spiel. (Luk. 12:37 bis 48).

Der betrunkene Noah war es, der seinen Sohn Kanaan, zum Sklaven seiner Brüder erklärt hatte.

Es reichte aus, sich über die Nacktheit eines Säufers lustig zu machen (1 Mos. 9:24/27).

Und dabei blieb es dann mit der berechtigten Existenz von Sklaven, auch für die, die sich nicht über einen Betrunkenen lustig gemacht hatten.

Nochmal zur Sintflut: Hatte Noah auch die Tiere von den Galapagosinseln in seiner Arche gerettet?

Welch ein Schwachsinn mit der Sintflut, die Moses nach eigener Aussage vom Herrn erfahren hat.

Wir stammen dann also von Noah und seiner Familie ab, die wiederum sind die Überlebenden, die von Adam und Eva abstammen! Biblische Geschichten, die einfach nicht zusammenpassen.

Vor allem in diesem Punkte kann man das geistige Unvermögen jenes Menschen erkennen, der vorgegeben hatte, im göttlichen Auftrag zu handeln, um nachher als Lügner enttarnt zu werden.

Natürlich kann es eine fürchterliche Flutkatastrophe gegeben haben, aber daraus ein göttliches Strafgericht zu machen, bei dem natürlich auch Unschuldige zu Opfern werden, ist einfach für uns heute absurd. Die Wissenschaft heute verbindet diese Geschichten damit, dass nach der letzten Eiszeit wahrscheinlich durch die Eis- und Schneeschmelze der Meeresspiegel wieder anstieg.

Die Schöpfungsgeschichte umfasste jenen überschaubaren Lebensbereich in dem die Menschen damals lebten, auch wenn man später in mehreren Schritten etwas Göttliches für alle Zeiten schaffen wollte.

Die Gleichnisse sind hier bei Lukas umfangreicher als bei Matthäus. Für die heutige Generation kann man alle vergessen. Sie waren für jene Zeit bestimmt und sind für heute unbrauchbar.

Dann zog er auf einem Esel reitend in Jerusalem ein, während seine Jünger fortwährend ihre äußeren Kleider auf dem Weg ausbreiteten (Luk. 19:36).

Sie riefen (die Jünger): „Gesegnet ist der Eine, der als König im Namen des Herrn kommt!"

Er ließ sich also doch als König feiern, während er verwirrend von seinem Vater da oben sprach: „Friede im Himmel und Herrlichkeit in den höchsten Höhen." (Luk. 19:38)

Um Aufmerksamkeit zu erregen würde man heute rufen: „Der König kommt!"

Negative Prophezeiungen für Jerusalem, die auch nicht Wirklichkeit wurden (Luk. 19:43).

Dann vertrieb er die Verkäufer, die den Tempel angeblich zu einer Räuberhöhle gemacht hatten.

Er lehrte täglich im Tempel. Aber die Oberpriester, Schriftgelehrten und die Prominenten des Volkes versuchten, ihn zu vernichten, doch sie fanden weder Mittel noch Wege (Luk. 19:47/48).

Sie wagten auch nicht, Hand an ihn zu legen, da das Volk auf seiner Seite war (Luk. 20:19).

„Die Menschen werden ohnmächtig vor Furcht und Erwartung der Dinge, die über die bewohnte Erde kommen. Und dann werden sie den Sohn des Menschen in einer Wolke mit Macht und großer Herrlichkeit kommen sehen." (Luk. 21:26/27)

Mit dem Sohn des Menschen" meinte er natürlich sich selber.

Wahrlich ich sage euch: „Diese Generation wird auf keinen Fall vergehen, bis alle Dinge geschehen. Himmel und Erde werden vergehen, meine Worte werden auf keinen Fall vergehen." (Luk. 20:32)

Der Christus und Erlöser wagte gewaltige Vorhersagen, die allesamt nicht Wirklichkeit wurden!

Wenn Himmel und Erde vergehen, dann bedarf es seiner Wiederkehr auch nicht mehr!

Jesus, als selbsternannter Gottessohn hatte sich als Christus gewaltig und grundsätzlich geirrt!

Über diese Aussage war der religiöse Schock anscheinend so groß, dass man selbst bis ins Atomzeitalter auf die Erfüllung dieser Prophezeiung wartete und immer wieder spekulierte.

Petrus und Johannes sollten für das Passah ungesäuerte Brote besorgen, und Jesus riet ihnen ein Obergemach als Gastzimmer (Luk. 22:7 bis 11). Als die Stunde kam, legte er sich zu Tisch und die Apostel mit ihm. Und er nahm einen Becher mit Wein, dankte und sprach: „Nehmt diesen und reicht ihn unter euch von einem zum anderen; denn ich sage euch; von nun an werde ich nicht wieder vom Erzeugnis des Weinstockes trinken, bis das Königreich Gottes gekommen ist."
(Luk. 22:17). Auch nahm er Brot, dankte, brach es und gab es ihnen, indem er sprach: „Dies bedeutet meinen Leib, der zu euren Gunsten gegeben wird. Tut dies immer wieder zur Erinnerung an mich." (Luk. 22:19)

Waren hier nur seine Jünger gemeint, weil er zu ihren Gunsten seinen Leib geopfert hatte, oder die gesamte noch nicht bekannte Menschheit und alle Generationen, die noch kommen werden?

Weshalb sollte man sein Blut trinken und seinen Leib essen, nur um seiner zu gedenken?

Wie kann man von einem Mitmenschen Kannibalismus verlangen?

Eine unglückliche Geste, auch wenn sie nur symbolisch gemeint war.

Bei Lukas wird hier in der Runde Judas nicht vorgeführt und als Verräter bezeichnet. Danach ging es zum Ölberg, wo sich Jesus in den letzten Tagen immer nachts versteckt hatte (Luk. 21:37).

Während Jesus mit den Jüngern sprach, kam eine große Volksmenge, und Judas ging vor ihnen her. Jesus sagte zu ihm: „Judas, verrätst du den Sohn des Menschen mit einem Kuss?"

Warum die Frage von Jesus, er hatte doch alles so geplant!

Auch hier verlor ein Sklave des Hohepriesters ein Ohr, das Jesus anfasste und heilte (Luk. 22:51).

„Bist du der Sohn Gottes?", wurde er vom Hohepriester gefragt.

„Ihr selbst sagt es, dass ich es bin", war seine Antwort (Luk. 22:70/71). Kein Widerspruch?

Nun erhob sich die ganze Menge (die bei seiner Ergreifung wahrscheinlich dabei war), und man führte ihn zu Pilatus, vor ihm wurde er angeklagt.

Welch eine erzählerische Wandlung: In der gesamten bisherige Geschichte wurde immer erwähnt, dass das ganze Volk hinter Jesus stand und ihn begleitete und seine Wunder bestaunte. Und jetzt riefen sie: „An den Pfahl mit ihm!" (Luk. 23:21) Irgendwie liegt ein Schatten von Ungenauigkeit oder Widersprüchlichkeit über allen Erzählungen.

Als sie ihn nun abführten, ergriffen sie Simon von Kyrene, und sie legten den Marterpfahl auf ihn, damit er ihn hinter Jesus hertrage (Luk. 23:21).

Warum musste der Pfahl zum Golgatha hochgetragen werden?

Mussten die beiden Übeltäter, die gleichzeitig mit Jesus an den Pfahl kamen auch unter Peitschenhiebe ihren Pfahl selber hoch tragen? Kein Wort wird davon berichtet!

Es wird auch nicht berichtet, ob die Löcher für die Pfähle schon vorbereitet waren.

Gezielter Bericht und intensiviert durch Übertreibung einer ohnedies qualvollen Hinrichtung.

Es folgte ihm eine große Menge Volkes, mit denen Jesus noch Gespräche führte (Luk. 23:26 bis 31).

Davon berichtete Matthäus und Markus nichts, auch wenn sich viele Erzählungen gleichen.

Über ihn wurde am Kreuz eine Inschrift angebracht: „Dieser ist der König der Juden." (Luk. 23:38)

Matthäus und Markus berichteten, dass Jesus verhöhnt wurde, auch von den beiden Übeltätern.

Lukas weiß von einem zu berichten: „Jesus, denke meiner, wenn du in dein Königreich kommst."

„Wahrlich ich sage dir heute: Du wirst mit mir im Paradiese sein." (Luk. 23:42/43)

Um die sechste Stunde wurde es finster, und der Vorhang des Heiligtums zerriss in der Mitte.

Konnte man den Tempel von da oben einsehen?

Weil der Offizier (nicht ein einfacher Soldat) sah, was geschah, begann er Gott zu verherrlichen.

Seinen eigenen römischen Gott, oder den der Hebräer als er sagte: „Dieser Mensch war wirklich gerecht." (Luk. 23:47)

Ein Ratsmitglied namens Joseph bat Pilatus um den Leib Jesu, wickelte ihn in feine Leinwand und legte ihn in eine Gruft, die in den Fels gehauen war (Luk. 23:50/53).

Bei Matthäus stand, dass Joseph, ein Jünger Jesus, ihn in seine neue Gedächtnisgruft gelegt hatte (Mat. 27:60).

Jetzt kamen die Frauen, die mit ihm aus Galilea gekommen waren. Der Stein war von der Gedächtnisgruft weggewälzt. War ein Verschluss bei jeder Gruft mit einem Stein damals überhaupt üblich? Wie groß war denn die in den Fels gehauene Gruft? Waren nicht Nischen dafür vorgesehen?

Da standen zwei Männer in blitzender Kleidung und erinnerte sie daran, dass Jesus gesagt hatte, er werde am dritten Tage auferstehen (Luk. 24:1 bis 11). Die Frauen erzählten diese Dinge den „Elfen" und allen übrigen (Luk. 24:9). Neu: Elfen! Wie war es möglich mit ihnen Kontakt aufzunehmen?

Petrus erfuhr von dem Vorgang und eilte zur Gruft und fand nur die Binden (Luk. 24:12).

Hier unterscheiden sich wieder die Erzählungen von Matthäus, da es zwei Männer in blitzender Kleidung waren, die sie antrafen. Später spricht man hier auch von Engeln (Luk. 24:23).

Es wird auch nicht von einem Erdbeben gesprochen, und dass die Toten hervorkamen.

Dann erschien er seinen Jüngern und bat sie um etwas Essen (Luk. 24:41).

Danach führte er sie bis nach Bethanien hinaus, erhob seine Hände, segnete sie und fuhr zum Himmel empor (Luk. 24:51).

Sie huldigten ihm und kehrten nach Jerusalem zurück, und waren beständig im Tempel und segneten Gott (Luk. 24:52/53). Warum musste Gott gesegnet werden?

Johannes

Im Anfang war das Wort, und das Wort war bei Gott, und das Wort war Gott (Joh. 1:1).

Es trat ein Mensch auf, der als ein Vertreter Gottes ausgesandt war; sein Name war Johannes (Joh. 1: 6). Nicht er war dieses Licht, sondern er sollte Zeugnis von dem Licht ablegen (Joh. 1:8).

Das wahre Licht, das jeder Art von Menschen Licht gibt, war im Begriff, in die Welt zu kommen.

Er war in der Welt, und die Welt kam durch ihn ins Dasein, aber die Welt erkannte ihn nicht.

Er kam in sein Eigenes, aber sein eigenes Volk nahm ihn nicht auf.

So viele ihn aber aufnahmen, denen gab er Befugnis, Kinder Gottes zu werden, weil sie Glauben an seinen Namen ausübten; und sie wurden nicht aus dem Willen des Fleisches, noch aus dem Willen eines Mannes, sondern aus Gott geboren (Joh. 1:9 bis 13). Gewaltige Erkenntnis oder Wirrwarr?

Wir erkennen in Johannes eine typische Sprache einer religiösen Verklärung, die sich später noch gewaltig steigern sollte.

Ein mit Vernunft ausgestatteter Mensch muss unweigerlich nachfragen, wer denn die aus Gott Geborenen sein sollten? Wahrscheinlich meint er damit die ehemaligen Begleiter.

Warum erwähnt Johannes nicht, dass Johannes der Täufer und Jesus nicht nur verwandt waren, sondern dass der Vater von Johannes sogar Priester war, das erklärte so manche Zusammenhänge!

Denn das „Gesetz" wurde durch Moses gegeben, die unverdiente Güte und die Wahrheit sind durch Jesus Christus gekommen (Joh. 1:17).

Die alten Schriften oder das „Gesetz" von Moses zeichnen sich nicht durch Güte und Wahrheit aus! Im Gegenteil, von maßloser Grausamkeit zeugen sie, und entsprechen nicht dem Wirken von Jesus!

Wie recht Johannes hier hat, wenn er sagt: „Das Gesetz wurde durch Moses gegeben."

Genau so war es, auch wenn Moses behauptete: Der Herr und Gott der Hebräer habe ihm diese damals am Berg von Sinai verkündet.

Auch wenn Jesus davon sprach, dass jedes Komma und jeder Punkt in den Gesetzen von Moses unveränderlich und richtig seien, so brachte er eine völlig neue Denkweise aus Gründen von Ethik und Moral, was in der Neuzeit, ohne göttliche Hilfe, zur Entwicklung von Menschenrechten führte.

Man kann am Wirken von Jesus sehen, dass er doch nicht bis ins Detail die alten Schriften kannte.

Es scheinen ihm die Schriftgelehrten deshalb auch überlegen gewesen zu sein, weshalb er eine zusätzliche Abneigung zu ihnen bekundete und damit die Feindschaft zu ihnen förderte.

Sprach Moses noch lustvoll von totschlagen, steinigen und pfählen, und vom Vernichten mit der Schärfe des Schwertes, sprach Jesus von Liebe, unverdienter Güte, ja sogar von Barmherzigkeit.

Das Wort „Barmherzigkeit" existierte bei Moses noch gar nicht.

Mit Jesus haben wir ein völlig neues und verändertes Bild von einem liebenden Gottvater!

Johannes der Täufer sprach: „Ich bin die Stimme jemandes, der in der Wildnis ruft: Macht den Weg Gottes gerade, so, wie Jesaja, der Prophet, gesagt hat."

Das klingt bei Johannes völlig anders, als bei den anderen Berichterstattern. Hier ist nicht davon die Rede, dass Johannes der Täufer selber in der Wildnis lebte und sich von Kleintieren ernährte.

Auch seine Taufe an Jesus klingt hier anders: Als er Jesus auf sich zukommen sah, sprach er: „Siehe, das Lamm Gottes, das die Sünden der Welt wegnimmt!" (Joh. 1:29/30)

Sollte Christus nicht der König der Juden werden, laut den angeblichen Prophezeiungen, und jetzt soll er die Sünden der Juden und danach die der ganzen Welt tragen?

Wenn sie Verwandte waren, dann hatte Johannes der Täufer gelogen, als er sagte: „Auch ich kannte ihn nicht, aber damit er in Israel offenbar gemacht werde, darum bin ich gekommen und habe im Wasser getauft."

Eine Halbwahrheit, denn er hatte andere zuvor und danach auch getauft und nicht nur Jesus.

„Ich sah den Geist wie eine Taube aus dem Himmel herabkommen, und er blieb auf ihm. Auch ich kannte ihn nicht, doch der Eine, der mich gesandt hat, um im Wasser zu taufen, sprach zu mir: Auf wen irgend du den Geist herabkommen und auf ihm bleiben siehst, dieser ist es, der in heiligem Geiste tauft." (Joh. 1:32/33) „Und ich habe gesehen, und ich habe Zeugnis abgelegt, dass dieser der Sohn Gottes ist." (Joh. 1:34).

Der in der Wildnis lebende und sich von Ungeziefer ernährende Johannes ist der weise Mensch, auf den die Welt gewartet hat, da er plötzlich göttliche Erleuchtungen hatte?

Großartig oder beschämend und unwürdig für einen Schöpfer des Himmels und der Erde!

Sie müssen sich doch gekannt haben, Johannes der Täufer als Sohn eines Priesters, und Jesus, wohl an die sechs Monate jünger, aber verwandt mit ihm, und nennt Johannes ihn umgehend Sohn Gottes!

Wurden den beiden schon in der Kindheit eigenartige Geschichten vom Vater des Johannes, dem Priester, erzählt, dass sie durch Träume, Prophezeiungen und Erscheinungen zu Höherem auserwählt seien?

Entwickelte sich hier langsam die Verwirklichung eines religiösen Planes, der noch nicht ganz festgelegt war?

Die Geschichte mit seinen Jüngern liest sich hier auch anders: Und die zwei Jünger (sie werden hier unmittelbar so genannt) hörten Jesus reden und folgten ihm.

„Rabbi, wo hältst du dich auf?", wurde er von ihnen gefragt. Für sie war er nur ein Lehrer.

„Kommt und ihr werdet es sehen."

Damit wurden Andreas und sein Bruder Simon Petrus zu seinen Jüngern (Joh. 1:37 bis 42).

Am nächsten Tag brach Jesus nach Galiläa auf und sah Philippus. Jesus sagte zu ihm: „Folge mir nach." Philippus fand Nathanael und sagte zu ihm: „Wir haben den gefunden, von dem

Moses und die Propheten geschrieben haben. Jesus den Sohn Josephs von Nazareth." (Joh. 1:43/45)

„Wahrlich, ich sage euch: Ihr werdet den Himmel aufgetan und die Engel Gottes zum Sohn des Menschen auf- und niedersteigen sehen." (Joh. 1:51) Wofür diente dieses leere Versprechen? Der Himmel befand sich damals in den Wolken und war auf Leitern erreichbar, doch keiner seiner Zuhörer hatte jemals einen regen Verkehr mit den Engeln auf den Leitern mitbekommen!

Nach drei Tagen fand eine Hochzeit in Kana statt. Jesus und seine Jünger waren auch eingeladen.

Als der Wein ausging, sagte Jesu Mutter zu ihm: „Sie haben keinen Wein." (Joh. 2:3)

Warum sollte sie ihren Sohn deswegen ansprechen? Erwartete sie von ihrem Sohn ein Wunder?

Jesus antwortete: „Was habe ich mit dir zu schaffen, Frau? Meine Stunde ist noch nicht gekommen." (Joh. 2:4) Wollte oder konnte er im Beisein seiner Mutter keine Wunder wirken?

Trotzdem ließ er sechs steinerne Wasserkrüge füllen und den Gästen servieren. Das Wasser war zu Wein geworden. Jesus tat dies als erstes Zeichen und machte seine Herrlichkeit offenbar; und seine Jünger glaubten an ihn (Joh. 2:6 bis 11).

Jesus machte dann aus Stricken eine Peitsche und vertrieb die Händler aus dem Tempel (Joh. 2:13 bis 17). Seine Jünger erinnerten sich daran, dass geschrieben stand: „Der Eifer um dein Haus wird mich verzehren." (Joh. 2:17)

Nirgends stand dies geschrieben und auch nicht, dass dies auf Jesus gemünzt war. Wundersam nahm man an, dass seine Jünger lesen konnten und die alten Schriften kannten!

In späteren Briefen wird zugegeben, dass sie des Lesens und Schreibens nicht kundig waren und deshalb Schreiber hatten.

Die Juden wollten ein Zeichen von ihm, da er diese Dinge tat. Worauf Jesus antwortete: „Brecht diesen Tempel ab und in drei Tagen will ich ihn aufrichten." (Joh. 2:18/19)

Dies konnte man bei den anderen Evangelisten nicht lesen, nur vor der Hinrichtung wurde Jesus damit konfrontiert und wurde deshalb auch verhöhnt (Mar. 15:29).

Die Jünger erinnerten sich nach seiner Auferstehung, dass er damit den Tempel seines Leibes gemeint hätte (Joh. 2:22). Es ginge ihm angeblich um die drei Tage bis zu seiner Auferstehung. Außerdem wollte er keine Wunder vor den Leuten vollbringen, die ihn kannten (Joh. 2:23/25).

Das würde einen Wunderheiler auch heute in gewisse Verlegenheit bringen.

Dies nun ist die Grundlage für das Gericht, dass das Licht in die Welt gekommen ist, aber die Menschen haben die Finsternis mehr geliebt als das Licht, denn ihre Werke waren böse (Joh. 3:19).

Eine unerträgliche pauschale Verurteilung, die bei gläubigen Menschen kein Ende findet.

So, wie die Priester ihren Mitmenschen seit Moses „Sünden" eingeredet haben, so hat auch Jesus sein Wirken danach ausgerichtet. Immerhin hatte er auch Kapanaum verdammt und verflucht.

Der Priesterstand hat zu allen Zeiten so gehandelt, damit ihre Ernährung und die Existenz für immer gesichert waren. Sie machten sich unentbehrlich, da es nach ihrer Sichtweise täglich Sünden gab.

Eigentlich ist es eine Beleidigung für einen Schöpfer, der Menschen geschaffen hatte, die aber andauernd „sündigen", da der Schöpfer nämlich unfähig und eventuell als Stümper zu bezeichnen wäre. Für den religiös gebildeten Menschen: Diese sogenannte Sündhaftigkeit kann nicht anders bewertet werden, als eine von Gott verursachte unvollkommene Schöpfung.

Hier, bei Johannes ist es der Diener des Königs, der Jesus bat, seinem Sohn zu helfen, da dieser im Sterben lag. Jesus sprach: „Geh hin, dein Sohn lebt." (Joh. 4:49/50).

So wie Johannes mit einer religiösen Verklärung begonnen hatte, genauso geht es weiter. Hier werden von ihm Gespräche wiedergegeben, so als ob er mit einem Notizblock dabei gewesen wäre.

Einige Beispiele der Verklärung: „Wahrlich ich sage euch: Die Stunde kommt, und sie ist jetzt, in der die Toten die Stimme des Sohnes Gottes hören werden, und die darauf geachtet haben, werden leben (Joh. 5:25).

Wundert euch nicht darüber, denn die Stunde kommt, in der alle, die in den Gedächtnisgrüften sind, seine Stimme hören (Joh. 5:28).

Wenn ich allein über mich Zeugnis ablege, so ist mein Zeugnis nicht wahr (Joh. 5:31).

Ich aber nehme nicht das Zeugnis von einem anderen Menschen an, sondern ich sage diese Dinge, damit ihr gerettet werdet (Joh. 5:34).

Auch hat der Vater selbst, der mich gesandt hat, Zeugnis über mich abgelegt. Und ihr habt sein Wort nicht bleibend in euch, denn gerade dem, den er gesandt hat, glaubt ihr nicht (Joh. 5:37/38).

Ich bin im Namen meines Vaters gekommen, doch ihr nehmt mich nicht auf; wenn jemand anders in seinem eigenen Namen käme, so würdet ihr diesen aufnehmen (Joh. 5:43)."

Pessimistische oder gekränkte Eitelkeit von Jesus, der die mangelhafte Wirkung seiner Worte sieht? Was sollte man über die Psyche eines Menschen sagen, der von sich so spricht und zweifelt? Einerseits wird erzählt, dass ihn immer das „ganze" Volk begleitete; und andererseits erzählt er von sich selbst, dass man ihm nicht glaubte.

War er für seine Zuhörer nur Prediger oder Wunderheiler oder hielten sie ihn für einen Scharlatan?

In der Tat, wenn ihr Moses glaubtet, denn jener schrieb über mich (Joh. 5:46).

Wo und wann Moses über ihn schrieb, bleibt Jesus schuldig zu erklären! Bei anderen Gelegenheiten kann man lesen, dass Jesaja und Jeremia alles vorhergesagt haben. Nun wird sogar Moses mit hineingezogen und alles zusammen ist sehr vage, sogar unglaubhaft.

Wundersame Brot- und Fischvermehrung für 5000 Männer (Joh. 6:10).

„Dieser ist bestimmt der Prophet, der in die Welt kommen soll", sagten die Menschen und wollten Jesus ergreifen, um ihn zum König zu machen. Daraufhin zog sich Jesus auf den Berg zurück.

Am Abend bestiegen seine Jünger ein Boot, um nach Kapanaum zu gelangen. Als ein starker Wind aufkam, sahen sie Jesus über das Meer schreiten, er kam zu ihnen ins Boot und brachte sie sicher nach Kapanaum (Joh. 6:14 bis 21).

Die Menschen wollten allzeit Brot von ihm und er sagte: „Ich bin das Brot des Lebens. Wer zu mir kommt und an mich glaubt, wird weder Hunger noch Durst leiden. Ihr habt mich sogar gesehen, und dennoch glaubt ihr nicht." (Joh. 6:35)

Die Juden begannen zu murren: „Ist dieser nicht Jesus, der Sohn des Joseph, dessen Vater und Mutter wir kennen? Wie kommt es, dass er nun sagt, er sei vom Himmel herabgekommen (Joh. 6:42)?

Jesus antwortete: „Wahrlich ich sage euch: Wer glaubt, hat ewiges Leben." (Joh. 6:47)

„Wer sich von meinem Fleisch nährt und mein Blut trinkt, hat ewiges Leben, und ich werde ihn am letzten Tage zur Auferstehung bringen." (Joh. 6:54)

Welcher Christ ist heute noch bereit, sich als Kannibale zu betätigen?

Auch die Jünger begannen zu murren (Joh. 6:61).

Später wird man aus seinem „letzten Tag" dann den „jüngsten Tag" machen!

Bei allen Fragen, die für Jesus etwas unangenehm wurden, antwortete er, dass nicht er, sondern sein Vater, der ihn geschickt habe, auch dafür zuständig sei (Joh. 6:57).

Deshalb wandten sich viele seiner Jünger von ihm ab und gingen nicht mehr mit ihm (Joh. 6:66).

Danach wanderte Jesus in Galiläa umher und nicht in Judäa, da ihn die Juden töten wollten.

Die einen sagten: „Er ist ein guter Mensch." Andere sagten: „Das ist er nicht, sondern er führt die Volksmenge in die Irre." (Joh. 7:1 und 7:12) „Warum sucht ihr mich zu töten?" (Joh.6:19)

Die Volksmenge antwortete ihm: „Du hast einen Dämon. Wer sucht dich zu töten?" (Joh. 7:20)

Johannes gelang es nicht, hiernach von Jesus eine vernünftige Antwort zu bekommen.

Infolgedessen suchten sie sich seiner zu bemächtigen, doch niemand legte Hand an, denn seine Stunde war noch nicht gekommen (Joh. 7:30).

„Wenn ich richte, so ist mein Gericht wahrhaftig, denn ich bin nicht allein, sondern mein Vater, der mich gesandt hat, ist bei mir." (Joh. 8:16)

Johannes schildert im Unterschied zu den anderen Evangelisten, dass sehr viele Fragen seiner Zuhörer für Jesus kritisch und negativ ausfielen. Man machte sich sogar Gedanken, ob Jesus vielleicht Selbstmord begehen wollte, da seine Worte nicht nachvollziehbar waren (Joh. 8:22).

„Ich weiß, dass ihr Nachkommen Abrahams seid; ihr aber sucht mich zu töten, weil mein Wort keine Fortschritte unter euch macht." (Joh. 8:37). Die Zuhörer glaubten seinen wirren Worten nicht!

„Wenn Gott euer Vater wäre, dann würdet ihr mich lieben." (Joh. 8:42)

„Wie kommt es, dass ihr nicht versteht, was ich rede?" (Joh. 8:43). Danach wird er beleidigend: „Ihr seid aus eurem Vater, dem Teufel, und nach den Begierden eures Vaters wünscht ihr zu tun."

„Wie kommt es, dass ihr mir nicht glaubt, wenn ich die Wahrheit sage?" (Joh. 8:44/46)

Die Juden sagten ihm: „Sagen wir nicht mit Recht: Du bist ein Samariter und hast einen Dämon?" (Joh. 8:48)

„Wahrlich ich sage euch: Wenn jemand mein Wort hält, wird er den Tod überhaupt nie sehen."

Die Juden sagten zu ihm (wie viele waren dies denn, oder sprachen sie im Chor?): „Du bist nicht größer als unser Vater Abraham, der gestorben ist? Wer zu sein, beanspruchst du?"

Jesus: „Wenn ich mich verherrliche, ist meine Herrlichkeit nichts. Mein Vater ist es, der mich verherrlicht, er, von dem ihr sagt, er sei euer Gott; und doch habt ihr ihn nicht erkannt. Abraham, euer Vater, freute sich sehr über die Aussicht, meinen Tag zu sehen, und er sah ihn und freute sich."

Die Juden: „Du bist noch nicht 50 Jahre alt (?) und dennoch hast du Abraham gesehen?"

Hier wird Jesus auf ein Alter von 50 Jahren eingeschätzt.

Jesus: „Wahrlich ich sage euch: Ehe Abraham ins Dasein kam, bin ich gewesen."

Darum hoben sie Steine auf um sie auf Jesus zu werfen, der den Tempel verließ (Joh. 8:52 bis59).

Es verwundert, wie detailliert und ohne religiöse Verherrlichung Johannes hier über Zank und Streit berichtet. Es rundet sich ein Bild, wie Jesus mit seiner neuen Lehre aneckte, um sich als Vermittler zwischen sich und seinem liebenden Vater, einem lieben Gott im Himmel, darzustellen.

Jesus ging an einem Menschen vorüber, der von Geburt an blind war. Seine Jünger fragten: „Rabbi, wer hat gesündigt, dieser oder seine Eltern, sodass er blind geboren wurde?"

Jesus: „Weder er noch seine Eltern, sondern es ist geschehen, damit die Werke Gottes in einem Fall kundgemacht wurden." (Joh. 9:1/3).

Dann spie er auf die Erde und machte mit dem Speichel einen Brei und legte ihn auf die Augen des Mannes und sagte zu ihm: „Geh, wasche dich im Teich von Siloam."

Und so ging er hin und kam sehend zurück. (Joh. 9:6/7)

Da reichten nicht gut gemeinte Worte, hier bedurfte das Wunder schon Spucke und Lehm.

Käme er nicht geheilt zurück, dann wäre die Antwort des Heilers gewesen: „Dein Glaube an ein Wunder war eben nicht vorhanden." Also glauben musste man schon an ein Wunder.

Jesus predigte ohne Unterlass, und konnte seine Zuhörer nicht überzeugen, trotz Wundertaten und dem Versprechen, dass der, der an ihn glaubt, ewiges Leben haben werde.

So ein Versprechen kostete nichts und musste nicht bewiesen werden.

Wegen seiner Worte entstand eine Spaltung unter den Juden (Joh. 10:19). Viele von ihnen sagten: „Er hat einen Dämon und ist wahnsinnig. Warum hört ihr ihm zu?" (Joh. 10:20) Nochmals hoben die Juden Steine auf, um ihn zu steinigen (Joh. 10:31).

Die Juden antworten ihm: „Wir steinigen dich nicht wegen eines vortrefflichen Werkes, sondern wegen Lästerung, ja, weil du ein Mensch bist, dich selbst zu einem Gott machst." (Joh. 10:33)

Lazarus war erkrankt, worauf Jesus sagte: „Der Zweck dieser Krankheit ist nicht der Tod, sondern die Verherrlichung Gottes, damit der Sohn Gottes durch sie Verherrlicht werde." (Joh. 11:4) Jesus brach in Tränen aus, als er erfuhr, dass Lazarus verstorben war (Joh. 11:35).

An seiner Gruft rief er: „Lazarus komm heraus!" Und Lazarus, der tot gewesen war, kam heraus, seine Hände und Füße mit Binden umwickelt, und sein Angesicht war mit einem Tuch verbunden (Joh. 11:43/44). Bei einer solchen Erscheinung würde man heute von einem Zombie sprechen.

Warum weinte Jesus vorher, er hatte doch die Absicht, ihn wieder zum Leben zu erwecken?

Wie lange hat Lazarus nach seiner Erweckung dann noch gelebt?

Es gab nie eine Nachfrage, denn das Wunder hätte dann an Wert verloren.

Zum Passah war eine große Volksmenge nach Jerusalem gekommen, und als sie hörten, dass Jesus komme, nahmen sie Palmzweige und gingen ihm entgegen (Joh. 12:12).

Als Jesus auf einem Esel geritten kam, riefen sie: „Rette, bitte! Gesegnet ist der, der im Namen Gottes kommt, ja, der König von Israel!" (Joh. 12:13) Wie viele riefen hier im Chor?

Jesus: „Das Wort wird ihn richten am letzten Tag." (Joh. 12:48) Ach ja, nach dem „letzten" Tag kommt dann später der Jüngste Tag. Im Verlaufe des Abendmahles (hier nicht näher erklärt; wann und wo), goss Jesus Wasser in ein Becken und fing an, seinen Jüngern die Füße zu waschen. „Wenn ich euch die Füße wasche, dann deshalb, damit auch ihr verpflichtet seid es den anderen zu tun."

„Ich sage euch: Ein Sklave ist nicht größer als sein Herr, noch ist ein Abgesandter größer als der, der ihn gesandt hat."

Er macht zwischen sich und dem Vater einen Unterschied; gleich danach wird er sagen, dass der Herr und er die gleiche Person sind (Joh. 14:9/10).

Er setzt Sklaven und Herren in Gleichwertigkeit, spricht sich aber nicht gegen Sklaverei aus.

Als sie nun zu Tisch lagen, wollten die Jünger wissen, wer ihn verraten werde. Nachdem er einen Bissen eingetaucht hatte, gab er ihn Judas. Und nach dem Bissen fuhr der Satan in diesen, und dann ging Judas, der auch die Kasse führte, sogleich hinaus in die Nacht. (Joh. 13:21 bis 30).

Warum inszenierte Jesus gegen sich einen Verrat, wobei er sogar über den Teufel verfügte?

Philippus sagte zu Jesus: „Herr zeige uns den Vater."

„Die Dinge, die ich zu euch spreche, rede ich nicht aus mir selbst; sondern der Vater, der in Gemeinschaft mit mir bleibt, tut seine Werke", antwortete Jesus. (Joh. 14:9/10)

Ein Gott opfert seinen Sohn, also einen Teil der Göttlichkeit, um seine missratene Schöpfung zu korrigieren oder nur, um sie zu seiner Verherrlichung zu verpflichten?

Später werden wir lesen, Jesus nahm durch seinen Opfertod hinweg die Sünden der Welt.

Von wegen, denn dann wären die Priester längst überflüssig und eine Einnahmequelle entfallen.

So geht das nicht, denn bis heute hat sich aus vielfachen Gründen der Priesterstand gehalten.

Es folgt ein umfangreicher Monolog an seine Jüngern, oder auch eine letzte Belehrung.

Das Wort Liebe kommt nun am laufenden Band.

„Es ist zu eurem Nutzen, wenn ich weggehe. Denn, wenn ich nicht weggehe, wird der Helfer keinesfalls kommen; wenn ich aber hingehe, will ich ihn zu euch senden (Joh. 16:7).

Und wenn dieser gekommen ist, wird er der Welt überzeugende Beweise hinsichtlich Sünde, Gerechtigkeit und Gericht geben, weil man nicht Glauben an mich ausübt (Joh. 16:9)."

Konnte er seine Mitmenschen nicht davon überzeugen, dass sein Vater da oben im Himmel war?

Zu den Jüngern: „Ich habe euch Dinge gesagt, damit ihr durch mich Frieden habet. In der Welt habt ihr Drangsal, doch fasst Mut! Ich habe die Welt besiegt." (Joh. 16:33)

Spricht er hier als Gottessohn oder nur als Mensch? Warum sollte Gott die Welt besiegen?

Der Berichterstatter Johannes steigert sich hier nun wieder in seine religiöse Verklärung, indem er einen umfangreichen Monolog von Jesus wiedergibt (Joh. 15:1 bis 17:26).

„Jener wird mich verherrlichen, denn er wird von dem Meinigen empfangen und wird es euch verkünden." (Joh. 15:14) Hat es ein Schöpfer nötig, seinen Sohn zu verherrlichen?

Es ist anzunehmen, selbst wenn Johannes nach dem Tode von Jesus sich in religiöse Höhen verstieg, dass er von Jesus dennoch alles so oder in so ähnlicher Form gehört hat.

„Wenn ich nicht gekommen wäre und zu ihnen geredet hätte, so hätten sie keine Sünde; jetzt aber haben sie keine Entschuldigung für ihre Sünde." (Joh. 15:22)

„Wenn ich unter ihnen nicht die Werke getan hätte, so hätten sie keine Sünde; jetzt aber haben sie sowohl mich als auch meinen Vater gesehen und gehasst." (Joh.15:24)

„Damit das Wort erfüllt werde, das in ihrem „Gesetz" geschrieben steht: „Sie haben mich ohne Ursache gehasst." (Joh. 15:25) Also, das stand in keinem Gesetz geschrieben.

Und dann weiß Johannes ganz genau die Worte von Jesus zu wiederholen, der seine Augen dabei zum Himmel erhob (man ist noch immer beim Passahfest in einem Raum): „Vater, die Stunde ist gekommen; verherrliche deinen Sohn, damit dein Sohn dich verherrliche." (Joh. 17:1) „Ich habe deinen Namen den Menschen kundgemacht, die du mir aus der Welt gegeben hast, und sie haben dein Wort gehalten." (Joh. 17:6)

„Ich bitte sie betreffend; nicht hinsichtlich der Welt bitte ich, sondern hinsichtlich derer, die du mir gegeben hast; denn sie sind dein, und alles was dein ist, ist mein, und ich bin unter ihnen verherrlicht worden." (Joh. 17:9/10)

„Ich habe ihnen dein Wort gegeben, doch die Welt hat sie gehasst, weil sie kein Teil der Welt sind, so, wie ich kein Teil der Welt bin." (Joh. 17:14) Kreislauf und Worthülsen in Irrealität?

„Vater, ich wünsche, dass auch sie bei mir sind, damit sie meine Herrlichkeit schauen, die du mir gegeben hast, weil du mich vor der Grundlegung der Welt geliebt hast." (Joh. 17:24)

„Gerechter Vater, die Welt hat dich in der Tat nicht erkannt; ich aber habe dich erkannt, und diese haben erkannt, dass du mich ausgesandt hast." (Joh. 17:25) Wirre Formulierung ohne Inhalt!

„Und ich habe ihnen deinen Namen bekanntgegeben, damit die Liebe, mit der du mich geliebt hast, in ihnen sei und ich in Gemeinschaft mit ihnen." (Joh. 17:26)

Versteigert sich Jesus hier in einen religiösen Wahn, oder liegt es an Johannes, dem Berichterstatter?

Man kann sich des Eindruckes nicht erwehren, dass Jesus die Rolle eines Erlösers oder Christus nicht glaubhaft vermitteln konnte und damit eigentlich nur Unglauben erntete.

Danach gingen sie hinaus, über den Winterwildbach Kidron, wo ein Garten war, in den seine Jünger und er eintraten (Joh. 18:1). Judas mit einer Abteilung Soldaten und Beamte von den Oberpriestern und von den Pharisäern kamen mit Fackeln und Lampen dorthin (Joh. 18:2). Bei Johannes war es hier der Ölberg, wo sich die Szene abspielte, und auch von einem Kuss des Judas ist nicht die Rede. Wohl aber hieb Petrus, Malchus, dem Sklaven des Oberpriesters ein Ohr ab. Es wird aber nicht von einem christlichen Wunder über die Heilung des Ohres erzählt!

Haben die anderen Evangelisten hier übertrieben mit dem Kuss und einem Wunder?

Waren seine Jünger bewaffnet? Ist dies unwichtig für einen friedfertigen Gläubigen?

Kein Jude betrat den Palast des Stadthalters, damit sie sich nicht verunreinigten, sondern das Passah essen könnten. Weil niemand dabei war, wird das Gespräch mit Kaiphas, dem Stadthalter auch unterschiedlich erzählt. Pilatus konnte keine Schuld an Jesus erkennen, weshalb er ihn den Juden zurückgeben wollte, damit sie ihn nach ihren Gesetzen richten.

„Uns ist nicht erlaubt, jemanden zu töten", sagten die Juden (Joh. 18:31).

Pilatus fragte danach Jesus: „Bist du der König der Juden?" (Joh. 18:33)

Jesus antwortete: „Mein Königreich ist kein Teil dieser Welt." (Joh. 18:36)

„Nun denn, bist du ein König?", fragte Pilatus nochmal.

„Du selbst sagst, dass ich ein König bin. Dazu bin ich geboren worden und in die Welt gekommen, damit ich für die Wahrheit Zeugnis ablege. Jeder, der auf der Seite der Wahrheit ist, hört auf meine Stimme." (Joh. 18:37)

Pilatus fragte: „Was ist die Wahrheit?" Konnte Jesus die Frage nicht beantworten?

Dann ging er wieder zu den Juden hinaus: „Ich finde keine Schuld an ihm" und bot ihnen an, einen Menschen freizugeben, wie es zu Passah üblich war. Sie wollten aber Barabbas, den Räuber.

Es ist erstaunlich, dass das Gespräch so genau bekannt ist, da doch kein Jude zugegen war!

Dann flochten die Soldaten eine Krone aus Dornen und geißelten ihn (Joh. 19:1).

Der Oberpriester verlangte aber: „An den Pfahl mit ihm!"

Pilatus: „Nehmt ihn selber und bringt ihn an den Pfahl, denn ich finde keine Schuld an ihm."

Die Juden antworteten (man sprach wieder im Chor): „Wir haben ein Gesetz, und nach dem Gesetz muss er sterben, denn er hat sich zu Gottes Sohn gemacht." (Joh. 19:7)

„Jeder, der sich selber zum König macht, redet wider Caesar", schrien die Juden.

Und selbst den Marterpfahl tragend, ging es hinaus zur sogenannten Schädelstätte, die auf Hebräisch Golgatha genannt wird (Joh. 19:17). Kein Wort von einem Simon von Kyrene, der für ihn den Pfahl angeblich getragen hat. Zwei andere Männer wurden mit ihm an den Pfahl gebracht. Pilatus ließ eine Tafel am Pfahl von Jesus anbringen: Jesus von Nazareth, der König der Juden auf Hebräisch, Lateinisch und Griechisch (Joh. 19:20). Keine sachliche Übereinstimmung mit den anderen Evangelisten!

Beim Marterpfahl standen seine Mutter und die Schwester seiner Mutter; Maria, die Frau des Klopas, und Maria Magdalena. Als nun Jesus seine Mutter und den Jünger dabeistehen sah, den er liebte (wer war der Jünger, den er liebte, von dem bislang nichts gesagt wurde?), sagte er zu seiner Mutter: „Frau, siehe! Dein Sohn." (Joh. 19:26)

Darauf sprach er zum Jünger: „Siehe! Deine Mutter!" Und von jener Stunde an nahm der Jünger sie in sein eigenes Heim (Joh. 19:27).

Damit sich das Schriftwort erfülle, sprach Jesus: „Mich dürstet." Worauf man einen Schwamm mit saurem Wein an seinen Mund brachte (Joh. 19:29). Wer hatte das Getränk vorbereitet?

Letzte Worte von Jesus waren: „Es ist vollbracht!" Sein Haupt neigend übergab er seinen Geist.

Den Beiden links und rechts wurden die Knochen gebrochen, da aber Jesus schon tot war, stieß ihm ein Soldat einen Speer in die Seite (Joh. 19:31/34).

In der Tat, die Dinge sind geschehen, damit das Schriftwort erfüllt werde: „Kein Knochen von ihm wird zermalmt werden." Und noch ein Schriftwort sagt: „Sie werden zu dem Einen aufschauen, den sie durchstochen haben." (Joh. 19:36/37)

Beim Tode von Jesus gibt es bei Johannes kein Erdbeben und keinen zerrissenen Vorhang an der Synagoge, und auch keine Toten kamen aus den Grüften, um in der Stadt umherzugehen.

Joseph von Arimathia, der ein Jünger Jesu war, bat Pilatus, den Leib Jesu wegnehmen zu dürfen.

In der Nähe befand sich in einem Garten eine Gedächtnisgruft, in die noch nie jemand gelegt worden war (Joh. 19:38/41).

Am ersten Tag der nächsten Woche kam Maria Magdalena, als es in der Frühe noch dunkel war, zur Gedächtnisgruft und sah den Stein bereits weggenommen. Daher lief sie zu Simon Petrus und zu den anderen Jüngern und sagte zu ihnen: „Sie haben den Herrn aus der Gedächtnisgruft weggenommen, und wir wissen nicht, wo sie ihn hingelegt haben." (Joh. 20:1/2)

Warum „wir", wenn doch Maria Magdalena alleine war in der Dunkelheit, die mutige Frau.

Sie fanden nur die Binden und das Tuch, das auf seinem Haupt war, nur Jesus fanden sie nicht vor.

Sie verstanden das Schriftwort noch nicht, dass er von den Toten auferstehen müsse. So kehrten die Jünger zu ihren Häusern zurück (Joh. 20:3/9).

Maria blieb in der Nähe der Gruft und sah zwei Engel in Weiß dasitzen und sagten zu ihr: „Frau, warum weinst du?"

Maria: „Sie haben meinen Herrn weggenommen, und ich weiß nicht, wo sie ihn hingelegt haben."

Als sie sich umdrehte, stand Jesus da. Sie dachte, es sei der Gärtner, der sie auch fragte: „Frau, warum weinst du? Wen suchst du?" Warum erkannte sie die Stimme von Jesus nicht?

„Herr, wenn du ihn weggetragen hast, so sage mir, wohin du ihn gelegt hast, und ich will ihn wegnehmen." (Joh. 20:11 bis 15)

Jesus sagte zu ihr: „Maria höre auf, dich an mich zu klammern (oder rühre mich nicht an).

Denn ich bin noch nicht zu meinem Vater aufgefahren. Geh jedoch zu meinen Brüdern und sage ihnen: Ich fahre auf zu meinem Vater und zu eurem Vater und zu meinem Gott und zu eurem Gott." (Joh. 20:17)

Maria Magdalena brachte den Jüngern die Botschaft: „Ich habe den Herrn gesehen." (Joh. 20:18)

Aus Furcht vor den Juden hatten sich die Jünger eingeschlossen. Plötzlich stand Jesus in ihrer Mitte und sagte zu ihnen: „Friede euch!" Und er zeigte seine Hände und seine Seite. Und nachdem er sie angehaucht hatte, sagte er: „Empfangt den heiligen Geist. Wenn ihr irgendwelchen Personen die Sünden vergebt, so sind sie ihnen vergeben; wenn ihr die von irgendwelchen Personen behaltet, so sind sie behalten." (Joh. 20:19 bis 23)

Nach diesen Dingen machte sich Jesus selbst den Jüngern am Meer von Tiberias offenbar.

Jesus stand am Strand, sie erkannten ihn aber nicht, und sprach zu ihnen: „Kinder, habt ihr nichts zu essen?" Nachdem sie verneinten, riet er ihnen, das Netz auf die rechte Seite des Bootes auszuwerfen. Sie fingen so viele Fische, dass das Boot zu kentern drohte. Als sie zum Strand kamen, konnten sie mit dem Herrn frühstücken. Es war das dritte Mal, dass er ihnen nach seiner Auferstehung erschienen war (Joh. 21:1 bis 14). Die Geschichte vom Fischfang kennen wir schon von einem anderen Evangelisten, da lebte Jesus aber noch.

Als sie nun gefrühstückt hatten, sprach Jesus zu Simon Petrus: „Simon, Sohn des Johannes, liebst du mich mehr als diese?" Wen meinte er mit „diese?" Und er wiederholte die Frage dreimal.

Jedes Mal sagte ihm Jesus: „Weide meine Lämmer." (Joh. 21:15/18) Nur, wer spielt denn heute noch gerne Schaf, das allerdings leicht zu lenken oder zu regieren ist? Von einem gemeinsamen Frühstück nach dem Tode Jesu berichtete kein anderer Evangelist.

Johannes hält sich sehr zurück, wenn es um übernatürliche Wunder geht, die Jesus vollbracht haben soll. Wenn man vom Erwecken von Verstorbenen einmal absieht, die dann auch irgendwann später gestorben sein müssen, wäre dieses Wunder nur sehr wenigen Menschen widerfahren. Irgendwie stimmt dies nicht mit einem allgemeinen Gerechtigkeitssinn überein, wenn nur den Menschen wundersame Heilung zuteilwerden konnte, die Jesus gerade über den Weg liefen.

Nur, eine wichtige Frage ergibt sich zwangsläufig: Warum wurden diese Geschichten von Johannes erst 60 oder sogar 70 Jahre später geschrieben? Hatte er eher keinen Schreiber gefunden?

Man muss das Neue Testament sehr beeindruckend finden, da hier im Unterschied zum Alten Testament sehr oft und immer wieder von Liebe gesprochen wird, die Jesus selbst bei seinem Vater im Himmel gesucht hat, vielleicht auch aus Mangel daran in seinem irdischen Dasein?

Es sieht eher danach aus, dass Jesus durch Erzählungen von seinem verwandten Sacharja, dem Priester und Vater von Johannes dem Täufer (Luk. 1:48), der seinem eigenen Sohn, und dann für Jesus besser passend, eine gewisse Besonderheit eingeredet wurde, aus der er eventuell unter Zugzwang oder eigener Überzeugung etwas machen wollte.

Nachdem er die Führerschaft über ein Königreich der Juden, die ihm angeblich vorhergesagt worden war, als nicht möglich erkannte, auch wegen der übermächtigen römischen Besatzung, sah Jesus seine Besonderheit im religiösen Wirken mit einem liebenden Vater im Himmel, und nicht mehr in einem Herrn mit Gewalt ausübenden und strafenden, himmlischen Heerscharen.

Außerdem gelang es ihm nicht, eine etwaige Armee hinter sich zu bringen, sondern nur, zwölf auserwählte Jünger als seine Begleiter zu motivieren. Der Erfolg seines Wirkens wurde aber erst nach seinem Ableben durch Erzählungen von göttlichen Wundern und Glorifizierung erreicht.

Das Christentum etablierte sich als Humanitäts-Gedanke, der leider von der verantwortlichen Kirche nicht immer und richtig wahrgenommen oder vorgelebt wurde. Man orientierte sich oft an Moses.

Wer regiert, kann Fehler machen, und wer lange regiert, kann noch viel mehr Fehler machen.

Einmal die Macht in den Händen verleitet auch dazu, sie einzusetzen, um sie nicht zu verlieren.

Seit Moses beschritt Jesus nach einer Jahrtausende alten Tradition einen neuen Weg, bei dem vor allem eine etablierte Priesterschaft, die bislang daraus Nutzen gezogen hatte, verstärkt als seine Gegner auftreten musste. Durch das provokative Wirken von

Jesus verstärkten sich die Bemühungen, ihn zum Schweigen zu bringen. Durch seinen Tod wollte man auch eine weitere Entwicklung seiner neuen und wirren Ideen vermeiden.

Wie wir wissen, auch wenn es Jahrhunderte oder Jahrtausende dauerte, war auch sein Wirken nur eine Zwischenstation, was wir Entwicklung nennen, die auch heute noch nicht zum Stillstand gekommen ist. Wir sehen unter anderem Revolutionen unter dem Slogan: Freiheit, Gleichheit und Brüderlichkeit, oder auch Reformationen, die zu weiteren religiösen Neuausrichtungen führten.

Und ein liebender Gott hat alle Entwicklungen geschehen lassen und wird sie auch in Zukunft geschehen lassen und dies vielleicht zum Nutzen oder auch zum Schaden der ganzen Menschheit.

Ein Beweis dafür, dass ein Nachdenken nicht nur unser Recht, sondern sogar unsere Pflicht sein muss, da eine Lösung der bereits bestehenden Probleme in einer Zukunft ohne Verstand oder ohne Umdenken nicht mehr möglich ist. Auf göttliche Hilfe wird man vergeblich warten.

Selbst einem tief religiös gebundenen Menschen kann hier keine Alternative einfallen, und er muss sich langsam auf humanistische Werte einstellen, um in einer von Waffen strotzenden Welt bestehen zu können. Wer sich einfach auf einen Gott verlassen möchte, der wird verlassen sein!

Damit wird unsere Eigenverantwortlichkeit seit der Vertreibung aus dem Paradies unübersehbar.

Das Paradies, das es nie gegeben hat und nie geben wird, weder im Leben noch nach dem Tode, war nur der erste und größte utopische Traum in der Menschheitsgeschichte.

Erst heute wissen wir, wie unerbittlich in der Tierwelt oft auf Leben und Tod um Brutplätze, Vorherrschaft in einem Rudel oder in ihrem Revier um die tägliche Nahrung gekämpft werden muss. Der Mensch, der hier ebenfalls einst mit seinem Körper als Nahrungsquelle diente, konnte nur froh und glücklich darüber sein, aus jenem Paradies „vertrieben" worden zu sein, oder es auch freiwillig verlassen zu haben. Leider bekam er viel zu wenig vom Baum der Erkenntnis vor dem Verlassen ab. So sind alle Nachkommen von Adam genötigt. in die Schule zu gehen und zu lernen, damit sie die Höhe und die Entwicklungen unserer Zeit erreichen.

Von einem göttlichen Ebenbild ist vor allem in der geistigen Entwicklung nichts zu erkennen, und deshalb ist ein Vergleich mit einer allwissenden Gottheit beschämend.

Nachdem unsere Vorfahren erkannt hatten, dass paradiesische Ideen auf dieser Erde wohl nicht zu verwirklichen sind, verlegte man dieses bei Sündenfreiheit nach dem Ableben ins Jenseits.

Man sieht, wie wandelbar und flexibel und ohne zusätzliche Kosten die Religion ist.

Es ist alles kein Beinbruch, denn es geht hier einfach nur um glauben oder nicht glauben, was der religiöse Mensch allerdings als Bedingung für seine ewige Glückseligkeit ansieht.

Und Menschen in der ganzen Welt haben hier ihre individuellen Ansichten und Auslegungen, und das wird auch in Zukunft so bleiben, da die Religion bei jedem Volk oder jeder Nation ein Bestandteil ihrer Kultur ist. Neben dem Christentum haben auch alle anderen Religionen festen Bestand bei anderen Völkern.

Apostelgeschichte
(angeblich von Lukas ca. 60 n.Ch. in Rom geschrieben)

Zweiter Bericht an Theophilus, er gibt Gespräche zwischen dem auferstandenen Jesus und seinen Jüngern wieder: „Herr, stellst du in dieser Zeit für Israel das Königreich wieder her?"

Jesus: „Es ist nicht eure Sache, über die Zeiten oder Zeitabschnitte Kenntnis zu erlangen, die der Vater in seine eigene Rechtsgewalt gesetzt hat, aber ihr werdet Kraft empfangen, wenn der Heilige Geist auf euch gekommen ist, und ihr werdet Zeugen von mir sein sowohl in Jerusalem als auch in ganz Judäa und Samaria und bis zum entferntesten Teil der Erde." (Apg. 1:6/8) Nachdem er diese Dinge gesagt hatte, wurde er emporgehoben, während sie zuschauten, und eine Wolke nahm ihn auf, von ihren Augen hinweg (Apg. 1:9). Standen sie wieder im Freien? Da standen zwei Männer in weißer Kleidung neben ihnen, und sie sprachen: „Männer von Galiläa, warum steht ihr da und schaut zum Himmel empor? Dieser Jesus, der von euch weg in den Himmel aufgenommen worden ist, wird so kommen, wie ihr ihn in den Himmel habt gehen sehen." (Apg. 1:11) Nachdem alles noch für jene Generation geschehen sollte, war diese Vorhersage rundweg falsch!

Es bedurfte einer Tagesreise, um von Jerusalem zum Ölberg zu kommen (Apg. 1:12).

Wir haben aber vorher bei Lukas gelesen, dass sich Jesus hier nachts versteckte, um am Tage in der Synagoge zu predigen (Luk. 22:39). Das passt dann mit einer Tagesreise nicht ganz zusammen, aber es passt so viel nicht zusammen, was in orientalischen Erzählungen nicht überrascht.

Der Heilige Geist, durch den Mund Davids über Judas vorhergesagt: „Dieser nun erwarb sich mit Lohn für Ungerechtigkeit ein Feld, und kopfüber stürzend, barst er krachend mitten entzwei, und alle seine Eingeweide wurden verschüttet." (Apg. 1:18) Etwas lächerlich, wenn dies unzusammenhängend auf Judas den Verräter passen sollte.

Anscheinend hat sich Jesus auf solche oder so ähnliche Vorhersagen verlassen und durfte sich dann nicht wundern, dass er sich von da oben verlassen und im Stich gelassen fand.

Wie alle angeblichen Vorhersagen wird auch diese an den Haaren herbeigezogen, damit man sagen konnte, alles war so von Gott geplant und stand bereits in den heiligen Schriften der Propheten.

Da Judas an seinen eigenen Ort gegangen war, wurde per Los Matthias zu den elf Aposteln zugezählt (Apg. 1:26). Der eigene Ort ist eine schöne Umschreibung, nur weil Jesus ihn zum Verrat angestiftet hatte. Waren sie danach nicht glücklich an einem gleichen Ort angekommen?

Während nun der Tag des Pfingstfestes seinen Verlauf nahm, entstand vom Himmel her ein Geräusch wie das einer gewaltigen Brise, und es erfüllte das ganze Haus, in dem sie saßen.

Und Zungen wie von Feuer wurden sichtbar und verteilten sich auf jeden von ihnen (Apg. 2:1/3).

Und sie alle wurden erfüllt vom heiligen Geist und fingen an, in verschiedenen Zungen zu reden, so, wie der Geist ihnen gewährte, sich zu äußern (Apg. 2:4).

Davon haben die vier Evangelisten vorher nichts berichtet, auch nicht von dem, was noch folgt: Nachdem es deshalb einen Massenauflauf gab, stand Petrus auf und sprach: „Und in den letzten Tagen spricht Gott: ,werde ich etwas von meinem Geiste auf Fleisch von jeder Art ausgießen, und eure Söhne und Töchter werden prophezeien, und eure jungen Männer werden Visionen sehen, und eure alten Männer werden Träume haben; und sogar auf meine Sklaven und auf meine Sklavinnen will ich in jenen Tagen etwas von meinem Geist ausgießen, und sie werden prophezeien. Und ich will Wunder hervorbringen im Himmel droben und Zeichen auf der Erde unten, Blut und Feuer und Rauchdunst; die Sonne wird in Finsternis verwandelt werden und der Mond in Blut, ehe der große Tag Gottes gekommen sein wird'." (Apg. 2: 17/20). Oh Schreck lass nach! Wem sollte denn so ein Schauspiel dienen? Laut Petrus hat Gott so gesprochen.

Warum war ein Massenauflauf nötig, man befand sich doch in einem Haus?

Außerdem ist alles längst überholt, denn die Sklaverei hat sich ohne göttlichen Eingriff erledigt.

Interessant: So spricht also Gott über seinen „Tag" und über sich selbst und zu einem Menschen.

Nichts von alledem wurde bis heute umgesetzt, was bereits zu jener Generation geschehen sollte, so warten wir seit Generationen weiterhin darauf, oder sollte man aus lauter Angst darauf verzichten?

Wofür auch, wer anständig lebt, hat keinen Rachegott zu befürchten, und so anständig, wie die von einem Gott geschaffenen Kreaturen im Paradies, sind wir allemal auch ohne göttliche Vorgaben.

Es braucht sich heute auch kein Prophet mehr mit beschwörenden Gesten hinzustellen und zu sagen: „Wahrlich, ich sage euch ... ", denn seit die Menschheit die Atomwaffen besitzt, glauben wir nicht, sondern wir wissen, was unser Schicksal sein kann.

Nicht Sodom und Gomorra, als göttliches Strafgericht, sondern Hiroshima und Nagasaki sind geschichtlich verbürgt und eine neue unvorstellbare latente Bedrohung für die ganze Menschheit.

Hatte es Theophilus nötig, dass er in einem Schreiben von Lukas umfangreich belehrt wurde, oder sollte hier gezielt eine breite Leserschaft angesprochen werden?

Hat es die göttliche Schöpfung nötig, von religiösen Wirrköpfen belehrt zu werden?

Die Frage nach der Fähigkeit, lesen und schreiben zu können, ist voll berechtigt:

Als sie nun den Freimut des Petrus und Johannes sahen und bemerkten, dass sie ungeschult und gewöhnliche Menschen waren, wunderten sie sich (Apg. 2:13). Ein freimütiges Eingeständnis!

Eine Predigt von Petrus (berichtet von Lukas): „In der Tat, Moses hat gesagt: Einen Propheten gleich mir wird euch der Herr aus eurer Mitte eurer Brüder erwecken. Auf ihn sollt ihr hören gemäß all den Dingen, die er zu euch redet (Apg. 3:22)." Gerade auf Moses sollte man sich nicht berufen!

„Wahrlich, jede Seele, die auf jenen Propheten nicht hört, wird aus der Mitte des Volkes ausgerottet werden." (Apg. 3:23) Unrealistische Aussage von religiösen Querulanten und Besserwissern!

Nein, so war das nicht, denn alle Anhänger von Jesus wurden vertrieben und ernährten sich bei anderen Völkern und niemand wurde damals ausgerottet.

Das ganze Volk hat nicht auf Jesus gehört und wurde dennoch nicht ausgerottet, bis heute nicht.

Hatte Moses, der nie als Prophet tituliert wurde, jemals „wahrlich" verwendet? Nein!

Wurde Jesus aus der Mitte gewisser Brüder erweckt? Nein, er hatte sich die Brüder ausgesucht!

Mit Hilfe des „Heiligen Geistes" von einer Jungfrau geboren, brauchte er keine Erweckung.

Selbst, wenn man den Sohn Gottes in die Reihe der Propheten einordnet, wie Lukas hier darlegt, wurden jene, die ihm nicht glaubten, weder ausgerottet, noch wurde einem ein Haar gekrümmt.

Die Könige der Erde standen auf, und die Herrscher rotteten sich wie ein Mann gegen Gott und seinen „Gesalbten" (Apg. 4:26)? Wie? Wo? Wann? Warum? Im nächsten Jahrtausend?

Unvermittelt wird ein neues Wort, ein neuer Begriff eingeführt: „gesalbt"!

Kein Mensch hat bisher von einer Salbung gesprochen; es wird neu eingeführt und ohne weitere Nachfrage einfach beibehalten. Es gibt viele Erfindungen und Verbesserungen im Laufe der Zeit.

Ursprünglich wurden Schlachtopfer vom sündhaften Volk dargebracht, zum Wohlgeruch des Herrn. Dann wurde auch „beten" eingeführt, und von Jesus wurde dem unwissenden Volke erstmals sogar das „Gebet" beigebracht. Verbesserungen zum Wohle priesterlichen Geldverdienens.

Gewiss hatten schon die Schamanen voneinander abgeschaut, um die eigene Technik zu verbessern. Wundersame Dinge geschahen, da die Apostel die Macht vom Heiligen Geist erhalten hatten.

Gläubige, die von den Aposteln von Jesus Christus überzeugt wurden, verkauften ihr Eigentum und legten es zu Füßen der Apostel nieder. (Apg. 4:32/35).

Ein gewisser Mann namens Ananias verkaufte zusammen mit seiner Frau ein Besitztum, sie brachten aber nur einen Teil zu den Aposteln. Petrus erklärte ihm, dass er nicht die Apostel, sondern Gott betrogen habe. Als Ananias dies hörte, fiel er nieder und verstarb. Nach drei Stunden geschah mit seiner Frau das Gleiche, weshalb große Furcht über die Versammlung kam. (Apg.5:1 bis 11).

Die Apostel wurden Schritt für Schritt zu den neuen Priestern und wer sie betrügt, betrügt Gott!

Wenn ein Bürger nicht schamlos alles gibt, dann hat er sogar mit dem Tode zu rechnen. Gewiss ein ekelhaftes und extrem anmaßendes Gleichnis, das wir heute einem Heiligen nicht mehr zugestehen.

Schon Moses predigte auf derselben Ebene, als es noch um das Schlachtopfer ging, das von besonderer Qualität sein musste und das nur die Priester verzehren durften.

Wie viele Menschen vermachen auch bis in die Gegenwart ihr Vermögen der Kirche, deren verschleierter Reichtum bereits unermesslich scheint. Aber so Gott will, muss es so sein.

Die Kranken wurden auf die breite Straße herausgebracht, damit, wenn Petrus vorbeiging, wenigstens sein Schatten auf einige von ihnen falle.

Unaufhörlich kam die Menge rings um Jerusalem und sie brachte Kranke und Leute, die von unreinen Geistern beunruhigt wurden, und sie wurden allesamt geheilt (Apg. 5:12 bis 16). Natürlich wussten die Leute selber über ihre bösen Geister Bescheid! Ein Beispiel für die Mediziner heute, denn man könnte sich Krankenhäuser ersparen.

Der Hohepriester und alle, die mit ihm waren, wurden mit Eifersucht erfüllt, legten Hand an die Apostel und brachten sie an den Ort des öffentlichen Gewahrsams. In der Nacht öffnete der Engel des Herrn die Türen des Gefängnisses, führte sie heraus und sprach: „Geht eures Weges und stellt euch im Tempel hin und sagt dem Volk alle Worte über dieses Leben." (Apg. 5: 12 bis 17)

Als Wiederholungstäter brachte man sie in den Saal des Sanhedrins, und wurden sie vom Hohepriester befragt. Nach einer Beratung wurden sie ausgepeitscht, und dann ließ man sie gehen (Apg. 5:40).

Diese gingen voll Freude, weil sie würdig behandelt wurden (Apg. 5:41). Masochismus?

Nicht zu fassen: Auspeitschung aller Apostel, und dann eine Freude über die „würdige" Behandlung.

Und hörten nicht auf, jeden Tag im Tempel und in den Häusern die Botschaft von Jesus zu verkünden (Apg. 5:42). Damit nahm auch die Zahl der Jünger zu. Einer war Stephanus, der sich vor dem Hohepriester zu verantworten hatte. Dieser Stephanus erklärte den Schriftgelehrten die Geschichte um Moses. Stephanus wurde vor die Stadt geführt und gesteinigt (Apg. 6:8 bis 7:60).

Leider fehlt die Verschönerung, dass er als Märtyrer starb, da er vor seinem Tode sagte: „Herr, rechne ihnen diese Sünde nicht zu!" (Apg. 7:60)

Hat dies der Berichterstatter selbst gehört, oder nur seine Mörder?

Unwahrscheinlich deshalb, da ein Stephanus den Schriftgelehrten nicht die ihnen bekannten Geschichten vom Alten Testament erklären braucht. Sie hätten sich eine Belehrung gewiss verbeten.

Widerspruchslos wird von einer neuen Variante bezüglich Moses hier berichtet: „Einen Propheten gleich mir wird Gott euch aus der Mitte eurer Brüder erwecken."

„Dieser ist es, der dann inmitten der Versammlung in der Wildnis bei dem Engel war, der auf dem Berg Sinai zu ihm und zu unseren Vorvätern redete, und er empfing lebendige, heilige Aussprüche, um sie euch zu geben." (Apg. 7:37)

Ihr Halsstarrigen und an Herzen und Ohren Unbeschnittenen; wie eure Vorväter taten, so tut ihr. (Apg. 7:51) Herz und Ohren auch noch beschneiden?

Interessant, denn ursprünglich hieß es bei Moses, vom Herrn der Hebräer hat er alles mitgeteilt bekommen, nun ist es hier nur ein „Engel"!

Was soll diese endlose Geschichte im Bericht an Theophilus? Wieder verstärkt sich der Eindruck, dass alles nicht für einen Interessenten, sondern als allgemeines Lehrbeispiel für alle unwissenden Gläubigen dienen sollte.

Saulus stimmte seiner Ermordung zu (Apg. 8:1). Übergangslos kommt man hier zu Saulus aus Tarsus, der ja zum Paulus geworden war. Ein Eunuch berichtet von einer wundersamen Begegnung mit Philippus (Apg. 8:26 bis 40).

Saulus aber, der immer noch Drohung und Mord gegen die Jünger des Herrn schnaubte, bot sich an, die Synagoge in Damaskus aufzusuchen, um alle Männer wie Frauen, die zu dem „Wege" gehörten, gebunden nach Jerusalem zu bringen (Apg. 9:1/2). Die Anhänger von Jesus kann man als neue Sekte bezeichnen, die hier zum ersten Male als neuer „Weg" genannt wird. Gemeint sind die Abtrünnigen; die an Jesus als Verkörperung des Christus glaubten. Auf dem Wege nach Damaskus blendete ihn plötzlich ein Licht vom Himmel, und er fiel zu Boden und hörte eine Stimme, die zu ihm sagte: „Saulus, warum verfolgst du mich?"

Er fragte: „Wer bist du?" Das alles hat er später selbst erzählt. Es bedurfte auch keiner Zeugen!

Die Stimme: „Ich bin Jesus, den du verfolgst. Doch stehe auf und geh in die Stadt, und es wird dir gesagt werden, was du tun sollst." Daraufhin sah, aß und trank Saulus drei Tage lang nichts.

Im Orient ist fasten immer ein ehrwürdiges Unterfangen, wie man es in allen Berichten feststellen kann.

Der Jünger Ananias befand sich in Damaskus, legte ihm die Hände auf, und Saulus wurde wieder sehend und ließ sich taufen (Apg. 9:10 bis 19). So machte man es auch vorher bei Schlachtvieh.

Er verblieb einige Tage bei den Jüngern (wie viele davon hier waren, erfährt der Leser nicht) und begann sogleich, in der Synagoge zu predigen, dass der Eine der Sohn Gottes ist (Apg. 9:20).

Die Juden in Damaskus trauten Saulus aber nicht, sondern wollten ihn töten. Da nahmen ihn seine Jünger (hatte er auch schon Jünger, oder waren die anderen schon wieder da?) und lie-ßen ihn nachts durch eine Lücke in der Mauer in einem Korb hinunter (Apg. 9:25).

In Jerusalem zurück kam ihm Barnabas zu Hilfe und führte ihn zu den Aposteln (abermals erfährt der Leser nicht, wie viele hier anwesend waren), denen er seine Begegnung und Erleuchtung mitteilte. Aber auch in Jerusalem wurde er verfolgt, worauf man ihn nach Cäsarea brachte und sandte ihn nach Tarsus weiter (Apg. 9:30).

Petrus hatte auch die Macht, Tote ins Leben zurückzuholen, weshalb die Anhängerschaft weiter anwuchs (Apg. 9:34). Zombies als neue Sektenmitglieder-wie lange lebten die Auferweckten?

Petrus: „Bestimmt merke ich, dass Gott nicht parteiisch ist, sondern dass ihm in jeder Nation der Mensch, der ihn fürchtet und Gerechtigkeit wirkt, annehmbar ist." (Apg. 10: 34)

„Ihr wisst, dass Jesus, der von Nazareth war, wie Gott ihn mit Heiligem Geist und Kraft salbte, und er ging durchs Land und tat Gutes, und machte alle gesund, die vom Teufel bedrückt wurden." (Apg. 10:38) Während Petrus sprach (es gab wieder Zuhörer), fiel der Heilige Geist auf alle. Und die Treuen, die mit Petrus gekommen waren, die zu den Beschnittenen gehörten, staunten, weil die freie Gabe des Heiligen Geistes auch auf Leute aus den Nationen ausgegossen wurde (Apg. 10:44/45).

Dies ist die Rechtfertigung, dass auch Unbeschnittene in die neue Sekte aufgenommen wurden.

Saulus wurde von Barnabas in Tarsus gesucht und nach Antiochia gebracht, wo man zur Versammlung zusammengekommen war. Und es war zuerst hier, wo die Jünger durch göttliche Vorsehung „Christen" genannt wurden (Apg. 11:26).

Jetzt hatte die Sekte einen offiziellen Namen, als Anhänger von Jesus Christus: Christen!

König Herodes legte an einige Hand an, die zur Versammlung gehörten, und er ließ Jakobus, den Bruder des Johannes töten.

Auch Petrus ließ er inhaftieren, um ihn, nach dem Passah dem Volke vorzuführen. Doch ein Engel befreite ihn aus den Ketten, sodass er freikam (Apg. 12:1 bis 11).

Herodes kleidete sich als König und setzte sich auf den Richterstuhl. Das versammelte Volk aber schrie: „Eines Gottes Stimme und nicht eines Menschen!" (Apg. 12:21/22)

Augenblicklich schlug ihn der Engel des Herrn, weil er nicht Gott die Ehre gab; und er wurde von Würmern zerfressen und verschied (oder vielleicht umgekehrt) (Apg. 12:23).

Schlimm, dass hier ein „Engel" vom Himmel kommen musste, um einen Mord zu begehen.

Konnte dem Berichterstatter keine bessere Geschichte einfallen? Außerdem wird nicht berichtet, welchem Gott er nicht huldigte.

Von wem kam der Engel des Herrn? Vom himmlischen Herrscher, von dem Moses sprach oder von dem liebenden Vater, von dem Jesus überzeugt war? Die Erzählung wirkt sehr mangelhaft!

Saulus, der auch Paulus heißt, wurde mit Heiligem Geist erfüllt (Apg. 13:9).

Keine nähere Erklärung, warum der Name geändert wurde, wahrscheinlich wegen der Erleuchtung. Kaum vom Heiligen Geist erfüllt, spielt Paulus seine Macht voll aus.

Elymas der Zauberer wollte den Prokonsul vom neuen Glauben abhalten, weshalb ihn Paulus erblinden ließ (Apg. 13:10/12).

Es geht auch anders, nicht nur von den Toten auferwecken und Besessene und Blinde heilen.

Der Gott der Hebräer ließ sieben Nationen vernichten, um ihr Land an die Hebräer zu verteilen (Apg. 13:19). Vernichtung anderer Nationen ist völlige Normalität, wenn man sie vorher heiligt!

Die anderen sind die Ungläubigen und damit unwichtige, verachtungswürdige Böse, die man hemmungslos und ungestraft belügen und betrügen oder vernichten darf!

Damit wird erkennbar; der Gott der Hebräer hatte keinen Respekt vor der eigenen Schöpfung, oder war er ursprünglich gar nicht als ein universeller Gott der gesamten Menschheit vorgesehen, zu dem man ihn, vor allem im Christentum, laufend stilisierte? Das auserwählte Volk hatte sich ja auch durch Beschneidung zu ihm zu bekennen.

Paulus erklärte, es stehe im zweiten Psalm: „Du bist mein Sohn, heute bin ich dein Vater geworden." (Apg. 13:33). Er bezieht diesen Hinweis im Alten Testament darauf, dass bereits David, als Prophet, Jesus als Gottes Sohn vorhergesagt habe.

Es ist richtig, das steht da, aber da steht mehr geschrieben (Psalm 2:7):

„Man lasse mich auf die Verordnung des Herrn hinweisen; er hat zu mir (David) gesagt: Du bist mein Sohn, heute bin ich dein Vater geworden!"

Es steht überhaupt nirgends, dass dies einige Jahrhunderte später für Jesus gelten sollte. Außerdem steht hier: „Ich, ja ich (gesagt vom Herrn und Gott der Hebräer) habe meinen König eingesetzt auf Zion, meinem heiligen Berge." (Psalm 2:6)

Danach folgt: „Erbitte mir, dass ich Nationen zu deinem Erbe gebe und die Enden der Erde zu deinem eigenen Besitz." (Psalm 2:8). Zur besseren Verständlichkeit folgt dann (Psalm 2:9):

„Du wirst sie mit eisernem Zepter zerbrechen, wie ein Töpfergefäß wirst du sie zerschmettern!"

Dieser König war Jesus nie gewesen, und er hat auch nichts zerschmettert; damit treffen die Sprüche in ihrer Gesamtheit überhaupt nicht auf ihn zu!

Wenn sich Paulus somit auf David in seiner Predigt beruft, dann irrte er sich gewaltig! Willkür und Falschauslegung, aber für Unwissende und Glaubenswillige bestimmt beeindruckend.

Es folgen umfangreiche Beschreibungen über die Gewinnung weiterer Glaubensbrüder (Apg. 13:1). Auch ist dies bis zum Ende des Schreibens an Theophilus ein wichtiges Thema (Apg. 28:31).

Paulus hatte sich mit Barnabas zerstritten, deshalb erwählte er Silas als Begleiter und begab sich auf den Weg, nachdem er von seinen Brüdern der unverdienten Güte des Herrn anvertraut worden war (Apg. 15:40). Was für eine wunderschöne Formulierung ohne Beweisnot.

Wie hatten dies die Brüder nur angestellt? Von der unverdienten Güte des Herrn wird im Neuen Testament sehr oft gesprochen und sie wird damit zur einfachen aber eindrucksvollen Floskel.

Unter Kaiser Claudius (41 bis 54 n. Chr.) mussten die Juden Rom verlassen, weshalb Paulus nach Korinth ging, wo er jeden Sabbat in der Synagoge die Juden davon überzeugen wollte, dass Jesus der Christus sei. Als sie sich fortwährend widersetzten und auf lästerliche Weise redeten, schüttelte er seine Kleider aus und sprach zu ihnen: „Euer Blut komme über euer Haupt. Ich bin rein. Von nun an will ich zu den Leuten der Nationen gehen." (Apg. 18:5/6).

Das unchristliche Verfluchen verwirklichte sich nicht und brachte auch sonst nichts ein.

Vielleicht wirkte es so abstoßend, dass nur einzelne Juden den christlichen Glauben angenommen haben, wie hier von Lukas freimütig berichtet wird (Apg. 17:4).

Der Gott, der die Welt und alles was darin ist, gemacht hat, dieser Eine ist der Herr des Himmels und der Erde (Apg. 17:24).

Tücher und Schürzen von Paulus brachte man zu den Leidenden, die Krankheiten wichen von ihnen, und die bösen Geister fuhren aus (Apg. 19:12).

Da man Paulus in Jerusalem töten wollte, wurde er vom Militärbefehlshaber Claudius Lysias mit Begleitschutz zum Stadthalter Felix nach Cäsarea gebracht (Apg. 23:26 bis 30).

Die jüdischen Ankläger nennen Paulus einen Vorkämpfer einer Sekte der Nazarener (Apg. 24:5).

Vor König Agrippa erklärte Paulus, wie er auf dem Weg nach Damaskus, wo er Anhänger von Jesus verfolgen wollte, seine himmlische Begegnung mit Jesus hatte. Er erzählte aber nichts von seiner angeblichen Erblindung, von der früher einmal berichtet worden war (Apg. 26:12 bis 18)?

Da Paulus sich als Römer auf Cäsar berufen hatte, wurde er nach Rom gebracht.

Und nach angestelltem Verhör wollten diese mich freilassen, weil keine Ursache des Todes bei mir vorlag (Apg. 28:18).

Plötzlich berichtet Lukas nicht mehr mit „wir" für Paulus und ihn, sondern in der Ich-Form, um gleich danach wieder nur von „ihm", von Paulus, zu sprechen (Apg. 28:21).

Was diese Sekte betrifft, ist uns bekannt, dass ihr überall widersprochen wurde (Apg. 28:22).

Dann blieb er zwei ganze Jahre in seinem eigenen gemieteten Hause, und er nahm alle freundlich auf, die zu ihm hereinkamen (Apg. 28:30). Wahrscheinlich damit sie seine Mieten bezahlten. So verläuft die Apostelgeschichte recht belanglos ohne weitere Höhepunkte. Zu Beginn der Apostelgeschichte wurde diese als ein Schreiben an Theophilus erwähnt. Dem Umfang nach ist die Geschichte als ein Brief oder Schreiben einfach „unfassbar".

Das Schreiben hat einen Theophilus vielleicht nie erreicht, doch wurde es zu einem eigenen Abschnitt im Neuen Testament. Es liegt von einem Theophilus auch keine Antwort vor. Was hätte er auch antworten sollen?

An die Römer

Hier berichtet Paulus über sich selbst, als Apostel und Sklave Gottes. Schreiber unbekannt?

Wie kann er sich „Apostel" nennen, er gehörte doch gar nicht zu den zwölf Gefolgsmännern, die Jesus als sogenannte Jünger ursprünglich ausgesucht hatte, die dann Apostel genannt wurden.

Jesus Christus, unser Herr, durch den wir unverdiente Güte und ein Apostelamt empfangen haben (Rö. 1:5). Warum „wir" und nicht „ich"? Sehr liebenswürdig, die „unverdiente" Güte.

Vielleicht sollte es schmeichelnd klingen, sein eigenes Verhalten entsprach aber keiner großen Güte.

Auch ihr seid dazu berufen, Jesus Christus anzugehören, die als Geliebte Gottes zu heiligen Berufenen in Rom sind: Unverdiente Güte und Frieden sei euch von Gott, unserem Vater, und dem Herrn Jesus Christus (Rö. 1:6/7). Eindrucksvoll und übertrieben von den „heiligen Berufenen" in Rom zu sprechen.

Die Schmeicheleien gehen unentwegt weiter: Denn Gott, dem ich mit meinem Geiste in Verbindung mit der guten Botschaft über seinen Sohn heiligen Dienst darbringe, ist mein Zeuge davon, wie ich unaufhörlich in meinen Gebeten stets erwähne, und durch Gottes Willen es endlich gelinge, zu euch zu kommen (Rö. 1:9/10).

Denn ich sehne mich danach, damit ihr gefestigt werdet, oder vielmehr zum Austausch von Ermunterungen unter euch, indem jeder durch den Glauben des anderen, sowohl des euren wie den des meinen, ermuntert werde (Rö. 1:11/12). Unterschiedliche Ansichten über den Glauben?

Sowohl Griechen als auch Barbaren, sowohl Weisen als auch Unverständigen bin ich Schuldner, die gute Botschaft auch euch in Rom zu verkünden (Rö. 1:14/15).

Interessant: Schon damals war der Begriff „Barbar" im Sprachgebrauch (womit man eigentlich weniger gebildete Kelten und Germanen meinte), obwohl Juden wie auch Griechen ebenfalls Bartträger waren, aber sich als kulturell höher stehend betrachteten.

Nach dem Zuckerbrot kommt die Peitsche gegen alle, die nicht seiner Meinung sind: Denn Gottes Zorn wird vom Himmel her gegen die Gottlosigkeit und Ungerechtigkeit der Menschen offenbart, die die Wahrheit in ungerechter Weise unterdrücken (Rö. 1:18).

Fühlte sich die neue Sekte, Anhänger von Jesus, unterdrückt, dennoch stark genug zu drohen?

Was haben bei diesen Worten die Bürger im römischen Imperium empfunden, die ein Weltreich mit ihren Göttern errichtet haben? Götter, die sie teilweise von der griechischen Kultur übernommen hatten, und jetzt werden sie von den Christen als gottlose Heiden bezeichnet. Hochmut?

Die Verfolgung der Christen musste kommen, wenn sie so beleidigend gegenüber anderen agierten.

Die, die die Wahrheit mit der Lüge vertauschen und eher der Schöpfung Verehrung und heiligen Dienst darbrachten als dem Schöpfer, der immerdar gesegnet ist. Amen (Rö. 1:25).
„Amen", ab hier wird das Wort zur unverzichtbaren Floskel. Der Glaube ist beweglich und wandelbar.

Deshalb übergab Gott sie schändlicher sexueller Gelüste, denn sowohl männliche wie auch weibliche Personen vertauschten den natürlichen Gebrauch in einer Wollust zueinander. Männliche mit Männlichen, indem sie unzüchtige Dinge trieben und an sich selbst die volle Vergeltung empfingen, die ihnen für ihre Verirrung gebührte (Rö. 1:26/27).
Von welcher unbekannten Vergeltung, die anscheinend nicht erfolgte, spricht hier Paulus?
Schon vor 2000 Jahren wusste man, dass die Sexualität mehr zur Befriedigung und nicht der Nachzucht diente, dem möchte der religiöse Mensch widersprechen, ohne sich selbst dabei einzubringen. Anscheinend waren die Prediger von Natur aus sexuell unterbelichtet und erhoben diesen Mangel zu einer gottgewollten Heiligkeit und Sauberkeit vor dem Herrn.
Ein hochgestecktes unnatürliches Ideal, das man auch selber, als Priester, nicht erfüllen konnte.
Wie wir auch heute aktuell wissen, haben gerade diese religiösen Prediger mit ihren hohen moralischen Ansprüchen die von ihnen eingeforderten Normen selbst nicht eingehalten. Wasser predigen und Wein trinken, sagt der Volksmund. Aber den göttlichen Willen kannten sie?

Die Bezeichnung „natürlich" kommt vom Hauptwort „Natur", die war vor allem den religiösen Eiferern völlig unbekannt, sonst hätte man gewusst, dass sich in der Natur, unter Säugetieren wie auch unter anderen Gattungen, wie den Reptilien, die Sache anders verhält, nämlich genauso, wie es hier von dem heiligen Paulus beanstandet wurde. Anscheinend dominierte bei den religiösen Predigern, bedingt durch die eigene Enthaltsamkeit oder altersbedingte Impotenz, ein unendlicher Neid gegenüber dem, der sich aus einem körperlichen Bedürfnis heraus gezwungenermaßen und unkompliziert der Lust und Freude hingibt.

Ist für den religiösen Menschen die Enthaltsamkeit ein göttlicher Wille, oder sind es auch alle Formen der Lustbefriedigungen seiner eigenen Schöpfung? Nur Verlogenheit kann die Antwort sein. Das eine soll von Gott so gewollt sein, und das andere ist eine teuflische Verführung?

Warum sollte Gott einen Teil seiner Schöpfung problemlos leben lassen, während er die anderen ein Leben lang nur quälenden Prüfungen unterwirft? Widerspruch beginnt hier in der Unnatürlichkeit.

Der religiöse Mensch hat für alles eine passende Antwort bereit, nur kein Verständnis für eine ungezwungene göttliche Schöpfung. Priester würden überflüssig, wenn alles zu problemlos liefe.

Das mächtigste Argument gegen diese angebliche Sauberkeit von Sexlosigkeit ist die Tatsache, dass die Aggressivität, wie in der Tierwelt auch, beim Manne zunimmt, wenn man seine Entfaltung diesbezüglich einschränken möchte. Daran ändert auch das schönste religiöse Bekenntnis nichts.

Und so übergab sie Gott einem missbilligten Geisteszustand, sodass sie erfüllt waren mit aller Ungerechtigkeit, Bosheit, Habsucht, Schlechtigkeit, voll Neid, Mord, Streit, Trug und Niedertracht, böse Zungen, Gotteshasser, wurden unverschämt, hochmütig, anmaßend, erfinderisch im Schadenstiften, den Eltern ungehorsam und ohne natürliche Zuneigung und unbarmherzig.

Obschon diese die gerechte Verordnung Gottes sehr wohl erkennen, dass die, die solche Dinge treiben, den Tod verdienen, fahren sie damit nicht nur fort, sondern stimmen auch denen zu, die sie zu tun pflegen (Rö. 1:28/32).

Ein unchristlicher Prediger stuft Lust und Freude als todeswürdig ein! Er findet einen Mord sauberer, als ungezwungene sexuelle Entfaltung!

Man muss sich fragen, ist es besser, einen Mord zu begehen oder den Menschen die Liebe zu lassen? Hier werden Menschen mit natürlichen sexuellen Freuden mit gottlosen Verbrechern und unverschämten Mördern gleichgesetzt. Könnte es sein, dass er als Kind missbraucht worden war?

Würden nicht religiös gebundene Menschen den Tod für einen Mord-Prediger verlangen, wer wäre dann mehr ein Verbrecher? Ein sicheres Zeichen von religiöser Exzentrik und Egozentrik!

Die Geschichte berichtet nur von ungerechter und brutaler Christenverfolgungen in römischer Zeit, nicht aber von mörderischen Vorstellungen und Fantasien ihrer Prediger!

Von woher hat Paulus, der als Saulus die friedfertigen Christen verfolgt und ausgeliefert hatte, diese einmaligen, mörderischen und hasserfüllten göttlichen Weisheiten? Lebte in ihm Moses noch weiter?

Wer hat ihm wann diese unchristliche Mordlust geflüstert oder offenbart? Bruder Kain? Bei Jesus wurde weder darüber gesprochen noch wurde eine solche Tat gewünscht! Kein einziges Mal!

Dem kühlen Leser bleibt nicht verborgen, dass hier blanker Hass festgehalten wird, der zuvor noch nie so deutlich zum Vorschein kam und dem Willen von Jesus in keiner Weise entspricht.

Wer sollte die Menschen, die seiner unchristlichen Meinung nach den Tod verdienten, liquidieren?

Ein vom Apostel Paulus bezahlter Killer und Verbrecher, oder er selber, der vor seiner christlichen Erleuchtung als Christen-Verfolger aktiv gewesen war und den Instinkt noch nicht abgelegt hat?

Keinem Menschen kann erlaubt sein, über Leben und Tod eines Mitmenschen zu entscheiden. Schon gar nicht einem Sadisten! Solche Prediger mit Mord und Totschlag im Vokabular muss sich die Menschheit im Atomzeitalter verbieten.

Paulus hat Jesus nie kennengelernt, denn sonst hätte er gewusst, dass Jesus sogar übertrieben die Nächstenliebe gepredigt hatte. Das Angebot von Jesus war es, der römischen Besatzung nicht mit Gewalt gegenüberzutreten, sie nicht als Feinde zu betrachten, sondern als Alternative zu lieben.

Stattdessen rührt Paulus im Alten Testament herum, was zwar auch Jesus tat, der sich aber gegen Gewalt ausgesprochen hatte, womit er bei den Priestern seiner Zeit so gewaltig aneckte, dass er von ihnen wegen Gotteslästerung vernichtet wurde.

Abscheu und Ekel all den „Normalen" wie den „Heiligen" gegenüber, die nichts Besseres im Kopfe hatten als Mord und Totschlag, sie sind keinen Schritt einer göttlichen Heiligkeit näher als eben jene Mörder und Verbrecher, die den Splitter im Auge des anderen, aber nicht den Pfahl im eigenen Auge sehen.

Es ist erschütternd, dass Jesus predigte: „Liebe deinen Nächsten mehr als dich selbst." Das scheint der liebe Paulus gewiss nicht gehört zu haben, oder er war in Unkenntnis davon. Spielt aber den großen Apostel und beruft sich dabei auf seine großartige Erleuchtung, macht sich aber mit seiner banalen Meinung zum billigen Jakob, ohne erkennbare, göttliche Erleuchtung.

Jede weitere religiöse Weisheit seinerseits kann nur mit größtem Argwohn betrachtet werden. Außerdem wird jetzt hier wertlos herumgekurvt. Einige Beispiele, was damit gemeint ist: Denn, wenn immer ein Menschen von den Nationen, die ohne Gesetz sind, von der Natur die Dinge des Gesetzes tun, so sind diese, obwohl sie ohne Gesetz sind, sich selber ein Gesetz? (Rö. 2:14)

Beschneidung ist in der Tat nur von Nutzen, wenn du das Gesetz hältst; wenn du aber ein Gesetzesübertreter bist, ist deine Beschneidung Unbeschnittenheit geworden! (Rö. 2:25)

Wir wissen nun, dass alles, was das Gesetz sagt, es an die richtet, die unter dem Gesetz sind, sodass jeder Mund gestopft und die ganze Welt vor Gott straffällig werde? (Rö. 3:19)

Ihn (Jesus) hat Gott durch Glauben an sein Blut als Sühneopfer hingestellt. Dies tat er, um seine eigene Gerechtigkeit an den Tag zu legen, denn er vergab die Sünden, die in der Vergangenheit, während Gott Nachsicht übte, geschehen waren? (Rö. 3:25) Beschnittenheit wird zur Unbeschnittenheit? Eine der Realität widersprechende Wortspielerei.

Darum lasst uns, da wir nun zufolge des Glaubens gerecht gesprochen worden sind, uns des Friedens mit Gott erfreuen durch unseren Herrn Jesus Christus, durch den wir Zutritt zu dieser unverdienten Güte, und lasst uns aufgrund der Hoffnung auf die Herrlichkeit Gottes frohlocken (Rö.5:1/2). Gott aber empfiehlt seine eigene Liebe zu uns dadurch, dass Christus für uns starb, während wir noch Sünder waren (Rö. 5:8). Desto mehr werden wir somit, da wir jetzt durch sein Blut gerecht gesprochen worden sind, durch ihn vor dem Zorn gerettet werden? (Rö. 5:9)

Darum, so, wie durch einen Menschen die Sünde in die Welt hineingekommen ist und durch die Sünde den Tod zu allen Menschen verbreitet hat, weil sie alle gesündigt haben (Rö. 5:12).

Denn die Sünde, die durch das Gebot Anlass erhielt, verführte mich und tötete mich durch dieses (Rö. 7:11).

Unnütze Schlauheiten ohne Sinn. Der Volksmund sagt: Reden ist Silber – Schweigen ist Gold. Dieses umfangreiche Reden ist aber kaum Silber, sondern eher einfaches, verrostetes Blech.

Daher gibt es für die, welche mit Jesus Christus in Gemeinschaft sind, keine Verurteilung (Rö. 8:1)

Ich sage die Wahrheit in Christus; ich lüge nicht, da mein Gewissen mit mir Zeugnis gibt in heiligem Geiste, dass ich großen Kummer und Schmerz in meinem Herzen habe (Rö. 9:1/2).

Brüder, der gute Wille meines Herzens und mein Flehen zu Gott für sie, gelten in der Tat ihrer Rettung (Rö. 10:1). Ich frage also: Gott hat doch nicht etwa sein Volk verworfen? (Rö. 11:1)

Daher bitte ich euch inständig, Brüder, durch die Erbarmung Gottes, eure Leiber als ein lebendiges, heiliges, Gott annehmbares Schlachtopfer darzustellen. (Rö. 12:1) Schon wieder Schlachtopfer? Jede Seele sei den obrigkeitlichen Gewalten hörig, denn es gibt keine Gewalt außer durch Gott (Rö. 13:1). Hier wird Gott und die staatliche Obrigkeit schleichend miteinander vereint.

Vorhin hat er Mord und Totschlag gepredigt für die, die „Gesetze" nicht achten. Welche Gesetze? Ganz gewiss kannte Paulus, der Analphabet, diese Gesetze von Moses gar nicht, sonst hätte er einmal erwähnt, welches damit gemeint ist.

Wir aber, die Starken, sind verpflichtet, die Schwachheiten derer zu tragen, die nicht stark sind, und nicht uns selbst zu gefallen (Rö. 15:1).

Schlussendlich wirkt hier das rostende Blech auch noch hohl.
Grüßt Rufus, den im Herrn Auserwählten, und seine Mutter und die meine (Rö. 16:13).

Grüßt Philologus und Julia, Nereus und seine Schwester und
Olympas und alle Heiligen bei ihnen.

Grüßt einander mit heiligem Kuss. Alle Versammlungen des
Christus grüßen euch (Rö. 16:15/16).

An die 24 Personen (teilweise „geliebte") werden namentlich mit Grüßen bedacht.

Der Gott, der Frieden gibt, wird seinerseits den Satan in kurzem
unter euren Füßen zermalmen. (Rö. 16:20).

Wann und wo wurde Satan unter ihren Füßen zermalmt?
Als Christen zur Belustigung in den römischen Arenen den
wilden Tieren zum Fraß vorgeworfen wurden?

Die unverdiente Güte unseres Herrn Jesus sei mit euch (Rö.
16:20).

Timotheus, mein Mitarbeiter, grüßt euch und ebenso meine
Verwandten (Rö. 16:21).

Ich, Tertius, der ich diesen Brief geschrieben habe, grüße euch
im Herrn (Rö. 16:22). Amen!

Zum Ende bekommt man zu lesen, dass ein gewisser Tertius
der eigentliche Schreiber war.

Die Vermutung, dass Paulus des Schreibens selber nicht mächtig war, wird hiermit bestätigt. Ungebildet aber machtvoll, wenn
es ums Töten ging. Tod den Menschen, die nicht seiner Meinung
waren, oder seiner Ansicht nach sündhaft lebten!

Die angekündigte Überschrift „An die Römer" täuscht ein
Schreiben an alle Bewohner Roms vor, gilt aber nur den wenigen Sektenmitgliedern, wörtlich 24!

Der erste Brief an die Korinther

Das Schreiben ist an die Versammlung Gottes gerichtet, die in Korinth lebte (1Ko. 1:2). Wie viele Leute zur Versammlung dieser Sekte gehörten, geht hier nicht hervor.

Unverdiente Güte und Frieden sei euch von Gott, unserem Vater, und dem Herrn Jesus Christus (1Ko. 1:3). Eigentlich fehlt hier auch noch der Heilige Geist. Wahrscheinlich spätere Einführung.

Der von Ermorden und Töten seiner fehlbaren Mitmenschen predigende Paulus spricht gleichzeitig und schmierig wirkend von der unverdienten Güte des Herrn, was ihm wohl am wenigsten zustand.

Gott hat das Törichte der Welt auserwählt, damit er die Weisen beschäme; und Gott hat das Schwache der Welt auserwählt, damit er das Starke beschäme (1Ko. 1:27).

Meint er hier sich selbst und sein Wirken mit töricht und schwach? Gott hat das Unedle der Welt auserwählt und das, worauf man herabblickt, die Dinge, die nicht sind, um die Dinge, die sind, zunichte zu machen, damit sich vor Gott kein Fleisch rühme (1Ko. 1:28).

Sprachlicher Schwachsinn, der aber gewaltig wirken sollte.

Denn, wer unter den Menschen kennt die Dinge eines Menschen, ausgenommen der Geist des Menschen, der in ihm ist? Ebenso hat niemand die Dinge Gottes kennengelernt, ausgenommen der Geist Gottes. (1Ko. 2:11). Solche Sprüche kommen gewiss gut an bei geistig Unterbelichteten.

Ein physischer Mensch aber nimmt die Dinge des Geistes Gottes nicht an, denn sie sind ihm Torheit; und er vermag sie nicht zu erkennen, weil sie geistig beurteilt werden (1Ko. 2:14).

Denn kein Mensch kann einen anderen Grund legen als den, welcher Jesus Christus ist (1Ko. 3:11).

Wenn jemand unter euch denkt, er sei in diesem System der Dinge weise, so werde er ein Tor, damit er weise werde. Denn die Weisheit dieser Welt ist Torheit bei Gott (1Ko. 3:19). Nun Brüder: „Geht nicht über das hinaus, was geschrieben steht, damit ihr nicht persönlich aufgeblasen werdet zugunsten des einen gegen den anderen." (1Ko. 4:6).

Ein guter Rat, den er besser selber auch befolgt hätte. Leider steht alles hier schwarz auf weiß.

Ja, diesen guten Ratschlag hat aber Paulus für sich selbst nicht als Leitsatz gestellt, denn er redet andauernd, was auch nirgends sonst geschrieben steht.

So wie er bei den Römern gepredigt hatte, so geht es nun hier im Brief an die Korinther weiter.

Man kann erkennen, dass es eindeutig nur darum ging, neue Mitglieder und Anhänger zu finden, was, wie er selber berichtet, nicht ganz einfach war, da seine Zuhörer verschiedene Götter verehrten.

Er selber wollte auch nicht taufen, sondern nur von der frohen Botschaft künden (1Ko. 1:12 bis 17).

Da in der Weisheit Gottes die Welt durch ihre Weisheit Gott nicht zu erkennen vermochte, hielt Gott es für gut, durch die Torheit dessen, was gepredigt wird, die Glaubenden zu retten (1Ko. 1:21).

Ein Versuch mit schlauen, verwirrenden Sätzen den einfachen Menschen zu beeindrucken!

Erkenntnis: Torheit wird gepredigt?

Diese Weisheit hat keiner der Herrscher dieses Systems der Dinge kennengelernt, denn wenn sie sie erkannt hätten, so hätten sie den Herrn der Herrlichkeit nicht an den Pfahl gebracht (1Ko. 2:8). Ein Rundumschlag, denn wie viele Herrscher der Systeme waren am Tode von Jesus beteiligt?

Nun haben wir nicht den Geist der Welt empfangen, sondern den Geist, der von Gott kommt, damit wir die Dinge erkennen können, die uns Gott in gütiger Weise gegeben hat (1Ko. 2:11).

Wisst ihr nicht, dass ihr Gottes Tempel seid und dass der Geist Gottes in euch wohnt? (1Ko. 2:16) Es wird hier herumgespielt, ohne dass man einen größeren Sinn erkennen kann.

Es folgen sich widersprechende Aussagen, die eine Wiederholung nicht lohnen.

Tatsächlich wird von Hurerei berichtet und von einer solchen Hurerei, wie es sie selbst nicht unter den Nationen gibt, dass ein gewisser Mann die Frau seines Vaters hat (1Ko. 5:1).

Obwohl ich abwesend bin, habe ich einen solchen Menschen zur Vernichtung des Fleisches bereits dem Satan übergeben, damit er am Tage des Herrn gerettet werde (1Ko. 5:3/5).

Dieser Tag des Herrn sollte noch zu Zeiten erfolgen, in denen jene Generation noch lebte, laut Jesus.

Nachdem dieses Ereignis damals nicht eintraf, wurde es auf später verlagert und sollte dann am „Jüngsten Tag" stattfinden, dann, wenn die verfaulten und leblosen Knochen wieder mit Fleisch ausgestattet würden, um dann wie die Zombies vor einem Gericht stehen zu können.

Dies ist unter anderem ein irrealer Gipfel an haltloser, religiöser Verblendung. Hieran ist erkennbar, dass einige „Heilige" den Kontakt zur Realität restlos verloren haben.

Ihre hiermit dokumentierte geistige Einfachheit konnte nur publik werden, weil ihre Zuhörer von keinem anderen Niveau waren und es deshalb auch nicht wagten, einen Einwand zu erheben.

Seitenweise regt sich Paulus über alle Schlechtigkeiten in der Welt auf, aber vor allem über Hurerei und sexuelle Haltlosigkeit und die daraus folgenden unreinen Kindern.

Welche Verdammung diesen unschuldigen „unreinen" Kindern zuteilwerden sollte, da fiel ihm keine nähere Erklärung ein. Konnte der auferstandene Jesus diesen Paulus nicht zum Schweigen bringen? Da Paulus und alle Propheten und selbsternannten Heiligen keine blasse Ahnung von der Realität der göttlichen Schöpfung hatten, konnte sie nicht wissen, was da alles in der von Gott geschaffenen Natur los ist.

Genau dies, aus verdammenswerter religiöser Sicht „unheilige" Treiben kann täglich in der Natur beobachtet werden und noch viel Schlimmeres mit der Duldung des Schöpfers!

Hier bleibt das tatsächliche Wissen über die Natur durch prophetische Besserwisserei bis zum religiösen Wahn ganz einfach auf der Strecke und macht eine Kritik unumgänglich.

Wie hatte sich bereits Moses über alle Schlechtigkeiten „seines" Volkes beschwert und für Bestrafung gesorgt, und es war immer und ohne Ausnahme das ganze Volk damit gemeint. Wer aber der Meinung ist, dass Moses genug an göttlichen Gesetzen geschaffen hatte, der wird hier eines Besseren belehrt, denn es geht noch weiter. Und hier im Neuen Testament wird auf die gleiche Weise über den gleichen Kamm geschoren und wieder über die Schlechtigkeit aller gesprochen.

Es stellt sich hier die Frage: Ist das Volk oder sind nur die religiösen Besserwisser und arbeitsunwilligen Schwätzer und Nichtstuer, die sich von den Gläubigen aushalten lassen, unbelehrbar?

Nun kommt seine nähere Erklärung, warum er so umfangreich gegen die Hurerei zu reden hatte: „Mann und Frau sollten sich nur für gewisse Zeit entziehen, damit eine bestimmte Zeit dem Gebet gewidmet werden kann, so dass der Satan euch nicht aus Mangel an Selbstbeherrschung beständig versuche (1Ko. 7:5)." Was hat denn dieser Mensch nur gegen die Sexualität?

Satan und Sexualität, hemmungsloser kann man die schönste Freude im Leben nicht heruntermachen. Die Beschneidung bedeutet nichts, und das Unbeschnittene bedeutet nichts, sondern das Halten der Gebote Gottes (1Ko. 7:19).

Bin ich nicht ein Apostel? Habe ich nicht den Jesus, unseren Herrn gesehen? (1Ko. 9:1) Eine Behauptung von Unwahrheit an den Grenzen einer unverschämten Verlogenheit!

Als Saulus wurde er erst durch die Verfolgung der Christen, auf dem Wege nach Damaskus vom Herrn (Jesus) erleuchtet, und behauptet nun hier eiskalt, den Herrn gekannt zu haben.

Wenn ich für andere kein Apostel bin, so bin ich es ganz gewiss für euch, denn ihr seid das Siegel, das mein Apostelamt in Verbindung mit dem Herrn bestätigt (1Ko. 9:2).

Jetzt wissen wir, warum Paulus sich selbst zum Apostel machte, seine Zuhörer sind das Siegel!

Und nun folgt auch die Rechtfertigung eines faulen Nichtstuers: „Wisst ihr nicht, dass die Männer, die heilige Pflichten erfüllen, die Dinge des Tempels essen und die, die beständig am Altar Dienst verrichten, mit dem Altar einen Anteil für sich haben? Ebenso hat der Herr auch angeordnet, dass diejenigen, die die gute Botschaft verkündigen, mittels der guten Botschaft leben sollen (1Ko. 9:13/14).

Nicht der Herr, sondern Moses hatte dies „angeordnet"! Wenn Jesus damit gemeint war, dann kann Paulus dies nicht beweisen. Er versucht Juden wie Nichtjuden für die frohe Botschaft zu gewinnen (1Ko. 9:20). Außerdem versucht er, sein Handeln durch Geschehnisse im Alten Testament zu begründen.

Er konnte sich mit den Aussagen von Jesus nicht vom Alten Testament loslösen, da er anscheinend nicht den gravierenden Unterschied zwischen dem Wirken von Moses und Jesus erkannt hatte.

Ist ferner Christus nicht auferweckt worden, so ist euer Glaube nutzlos; ihr seid noch in euren Sünden (1Kor. 15:17). Man muss an die Auferstehung schon glauben, sonst lebt man in Sünde.

So steht geschrieben: „Der erste Mensch Adam wurde eine lebendige Seele." Der letzte Adam wurde ein lebengebender Geist (1Ko. 15:45). Auch das stand noch nirgends geschrieben.

Es folgen Worthülsen über Worthülsen in einem wirren Monolog ohne beweisbaren Hintergrund.

Nicht zu vergessen, es sollte ein Brief an die Sekte in Korinth sein.

Wer war denn dieser Paulus, bei dem die Sonne auf dem Wege nach Damaskus so viel Schaden angerichtet hatte?

Seine Briefe hier scheinen den Schaden zu bestätigen, denn woher hat er denn diese umfangreichen Weisheiten, die niemand vor und auch keiner nach ihm fantasievoller erzählt hat?

Moses hatte immerhin erklärt, dass der Herr ihm alles am Berg von Sinai erzählt hat; Paulus beruft sich auf niemanden, sondern plaudert einfach drauflos, wie er die Angelegenheiten sieht. Das alles kann die Brüder in Korinth vielleicht gar nicht interessiert haben, die er besuchen wollte, nachdem er vorher noch Mazedonien durchreist hatte (1Ko. 16:5).

Warum schreibt er ihnen vorher schon dies alles, er hätte später alles persönlich vortragen können? Es geht eindeutig und ausgesprochen nur um die Auslegungen der Dinge nach seiner Sicht.

Wer keine Zuneigung zum Herrn hat, der sei verflucht (schon wieder). O unser Herr, komm!

Die unverdiente Güte des Herrn Jesus sei mit euch.

Meine Liebe sei mit euch allen in Gemeinschaft mit Christus Jesus (1Ko. 16:22/24).

Der zweite Brief an die Korinther

Gesegnet sei der Gott und Vater unseres Herrn Jesus Christus, der Vater und Gott allen Trostes, der uns tröstet in all unserer Drangsal, damit wir die, die in allerlei Drangsal sind, zu trösten vermögen durch den Trost, mit dem wir selbst von Gott getröstet wurden. (2Ko. 1:3/4). Denn so, wie die Leiden für Christus in uns überströmen, so überströmt auch durch Christus der Trost, den wir erhalten (2Ko. 1:5).

Das Lamentieren von Paulus ist noch steigerungsfähig: Oder nehme ich mir die Dinge, die ich mir vornehme, gemäß dem Fleisch vor, sodass es bei mir ein „Ja, Ja" und ein „Nein, Nein" gäbe? (2Ko. 1:17)

Denn der Sohn Gottes, Christus Jesus, der unter euch durch uns gepredigt wurde, nämlich durch mich und Silvanus und Timotheus, ist nicht Ja und doch Nein geworden, sondern ein Ja ist in seinem Fall ein Ja geworden (2Ko. 1:19).

Höhere sprachliche Wissenschaft, derer die sich Theologen eigentlich schämen müssten.

Denn wir sind für Gott ein Wohlgeruch Christi unter denen, die gerettet werden, und unter denen, die zugrunde gehen; für die letzteren ein vom Tode ausgehender Geruch zum Tode, für die ersteren ein vom Leben ausgehender Geruch zum Leben (2Ko. 2:15/16).

Nicht, dass wir aus uns selbst hinreichend befähigt sind, etwas als von uns selbst kommend anzusehen, sondern unsere hinreichende Befähigung kommt von Gott (2Ko.3:5). Selbsterhöhung? In der Tat, sogar das, was einst herrlich gemacht worden ist, ist in dieser Hinsicht der Herrlichkeit entblößt worden zufolge der Herrlichkeit, die es übertrifft (2Ko. 3:10). Ebenfalls ein großer Versuch und sprachliche Wissenschaft eines Analphabeten.

Und wir alle werden, während wir mit unverhülltem Angesicht wie Spiegel der Herrlichkeit Gottes widerstrahlen, von Herrlichkeit zu Herrlichkeit in dasselbe Bild umgewandelt, genauso wie es durch den Geist Gottes geschieht (2Ko. 3:18).

An Christi statt bitten wir: „Werdet versöhnt mit Gott." Den, der Sünde nicht kannte, hat er für uns zur Sünde gemacht, damit wir in Gemeinschaft Gottes Gerechtigkeit würden (2Ko. 5:21). Kann nicht durch den wirren Satzbau auf einen wirren Kopf geschlossen werden?

Wir, als Gläubige, mussten in der Kirche beten: „Herr, erbarme dich unser." Was mindestens dreimal, damit es auch „oben" sicher wahrgenommen werde, wiederholt wurde?

Wäre es hier bei Paulus angebracht zu beten: „Herr erbarme dich meiner und meinesgleichen!" Aber der Herr lässt seine unvollkommene Schöpfung reden und erhebt keinen Einspruch!

„Und ich werde euch Vater sein, und ihr werdet mir Söhne und Töchter sein", spricht der Herr, der Allmächtige. (2Ko. 6:18) Diese immer und immer wieder notwendige Wiederholung der göttlichen Allmacht ist ganz einfach so fragwürdig und unbeweisbar, dass sie für Jahrtausende immer besonders erwähnt werden musste. Göttliche Allwissenheit und Allmacht und dann noch dazu selbstverständlich Gerechtigkeit!

Bei all dem, was in dieser Welt geschehen ist und noch geschehen wird, kann man nicht von Prüfungen Gottes ausgehen, wie man das so herrlich aus religiöser Sicht aus erklärt, sondern, der Mensch muss erkennen, dass er seine Selbstverantwortlichkeit nicht genügend in Betracht gezogen hat und dementsprechend mit Leiden leben musste.

Der vernunftbegabte Mensch hat die Möglichkeit, seinem Schicksal eine positive Richtung zu verleihen, auch mit christlichen Werten, wie Nächstenliebe und Toleranz und vor allem damit, dass man auf dieser Erde die Werte der Natur für kommende Generationen schützt und erhält.

Wirklich umfangreich wird die Opferbereitschaft der Gläubigen seitenweise beschrieben, gelobt, begrüßt und begründet nach dem Motto: Wer segensreich sät, wird segensreich ernten. Bis in unsere Tage hat sich daran nichts geändert, wenn der Klingelbeutel herumging, hieß es eindrucksvoll aber unverbindlich: „Vergelte es Gott!"

Paulus war anscheinend in Sorge, nicht ausreichend versorgt zu werden:
„Daher dachte ich, es sei notwendig, die Brüder zu ermuntern, zu euch vorauszureisen und eure zuvor versprochene segensreiche Gabe im Voraus bereitzuhalten, damit diese so als eine segensreiche Gabe und nicht als etwas Erpresstes bereit sei." (2Ko. 9:5)
Paulus als versuchter Diplomat mit philosophischen Ansätzen aber religiöser Dominanz, damit er seine Arbeitsunwilligkeit verstecken konnte.
Möchtet ihr doch ein wenig Unvernunft von mir ertragen (2Ko. 11:1). Damit ist Paulus auf dem richtigen Weg, das ist eine ehrliche Aussage.

Von Juden erhielt ich fünfmal 40 Streiche weniger einen, dreimal wurde ich mit Ruten geschlagen, einmal wurde ich gesteinigt, dreimal erlitt ich Schiffbruch, eine Nacht und einen Tag habe ich auf der Tiefe des Meeres zugebracht (2Ko.11:24/25)? Ehrlichkeit war nie seine große Stärke, dafür aber immer die Neigung zum maßlosen Übertreiben. Langsam kann man erkennen, warum im christlichen Unterricht die Briefe von Paulus keine große Rolle spielen. Es fehlt ihnen an handfesten Aussagen und leuchtender Vernunft.

An die Galater

Als aber Gott, der mich vom Schoße meiner Mutter an absonderte und mich durch seine unverdiente Güte berief, es für gut erachtete, seinen Sohn in Verbindung mit mir zu offenbaren, damit ich den Nationen die gute Botschaft über ihn verkünde, ging ich nicht sogleich mit Fleisch und Blut zu Rate (Gal. 1:15/16).

Gottvater, der Sohn und ich, Paulus! Unfassbare Überhöhung oder beginnender Wahn? Hatte Paulus einst von der Erleuchtung auf dem Wege nach Damaskus gesprochen, meint er jetzt bereits im Mutterleib von Gott auserwählt worden zu sein.

Wer viel redet, der redet auch viel Blödsinn, wenn keine Gefahr besteht, dafür belangt zu werden.

Dann, nach drei Jahren, ging ich nach Jerusalem hinauf, um Kephas zu besuchen, und ich hielt mich 15 Tage bei ihm auf. Aber ich sah sonst keinen von den Aposteln, nur Jakobus, den Bruder des Herrn. (Gal. 1:18/19).

Ich war bei der christlichen Gemeinde in Judäa unbekannt. Sie hatten nur gehört, der uns vormals verfolgte, der predigt jetzt den Glauben, welchen er vormals zu vernichten suchte (Gal. 1:22/23).

Während Paulus für die Unbeschnittenen zuständig war, ging Petrus, wie es für ein Apostelamt notwendig ist, zu den Beschnittenen (Gal. 1:7/8). Dann ist Paulus am Drehen und Wenden, damit er erklären kann, dass die Gesetze der Nationen unwichtig seien und nur die Gesetze des Glaubens ihre Richtigkeit haben (Gal. 3:1 bis 29).

Gerade diese Ansicht hat so unendlich viel Leid über die Völker gebracht, bis zum heutigen Tage!

Paulus schreibt hier nicht an die Galater, sondern ununterbrochen „spricht" er zu ihnen und zu den Nationen, das sind alle Unbeschnittenen, während er im Alten Testament alle Heiligen bemüht, bis Abraham und Isaak. Damit macht er keinen Unterschied zwischen dem Wirken von Moses und dem Wirken von Jesus, obwohl der Unterschied fundamental ist, das fiel ihm bislang nicht auf!

Denn das Fleisch ist in seiner Begierde gegen den Geist und der Geist ist gegen das Fleisch; denn diese sind einander entgegengesetzt, sodass ihr gerade die Dinge, die ihr tun möchtet, nicht tut (Gal. 5:17).

Brotlose religiöse Weisheit, ohne Bezug zur Realität und Natur!

Hier möchte ein Heiliger die göttliche Schöpfung mit Zwängen, religiösem Diktat und einer widernatürlichen Lebenseinstellung zu glücklicheren Menschen machen im Namen von Jesus?

Das entspricht keiner Verherrlichung von Jesus Christus, der vielzitiert für die Sünden der Menschheit am Kreuze sein Leben ließ, sondern einer Verdummung leichtgläubiger Menschen.

Kein Wunder, dass es zu allen Zeiten, bereits damals am Berge von Sinai, mehr oder weniger immer Menschen gab, die auf diese religiöse Glückseligkeit gerne verzichteten, auch wenn ihnen dafür diese wirren Heiligen den Himmel versprochen haben, bis in alle Ewigkeit, Amen!

Kein Wunder, dass heute und hoffentlich in alle Zukunft solche Glück verheißenden Apostel kein Gehör mehr finden, die das Leben im Geiste als Erfüllung, und ein Leben des Fleisches als ewige Sünde bezeichnen!

An die Epheser

Denn er hat uns durch Jesus Christus zur Annahme an Sohnes statt für sich vorherbestimmt nach dem Wohlgefallen seines Willens, zum Lobpreis der Herrlichkeit seiner unverdienten Güte, die er uns durch seinen Geliebten gütiger Weise erwiesen hat. Durch ihn haben wir die Erlösung durch Loskauf mittels des Blutes dieses einen, ja die Vergebung unserer Verfehlungen, gemäß dem Reichtum seiner unverdienten Güte (Eph. 1:5/7). Gewaltig, aber nur wertlose Worthülsen!

Paulus versucht eine verbale Steigerung seiner bisherigen eigenwilligen Erklärungen.

Je mehr er sich steigert, umso unglaubwürdiger werden seine wirren Argumente, die damit eine gewisse Bodenhaftung längst verloren haben.

Gott aber, der reich an Barmherzigkeit, hat uns zusammen mit Christus lebendig gemacht – durch unverdiente Güte seid ihr gerettet worden – und er hat uns auferweckt und uns sitzenlassen in den himmlischen Orten in Gemeinschaft mit Christus Jesus, damit in den kommenden Systemen der Dinge der alles übertreffende Reichtum seiner unverdienten Güte in seiner Huld uns gegenüber in Gemeinschaft mit Christus Jesus deutlich gezeigt werde (Eph.2:4/7).

Phantastischer und unüberbietbarer Höhenflug, den er später noch viel deutlicher machen wird! Was hätte die Welt für einen gewaltigen Verlust, wenn sie dies von Paulus nicht erfahren hätte?

„Ich bin ein Diener derselben geworden (der frohen Botschaft) gemäß der freien Gabe der unverdienten Güte Gottes, die mir nach der Weise gegeben wurde, wie seine Kraft wirksam ist." (Eph. 3:7)

„Mir, einem Menschen, der geringer ist als der geringste aller Heiligen, ist diese unverdiente Güte verliehen worden, den Nationen die gute Botschaft über den unergründlichen Reichtum des Christus zu verkünden." (Eph. 3:8)

Doch der Reichtum ist ergründbar in seinem Wirken ohne Gewalt und fordernde Liebe! Ihm nun, der gemäß seiner Kraft, die in uns wirksam ist, über alles hinaus mehr tun kann, als wir uns erbitten und erdenken, ihm sei die Herrlichkeit durch die Versammlung und durch Jesus Christus bis zu allen Generationen, immer und ewig, Amen (Eph. 3:20/21). Ein neuer Begriff wird eingeführt: Evangeliums-Verkünder (Eph. 4:11) erstmals (Apg. 21:8).

Daher werdet Nachahmer Gottes als geliebte Kinder, und wandelt weiterhin in Liebe, wie auch der Christus euch geliebt und sich selbst als eine Opfergabe und ein Schlachtopfer für Gott zu einem lieblichen Wohlgeruch für euch dahingegeben hat (Eph. 5:1/2). Wie im Alten Testament! Wie schön das so gesagt wird von der christlichen Liebe. Wann und wo kam zu seinen Lebzeiten diese große Liebe denn zum Ausdruck? Vor allem die hier gepredigte Liebe zu den Menschen, die Jesus nie kennen gelernt hat! Angeblich hat er sogar Verstorbenen wieder zum Leben verholfen, aber war das dann aus Liebe oder nur ein verpflichtendes Zeichen seiner Göttlichkeit? Dann die grauenhafte Verzückung: Jesus als Wohlgeruch eines menschlichen Schlachtopfers! Jesus hatte all die nach Liebe Suchenden nicht gekannt, und als Schlachtopfer zum lieblichen Wohlgeruch war er vorher entkommen durch seine „Himmelfahrt".

Danach gibt Paulus Tipps für die Liebe und Erziehung der Kinder (Eph. 5:21 bis 6:4). Ihr Sklaven, gehorcht denen, die Herren sind, mit Furcht und Zittern, in der Aufrichtigkeit eures Herzens, als dem Jesus (Eph. 6:5). Den Herren mit blindem Gehorsam zu dienen, hat für viele Völker ein böses Ende gebracht. Mangelhafte Erfahrung mit schwacher Haltung und ohne Begründung von Sklaverei. Seine eigene Disqualifizierung in unserem Zeitalter der schwer erkämpften Menschenrechte. Bedarf es eines weiteren Kommentars für eine Ablehnung solcher religiösen Grundsätze?

Bedarf es einer göttlichen Erleuchtung, um das Herrschen des Menschen über seine Mitmenschen zu rechtfertigen? Als Schlaumeier hatte Paulus nicht einmal Nutzen von der eigenen Dummheit!

Wir sollten dankbar sein, dass es solche unverbesserlichen, selbsternannten Heiligen gab, die sich in „Heiligen Schriften" verewigt haben und sich dabei auf göttlichen Willen berufen haben. Der kleingeistige, religiöse Mensch braucht hier vielleicht noch: „In Ewigkeit, Amen!"

Der heutige Mensch, der noch immer an einer tiefen religiösen Bindung leidet, sollte ganz klar sehen, dass auch diese Schriften hier im Namen Gottes entstanden sind, denn Gott ist allmächtig, sieht, hört und weiß alles und gewiss auch im vorhinein – oder doch nicht?

Dann wetter er auch noch gegen die Herrscher dieser Finsternis und gegen die bösen Geistermächte in den himmlischen Orten (Eph. 6:13).

Seit wann lässt Gott sogar böse Geister an himmlischen Orten zu?

Vielleicht sollte man einmal klarstellen, dass dieses „heilige" Wirken eindeutig für jene Zeit gedacht und geschrieben wurde und für uns heute einfach inakzeptabel ist.

Der Wissensstand der heutigen Zeit lässt jene Überlegungen von damals nicht mehr zu, und sie müssen auf den neuesten Stand gebracht werden, ohne an eine Vernichtung „religiösen Wirkens" zu denken.

Unser Wissen heute reicht aus, um über jenen, einst unumstößlichen religiösen Erkenntnissen zu stehen und ein gerechteres, toleranteres und besseres Leben zu führen.

Ein Zurück zu diesem religiösen Wunderdenken scheint nicht mehr möglich zu sein, da unser Wissen bedeutend mächtiger wurde als der Wille zum Glauben.

An die Philipper

Da kommen noch weitere Briefe, die nach den letzten Erkenntnissen nur eine oberflächliche Betrachtung wert sind, da man die Einstellung von Paulus bereits kennt.

Es gibt auch nichts, was von seinem Schreiben als neu, wesentlich und wichtig zu berichten wäre.

Denn zu leben ist in meinem Fall Christus und zu sterben Gewinn (Php. 1:21).

Wenn möglich wollte er zur Früh-Auferstehung von den Toten gelangen (Php. 3:11).

Ist Paulus ein beispielhafter Fall eines von Todessehnsucht getriebenen, religiösen Extremisten? Vom irdischen Glück des Fleisches hält er nichts, und hat es bereits eindeutig und klar verdammt.

Schließlich, meine Brüder, freut euch im Herrn. Euch dieselben Dinge zu schreiben, fällt mir nicht schwer, doch gereicht es euch zur Sicherheit (Php. 3:1).

An die Kolosser

Einerseits spricht Paulus bei der Begrüßung von der unverdienten Güte des Herrn, während er im Handumdrehen die Liebe und ihren Glauben an Jesus lobt (Kol. 1:1/4).

Es müsste damit eigentlich die Güte des Herrn „verdient" und nicht „unverdient" sein! Damit werden einstudierte Floskeln sichtbar, die bis in unsere Tage gebraucht wurden.

Euch hat er (Jesus) wieder versöhnt mittels seines irdischen Leibes und durch seinen Tod, um euch heilig uns makellos und frei von Anklage vor ihm darzustellen, vorausgesetzt natürlich, dass ihr im Glauben verbleibt. Ich, Paulus, bin ein Diener dieser Botschaft geworden (Kol. 1:21/22).

Überdies hat euch Gott, obwohl ihr in unbeschnittenem Zustand eures Fleisches seid, zusammen mit ihm (Jesus) lebendig gemacht (Kol. 2:13).

Er hat die Verordnungen, die gegen uns waren, und alle unsere Verfehlungen verziehen und aus dem Weg geräumt, indem er an den Marterpfahl genagelt wurde (Kol. 2:14).

Die Regierungen und die Gewalten entblößt, stellte er sie als besiegt in der Öffentlichkeit zur Schau und führte sie durch den Marterpfahl im Triumphzug einher (Kol. 2:15). Den letzten Satz muss der Leser nochmal ansehen!

Kein anderer Berichterstatter hat die Realität so zu verdrehen versucht, wie es hier Paulus macht. Schüttelt man ungläubig den Kopf, oder findet man dies nur als religiöse Verklärung? Jedenfalls bleibt man darüber sprachlos, wer hier öffentlich entblößt zur Schau gestellt wurde.

Lasst euch nicht um den Siegespreis bringen von jemandem, der Gefallen hat an Scheindemut und einer Form der Anbetung der Engel, und von Dingen erzählt, die er gesehen hat, und ohne Grund aufgeblasen ist durch seine fleischliche Geistesverfassung (Kol. 2:18).

Hallo! Zählt er sich selbst nicht zu dieser Kategorie von Verkündern der Verklärung? Streift alte Gewohnheiten ab: Zorn, Wut, Schlechtigkeit, Lästerworte und unzüchtige Rede. Belügt euch nicht, und kleidet euch mit neuer Persönlichkeit (Kol. 3:8/10). Kleidet euch somit als Gottes Auserwählte, Heilige und Geliebte, mit der innigen Zuneigung des Erbarmens, mit Freundlichkeit, Demut, Milde und Langmut (Kol. 3:12).

Der erste Brief an die Thessalonicher

Die Juden haben uns verfolgt und haben sogar den Herrn Jesus und die Propheten getötet.

Welche weitere Propheten wurden von den Juden getötet? Selbst Jesus wurde von Römern getötet. Überdies gefallen sie Gott nicht, da sie versuchen, uns daran zu hindern, zu Leuten von den Nationen zu reden, dass diese gerettet würden, sodass sie das Maß ihrer Sünden allezeit vollmachen (1Th. 2:15/16).

Der Herr selbst wird vom Himmel herabkommen und die in Gemeinschaft mit Christus Verstorbenen werden zuerst auferstehen. Danach werden wir, die Lebenden, welche überleben, mit ihnen zusammen in Wolken entrückt werden zur Begegnung mit dem Herrn in der Luft (1Th. 4:16/17). Zu hoch in den Wolken darf das aber nicht sein, da dann die Luft für Lebende sehr dünn wird.

Die Lebenden, zu denen sich auch Paulus zählte, werden das Kommen des Herrn erleben, alle Zeit bei ihm sein und in den Wolken frohlocken. Davon war Johannes damals uneingeschränkt überzeugt. Vielleicht sitzt er ja noch immer da und wartet?

Nichts war eingetroffen, und er musste sich vor Niemandem verantworten. Alles wurde nach dem Ableben jener Generation einfach auf später verschoben, und man verschiebt noch immer weiter!

Der zweite Brief an die Thessalonicher

Natürlich beginnt ein Schreiben immer mit: Unverdiente Güte und Frieden sei euch von Gott, dem Vater, und dem Herrn Jesus Christus. Der Heilige Geist war damals noch nicht verankert!

In diesem Schreiben nur Ermahnungen zu anständigem Leben im Sinne des Herrn.

Wenn jemand nicht arbeiten will, dann soll er auch nicht essen (2Kol. 3:10).

Diese Erkenntnis ist ja etwas völlig Neues, wobei er sich bestimmt nicht selber damit meinte! Die unverdiente Güte unseres Herrn Jesus Christus sei mit euch allen (2Th. 3:18).

Der erste Brief an Timotheus

Ich bin Jesus Christus dankbar, weil er mich für treu erachtet, indem er mir ein Dienstamt zuwies, obwohl ich früher ein Lästerer und ein Verfolger und ein unverschämter Mann war. Dennoch wurde mir Barmherzigkeit erwiesen, weil ich unwissend war und im Unglauben handelte (1Ti. 1:12/13).

Jesus hat ihm ein Dienstamt zugewiesen den er gar nicht gekannt hat?

Typisch für eine religiöse Geschichtsverdrehung mit orientalischem Hintergrund!

Einige haben Schiffbruch im Glauben erlitten, zu denen gehören Hymenäus und Alexander, und ich habe sie dem Satan übergeben, damit sie durch Züchtigung gelehrt werden, nicht zu lästern (1Ti. 1:20). Auch Johannes erhebt sich machtvoll und kann sogar über den Satan verfügen?

Du sollst wissen, wie du dich im Hause Gottes zu benehmen hast (1Ti. 1:14).

Seit wann hatte denn diese kleine Sekte ein „Haus Gottes", oder dachte er dabei an eine Synagoge?

Das heilige Geheimnis dieser Gottergebenheit ist groß: „Er wurde offenbar gemacht im Fleisch, gerecht gesprochen im Geist, erschien Engeln, wurde gepredigt unter den Nationen, geglaubt in der Welt, aufgenommen in Herrlichkeit." (1Ti.3:16).

Offenbar im Fleisch und in Engeln erschienen und gepredigt bei allen Nationen?

Vergangenheit, Gegenwart und Zukunft in einem Satz ist für religiöse Verquickung kein Problem!

Dann teilt er Timotheus umfangreiche Lebensweisheiten mit, die ihn zur Glückseligkeit führen sollten, natürlich in religiöser Sauberkeit und fern jedem bösen, sexuellen Treiben.

Zum Ende steht: Möge die unverdiente Güte mit euch sein.

Warum „euch", er hatte ja nur an eine Person, nämlich Timotheus geschrieben, der scheint aber noch im kindlichen Alter gewesen zu sein, bekam er auch deshalb keine Antwort? Paulus bekam von niemanden eine Antwort und beschwerte sich darüber auch nicht.

Der zweite Brief an Timotheus

An Timotheus, ein geliebtes Kind (2Ti. 1:2).
Du weißt, dass sich im asiatischen Bereich alle von mir abgewandt haben. Phygelus und Hermogenes gehören zu ihnen (2Ti. 1:15). Hatte er auch dort nur Blödsinn gepredigt?
Der Herr gewähre dem Hause des Onesiphorus Barmherzigkeit, denn oft hat er mir eine Erfrischung gebracht, und hat sich meiner Ketten nicht geschämt (2Ti. 1:16).
Da hatte man Paulus, mal so nebenbei erwähnt, schon wieder einmal in Ketten gelegt?
In Verbindung mit der frohen Botschaft erleide ich Unannehmlichkeiten bis zu den Fesseln wie ein Übeltäter (2Ti. 2:9).
Wenn wir ausharren, werden wir auch als Könige mitregieren (2Ti. 2:12).
Als König mitregieren! Seine Träume und Wünsche sind aber von realen Bedürfnissen! Zur Gottlosigkeit gehören Hymenäus und Philetus, indem sie sagen, die Auferstehung sei bereits geschehen (2Ti. 2:17/18). Vorhin erwähnte er Hymenäus und Alexander (1Ti. 1:20).
So fliehe die Begierden, die der Jugend eigen sind, jage aber nach Gerechtigkeit, Glauben, Liebe, Frieden zusammen mit denen, die den Herrn aus reinem Herzen anrufen (2Ti. 2:22).
Wenn man das Wirken von Paulus als alten und impotenten Menschen bezeichnet oder verdächtigt, dann mindert dies seine Berufung im göttlichen Auftrag.

Da du von früher Kindheit an die heiligen Schriften gekannt hast, die dich weise zu machen vermögen zur Rettung durch den Glauben in Verbindung mit Christus Jesus (2Ti. 3:15).

Dieser Standpunkt ist nicht nur veraltet, sondern genau hier ist erkennbar, dass kein anderes Wissen für religiöse Extremisten von Wichtigkeit ist als heilige Schriften, die man meist Kindern schon intensiv eintrichtert.

Religion ist für uns heute nicht nur eine Nebensache, sondern überhaupt eine private Angelegenheit, die jeder freie Mensch mit sich selber abklären kann. Für unsere Gesellschaft heute, die nur von Arbeit und Fleiß und von Produktivität lebt, ist der religiöse Standpunkt eben eine totale Nebensache geworden.

Aber diese Erkenntnis ist heute noch lange nicht weltweit von Gültigkeit, und deshalb sind die Anhänger jener Kulturen gewiss noch nicht für die westliche Welt mit ihren kulturellen Werten geeignet.

Damas hat mich verlassen, weil er das gegenwärtige System der Dinge geliebt hat, und er ist nach Thessalonich gegangen, Kreczenz nach Galatien, Titus nach Dalmatien (2Ti. 4:10).

Alexander, der Kupferschmied, hat mir viel Schaden zugefügt; der Herr wird ihm gemäß seiner Taten vergelten, und auch du, hüte dich vor ihm, denn er hat unseren Worten in außerordentlichen Maßen widerstanden (2Ti. 4:14/15).

Wer den Mut hatte, sich seinen Worten zu widersetzen, der kann nur ein Böser sein! Bei meiner ersten Verteidigung stand mir niemand zur Seite, sondern sie alle verließen mich dann. Möge es ihnen nicht angerechnet werden, doch der Herr stand mir bei und flößte mir Kraft ein (2Ti.4:16).

An Titus

Titus sollte nach Weisungen von Paulus auf Kreta von Stadt zu Stadt ältere Männer ernennen, die frei von Anklage, die eine Ehefrau haben und gläubige Kinder, die nicht der Ausschweifungen oder der Widerspenstigkeit beschuldigt werden (Tit. 1:5/6).

Denn es gibt viele Widerspenstige, eitle Schwätzer und Sinnesbetörer, besonders die, die an der Beschneidung festhalten (Tit.1:10). Paulus als Unbeschnittener hatte etwas gegen Beschneidung!

Die betagten Frauen sollten ehrerbietigem Benehmen, nicht verleumderisch, ihre Männer und Kinder lieben, im Haus arbeiten, keusch sein, sich den eigenen Männern unterwerfen, damit vom Wort Gottes nicht lästerlich geredet werde (Tit. 2:3/5). Diese Ansicht endete im Machtmissbrauch!

Mögen Sklaven ihren Gebietern in allen Dingen gehorchen und ihnen wohl gefallen, indem sie nicht widersprechen (Tit. 2:9), nicht Diebstahl begehen, sondern volle, gute Treue an den Tag legen, sodass sie die Lehre unseres Retters, Gottes, in allen Dingen schmücken (Tit. 2:10).

Dafür sind sie gerade gut genug.

Paulus, der durch seine wirren Reden Bekanntschaft mit Ketten und Fesseln gemacht hat, wird nun von Brief zu Brief demütiger und redet meist von Güte, Zuneigung und Barmherzigkeit, nicht wie anfangs, als er von Menschen sprach, die ihrem Verhalten nach den Tod verdienten.

In allen Berichten wird niemals erwähnt, dass Jesus jemals davon gesprochen hatte, dass jemand den Tod verdient. Seine schlauen Nachfolger haben den christlichen Weg deutlich verlassen und scheinen sich nach den Alten Testament zu orientieren!

An Philemon

Denn ich erhielt viel Freude und Trost wegen deiner Liebe, weil die Gefühle inniger Zuneigung der Heiligen durch dich, Bruder, erquickt worden sind (Ph. 1:7).

Paulus erwähnt, dass er ein betagter Mann sei und dass, als er in Fesseln war, Onesimus sein dienliches Kind geworden sei

(Ph. 1:9/10). In welcher innigen Beziehung? Wenn du ihn zurückhaben möchtest, dann nicht als Sklaven, sondern als Bruder, sowohl in fleischlicher Beziehung als auch im Herrn (Ph. 1:16). In fleischlicher Beziehung?

Epaphras, mein Mitgefangener mit Christus, sendet dir Grüße, ebenso Markus, Aristarchus, Demas, Lukas, meine Mitarbeiter (Ph.1:23). Wahrscheinlich war einer davon auch der Schreiber.

An die Hebräer

Paulus macht sich Gedanken über die Beziehungen zwischen den Engeln und dem Herrn, und Jesus Christus zum Herrn (Heb.1:1 bis 14).

Er kommt zu dem Ergebnis, dass Jesus einen höheren Wert als Sohn Gottes hat als alle Engel.

Jesus, unter Engeln ein wenig erniedrigt, wegen des Erleiden des Todes mit Herrlichkeit und Ehre gekrönt, damit er durch Gottes unverdiente Güte für jedermann den Tod schmecke (Heb. 2:9).

Der Leser sollte sich hier unbedingt selber Gedanken machen; Kommentare anderer über das geistige Vermögen von Paulus und seine versuchte Verherrlichung könnten zu grob ausfallen.

Demzufolge, heilige Brüder, die ihr himmlische Berufung innehabt, betrachtet den Apostel und Hohepriester, den wir bekennen – Jesus (Heb. 3:1).

Jesus ist nicht Gottessohn, sondern nur Apostel und Priester? Paulus als unbestrafter Wortverdreher!

Der Brief an die Hebräer ist der letzte von Paulus, eine weitere Verherrlichung in alle Richtungen wäre auch verbal nicht mehr möglich gewesen! Der Zenit ist damit überschritten, ginge es noch weiter, würde er in größter Lächerlichkeit enden, falls dies hiermit nicht schon der Fall war.

Darum, wie der Heilige Geist sagt: 40 Jahre haben sie meine Werke gesehen und stellten mich in der Wildnis auf die Probe. Darum wurde mir diese Generation zum Abscheu, und ich sprach: „Sie gehen in ihrem Herzen alle irre, und sie selbst haben meinen Weg nicht erkannt." Da schwor ich in meinem Zorn: „Sie sollen nicht in meine Ruhe eingehen." (Heb. 3:9/11).

Mit dem Geschwätz von Paulus muss der Leser wieder selber fertig werden.

Nahen wir uns daher mit Freimut der Rede, dem Thron der unverdienten Güte, damit wir Barmherzigkeit erlangen und unverdiente Güte finden mögen als Hilfe zur rechten Zeit (Heb. 4:16).

Er aber, Jesus, weil er für immer am Leben bleibt, hat sein Priestertum ohne irgendwelche Nachfolger inne (Heb. 7:24). Gottessohn mit Priestertum?

Das ist ja sehr interessant, denn ein anderer Apostel berichtet, nämlich Petrus, dass er den Auftrag als Nachfolger erhalten habe: „Auf diesem Felsen sollst du bauen!"

Da sollten einige Missverständnisse noch geklärt werden.

Der Herr spricht: „Ich will meine Gesetze in ihren Sinn legen, und in ihre Herzen werde ich sie schreiben. Und ich will ihr Gott werden, und sie werden mein Volk werden." (Heb. 8:10).

Was war der Herr der Güte und der Herrlichkeit denn vorher, bevor er zum Gott der Hebräer wurde und im Neuen Testament sogar für alle bekannten Nationen zuständig erklärt wurde?

Hier schreit eine Engstirnigkeit oder falsche Interpretation bis hinter die Regenwolken!

Man hat keine Lust mehr nachzusehen, wo der gute Paulus dies im Alten Testament gelesen haben könnte, denn über solche Aussagen zu diskutieren, ist wirklich reine Zeitverschwendung.

Durch den besagten „Willen" sind wir durch die Darbringung des Leibes Jesu Christi ein für allemal geheiligt worden (Heb. 10:10).

Wir geben unser Zusammenleben nicht auf und ermuntern uns untereinander, und das umso mehr, als ihr den Tag herannahen seht (Heb. 10:25).

Den sehen wir nun seit Jahrtausenden herannahen!

Wenn wir aussterben wie die Saurier, folgt der religiösen Verblendung endlich ewige Ruhe!

Es ist etwas Furchtbares, in die Hände des lebendigen Gottes zu fallen, denn er wird sein Volk richten (Heb. 10:31). Zum Glück sind wir nicht sein auserwähltes Volk!

Denn noch eine ganz kleine Weile, und der Kommende wird eintreffen und wird nicht ausbleiben (Heb. 10:37). Damals ist er nicht gekommen, und so wartet der Gläubige weiterhin duldsam!

Durch Glauben weigerte sich Moses, als er erwachsen war, der Sohn der Tochter des Pharaos genannt zu werden, indem er es sich erwählte, eher mit dem Volke Gottes schlecht behandelt zu werden, als den zeitweiligen Genuss der Sünde zu haben, weil er die Schmach des Christus für größeren Reichtum achtete als die Schätze Ägyptens (Heb. 11:25/26).

Laut Paulus kannte Moses mehr als tausend Jahre vor Jesus die Schmach des Christus? Für die vor ihm liegende Freude erduldete er einen Marterpfahl, die Schande nicht achtend, und hat sich zur Rechten des Thrones Gottes gesetzt (Heb. 12:2).

Nun sieht Paulus doch, dass die Hinrichtung am Marterpfahl beschämend gewesen ist, und nicht die Mörder dadurch beschämt wurden? Wer viel redet, kann sich schon mal in Widersprüchen verfangen.

Euren Wettkampf gegen die Sünde fortsetzend, habt ihr noch nie bis aufs Blut widerstanden, denn den der Herr liebt, den nimmt er in Zucht; ja er geißelt jeden, den er als Sohn aufnimmt (Heb. 12:4/6). Der Herr persönlich geißelt jeden seiner Söhne? Wann tat er dies persönlich?

Paulus schämt sich nicht, vorher von einem Gott zu reden, der von Liebe und Vergebung für seine Schöpfung erfüllt ist, und nun stellt er ihn als lupenreinen Sadisten dar, der Jesus erst nach seinem großen Leiden und Sterben als „Sohn" angenommen habe! Nach Paulus gibt es „Myriaden" von Engeln (Heb. 12:22). Woher kommen diese denn, und wofür wurden sie geschaffen, nur für die Gläubigen?

Der Gott des Friedens nun, der den großen Hirten der Schafe mit dem Blut eines ewigen Bundes, unseren Herrn Jesus von den Toten heraufgebracht hat, rüstet euch aus mit allem Guten, um seinen Willen zu tun, indem er das in uns vollbringe, was in seinen Augen wohlgefällig ist, durch Christus, welchem die Herrlichkeit sei für immer und ewig. Amen (Heb.13:20/21).

Damit haben die Briefe des Paulus ein Ende gefunden. Gott sei Dank!

Abgesehen von seiner Erkenntnis, dass Lustbefriedigungen in der Sexualität, nach göttlicher Auffassung, todeswürdig seien (Rö. 1:32), hat er sich in späteren Briefen immer mehr für Liebe, Zuneigung und Barmherzigkeit eingesetzt und dafür in übertriebener Form Jesus und seinen göttlichen Vater als Vorbilder genommen. Was bis zum Schluss blieb, war eine negative Einstellung gegenüber der fleischlichen Lust, und er sah in der Vergeistigung eine Gottgefälligkeit, die er aber nicht glaubhaft beweisen konnte. Wie auch, wenn der Herr eine Antwort schuldig blieb, weshalb Paulus auch versuchte, sich auf andere religiösen Größen, wie Moses und die Propheten, zu berufen.

Diese Einstellung, Trennung von fleischlicher und geistiger Existenz, ist ein Widerspruch in sich. Beides war nie und wird nie trennbar sein und führt hier einfach zum religiösen Absurdum. Trotz intensiver Bemühung kann Paulus seinen Spagat nicht gelungen nennen, denn es ist nicht der geistige, sondern der fleischliche Mensch, dem er Nächstenliebe und Barmherzigkeit predigt.

In seinem Wirken steht keine übernatürliche Wundertätigkeit von Jesus im Vordergrund, sondern der Tod von Jesus wird als Opferbereitschaft für seine Mitmenschen dargestellt, die er dann gleich auf die gesamte Menschheit ausweitete, was ja nichts kostete, obwohl man damals die Gesamtheit der Völker dieser Erde noch gar nicht kannte.

Jesus wurde als König der Juden ans Kreuz gebracht, wobei auch die Hohepriester gewiss mitgeholfen haben, da sie sagten, Jesus würde ihrer Gottheit lästern mit der andauernden Aussage, dass sein Vater im Himmel sei und er sich damit zum Sohn erklärte.

Wurde Jesus danach gefragt, ob er König oder gar Gottes Sohn sei, dann sagte er: „Du sagst es!"

Irgendjemand musste aber dafür gesorgt haben, dass ihm dieser Ruf vorauseilte. Es ist ja nicht weltfremd, wenn jemand behauptet, er sei Gottes Sohn, da er von Adam und Eva abstamme, nur, dann sind wir alle Kinder Gottes, auch ohne großartige göttliche Verkündigung.

Aber sein Wiederkommen stellte er seiner Generation noch in Aussicht. Nachdem man darauf vergebens gewartet hatte, wurde alles in die ungewisse Zukunft verschoben, bis man schlussendlich zur religiösen Auffassung kam, alles spielt sich erst nach dem Tode des Menschen ab, dann gibt es ein Weltgericht, ob dabei auch Andersgläubige sein werden, wurde nie angedacht und deshalb auch nie beantwortet. Ist das auch den Sauriern so ergangen?

Wer die Briefe von Paulus gelesen hat, der fragt sich, warum sie überhaupt Eingang gefunden haben in die Heilige Schrift.

Auch im Religionsunterricht sind sie verzichtbar, da keine großartigen Aussagen oder Erkenntnisse vorliegen, nur die steten Wiederholungen an seine Brüder, christliche Werte zu pflegen.

Was sollen die unbeantworteten Briefe des Paulus, die wahrscheinlich nie einen Empfänger fanden?

Die Briefe von Paulus sind ein Spiegelbild seiner eigenen Seele zu nennen, sie sind Monologe ohne erwartete Antworten. Hätte man Beantwortungen gebracht, dann wären einseitige religiöse Steigerungen seinerseits ausgeblieben. Woher hat er alle seine Erkenntnisse, die nicht immer mit der Gewaltlosigkeit und Nächstenliebe von Jesus übereinstimmen?

Belanglos und so nebenbei erwähnt er Fesseln und Ketten, in denen er zu leiden hatte, aber nähere Umstände bleiben im Dunkeln.

Man hat den Eindruck, dass er sich dafür etwas schämte, weil er aus religiösen Gründen verfolgt wurde. Er selbst berichtet auch, dass nicht alle Menschen seine Ansichten teilten und dass sie trotz seinen großen Anstrengungen widersprachen und von seinen Erkenntnissen nicht zu überzeugen waren.

Jakobus (der Bruder Jesu)

Jakobus, ein Sklave Gottes und des Herrn Jesus Christus, an die zwölf Stämme, die überall zerstreut sind (Jak. 1:1).

Warum spricht ein Mensch von „Gott und vom Herrn Jesus Christus" und noch dazu als Sklave, wenn der Herr doch sein eigener Bruder ist?

Dann spricht er von den zwölf Stämmen, die „überall zerstreut" sind?

Könnte dies ein Hinweis darauf sein, dass dieses Schreiben nach dem „Jüdischen Krieg" 70 n. Chr. verfasst wurde, nachdem die Römer den Tempel in Jerusalem zerstört hatten? Die Zeloten in Judäa begannen den Aufstand 66 n. Chr. gegen die Römer. Ein Ende fand der Aufstand mit der römischen Eroberung der Festung von Masada 74 n. Chr. (Wikipedia)

Auch Jakobus sieht den Reichtum als nicht von Gott gewünscht. Es wird niemand persönlich angesprochen aber es bleibt der Reiche eben anonym als etwas Negatives (Jak. 1:11).

Der Reichtum der religiösen Hoheiten ist damit aber nicht gemeint, der steht ja auch Gott zu, daran denkt man anscheinend gar nicht, sondern eher an den von den sündhaften und bösen Mitmenschen. Man wird das Gefühl eines Neid-Denkens nicht los. Wobei der Neider sich einer göttlichen Zustimmung sicher fühlt. Dass Armut vielleicht auch mit Faulheit zu tun haben könnte, ist kein Thema im damaligen Orient!

In unserer Zeit konnte man schon mal hören, dass ein Mensch, der keinen Fleiß entwickelt und so in den Tag hineinlebt, dem Herrn einen Tag gestohlen hat.

Dass der Reiche vielleicht auch ein guter Mensch sein könnte, dem Gedanken wird keine Chance gegeben. Saubere und reine Vorurteile, deren Wert nicht näher untersucht wird.

Ehebrecherinnen, wisst ihr nicht, dass die Freundschaft mit der Welt Feindschaft mit Gott ist?

Wer immer daher ein Freund der Welt sein will, der stellt sich als ein Feind Gottes dar (Jak. 4:4).

Hallo – Freundschaft mit den Menschen in der Welt bedeutet Feindschaft mit Gott?

Gewaltige philosophische oder religiöse Weisheiten, die nur für Gläubige verständlich sind?

Mit einem Hang zum Neid sehnt sich fortwährend der Geist, der in uns Wohnung genommen hat (Jak. 4:5). Spricht Jakobus aus seiner Seele?

Jeder der großen Heiligen rührt in der Suppe von Fleisch und Geist: Bei Paulus konnten wir lesen, dass der Geist des Menschen etwas mit dem Göttlichen zu tun hat, und das Fleischliche der bösen Verlockung anheimfällt; hier bei Jakobus ist es der Geist, der vom Hang zu Neid befallen wird. Frappierende Widersprüche – wirre Machenschaften in der Religion.

Gebt dem Elend Raum, und trauert und weint.

Euer Lachen wandle sich in Trauer und eure Freude in Niedergeschlagenheit.

Erniedrigt euch in den Augen des Herrn, und er wird euch erhöhen (Jak. 4:9/10).

Ihr Reichen heult über euer Elend, das über euch kommt. Euer Reichtum ist verfault, und eure Kleider sind von Motten zerfressen. Euer Gold und Silber ist verrostet, und ihr Rost wird ein Zeugnis wider euch sein und wird eure Fleischteile fressen (Jak. 5:2/3).

Ab wann beginnt denn der aus religiöser Sicht verachtungswürdige Reichtum?

Muss man einen solchen nicht ohnedies hier auf der Erde zurücklassen?

Ihr habt in Luxus gelebt auf der Erde und seid auf sinnliche Vergnügen aus gewesen. Ihr habt euer Herz fett gemacht am Schlachttag. Ihr habt verurteilt, ihr habt gemordet den Gerechten (Jak. 5:5).

Ist jemand unter euch krank? Er rufe die älteren Männer der Versammlung zu sich, und sie mögen über ihn beten und im Namen des Herrn mit Öl einreiben. Und wenn er Sünden begangen hat, wird ihm vergeben werden (Jak. 5:14/15).

Wie immer schon gehabt, bei Krankheit hilft nur beten und der Glaube an den Herrn ist fest zementiert im orientalischen Denken.

Es ist sehr erstaunlich, dass der Bruder des Herrn kein einziges Wort über das Wunderwirken seines Bruders Jesus hier erzählt, der immerhin als Gottessohn verehrt wird. Nochmal: Sehr erstaunlich!

Die angeblich vollbrachten Wunder von Jesus mussten doch so irreal und großartig gewesen sein, dass man sie nicht einfach übergehen oder ignorieren konnte.

Es stellt sich die berechtigte Frage: Haben sich die anderen Erzähler getäuscht, oder haben sie von dem Gehörten maßlos übertrieben, wenn Jesus „Besessene" von Dämonen befreite, oder die von Epilepsie befallenen heilte, die nach ihrem Anfall ohnedies wieder normal wirkten.

Jakobus, der Bruder von Jesus bleibt hierbei sehr realistisch, indem er übertriebene Erzählungen nicht wiederholt, sondern seine Zuhörer zur Nächstenliebe und zu Barmherzigkeit aufruft, den Reichtum verdammt aber sonst jede Hilfe gerne annimmt, wie sein Bruder Jesus.

Der erste Brief des Petrus

Petrus, ein Apostel Jesu Christi, an die zeitweise Ansässigen, die zerstreut sind in Pontus, Galatien, Kappatozien, Asien und Bithynien (1Pe. 1:1).

Allerdings war er (Jesus) vor Grundlegung der Welt im Voraus erkannt, doch wurde er am Ende der Zeiten um euretwillen offenbar gemacht (1Pe. 1:20).

Das Ende von Jesus war „das Ende der Zeiten"?

Denn alles Fleisch ist wie Gras, und all seine Herrlichkeit ist wie des Grases Blüte; das Gras verdorrt, und die Blume fällt ab, aber das vom Herrn Gesagte bleibt für immer.

Nun, das ist das „Gesagte", was euch als gute Botschaft verkündet worden ist (1Pe. 1:24/25).

Ihr aber seid ein auserwähltes Geschlecht, eine königliche Priesterschaft, eine heilige Nation, ein Volk zum besonderen Besitz, damit ihr den Vorzug dessen weit und breit verkündet, der euch aus der Finsternis in ein wunderbares Licht berufen hat (1Pe.2:9).

Großartige Botschaft ohne Echo, ohne Steigerungsmöglichkeit, von einer religiösen oder nationalen Verblendung kündend! Was damals so dahergeredet wurde, kann heute so nicht stehen bleiben.

Die jüngere Geschichte kennt ebenfalls solche hochtrabenden Besonderheiten, die man aus menschenrechtlichen und völkerrechtlichen Gründen nicht mehr straffrei zu akzeptieren bereit ist!

Noch fragwürdiger wird die Angelegenheit, wenn von selbsternannten Größen behauptet wird, dass Gott persönlich dahinter steht. Dann sind nämlich nicht Gerichte, sondern Mediziner gefordert!

Denn einst wart ihr kein Volk, jetzt seid ihr Gottes Volk; ihr wart die, denen nicht Barmherzigkeit erwiesen worden war, seid jetzt aber die, denen Barmherzigkeit erwiesen worden ist. (1Pe. 2:10) Geliebte, ich ermahne euch als Fremdlinge und zeitweilig Ansässige, euch der fleischlichen Begierden zu enthalten, die ja mit der Seele im Streite liegen (1Pe. 2:11).

Wie oft muss dies noch wiederholt werden, obwohl es trotzdem nicht zur Wirklichkeit gehört? Auch bei Petrus ist es so und nicht anders! Der ewige Schatten der frohen Botschaft und der Barmherzigkeit, der beständig zum Fluche führt.

Er selbst (Jesus) trug unsere Sünden in seinem eigenen Leibe an den Stamm hinauf, damit wir mit Sünden nichts mehr zu tun hätten und der Gerechtigkeit leben könnten (1Pe. 2:24).

Wie, ist denn die Menschheit und die ganze Welt voll unsäglicher Sünde und sollte unentwegt Buße tun, wenn doch Jesus uns bewusst von allem erlöst hat? Damit sind die Priester für ein und allemal verzichtbar, oder doch nicht?

Es folgen Aufrufe zur Gehorsamkeit; die jungen Männer zu den älteren, wie auch die Frauen ihren Männern zu Gehorsamkeit verpflichtet sind.

Warum sind sie dazu verpflichtet? Warum sollte ein Junger einem alten Trottel gehorsam sein, der auch noch ohne Schulbildung ist?

Man sollte auch nicht Böses mit Bösem und Streit mit Streit vergelten und Unrecht mit Unrecht, sondern immer liebevoll nur Gutes tun. Gut so, man hat von Jesus gelernt!

Durch Silvanus, einen treuen Bruder, wie ich ihn schätze, habe ich euch einige Worte zur Ermunterung und zum ersten Zeugnis davon geschrieben, dass dies die wahre unverdiente Güte Gottes ist; in dieser steht fest (1Pe. 5:12). Es grüßt euch aus Babylon die Gemeinde, die Auserwählte wie ihr, ebenso Markus, mein Sohn (1Pe. 5:13).

Grüßt einander mit einem Kuss der Liebe (1Pe. 5:14).

Hier konnte man es lesen, wie auch bei Paulus, dass auch Petrus des Schreibens nicht mächtig war.

Der zweite Brief des Petrus

Durch diese Dinge hat er uns die kostbaren und überaus großen Verheißungen geschenkt, damit ihr durch diese Teilhabe an der göttlichen Natur werden mögt, indem ihr dem Verderben, das durch die Sinneslust in der Welt ist, entronnen seid (2Pe. 1:4).

Kann sich der Leser bei den Wörtern „Verderben" verbunden mit „Sinneslust" das von Abscheu gezeichnete, alte Gesicht von Petrus vorstellen? Für ihn gab es wohl nichts Schrecklicheres als das Verbrechen aus Sinneslust in Verbindung mit Verdammnis und dies in alle Ewigkeit, Amen.

Entstammte alles seiner Phantasie, oder hat er die Verdorbenheit gesehen oder gar miterlebt?

Der Moses hatte doch Gesetze gemacht, auf die sich auch die Apostel beriefen, war das alles zu wenig, damit ein Volk in einer geordneten Gesellschaft leben konnte, oder waren die Gesetze trotz göttlicher Hilfe untauglich, da man sich nicht daran hielt?

Und das sollt ihr wissen, dass keine Prophezeiung der Schrift irgendeiner privaten Auslegung entspringt. Denn Prophetie wurde niemals durch den Willen eines Menschen hervorgebracht, sondern Menschen redeten von Gott aus, wie sie vom Heiligen Geist getragen wurden (2Pe.1:20/21).

Wunderschöne religiöse Ansichten, nur beschämend für einen Gott, der dazu keine Stellung nimmt! Es gibt einen Grund, warum wir schon lange keine Propheten mehr haben, da die ganze Welt auf ihr untaugliches „Wissen", das zum „göttlichen" Diktat führte, gerne verzichten können.

Dann wird Noah als ein Prediger der Gerechtigkeit erwähnt, der eine Sintflut über eine gottlose Welt überlebte. Auch Sodom und Gomorrha wurden wegen Gottlosigkeit der Einwohner eingeäschert. Petrus kann nichts anderes sagen, denn man hatte kein anderes Wissen in seiner Zeit.

Wir haben heute mehr Erkenntnisse als der gottesfürchtige Petrus damals, und das hat nichts mehr mit Gottlosigkeit, sondern mit umfangreicherem Wissen zu tun, wenn uns solche Geschichten keinen Schrecken von der göttlichen Allmacht und der ewigen Verdammnis mehr einjagen.

Lieber Petrus: Hier hilft kein Gebet mehr, sondern nur die Hoffnung auf unsere eigene Vernunft, denn der Herr hat uns in allem Elend, bis hin zum Ersten und Zweiten Weltkrieg, alleine gelassen. Unsere Eigenverantwortlichkeit ist in allen Bereichen unseres irdischen Daseins unübersehbar. Genau deshalb kann und darf man sich nicht auf einen Gott verlassen, weil wir immer von Gott verlassen waren, oder von allen Göttern!

Zum Abschluss schreibt Petrus, dass diese Erde im Feuer vergehen wird (2Pe. 3:12).

Doch gibt es neue Himmel und eine neue Erde, die wir gemäß einer Verheißung erwarten, und in dieser wird Gerechtigkeit wohnen (2Pe. 3:13).

Was für grenzenlose, himmlische Aussichten für jene, die das dann endlich erleben dürfen! Es ist sehr interessant, dass Petrus, der Apostel und rechtmäßige Nachfolger, kein einziges Wort vom großen Wunderwirken von Jesus berichtet. Kein einziges Mal!

Als steter Begleiter seines Herrn konnten ihm doch solche Wunder anders als anderen, die die Geschichten vom „Hörensagen" erfahren und weitererzählt haben, nicht entgangen sein.

Es müsste ja sogar ein Schock gewesen sein, wenn da plötzlich ein Zombie als Verstorbener, noch in Leinen gewickelt, aus seiner Gruft hervorkommt, weil ihn Jesus zum Leben erweckt hat. Oder wenn Jesus bei Sturm und Regen über das Wasser der stürmischen See schreitet.

Kein einziges Wort verliert er über Wunder, sondern nur Ermahnungen zur Brüderlichkeit unter seinen Anhängern werden von ihm gepredigt. Außerdem erzählt die Chronik, dass Petrus in Rom gewirkt habe und dort sogar gekreuzigt worden sei. Seine Schreiben entstanden aber in einer ganz anderen Weltgegend.

Der erste Brief des Johannes

Wenn wir jedoch im Lichte wandeln, wie er selbst im Lichte ist, so haben wir miteinander teil, und das Blut Jesu, seines Sohnes, reinigt uns von allen Sünden (1Joh. 1:7).

Mein Kindlein (an welches Kindlein geschrieben wird, geht hier nicht hervor), ich schreibe euch (warum euch, wenn er an ein Kindlein schreibt?) diese Dinge, damit ihr keine Sünden begehen mögt. Und doch, wenn jemand eine Sünde begeht, so haben wir einen Helfer beim Vater, Jesus Christus, einen Geretteten (1Joh. 2:1). Und er ist ein Sühneopfer für unsere Sünden, doch nicht nur für unsere, sondern auch für die ganze Welt (1Joh. 2:3).

Da haben wir ihn wieder, den kostenlosen internationalen Rundumschlag, der klingt immer gut!

Kinder, es ist die letzte Stunde, und so, wie ihr gehört habt, dass der Antichrist kommt, so sind nun auch viele zu Antichristen geworden; aus dieser Tatsache erkennen wir, dass es die letzte Stunde ist. (1Joh. 2:18). Der Antichrist, er kommt, habt ihr gehört, und er ist schon in der Welt (1Joh. 4:3).

Selbst bis heute wird über das Kommen des „Antichristen" spekuliert, der hier zum ersten Male in Erscheinung tritt und nur bei Johannes erwähnt wird (1Joh. 2:18/2 und 22/4 und 2Joh.7).

Seht, was für eine Liebe uns der Vater erwiesen hat, dass wir Kinder Gottes genannt werden sollen; und solche sind wir (1Joh, 3:1).

Das haben wir auch schon herausgefunden, wenn alle wie Jesus von Adam und Eva abstammen! Denn das ist die Botschaft, die ihr von Anfang an gehört habt, dass wir einander lieben sollten, nicht wie Kain, der aus dem stammte, der böse ist, und seinen Bruder hinschlachtete (1Joh. 3:11/12). Kain stammt von dem ab, der böse ist? Das war doch auch Adam, von dem er abstammte. Aber von dem leitete dann auch Jesus seine Herkunft ab! Die Basis einer Weltreligion schwächelt!

Gott ist Liebe, und wer in der Liebe bleibt, bleibt in Gemeinschaft mit Gott, und Gott bleibt in Gemeinschaft mit ihm (1Joh. 4:16).

Dann reitet er ständig auf der Liebe, Gott und Jesus herum; und dies mehrmals im Kreise.

Jeder, der aus Gott geboren wurde, treibt keine Sünde (1Joh. 5:18).

Der zweite Brief des Johannes

Dies ist der Betrüger und der Antichrist, die das Kommen des Jesus Christus im Fleisch nicht bekennen (2Joh. 1:7).

Obwohl ich euch viele Dinge zu schreiben habe, will ich es nicht mit Papier und Tinte tun, sondern lieber mit euch von Angesicht zu Angesicht reden, damit ihr Freude in vollem Maße haben mögt (2Joh. 12).

Johannes hat bestimmt nicht das Wort Papier gebraucht, denn das gab es erst um 795 n. Chr. in der arabischen Welt und wurde in Bagdad erzeugt. (Wikipedia)

Der dritte Brief des Johannes

Der ältere Mann an Gajus, den geliebten, den ich in Wahrheit liebe (3Joh. 1).

Ich schreibe etwas an die Versammlung, aber Diotrephes, der unter ihnen gern den ersten Platz einnimmt, nimmt von uns nichts mit Respekt an (3Joh. 9).

Geliebter, ahme nicht das Böse nach, sondern das Gute. Wer Gutes tut, stammt von Gott (3Joh. 11).

Ich hoffe, dich bald zu sehen, und wir werden von Angesicht zu Angesicht reden (3Joh. 14).

Sehr erstaunlich, auch hier erwähnt Johannes kein Wort über das Wirken von Jesus bezüglich vollbrachter Wunder, um seine göttliche Herkunft damit zu beweisen!

Johannes müsste mehr wissen, denn er gehörte doch zu den ständigen Begleitern von Jesus.

Der Brief des Judas (auch ein Bruder von Jesus, wie Jakobus)

Barmherzigkeit und Frieden mögen euch gemehrt werden (Ju. 2).

Gewisse Leute haben sich eingeschlichen, gottlose Menschen, welche die unverdiente Güte unseres Gottes zu einer Entschuldigung für Zügellosigkeit verkehren und sich gegenüber unserem alleinigen Gebieter und Herrn, Jesus Christus, als falsch erweisen (Ju. 4).

Er bezeichnet seinen Bruder als Herrn und Gebieter, Jesus Christus! Ungewöhnlich? An wen das banale Schreiben gerichtet ist, geht aus dem Inhalt nicht hervor.

Jedenfalls beklagt er die Sündhaftigkeit seiner Mitmenschen und ruft seine Geliebten zur Standhaftigkeit im Glauben auf, indem er im Alten Testament auf die Suche geht und vergleicht.

Es scheint so, als ob sich alle wunderbar im Alten Testament ausgekannt hätten, was eigentlich nur Priester von sich behaupten konnten, die Zugang zu den Schriften hatten.

Alleine Gott, unser Retter durch Jesus Christus, unseren Herrn, sei Herrlichkeit, Majestät, Macht und Gewalt für die ganze vergangene Ewigkeit und jetzt und bis in alle Ewigkeit. Amen (Ju. 25).

Ungewöhnlich die Formulierungen für seinen eigenen Bruder in einem banalen Schreiben, dessen Verfasser jeder andere auch sein könnte.

Sehr erstaunlich, auch sein Bruder Judas berichtet nichts über ein angebliches Wunderwirken von Jesus. Immerhin hätte er hier die Möglichkeit gehabt, sich als Bruder von Jesus so richtig in Szene zu setzen und auch Kapital in der Form daraus zu schlagen, indem er größeren Einfluss auf die Versammlung nimmt, wie mehrmals erwähnt wird.

Wurden diese Briefe vielleicht nie abgeschickt oder nur nachträglich gezielt geschrieben? Die Briefe waren nicht an größere Gruppen oder gar an ganze Städte gerichtet, sondern alleine an die kleinen Gruppen, die sich als Anhänger von Jesus sahen, die später Christen genannt wurden. Eigentlich Abtrünnige vom alten jüdischen Glauben, die damit als Sektierer zu bezeichnen waren.

Offenbarung des Johannes

Eine Offenbarung von Jesus Christus, die Gott ihm gab, um seinen Sklaven die Dinge zu zeigen, die in Kürze geschehen sollen (Off. 1:1). Und er sandte seinen Engel aus und legte sie durch ihn in Zeichen seinem Sklaven Johannes dar, der von dem Wort, das Gott gab, Zeugnis ablegte und von dem Zeugnis, das Jesus Christus gab, ja von allem, was er sah. (Off. 1:2).

Unverdiente Güte und Friede sei euch von „dem Einen, der ist und war und der kommt"", und von den sieben Geistern, die vor seinem Throne sind, und von Jesus Christus, der „der treue Zeuge" ist „der Erstgeborene von den Toten" und „der Herrscher über die Könige der Erde".

Ihm, der uns liebt und der uns durch sein eigenes Blut von unseren Sünden losgemacht hat – und er hat uns zu seinem Königtum, zu Priestern für seinen Gott und Vater gemacht – ja ihm sei die Herrlichkeit und die Macht immerdar, Amen. (Off. 1:4/6).

Hochtrabender sprachlicher Beginn, und genauso geht es weiter. Es hat den Anschein, dass man es nicht überwinden konnte, dass Jesus als König der Juden gekreuzigt wurde, weshalb ihm nachträglich der Thron zugesprochen wird, wenn er dann wieder kommt. Er kommt mit den Wolken, und jedes Auge wird ihn sehen, auch die, die ihn durchstochen haben; und alle Stämme der Erde werden sich seinetwegen vor Leid schlagen.

Ja, Amen (Off. 1:7). Nun, haben sie sich seinetwegen schon geschlagen?

Sogar die, die ihn durchstochen haben, werden ihn sehen! Leider alles irreale Spekulation!

Ich, Johannes, euer Bruder und ein Teilhaber mit euch an der Drangsal und am Königreich und am Ausharren in Gemeinschaft mit Jesus, gelangte auf die Insel, die Patmos genannt wird, weil ich über Gott gesprochen und von Jesus Zeugnis abgelegt hatte (Off. 1:9).

Durch Inspiration befand ich mich am Tage des Herrn, und ich hörte hinter mir eine starke Stimme, gleich der einer Trompete, die sprach: „Was du siehst, schreibe es in eine Buchrolle, und sende es den sieben Versammlungen: in Ephesus und in Smyrna und in Pergamon und in Thyatira und in Sardes und in Philadelohia und in Laodicea." (Off. 1:11)

Die Buchrollen muss er wohl vervielfältigen. Er folgt dem Muster von Moses, nur etwas gewaltiger.

Und als ich mich umdrehte, sah ich sieben goldene Leuchter und inmitten der Leuchter einen gleich einem Menschensohn, bekleidet mit einem langen Kleid und um die Brust ein goldener Gürtel.

Überdies war sein Haupt und sein Haar weiß wie weiße Wolle, wie Schnee, und seine Augen wie eine Feuerflamme und seine Füße waren gleich feinem Kupfer, wenn es im Ofen glüht; und seine Stimme war wie das Rauschen vieler Wasser. Und er hatte in seiner rechten Hand sieben Sterne, und aus dem Munde ging ein scharfes, langes zweischneidiges Schwert hervor, und sein Antlitz war wie die Sonne, wenn sie in ihrer Kraft leuchtet. Und als ich ihn sah, fiel ich zu seinen Füßen wie tot. Und er legte seine Rechte auf mich und sprach: „Sei ohne Furcht. Ich bin der Erste und der Letzte und der Lebende; und ich wurde ein Toter, doch siehe, ich lebe für immer und ewiglich, und ich habe die Schlüssel des Todes und des Hades." (Off. 1:12 bis 18) Wie konnte die Erscheinung so schön sprechen mit einem zweischneidigen Schwert im Mund? Wahrscheinlich kann heute nur ein Drogenabhängiger diese Erzählung richtig nachvollziehen! Wie war es möglich, so genau zu erzählen, was Johannes für einen kurzen Moment gesehen hat? In der rechten Hand hielt er sieben Sterne, und trotzdem hat er mit der Hand Johannes berührt? Und wer hatte dies alles angefertigt, womit jener bekleidet war, den er als Apostel begleitete, wer hatte Gold und Kupfer dafür geliefert?

Auch diese Erklärung von Johannes qualifiziert ihn nicht als glaubwürdigen Berichterstatter, dem man eine Geschichte als absolut der Wahrheit entsprechend abnehmen könnte. Johannes war doch ein Apostel, der Jesus eigentlich sehr gut gekannt haben müsste? Nun erzählt er von einer befremdlichen Begegnung mit ihm, die mit allem nicht zusammenpasst.

Jesus persönlich gekannt zu haben, reichte anscheinend nicht aus, um sein Wirken in höchstem Maße zu glorifizieren, es bedurfte mehr, um eine eigene Religion daraus zu machen.

Dem Engel der Versammlung in Ephesus schreibe: „Ich kenne deine Taten und deine mühevolle Arbeit und dein Ausharren und weiß, dass du schlechte Menschen nicht ertragen kannst. Du hast die Liebe verlassen, weshalb du bereuen sollst." (Off. 2:1 bis 7). War denn der Engel mit einem Brief erreichbar, oder ist dies nur eine sinnlose Formulierung?

Und dem Engel der Versammlung in Smyrna schreibe: „Diese Dinge sagt der Erste und der Letzte, der ein Toter wurde und wieder zum Leben kam. Ich kenne deine Drangsal und Armut und die Lästerungen derer, die sagen, dass sie Juden seien, sie sind aber eine Synagoge des Satans."

Ein direkter Kontakt mit den Engeln war nur über die Post möglich?

Und dem Engel der Versammlung in Pergamon schreibe: „Ich weiß, wo du wohnst, da wo der Thron des Satans ist; und doch hältst du weiterhin an meinem Namen fest. Wenn du nicht bereust, komme ich eilends zu dir, und ich will mit dem langen Schwert meines Mundes Krieg mit ihnen führen." (Off. 2:8)

Und dem Engel der Versammlung in Thyatira schreibe: „Ich kenne deine Taten und deine Liebe und deinen Glauben und deinen Dienst, damit ihr völlig auf die Probe gestellt werdet, und ihr werdet zehn Tage lang Drangsal haben. Erweise dich treu selbst bis in den Tod, und ich will dir die Krone des Lebens geben."

Und dem Engel der Versammlung in Pergamon schreibe: „Ich weiß, wo du wohnst, nämlich da, wo der Thron des Satans ist. Bereue also, sonst komme ich mit dem Schwert um Krieg zu führen." (Off. 2:12)

Wie locker sitzt denn das christliche oder göttliche Schwert noch immer?

Und dem Engel der Versammlung in Thyatira schreibe (den hatten wir schon?): „Diese Dinge sagt der Sohn Gottes; ich kenne deine Taten und deine Liebe und deinen Glauben und deinen Dienst und dein Ausharren und weiß, dass deine jüngsten Taten mehr sind als der Früheren. Du duldest aber das Weib Isebel, die sich Prophetin nennt. Sie opfert aber den Götzen und lehrt die Hurerei. Sie soll bereuen, sonst werde ich ihre Kinder mit tödlichen Plagen töten." (Off. 2:18) Der heilige Johannes hat den christlichen Weg verlassen und droht schamlos mit Mord!

Der Gottessohn weiß bestimmt, dass seit der NS-Zeit die Sippenhaftung als verwerflich gilt. Es muss Unwissenheit oder Verlogenheit bedeuten, wenn dies einem Propheten verschwiegen wird.

Und dem Engel in Sardes schreibe: „Werde wach und stärke die übrigen Dinge, die am Sterben waren, denn sonst komme ich über dich wie ein Dieb, ohne dass du die Stunde kennst." (Off. 3:1)

Und dem Engel in Philadelphia schreibe: „Halte weiterhin fest, was du hast, damit niemand deine Krone nehme." Der Engel hatte sogar eine Krone! (Off. 3:7)

Und dem Engel von Laodicea schreibe: „Ich wünsche du wärest heiß oder kalt. Weil du aber lau bist, weder heiß oder kalt und ich werde dich aus meinem Munde ausspeien." (Off. 3:14)

Vielleicht wollte der überhaupt nicht in seinem Munde sein? Abgesehen davon, dass es mehr als sieben Sterne waren, gewinnt man den Eindruck, dass überall ein anderer religiöser Brei gekocht wurde, sehr zum Widerwillen von Johannes. Eine andere Frage, warum sollte er dies den Engeln an verschiedenen Orten mitteilen? Ein Versuch, Einfluss zu nehmen auf alle anderen Prediger, die die frohe Botschaft verkündeten? Bei Konzilen werden später einheitliche Richtungen vorgegeben, was dann aber auch zu Kirchenspaltungen geführt hat. Danach gab es nur einen Jesus und einen Gott aber viele verschiedene Kirchen. Als es dann soweit war, haben sich die Prediger gegenseitig exkommuniziert.

Nach diesen Dingen sah ich eine geöffnete Tür im Himmel, und die Stimme sagte: „Komm hier herauf, und ich werde dir die Dinge zeigen, die geschehen sollen." (Off. 4:1)

Ein Thron war im Himmel aufgestellt, und der darauf Sitzende glich einem Jaspisstein und einem kostbaren rotfarbigen Stein, und rings um den Thron ein Regenbogen gleich einem Smaragd.

Um diesen Thron standen 24 Throne mit älteren Personen darauf sitzend. Und rings herum sind vier lebende Geschöpfe, die vorn und hinten voller Augen sind.

Jedes der lebenden Geschöpfe hat je sechs Flügel, und sie haben Tag und Nacht keine Ruhe, während sie sagen: „Heilig, heilig, heilig ist der Herr und Gott, der Allmächtige, der war und der ist und der kommt." (Off. 1:19 bis 4:8). Geben die heute wieder Ruhe bei Tag und Nacht?

Wer glaubt, dass dies der letzte Zug aus einer Zigarette der Umnebelung war, oder was sonst zur Vernebelung konsumiert wurde, der irrt sich, denn es geht in dieser Form gleich weiter.

Herr verschone uns vor dem Übel, Amen!

Das hat nichts mit Gotteslästerung zu tun, sondern ist eine Aufforderung in Erschöpfung, anständige Menschen, die an einer göttlichen Macht festhalten wollen, nicht für geistig minderwertig oder gar geistig als irreparabel hinzustellen.

Dann fielen die 24 älteren Personen vor dem Lamm nieder, und jeder hatte eine Harfe und goldene Schalen, die voll Räucherwerk waren (sieh mal an, also doch duftendes Räucherwerk). (Off. 5:8) Alle Sterne waren auf die Erde gefallen!

Interessant die Vorstellung, dass die kleinen Lichter da oben am Firmament allesamt auf die kleine Erde fallen könnten! Wie niedlich, so viele kleine Lichtpunkte, die für uns heute Sterne sind! Für ganz normale Menschen, die heute des Lesens mächtig sind, eine Lachnummer aus Mitleid!

Und der Himmel entwich wie eine Buchrolle, und jeder Berg und jede Insel wurden von ihrer Stelle gerückt (Off. 6:14). Er sah vier Engel an den vier Enden der Erde stehen.

Da sind sie wieder, die vier Ecken der Erde. Hier halten sich aber nun vier Engel auf.

Ein fünfter kam vom Sonnenaufgang und rief den anderen zu: „Beschädigt nicht die Enden noch das Meer, bis wir die Sklaven Gottes an ihrer Stirn versiegelt haben." (Off. 7:1/3).

144 000 wurden versiegelt; aus jedem Stamm der Söhne Israels waren dies 12 000 (Off. 7:4/8).

Auch einen Altar gab es im Himmel! Warum und für wen? An wen sollte sich Gott wenden, oder sollte er sich selber am Altar verehren? Und was wollte Gott da oben opfern und für wen? (Off. 8:3) Gibt es im Himmel auch Schlachtvieh? Unglaublicher Bericht, den man nicht ernstnehmen kann!

Dann bliesen sieben Engel ihre Trompeten nacheinander, wobei Feuer und Blut zur Erde geschleudert wurden. Dann fiel ein Stern namens „Wermut" auf die Erde und verheerte ein Drittel der Erde. Der Stern, der auf die Erde gefallen war, schlug einen tiefen Schlund, und Rauch stieg daraus empor, und mit dem Rauch kamen Heuschrecken heraus auf die Erde (Off. 8:7 bis 13).

Die Heuschrecken bekamen Gewalt wie Skorpione, die nur die Menschen angriffen, die kein Siegel auf der Stirn trugen, wie die vom Stamme der Hebräer (Off. 9:4).

Und wieder blies ein Engel die Trompete und sagte: „Bindet die vier Engel los, die an dem großen Strom Euphrat gebunden sind." Sie waren bereit, ein Drittel der Menschen zu töten (Off. 9:15).

Alles Geschehen, das große Verderben, wurde begleitet von den Mächten Gottes jener Zeit, nämlich von gewaltigen Blitzen und Donnern und Erdbeben. Ein schrecklicheres Szenario gab es für die Menschen damals nicht, denn Atomwaffen kannte man noch nicht, und sie wurden auch nicht erwähnt.

Welch ein Armutszeugnis für alle einstigen großen Propheten, die doch Künftiges zu sehen glaubten.

Krieg brach aus im Himmel: Michael und seine Engel kämpften mit dem Drachen, die Urschlange, der Teufel und Satan genannt wird, und er wurde mit seinen Engeln zur Erde geschleudert (Off. 12:7 bis 9). Reicht denn nicht ein Krieg auf Erden, nun auch noch im Himmel?

Diese schreckliche Geschichte geht noch detailliert weiter. Und ein wildes Tier wird erwähnt, das mit der Zahl 666 zu tun hat (Off. 13:18).

Diese Schauergeschichten gibt es nur hier und sie sind Erfindungen vom Apostel Johannes!

Und siehe, das Lamm stand auf dem Berge Zion und um ihn herum 144 000.

Die sind es, die sich nicht mit Weibern befleckt haben; in der Tat sie sind jungfräulich (Off. 14:4). Noch nie gehörter Krampf; man kann sich mit Weibern beflecken, und wer sorgt für Nachkommen?

Und ein zweiter Engel sprach: „Babylon, die große, ist gefallen, sie, die alle Nationen veranlasst hat, von dem Wein der Wut ihrer Hurerei zu trinken." (Off. 14:8)

Babylon hat man nicht vergessen und anscheinend auch nicht verziehen, obwohl man aus Gottesstrafe dorthin entführt worden war. Babylon, der ewige Schatten über der Kultur der Hebräer!

Und ich hörte den Altar (?) sprechen: „Ja, Herr und Gott, du Allmächtiger, wahrhaftig und gerecht sind deine richterlichen Entscheidungen." (Off. 16:7) Ließ der Apostel Johannes bislang Engel und Untiere sprechen, sprach jetzt sogar der Altar! Der kraftvolle, abartige Einfallsreichtum scheint nun langsam erschöpft zu sein.

Nur stellt sich die Frage: Warum hat man die Nachbearbeitung dieser alles Bisherige an Wundern und phantastischen Geschichten übertreffenden „Offenbarung" nicht ein wenig einer gewissen Realität angeglichen, um einer unendlichen, schamvollen Lächerlichkeit für immer zu entgehen?

Ein von Religion besessener Johannes versucht hier das Register aller möglichen Strafen zu schildern, wenn die Menschen, oder die damals bekannten Nationen, nicht dem großen Herrn und Gott der Hebräer huldigen, sondern ihn verhöhnen.

Diese Huldigungen haben nicht nur christliche Kirchen, sondern auch Staaten bis in die Neuzeit als Machtinstrument für sich in Anspruch genommen, sehr zum Leidwesen der Völker und Nationen.

Leider ist es nicht möglich, das Huldigen imaginärer Mächte oder Götter und ihrer Repräsentanten auf dieser Erde ein für allemal juristisch zu untersagen. Es diente aber dem Wohlergehen der menschlichen Zukunft und vor allem den Menschen unterschiedlicher Religionen.

Obwohl am Berg Zion die gekennzeichneten Überlebenden versammelt wurden, fährt Johannes mit seinen Erzählungen fort, wie die himmlischen Mächte in Form von Engeln sich ihre Schlachtopfer auf der Erde aussuchten, und dies umfangreich und ohne Ende.

Sieben Engel, sieben Plagen, wie wir es vom Alten Testament her kennen (Off. 15:1).

Es war kein Versehen, dass der Altar gesprochen hatte. Hier eine Wiederholung (Off. 16:7).

Es ging dabei um Rache an denen, die das Blut von Heiligen vergossen haben.

Was würde aber sein, wenn diese bösen Menschen gar nicht mehr lebten? Die gesamte oder die Gesamtheit der Offenbarung für die Katz? Nein, Strafen für sündhafte Menschen kommen immer gut an und werden für immer fortbestehen. Und es geht bei der Bestrafung immer noch namentlich um den Bereich Babylon und Euphrat.

Siehe! Ich komme wie ein Dieb. Glücklich ist, wer wach bleibt und seine äußeren Kleider bewahrt, damit er nicht nackt einhergehe und man seine Schande sehe (Off. 16:15).

Was ist denn da so viel an Schande zu sehen bei Johannes, vielleicht nur ein Kümmerling?

„Es ist geschehen!" Blitze und Stimmen und Donner geschahen und ein großes Erdbeben über Har-Magedon, so wie es seit Beginn der Menschheit auf der Erde nicht gegeben hat (Off. 16:18).

Babylon, die Große, die Mutter der Huren und der abscheulichsten Dinge der Erde (Off. 17:5).

Darf man ungestraft, auch wenn man einst an Babylon gelitten hatte, so über eine Stadt reden, deren Bewohner nicht anders sind als in allen anderen Städten der Welt? Ungesättigte Rache-Phantasie?

Nebulöse Hinweise, was die Monsterwesen mit den Hörnern bedeuten (Off. 17:7 bis 18).

Was Johannes bislang vom Allerheiligsten „oben" schilderte, sah er nun wieder von unter den Himmel geöffnet und ein weißes Pferd. Und die Heere, die im Himmel waren, folgten ihm auf weißen Pferden (warum nicht auf Panzern?), und sie waren alle in weiße Leinwand gekleidet (Off. 19:11/14). Und auf seinem Oberschenkel stand geschrieben: König der Könige und Herr der Herren (Off. 19:16).

Wilde Tiere und Könige, mit ihnen der falsche Prophet, wurden noch lebend in den Feuersee geworfen, der mit Schwefel brennt. Und alle Vögel wurden von ihren Fleischteilen gesättigt (Off. 19:21). Die Vögel fraßen sich satt im schwefelig brennenden Feuersee?

Dann kam ein Engel mit einem großen Schlüssel, ergriff den Drachen, die Urschlange, welche der Teufel und der Satan ist, und band ihn für 1000 Jahre (Off. 20:1/2).

War der Drache, die böse Urschlange nur in der Phantasie der Gläubigen der Teufel? Wenn es die böse Urschlange nicht gab, gab es dann auch den Teufel nicht?

Er schleuderte ihn in den Abgrund, damit er die Nationen nicht mehr irreführe. Nach 1000 Jahren muss er für eine Weile losgelassen werden (Off. 20:3). Kommando: Loslassen!

Und die mit dem Beil hingerichtet wurden für Christus, regierten mit ihm für 1000 Jahre.

Das ist die erste Auferstehung (Off. 20:4 bis 6). Leider kein Hinweis auf welche 1000 Jahre!

Sobald 1000 Jahre herum sind, wird der Satan freigelassen, der die Nationen irreführt; Gog und Magog, um sie zum Krieg zu versammeln (Off. 20:7/8).

Sie umringten das Lager der Heiligen und die geliebte Stadt. Aber Feuer kam aus dem Himmel herab und verzehrte sie (Off. 20:9). Spekulationen für heutige Militärs: „Das Feuer vom Himmel!"

Und ich sah einen neuen Himmel und eine neue Erde. Ich sah die heilige Stadt, das neue Jerusalem, von Gott aus dem Himmel herabkommend, geschmückt wie eine Braut (Off. 21:1/2).

Und die Stadt hat weder Sonne noch Mond nötig, denn die Herrlichkeit Gottes wird sie erleuchten, und die Nationen werden mittels ihres Lichtes wandeln, und die Könige der Erde werden ihre Herrlichkeit in sie bringen (Off. 21:23/26).

Und er sprach zu mir: „Diese Worte sind zuverlässig und wahr; ja, Herr, der Gott der inspirierten Äußerungen der Propheten, sandte seinen Engel aus, um seinen Sklaven die Dinge zu zeigen, die in Kürze geschehen werden." (Off. 22:6)

Zuverlässig und wahr? Dennoch niemals eingetreten! Wann sind die 1000 Jahre herum?

Weiter spricht er zu mir: „Versiegel die Worte der Prophezeiung dieser Buchrolle nicht, denn die bestimmte Zeit ist nahe." (Off. 22:10) Wie viele 1000 Jahre war sie denn nah?

Welch ein Irrtum: Sie kam damals nicht, kam bis heute nicht und wird damit niemals kommen, denn eine so verrückt geschilderte Geschichte ist unwürdig, ernstgenommen zu werden!

Ein Gläubiger, der das ptolemäische Weltbild in sich verinnerlichte, dem konnte man die Himmelsgeschichten vom Johannes noch als unumstößliche Wahrheit vermitteln, aber einem modernen Menschen, der über das Geschehen in den gewaltigen Dimensionen des Universums informiert ist, kann man die Offenbarung nicht mehr als eine göttliche Wahrheit oder Weisheit verkaufen.

Ich, Jesus, sandte meinen Engel, um euch für die Versammlungen von diesen Dingen Zeugnis abzulegen. Ich bin die Wurzel und der Spross Davids und der hell glänzende Morgenstern (Off. 22:16). Nun verfügt Jesus auch noch über Engel!

Es spricht der, der von diesen Dingen Zeugnis ablegt: „Ja, ich komme eilend." (Off. 22:20) „Amen! Komm, Herr Jesus." Er kam weder eilend, sondern überhaupt nicht!

Jesus zu zitieren, sollte eindrucksvoll sein und sollte mit ihm in Verbindung gebracht werden, ist aber schamlose Überhöhung, da es nie zu einer Vollendung seiner irrealen Vorhersagen kam.

Jesus kam zu seiner Zeit nicht mehr wieder und wird niemals wiederkehren, da seine Erkenntnisse und seine Annahme, der Herr sei sein Vater, nur realitätsferne, religiöse Verblendung war.

Die Offenbarung ist ein Zeichen eines religiös verirrten oder verwirrten Menschen, der die Kontrolle über seinen Geist verloren hat und so zur Gefahr für seine Mitmenschen wird, da er Angst und Schrecken verbreitet. Somit hätte der Schreiber heute gewiss ein besseres Leben in einer Anstalt.

Wenn noch heute Menschen aus religiösen Gründen in den Tod getrieben werden, dann sollte es nicht verwunderlich sein, dass damals Leute einem religiösen Wahn verfallen konnten.

Alle Propheten von einst erfüllten nach der Vertreibung aus dem Paradies nicht die alttestamentarischen Vorschriften, dass der Mensch im Schweiße des Angesichts sein Brot zu verdienen hat.

Bei genauerer Betrachtung stößt man unweigerlich bei diesem Thema auf eine orientalische Psyche mit einer Schwätzer-Kultur. Treffen meine gewaltigen Sprüche heute nicht zu, dann werden sie später umso fürchterlicher sein. Das Grauen kann nicht groß genug geschildert werden, denn selber wird man es ja nicht mehr erleben. So einfach ist das in diesem religiösen Umfeld.

Legen die Theologen die Bibel so aus, dass ihr tägliches Brot durch Nichtstun gesichert ist?

Jesus hat sich umfangreich mit dem Austreiben von Dämonen beschäftigt, das ist heute nicht mehr nötig, da diese Menschen vorher in die Anstalt kommen. Um ihre Glückseligkeit zu erreichen, brauchen sie keinen Erlöser namens Jesus, sondern medizinische Versorgung.

Ganz nüchtern und ehrlich gesehen: Auch Jesus gehörte in die Kategorie der Tagträumer und Nichtstuer. Arbeiten ist nicht nötig, denn auch die Vögel ernten, säen aber auch nicht. Anscheinend war dies zu jener Zeit kein Grund zur Schande. Es ist nicht nötig, fleißig zu sein, denn der Herr gibt. Dieses Denken gehörte zu keiner Zeit zum europäischen Kulturkreis, da die Menschen hier mit den stark schwankenden Jahreszeiten leben mussten, die eine Vorsorge für harte Zeiten im Winter unumgänglich machten.

Es hat den Anschein, dass die Apokalypse als Abschluss der Heiligen Schrift so richtig Angst verbreiten und die Menschen mit ihrem schlechten Gewissen fester an den Glauben binden sollte.

Jedenfalls ist der Inhalt nicht mehr überbietbar, weshalb die Heilige Schrift hiermit ihr Ende findet.

Nachdem aber alle Schilderungen so wirklichkeitsfremd sind und wir heute ein völlig anderes Weltbild als Realität kennen, schaden solche wirren Erzählungen der Religion mehr, als sie ihr dienlich sind. Wir finden sie heute abstoßend und fühlen uns eher minderwertig behandelt, aber nicht an eine paradiesische Geschichte mit einer „frohen Botschaft" und an eine Weltreligion herangeführt!

Resümee: Das Neue Testament

Der Rauch, der Qualm und das Feuer haben sich verzogen, bleiben sollte ein Schock über das Gelesene des Johannes, der ein Apostel und Begleiter Jesu gewesen sein will.

In seinem Schreiben fehlt es an greifbarer Wirklichkeit, und seine Sätze bestehen nur aus Worthülsen, denen er mit mächtigen Formulierungen einen Sinn geben wollte, ein flacher und märchenhafter Auftritt ohne Hand und Fuß und ohne Bezug zur Realität. Es ist kaum vorstellbar, dass der Schreiber der „Offenbarung" auch der gleiche Schreiber von „Johannes" war und der drei Briefe des Johannes.

Und wenn doch, obwohl er des Schreibens gar nicht mächtig war? (Rö. 16:23)

Ganz gewiss war er dann im fortgeschrittenen Alter einem religiösen Wahn verfallen, in dem er sich in den Himmel begab und sich dort mit allen Heiligen unterhielt und mit dem Herrn selbst und mit Jesus, den er in der Ich-Form zitierte und den er noch von früher her gekannt haben sollte.

Es gab da oben aber keine Worte der Wiedersehensfreude.

Jesus war vorher verstorben, bevor er angeblich ins Himmelreich einging, doch dieser Johannes behauptete, als Lebender dorthin gelangt zu sein, um die Buchrolle des Lebens zu erhalten.

Das von ihm Gesehene und Gehörte von Glanz und Pracht ist so nach den damaligen irdischen Gegebenheiten ausgerichtet, wofür wir für unsere Zeit nichts, aber auch gar nichts abgewinnen können.

Einige Leute, die heute dennoch einen Funken Realität in diesen Schriften suchen, immerhin wird von einigen Örtlichkeiten gesprochen, die es noch heute gibt, glauben, es könnte sich ein modernes Szenario abspielen, wie die Endschlacht der Völker. Diese Völker gibt es aber, hier nachzulesen, nach dem großen Strafgericht trotzdem wieder. Also doch keine Endschlacht der Völker.

Großartige, fantasievolle Prophetie aber völlig unpassend für das Fundament einer Weltreligion!

Warum bedarf es im Himmel eines Thrones, nur weil die Menschen sich hier auf Erden diesen für einen Herrscher als eine würdige Sitzmöglichkeit vorstellen können, so auch für einen Gott? Wer hat denn das Mobiliar dazu angefertigt? Irdischer Schwachsinn ohne Ende!

Johannes gestaltet den Himmel oben nach seinen irdischen Vorstellungen – himmelschreiend!

Dann wird Jerusalem als die „heilige" Stadt gepriesen. Warum? Die damaligen Erzähler konnten einfach nicht wissen, dass nach Jesus eine neue Religion entstand, die vom Judentum nicht angenommen wurde. Für das Judentum waren die Christen ganz einfach Sektierer, die man für ihre Abtrünnigkeit zu bestrafen hatte. Außerdem herrschte ein andauernder Streit bezüglich der alten Schriften, die man endlos und unterschiedlich auslegen konnte.

Religion war zu allen Zeiten ein Thema, um sich zu zanken und zu streiten bis hin zu Mord und Totschlag. Leider hat sich das bis heute nicht geändert, und es stellt sich die Frage: Könnte sich dies jemals ändern? Positive Aussichten sind heute noch nicht allerorten erkennbar. Im Gegenteil, Provokation und Zwietracht scheinen sich auch im 21. Jahrhundert noch zu vertiefen und zu verstärken.

Es gibt für einen gebildeten Menschen keinen Grund mehr, über irgendeinen Punkt in der Bibel auf irgendeiner Seite zu streiten, da das gesamte Werk nicht mehr in unsere Zeit passt.

Strotzte das Alte Testament nur so von Irrealität, dann versuchte der Johannes mit seiner Offenbarung noch einen daraufzusetzen und wird damit unüberbietbar.

Nach diesem religiösen Orgasmus des Irrealen kann kein anderer Bericht mehr folgen.

Es muss für jeden gläubigen Christen die Frage unumgänglich sein, warum diese Irrealität im Neuen Testament aufgenommen wurde, anstatt einfach alles verschwinden zu lassen?

Viele nennen die Bibel ein Buch der Leidenschaft. Nein, denn man hat den untrüglichen Eindruck, dass vor allem Moses im Alte Testament für das Töten von Mitmenschen eine Legalität erhalten wollte. Ja, dass er sogar einen göttlichen Auftrag daraus ableitete, was Moses mit Unlogik bestens gelang. Damit handelt ein Schöpfer, auch Gott genannt, gegen seine eigene, unvollendete Schöpfung.

Aus Sicht der heutigen Christenheit ist nicht Jerusalem, sondern viel eher Rom oder der Vatikan, als eine „heilige" Stadt und als Zentrum eines religiösen Bekenntnisses, dem Christentum, zu betrachten.

Das ändert natürlich völlig die weisen „Offenbarungen" des Johannes, denn Jerusalem hätte damit nicht mehr diese Wichtigkeit, wie sie von ihm „gesehen" wurde.

Als Buch der Geschichte kann man weder das Alte noch das Neue Testament bezeichnen, denn zu ungenau ist jeweils der geschichtliche Hintergrund und zu realitätsfern sind die religiösen Schilderungen.

Schon der Titel „Heilige Schrift" kennzeichnet den religiösen Vordergrund, womit der geschichtliche Werdegang des hebräischen Volkes als Realität nur versuchsweise geschildert wird, indem man den Sohn von dem Sohn und so weiter bis zu Adam beschreibt und realistische Ortsnamen anführt, die auch heute noch bekannt sind. Aber alles in allem steht im Vordergrund der Beschreibungen jene Vergangenheit, die nicht mehr beweisbar ist. Eher kann man beweisen, dass die Erzählungen keine Wahrheiten präsentieren, da sie eben zu realitätsfern und in sich widersprüchlich sind.

Warum lag das Schwergewicht des Geschehens im religiösen Bereich?

Wie die Geschichtsforschung erkennt, verlagerte die Bevölkerung der Israeliten alles Bestreben in den religiösen Bereich, da wohl eine gewisse Ohnmacht über die militärische Überlegenheit der Griechen und der Römer nicht zu überwinden war. Obwohl man mehrmals versuchte, sich gegen die Besatzung zu stellen, was teilweise glückte, bis die Vertreibung durch die Römer eine jüdische Kultur im Lande der Vorväter beendete (Wikipedia). Die Perser beherrschten von 539 bis 333 v. Chr. die Länder, bis sie von Alexander dem Großen besiegt und vertrieben wurden. In der hellenistischen Zeit und nach dem Tode von Alexander wurde das Gebiet von Ptolemäern und Seleukiden regiert.

Seleukidenkönig Antiochus IV wollte den Jahwe-Tempel in Jerusalem zu einem griechischen Zeus-Tempel umbauen, und die Juden sollten griechischen Göttern huldigen. Es kam zum Aufstand, da der Hohepriester Mattathias sich weigerte, öffentlich anderen Göttern zu dienen. Gouverneur Appollonius organisierte 167 v. Chr. eine Strafexpedition, aber Judas Makkabäus, der Sohn von Mattathias, der inzwischen verstorben war, kam Appollonius zuvor und besiegte ihn. Dabei verlor Appollonius sein Leben. Es blieb bei Kampfhandlungen, und 161 v. Chr. verlor Judas Makkabäus sein Leben. Doch ein Friede war damit nicht erreicht.

Im Jahre 63 v. Chr. kamen aber die übermächtigen Römer und besetzten das Gebiet bis westlich des Euphrats in Syrien. Judäa wurde ein Teil der römischen Provinz Syrien.

Im ersten Jahrhundert vor Christus herrschte bei den Israeliten eine Endzeiterwartung. Viele glaubten, der „Tag des Herrn" werde durch menschliche oder göttliche Boten vorbereitet.

Im Jahre 6 n. Chr. wurde Judäa von den Römern der Provinz Syria zugeschlagen. In der Zeit kam es auch zum Aufstand, den Judas, Sohn von Ezechias, anführte. Dieser Judas war einer von vielen Volkspredigern, der sich auch als Messias ausgab.

Besonders die Zeloten führten einen gewaltsamen Aufstand gegen die römische Besatzung. Es gab aber auch gemäßigte Israeliten, die mit den Römern einen Ausgleich suchten.

Um 26 n. Chr. kam es zu schweren Unruhen, da Pontius Pilatus Kaiserbilder nach Jerusalem bringen ließ, und auch die Hinrichtung von Jesus von Nazareth, als Unruhestifter, gehört in diese Zeit.

Um 45 n. Chr. vollbrachte der Prediger Thaddäus große Wundertaten und umgab sich mit vielen Anhängern. Der Prokurator

Cuspius Fadus ließ ihn hinrichten. Um 52 n. Chr. provozierte ein römischer Legionär durch obszönes Verhalten blutige Unruhen, denen 20 000 Menschen danach zum Opfer fielen.

Die Lage verschärfte sich, als der Führer der Zeloten, Eleazar, immer aktiver auf Römer, Griechen und gemäßigte Juden Anschläge verübte.

Als 66 n. Chr. die jüdische Bevölkerung dem römischen Statthalter Gessius Florus 600 Sesterzen schuldig blieb, befahl er, in den Tempel einzudringen und vom Tempelschatz 435 Kilogramm Silber zu beschlagnahmen. Es kam zum Aufstand, und Gessius Florus konnte aus Jerusalem fliehen, während eine Kohorte von den Aufständischen niedergemetzelt wurde.

Zur Geschichte, was man in keinem Falle als Randerscheinung, sondern unbedingt als Realität im Leben eines Jesus Christus und seiner Zeit bezeichnen muss, und in der Bibel zu kurz kommt: Kaiser Nero schickte 66 n. Chr. unter dem Statthalter von Syrien, Gaius Cestius Gallus, die XII Legion mit Hilfstruppen nach Jerusalem. Die Einnahme scheiterte. Nicht nur 6 000 römische Soldaten verloren dabei ihr Leben, sondern auch der Legionsadler ging verloren.

Rom konnte diese Schmach nicht hinnehmen, weshalb 67 n. Chr. Vespasian mit 30 000 Legionären und ebenso vielen Hilfstruppen von Norden, von Osten und vom Süden her gegen jüdische Städte und Dörfer vorging. Männer, Frauen und Kinder wurden getötet und ihre Behausungen niedergebrannt. Im September 70 n. Chr. wurde Jerusalem eingenommen und die Tempelanlage zerstört.

In einem feierlichen Triumphzug wurden die nach Rom gebrachten Schätze des zerstörten Tempels von Jerusalem dem Volke gezeigt. Originaldarstellung auf der Innenseite des Titus-Bogen in Rom.

Die letzte Befestigung Masada, am Toten Meer, wurde 73 oder 74 n. Chr. eingenommen, wobei die Römer einen riesigen Erdwall als Rampe errichteten, die zum Felsplateau zu den 960 Verteidigern hochführte. Kurz vor der Erstürmung durch die Römer begingen alle Verteidiger Selbstmord, indem sie sich von der Felsenfestung in die Tiefe stürzten. Die von den Römern errichtete Rampe existiert noch heute. Es folgte im Jahre 116 der Diaspora-Aufstand und von 132 bis 135 der Bar-Kochbar-Aufstand. Danach war jüdisches Leben nur noch in der Diaspora möglich, da die Juden von den Römern vertrieben wurden und sich im ganzen Imperium zerstreut hatten. Die Römer herrschten von 63 v. Chr. bis 395 n. Chr. über dieses Gebiet (Wikipedia). Von all dem gewaltigen, weltlichen Geschehen wird in der Bibel nur nebenbei berichtet.

Deshalb kann die Bibel kein Werk der Geschichte sein, sondern nur als eine religiöse Konstruktion bezeichnet werden. Somit ist sie kein Werk von Wissen und Wirklichkeit, sondern alles beruht nur auf Erzählungen von Unbeteiligten, Erzählungen von Märchen und irrealen Visionen, die man glauben oder auch nicht glauben muss, aber schon gar nicht beweisen kann.

Die Juden selbst haben in Jesus einen Sektierer gesehen und haben seine Lehren und sein angebliches Wunderwirken nie aufgearbeitet oder zur Kenntnis genommen.

Man sieht, dass mit der Person Jesus nur ein religiöser aber nicht geschichtlicher Teil abgeschlossen ist und dass Jesus als Mensch viel genauer betrachtet werden muss. Man gewinnt den Eindruck, dass zu jener Zeit an jeder Straßenecke ein Schlaumeier stand und von dem kommenden Christus zu quatschen wusste, der sie von der römischen Besatzung erlösen werde.

Sehr früh wird über religiöse Interessen von Jesus berichtet, indem er mit den Priestern in der Synagoge diskutierte. In seinem späteren Wirken, als er in Gott keinen Herrscher der himmlischen Heerscharen, sondern einen liebenden Vater sah, war es vorbei mit der Harmonie mit den Schriftgelehrten oder Pharisäern, und er nannte sie eine „Schlangen- und Natternbrut".

Jesus hatte den tödlichen Hass der Priester auf sich gezogen, da er deutlich machte, dass er zwar keine königliche Rolle zu spielen bereit war, aber der Sohn eines himmlischen Vaters sei.

Warum er sich so hemmungslos in die Rolle eines göttlichen Sohnes hineinsteigerte, mag an den Umständen liegen, in die er hineingeboren wurde und daran, was angeblich „vorhergesehen" war. Für die römischen Besatzer war er nur einer von vielen Unruhestiftern der aufsässigen Juden.

Außerdem: Sollte es solche Prophezeiungen gegeben haben, dann waren sie allesamt ohne realistischen Hintergrund, da nichts davon eingetroffen ist. Im Gegenteil, nicht ein mächtiger neuer König, sondern der Weg in die nicht vorhergesagte und nicht vorhergesehene Diaspora wurde für die nächsten 2 000 Jahre die zementierte Wirklichkeit.

Das Wirken vieler Wundertäter scheint man in der Person von Jesus zusammengeführt zu haben.

Auch seine Familiengeschichte wurde nachträglich so konstruiert, dass sie den angeblichen Vorhersagen genau entsprechen sollte. Jesus musste der Erlöser, der Messias sein, eine Rolle, die er aus eigener Überzeugung total annahm und mitspielte.

Nur, sein Wirken zielte nicht auf eine weltliche Herrschaft als König der Juden hin, denn er schaffte es nur auf zwölf Mitwirkende, die ihm aber sogar die Gefolgschaft verweigerten, als sie merkten, wie radikal sich sein Denken und Handeln gegen die Priesterschaft entwickelte.

Auch wenn er laufend wiederholte: „Wahrlich, ich sage euch", so war nichts davon Realität oder ist zur Wirklichkeit geworden, und er entwickelte sich immer mehr zu einem Sektierer und in den Augen der Juden als Gotteslästerer, während die Priester seiner habhaft werden und ihn vernichten wollten.

Er selbst war ein Opfer geworden von falschen oder falsch gedeuteten Vorhersagen, an die er selbst zutiefst glaubte und von deren Richtigkeit er überzeugt war.

Vielleicht erkannte er, dass die Rolle eines neuen Königs ein zweckloses Unterfangen gegen eine römische Weltmacht war, und predigte deshalb Friedfertigkeit, Toleranz und Vergebung für eine gewaltfreie Zukunft. Außerdem sollten die Menschen Glück und Seligkeit nicht auf Erden erzwingen, sondern spätestens oben bei seinem Vater als Lohn erwarten. Vor, während und nach seinem Wirken wurde in vielen Erzählungen alles zusammengereimt und hinzugedichtet und kräftig irreal von Leuten glorifiziert, die ihn persönlich gar nicht kannten und bei keinem seiner Wundertaten jemals dabei waren, weshalb es auch zu unterschiedlichen Aussagen kam. Vor allem hat sich dabei Paulus hervorgetan, obwohl er Jesus persönlich gar nicht kannte.

Bei dem Thema Religion, das immer schon von Übernatürlichem und Wundern lebte, ist es nicht absonderlich, dass die gesamte Geschichte über Jesus einen solchen Umfang angenommen hat und viel Widersprüchliches zusammenkam.

Trotzdem ist weder etwas von seinem übernatürlichen Wirken beweisbar, noch hat sich irgendeine Prophezeiung bewahrheitet. Weder, dass er in seiner Zeit zur Rechten seines Vaters sitzend wiederkam, wie es von ihm selbst vorhergesagt wurde, noch dass dies den folgenden 2 000 Jahren zur Wirklichkeit wurde. Ja, was wollten sie denn dann auch gemeinsam machen, nach der Wiederkehr?

Warum sollte sich auch Irreales jemals erfüllen, nur weil Jesus selber davon überzeugt war?

Johannes berichtet von Jesus (Joh.17:1): „Vater, die Stunde ist gekommen, verherrliche deinen Sohn, damit dein Sohn dich verherrliche." Es folgten noch weitere leere Formulierungen.

Er war davon überzeugt, unter dem Schutze seines Vaters da oben zu stehen, und wurde damit ein Opfer seiner überhöhten, religiösen Verblendung, getrieben in seiner Zeit als Erlöser des Volkes. Jesus wurde ein Opfer von religiöser Verwirrung und Verirrung, von der er selbst überzeugt war.

Erst am Kreuze sterbend, musste er erkennen, dass er nicht schmerzfrei zu seinem Vater kommen konnte und stellte fest: „Mein Gott, warum hast du mich verlassen?"

Der Traum, von seinem Vater schmerzfrei zu sich geholt zu werden, war ausgeträumt, und die Realität hatte ihn eingeholt. Er musste sterben, wie alle Menschen, die von Adam und Eva

abstammen. Und in Gegenwart der Oberpriester und Schriftgelehrten wurde er verhöhnt (Mat. 27:46).
Warum nannte er am Kreuze seinen Vater nun „Gott"? Zweifelte er nun an seiner eigenen Gottheit?

Von den Aposteln, die davon berichteten, war jedenfalls keiner dabei, um seine letzten Worte festzuhalten, denn sie haben sich wegen ihrer Verfolgung versteckt gehalten, um nicht das gleiche Schicksal zu erleiden. Dennoch berichteten sie so, als hätten sie unmittelbar am Kreuze gestanden und jedes Wort von Jesus mitbekommen. Die römischen Soldaten, die für seine Hinrichtung zuständig waren und um seine Kleider gewürfelt haben, hatten ihn bestimmt nicht verstanden. Um welche blutverschmierten Kleider wurde gewürfelt, wenn er nackt gefoltert und gekreuzigt wurde?

Durch das Wirken von Jesus passen das Alte und das Neue Testament einfach nicht zusammen. Moses, als Hauptfigur im Alten Testament, schreckte vor hemmungslosem Mord und Totschlag nicht zurück, wenn es um die Durchsetzung seines Willens ging, den er immer als den von Gott kommenden darstellte. Für ihn war Gott ein gewaltiger Herrscher über die himmlischen Heerscharen.
Die alten Geschichten mit dem wundersamen Geschehen, gleichen keiner Geschichtsschreibung, sondern eher Märchen und Sagen, wie sie viele Völker aus ihrer eigenen Vergangenheit kennen.
Ein glaubhafter Religionsgründer scheint Moses auch nicht gewesen zu sein, da die nachfolgenden Propheten andauernd von der Sündhaftigkeit und Gottlosigkeit des hebräischen Volkes berichten. Man erfährt die Hintergründe nicht, warum man Moses einfach keinen Glauben schenken wollte.

Moses hat sich geirrt, denn oben regiert kein übermächtiger Herrscher über himmlische Streitkräfte, so wie sich auch Jesus geirrt hat, denn auch sein liebender Vater hat sich verweigert, indem er seinem „Sohne" nicht beistand und mit ihm nicht gemeinsam zu seiner Generation wiederkam. Doch religiöse Menschen, Gläubige, warten noch heute auf den „Retter der Menschheit".

Sie warten alle vergebens, denn ein Retter der Welt wird dann, wenn es zum Ende der Menschheit kommt, nicht mehr gebraucht, da dann alle vor dem Jüngstes Gericht stehen sollten. Daher kann ein Retter der Welt nur noch als Konkursverwalter amtieren. Damit haben sich dann alle Angelegenheiten für immer erledigt, und es bedarf auch keiner Religion mehr. Was für eine gütige Erlösung von allem Übel! So liegt im zwecklosen Kommen eines Gottes samt Erlöser, der retten möchte, ein Widerspruch. Ganze Völker verlassen sich noch immer auf einen gerechten Richter über Himmel und Erde, der alles regeln werde in ihrem Leben und merken in ihrer Inaktivität nicht, dass sie sich damit in einer wirtschaftlichen und kulturellen Rückständigkeit verfangen und damit das Handeln anderen überlassen.

Jesus, als Hauptfigur im Neuen Testament, wollte als ein Lamm des Friedens und der Liebe dargestellt werden. Für ihn war Gott ein himmlischer Vater, der mit unverdienter Güte über das Leben auf der Erde regierte. Trotzdem verwiesen Jesus und seine Nachfolger mehrmals auf die alten Schriften und Prophezeiungen, obwohl diese nicht nur ungenau, sondern sogar falsch zitiert wurden.

Eigentlich sind es alleine die zehn Gebote, die Moses am Berg von Sinai auf seinen Steintafeln angeblich erhalten hat, die für Christus und das Neue Testament noch brauchbar sind.

Mussten, laut Moses, bei sündhaften menschlichen Verhalten noch Tiere dafür geopfert werden, reichten bei Jesus ernsthafte Gebete, was bei Moses noch nicht praktiziert wurde. Religion ist zwangsweise wandelbar, denn nicht alle Leute haben Tierherden als Opfergaben.

In beiden Fällen, sowohl bei Moses als auch bei Jesus, sieht man Zeichen der göttlichen Macht im täglichen Geschehen bis hin zu menschlichen Schicksalen. In beiden Fällen ist Gott sowohl für Wetterphänomene, als auch für das Wohlergehen des einzelnen Menschen zuständig. Selbst bei einem Krieg sah man göttlichen Willen dahinter, oder man nannte es von Gott gewollte Prüfungen, denen man sich nicht entziehen konnte.

Bis zur Gegenwart wird von den Priestern um einen göttlichen Segen für die Soldaten gebeten, wobei kein Gott bislang seine Zustimmung verweigerte, wenn man von einem positiven oder negativen Ausgang eines Konfliktes absieht, was man vorher ja nicht immer erahnen kann.

Im Ersten Weltkrieg wurde Gott bemüht, und auf die Gürtelschnallen geprägt, trugen die deutschen Soldaten: Für Gott, Kaiser und Vaterland.

Im Zweiten Weltkrieg wurde Gott nicht mehr bemüht, sondern abgewandelt auf seine Zeit stand: Für Führer, Volk und Vaterland. Damit hatte der Führer eine gottähnliche Position übernommen!

Krankheiten wurden eindeutig als Strafen für sündhaftes menschliches Verhalten gesehen.

Leider nicht nur damals, sogar auch heute noch; vor allem, wenn es um Erkrankungen geht, bei denen die moderne Medizin versagt. Dieser Bereich wurde aber in den vergangenen Jahrhunderten immer kleiner. Dank den Medizinern, die sich über religiöse Macht hinwegsetzten und durch medizinischen Fortschritt Heilungen erzielten, haben sie der Religion so manches Wunder ihrer Wissenschaft entzogen. Diese Entwicklung geht zum Glück für das Wohlergehen der Menschheit mit riesigen Schritten weiter, auch wenn der Glaube an Wunder nur sehr träge verschwindet und Gott noch immer um Hilfe angerufen wird, was auch niemals geschadet hat.

Der Glaube (oder doch Irrglaube) der Menschen war so groß, dass man bei einer Feuersbrunst mit christlichen Motiven bemalte und danach geweihte Holzteller (Holzteller!) ins Feuer warf in der Hoffnung, mit göttlicher Hilfe einen größeren Schaden zu vermeiden!

Geblieben ist aber noch, dass doch Gott mit einem Wunder dafür zuständig sein könnte, wenn eine Heilung erfolgte, trotz ärztlichem Unvermögen.

Ja, es werden sogar noch Priester und Päpste selig und heilig erklärt, die mit einer sogenannten Spontanheilung in Verbindung gebracht wurden. Wenn ein spontan Geheilter irgendwo in der Welt später doch verstarb, das erfährt man nicht, das interessiert danach niemanden mehr, da dann das Wunder doch an Glanz verlieren könnte.

Es bleibt eine Frage offen, ob sich auch ein Gott der „Selig- und Heiligsprechung" durch einen Papst in Rom verpflichtet fühlt und dann der Geehrte geheiligte Privilegien genießt?

Umfangreiches medizinisches Können ging nach dem Ende des römischen Imperiums verloren.

Die alten Römer waren medizinisch besser ausgestattet als das christliche Europa im 16. Jahrhundert. Die Ursache: ein fehlgeleitetes Christentum und päpstliches Machtstreben, das die christlichen Werte geringer schätzte als das Gewaltwesen von Moses, der auch göttlichen Willen mit Mord an Mitmenschen als völlig legal durchsetzte.

So hat die mächtige christliche Kirche alle vermeintlichen Gegner verfolgt und einer Vernichtung zugeführt. Opfer waren die alten Kräuterweiber, die ihr Wissen von Ahnen übernommen hatten.

Damit verbunden war ihr magisches Handeln, das vom Christentum als schwarze Magie verteufelt wurde und seiner Meinung nach, den Tod auf dem Scheiterhaufen verdiente.

Nachdem die „Hexen" verschwunden waren, war auch ihr medizinisches Wissen vernichtet. War man bei einer Hexe nicht ganz sicher, weil sie hartnäckig leugnete, dann wurde über sie ein Gottesurteil erlassen. Man steckte sie in einen Käfig und tauchte sie sehr lange unter Wasser. Hatte sie die Tortur überlebt, war ihre Schuld als Hexe erwiesen und sie wurde auf dem Scheiterhaufen verbrannt. War sie vorher ertrunken, hatte man ein reines Gewissen, denn dann war sie eben auch schuldig. Welch eine verwerfliche, sadistische Unlogik eines Mordes an unschuldigen Menschen!

Das Gleiche könnte man für ein menschliches Werk beantragen, nämlich die Heilige Schrift. Eine Zeit lang unter Wasser mit ihr! Kommt sie zerrissen hoch, war sie Teufelswerk. Kommt sie heile aus dem Wasser zurück, war zweifellos der Teufel im Spiel, und sie muss verbrannt werden!

Ähnlich erging es Männern, die sich außerhalb des religiösen Schaffens Gedanken machten. Die Theologie, als „Wissenschaft" eingeführt, verhinderte weitgehend jede andere Wissenschaft, die nicht in den religiösen Konsens passte. Sie liefen Gefahr, als „Ketzer" dem Scheiterhaufen zugeführt zu werden. Leider weiß die Weltgeschichte nur von den bekanntesten Fällen zu erzählen.

Existieren konnten nur jene Wissenschaftler, die den religiösen Vorstellungen entsprachen. Durch den weltlichen Schutz eines Königs oder Kaisers konnte diese Form der Religion unangefochten herrschen und von ihrer vermeintlichen Wissenschaft gut leben.

Und deshalb unterstützte man sich gegenseitig. Der Kaiser schützte als Repräsentant des Reiches den Papst, und der Papst als Stellvertreter himmlischer Macht weihte und salbte den Kaiser.

Die katholische Kirche fand es überhaupt nicht schlimm, wenn Menschen als göttliche Schöpfung zum Tode verurteilt und hingerichtet wurden, denn waren diese unschuldig verurteilt worden, kamen sie ihrer Wissenschaft zufolge unmittelbar in den Himmel.

Es stellt sich dann die Frage, warum begehen die Theologen nicht gleich Selbstmord, dann sind sie ihrem Himmel und ihrer Glückseligkeit noch schneller näher.

Es gab Sektenführer in Amerika, die setzten diese Überlegung in die Tat um. Sie töteten sich selbst und alle ihre Mitglieder. Bei den leichtgläubigen Mitläufern, die nicht bereit waren, ihr Leben freiwillig zu beenden, wurde einfach nachgeholfen.

Ist es nicht irre, wenn man einerseits erklärt, dass man nach dem Tode ins Paradies gelangt und andererseits den Weg dahin durch eine Hinrichtung als Bestrafung ansieht? Somit wäre dann die Todesstrafe gar keine Strafe. Dahinter steckt religiöse Unlogik und ein widernatürliches Denken.

Man kann heute guten Gewissens auf die göttlichen Gesetze aus der Steinzeit verzichten, wie auch auf jene vermeintlichen Götter, die sich mit Mordaufträgen an ihrer eigenen Schöpfung vergingen. Theologie, die man gerne zu einer Wissenschaft erhebt, lebte von der Zustimmung ihrer Vorgaben, aber nicht von der Kritik, die man eher als Nestbeschmutzung und Teufelswerk sah und sieht.

In grauer Vorzeit, als Menschen begannen, ihr Gehirn zu gebrauchen und über ihr Sein nachdachten, traten durch Unwissenheit sehr viele Fragen auf. Es war niemand da, außer den Medizinmännern und Schamanen, die mit Magie und manchmal eindrucksvoll sogar in Trance versuchten, Probleme einer Erklärung zuzuführen.

Alles, was nicht erklärt werden konnte, Tag und Nacht, Sommer und Winter, Sterne und Himmel, Krieg und Frieden, Leben und Tod; es waren alles Wunder, und dahinter stand ein „höherer" Wille.

Die Umwelt mit all ihren täglichen und vor allem nächtlichen Gefahren wurde von unseren frühen Vorfahren rational überhaupt nicht verstanden, was die Entwicklung der Mystik begünstigte.

Sehr früh in der Menschheitsgeschichte musste sich die Mystik entwickelt haben, die alles Unverständliche mit schönen Worten umkleidete, denn die Menschen in der ganzen Welt, die laut Erbgutuntersuchungen alle zusammen einen gleichen Ursprung haben, hingen ihr an.

Es entwickelten sich Glauben und Religionen, die mit heutigen menschenrechtlichen Vorstellungen nicht viel Gemeinsames haben. Spuren grausamer Rituale werden immer wieder gefunden; oft in Form von verstümmelten Moorleichen oder als Knochenfunde, die durch ihre Beschädigungen oft Aufschluss über ein grausames rituelles Ableben geben.

Es war auch der Glaube, mit dem das Kommen und Gehen unseres irdischen Daseins und all seiner Wunder versucht wurde zu erklären. Die Ergebnisse haben wir vorliegen und müssen staunen, dass sich dieses „Wissen" verbunden mit Geistern, Göttern, Dämonen und Engeln bis in die heutigen Tage erhalten hat und ernsthaft als „Wissenschaft" behandelt wird.

So wie die Schamanen von den etablierten Religionen mit ihren verfeinerten Theorien bekämpft und abgelöst wurden, so kam ganz langsam die Zeit heran, in der auch Weltreligionen nicht mehr kritiklos zur Kenntnis genommen wurden.

Es waren die Medizinmänner, die in den einzelnen Stämmen die verantwortlichen Träger von Kultur und für das allgemeine Wissen zuständig waren.

Diese Rolle übernahmen später bei den größeren Stämmen oder Völkern die Priester mit ihren umfangreicheren und verbesserten religiösen Vorstellungen.

Längst hat man sich heute von diesen Wissensträgern verabschiedet, da selbst der einfache Mensch zu viele Unstimmigkeiten in den Religionen erkennen konnte. Wissenschaft und Technik haben die Religion aus ihrer gesellschaftlichen Verantwortung entlassen.

Ein tiefgreifendes Argument der Kritiker: Wenn alle von einem, ihrem richtigen Gott sprechen, der die Welt und alles zusammen angeblich erschaffen hat, warum sind sich dann alle untereinander so spinnefeind, und warum einigte man sich nie auf die Verehrung eines gemeinsamen Gottes? Das Trennende berechtigt die Ungläubigkeit.

Muss es nicht verwunderlich sein, dass, egal um welchen Gott es sich handelt, alles in der Welt geschah und weiterhin geschieht, ohne dass irgendein Gott wohlwollend eingegriffen hätte?

Es ist für alle heute erkennbar, dass ein von der Religion eingeführtes Verbot eines freien oder kritischen Denkens nur dem Diktat einer herrschenden Religion dient!

Gibt es einen Ort, wo alle diese Gottheiten zu Hause sind? In einem himmlischen Paradies, wo sie auf die sündhaften Menschen warten?

Im einstigen Paradies gilt noch heute das Fressen-und-Gefressen-Werden als natürlicher Zustand.

Wenn die Tierwelt in der religiösen Vorstellung noch immer im Paradies lebt, sie war ja nicht „sündhaft" und wurde auch nicht vertrieben, dann kann der Mensch sehr froh sei, dass er nicht mehr in diesem Paradies wohnt, wo das Fressen-und-Gefressen-Werden zur Tagesordnung gehört.

In der Tierwelt gibt es keine Sündhaftigkeit, auch wenn der junge unschuldige Nachwuchs der eigenen Art totgebissen wird, damit das Muttertier wieder paarungsbereit wird. Und auch das ist unbestreitbar eine göttliche Schöpfung aus der Sicht eines Gläubigen!

Tierfilmer bringen uns heute die schönsten Berichte in Bild und Ton aus dem naturbelassenen Afrika zu uns in die Wohnzimmer und dokumentieren damit das Ende eines paradiesischen Traumes von einer göttlichen Schöpfung in der einst von Propheten so gelobten, vorbildlichen Tierwelt.

Unlängst war zu sehen, wie Wildhunde eine Gazelle verfolgten. Als die Gazelle aus Ermüdung und Überhitzung ins Gras sank, machte sich ein Hund sofort daran, am Bauch der Gazelle zu fressen. Kurz danach, als der Hund die ersten Brocken verschlungen hatte, sprang die Gazelle nochmal hoch, wobei aus dem angefressenen Bauch ihre Innereien herausfielen. Spätestens jetzt greift jeder Tierfreund geschockt zur Fernbedienung, um auf einen anderen Sender umzuschalten.

Adam sei froh, aus diesem Paradies vertrieben worden zu sein. Spätestens wir würden es freiwillig und ohne Wiederkehr verlassen, nachdem wir aber den Baum der Weisheit vorher geleert hätten.

Die Tiere lebten im Paradies, leicht imaginär jenseits von Eden, denn diesseits von Eden entwickelte sich die Menschheit. Damalige, unsichere örtliche Bezeichnungen sind auf heute nicht übertragbar, denn sagte man heute: „Wir sind jenseits von Rom", dann kann dies auch diesseits von Rom bedeuten, es ist nur eine Frage, aus welcher Richtung man nach Rom blickt.

Nein, diese Bezeichnung geht heute nicht mehr, da uns die Welt als Ganzes bekannt ist. Eden, das ehemalige Paradies, ist einfach eine schöne menschliche Vorstellung, die aber nur in der Phantasie unserer Vorfahren existierte und mit der Wirklichkeit nicht kompatibel ist.

Nun, die Religionen haben ein neues Paradies geschaffen, das mit „jenseits von Eden" nichts mehr zu tun hat. Der Himmel befand sich sehr lange in und über den Wolken. Die Maler vieler Generationen haben Gott, seine Engel und alle Heiligen so schön schwebend meisterhaft in der Kühle der Wolken dargestellt. Von dort wollte auch Jesus irrtümlicher Weise an der Seite seines Vaters sitzend wiederkommen. Es sollte als Beweis dienen, dass er mit seinen Vorstellungen von einem liebenden Vater dort oben richtig lag. Einen anderen Sinn ergibt seine unglückliche für seine Zeit gegebene Vorhersage nicht.

Die Hölle ist unten, wo es finster und heiß ist. Wir kennen heute die Erde in ihrer Form besser als alle Heiligen zusammen mit ihren göttlichen Eingaben! Wir kennen das Innere der Erde, den heißen Erdkern der zur Konvektion beiträgt und die Ursache ist von Erdbeben, Vulkanismus und Kontinentalverschiebung, der aber auch verantwortlich ist für den Schutz vor tödlicher Strahlung aus dem Weltall. Bislang hat man da unten keine Räumlichkeiten einer Hölle gefunden.

Die Religion hat aber einen letzten Trumpf, indem Theologen die Aussagen in der Bibel ignorieren und erklären, dass sowohl Himmel wie Hölle keine irdischen Gebiete sind, und damit erst nach dem Tode erreicht werden. Religionen veränderten schon mal ihre unumstößlichen Vorgaben, wenn ihnen ganz langsam und leise ihre „wissenschaftlichen" Erkenntnisse als falsch bewiesen wurden.

Aus purer Unwissenheit hatte man Normen und Verhaltensregeln für das Volk eingeführt, von denen man meinte, sie entsprächen der Natur. So bezeichnete man eigene religiöse Vorgaben als normal, was aber nicht unbedingt auch der Tierwelt und damit der Natur entsprechen muss.

Somit ist die Natur nicht Norm, und wenn die Norm keiner Natur entspricht, dann erübrigt sich die Frage, ob dann normal vielleicht auch nicht natürlich sei.

Es gibt damit den großen Unterschied zwischen normal und natürlich, entstanden aus Unwissenheit aller religiösen und unwissenden Vorfahren. Die Natur entspricht keiner Norm!

War all das Beten, Bitten und Verehren eines Schöpfers vergebens? Nützte das devote Speichellecken zugunsten einer imaginären Gottheit überhaupt nichts?

Die religiöse „Wissenschaft" fand einst für alles Elend in der Welt eine gute Erklärung: Alles schreckliche Geschehen sei nur eine Prüfung Gottes für die Standhaftigkeit seiner Gläubigen. So wie einst Abraham seinen eigenen Sohn auf einem Opferstein abschlachten sollte.

Das kann man heute alles vergessen, denn der Herr hat sich nicht eingemischt in all dem negativen Geschehen und dem oft von Menschen selbst verursachten Übel in der Welt.

Dem Gläubigen wurde beigebracht: Gott sieht und hört alles, damit man vor dem Jüngsten Gericht abgeurteilt werden kann. Hoffentlich vertun sie sich nicht bei den Milliarden sündhafter Menschen.

Ist es nicht ein mühseliges Unterfangen, wenn wir in einen Ameisenhaufen blicken und versuchten die einzelnen Ameisen ihrer Sündhaftigkeit zuzuordnen? Man könnte sich vertun, was vielleicht selbst für Götter ein unmögliches Unterfangen ist in Bezug auf ihre milliardenfache Anzahl! Keine Götter haben sich einmischt in den Ersten Weltkrieg, auch nicht in den Zweiten Weltkrieg.

Was haben die Götter gemacht bei jedem Krieg? Freudvoll hinter den Wolken zugesehen?

Haben sie mitgezählt, wie viele Gegner der einzelne Soldat getötet hat, bevor er selbst zum Opfer wurde? Gibt es einen Unterschied in den Augen von Göttern, wie hoch die Anzahl der Getöteten ist, die der Einzelne auf dem Gewissen hat?

In unserer heutigen Rechtsprechung wird man an einem Verbrechen mitschuldig, wenn man von einer solchen Planung erfährt und nichts dagegen unternimmt oder gar eiskalt zusieht. Eigentlich sollten dies tatenlos zusehende oder dabei sogar vergnügte Götter wissen!

Wenn sie sich in dieses schreckliche Morden nicht eingemischt haben, dann werden sie sich in einem hoffentlich nie stattfindenden Dritten Weltkrieg auch nicht einmischen! Warum haben sie sich nicht eingemischt beim Aussterben der Saurier? Waren diese auch sündhaft?

Die Frage braucht von keinem Theologen beantwortet zu werden, denn darüber wusste man zu Zeiten aller Propheten noch gar nichts!

Sind für jeden Meteor, der die Erde trifft oder an ihr vorbeifliegt, immer Götter verantwortlich, oder sind dies einfach die Natur und das Leben auf dieser Erde – mit oder ohne eine wissende Gottheit?

Warum kam kein Wort, als Jesus für einen Vater oder in seinem Namen am Kreuze sterben musste? Warum kam kein liebender Gott mit seinem Sohne wieder, wie es Jesus ganz eindeutig und unbestreitbar noch für seine Generation vorhergesagt hatte?

Ob man an ein übergeordnetes Wesen namens Gott da oben glaubt oder nicht glaubt, es bleibt für den Menschen in Not oder in Einsamkeit der einzige Ansprechpartner, auch wenn man niemals eine Antwort erwarten darf. Schon der Prophet Habakuk (ca. 600 v. Chr.) schreibt: „Wie lange soll ich um Hilfe schreien und du hörst nicht?"

Es wird endlich Zeit, dass die Menschheit unumstößlich begreift, dass wir seit der Vertreibung aus dem Paradies selbst für uns und unsere Umwelt verantwortlich sind, und nicht ein irgendwo auf böse Menschen wartender imaginärer Gott und Herrscher als Rächer mit himmlischen Heerscharen.

Deshalb ist es mit der Glaubwürdigkeit der Aussage, dass Elend nur Prüfungen seien, für immer vorbei!

Vielleicht kann man göttliche Prüfungen eher als Unvermögen menschlichen Handelns bezeichnen. Somit haben spätestens hier im Atomzeitalter göttliche Prüfungen ausgedient, und es ist deutlicher als je zuvor erkennbar, dass der Mensch nicht nur für sein eigenes Wohlergehen zuständig, sondern auch für seine gesamte Umwelt verantwortlich ist, die er beherrscht und ausbeutet!

Die Menschheit hat der Tierwelt den Lebensraum gestohlen, da hilft auch keine Rechtfertigung mit einem göttlichen Auftrag. Wer mit diesem Wissen den Tieren ohne Scham in die Augen blickt, der hat selber kein besseres Leben verdient!

Für das Wirken von Jesus Christus gibt es zwei Möglichkeiten: Jesus wird als Christus und als Sohn Gottes verehrt, da von ihm großartiges Wunderwirken erzählt wurde. Da Gott für Krankheiten zuständig war, müsste der Sohn sie auch wieder nehmen können, wie dies auch die Aufgabe der Priester war. Als König der Juden und als Erlöser vorhergesagt, konnte er sich von den religiösen Vorgaben nicht befreien und spielte diese Rolle. König war er nie geworden, und von allem Übel hat er auch niemanden befreit. Die ersehnte Erlösung von der römischen Besatzung, dem größten Übel jener Zeit, war ihm nicht gelungen. Seine Alternative war es, seine Feinde zu lieben, denn dann war allen der Lohn des Vaters sicher. Gestorben aus religiöser Verblendung in seiner, für uns heute nicht nachvollziehbaren Zeit und nicht zu vergessen, im Milieu des Orients, in dem das tägliche Leben von Religion und Glauben dominiert wurde.

Schon 100 Jahre vor seinem Wirken und auch noch 100 Jahre nach ihm befanden sich die Israeliten in einer religiösen Hysterie, da wohl die Priester vom Kommen einer Erlösung für das Volk aus alten Schriften und Prophezeiungen herausgelesen hatten.

Ein bitteres Ende als Christus von allen verlassen worden und gestorben zu sein für die Sünden der bösen Menschen in der ganzen Welt, vielleicht sogar für Menschen anderer Religionen? Keine seiner Vorhersagen hat sich verwirklicht, auch wenn er betonte: „Wahrlich ich sage euch …"

Im Nachhinein wurde aus seinem Leben und Sterben ein göttlich gewolltes Wirken, das natürlich wie in der Vergangenheit mit Wundern gespickt werden musste, damit es göttlich genannt werden konnte. Die Juden seiner Zeit glaubten ihm nicht und glauben ihm bis heute nicht.

Bis heute sind Wunder nicht wiederholbar, und warum sollten gerade Wunder etwas Göttliches sein oder gar göttlicher Wille? Für unsere Vorfahren war Unerklärliches eben einfach ein Wunder. Gestorben wird trotzdem allemal, und niemand meldete sich jemals zurück.

Die von Priestern eingeführten Sünden entsprechen nicht der Natur in dieser Welt, wogegen sie selber auch nicht immun sind. Aber dafür wurde dann die Beichte eingeführt, die es zu Zeiten von Jesus noch nicht gab, und damit ist alles wieder gut.

Genauso wie es Moses machte, wollte auch Jesus sich auf einen himmlischen Willen berufen, wobei er aber den himmlischen Herrscher in Form seines Vaters seinen Mitmenschen vermitteln wollte.

Eher ist er als einsamer und einfacher Mensch gestorben, der sich von angeblichen Prophezeiungen verleiten ließ. Auch wenn er seine Abstammung bis zu Adam zurückführte, war er trotzdem kein göttliches Wesen, was wir von uns auch nicht behaupten wollen.

In unserer rationalen Welt wird ein Mensch als Gottwesen automatisch ausgeschlossen, dann ist er, wenn das Geschehene einigermaßen richtig wiedergegeben wurde, auch als normaler Mensch eines schrecklichen Todes wegen Häresie und als Aufrührer gestorben, wie andere seiner Zeit auch, doch man machte aus seinem Sterben einen Märtyrertod, da er keine Gewalt gegen die Römer vorhatte.

Immerhin war sein Wirken nicht das eines Gewalttäters, sondern er wollte die Güte und Nächstenliebe seinen Mitmenschen vermitteln, ein Auftrag, den er von seinem Vater da oben vermittelt bekommen haben wollte.

Man muss ja nicht unbedingt gleich mit Liebe über seine Mitmenschen herfallen, aber jeder hat wenigstens Respekt und Achtung als Mitmensch zu erwarten.

Mit den Aussagen der nachfolgenden Apostel wird nicht das Menschliche, sondern das Göttliche gesucht. Für sie war er für die angeblichen Sünden der ganzen Menschheit gestorben, die man damals gar nicht kannte. Alle ließen sich von seinem religiösen Wirken mitreißen.

Vor Verfolgung musste sich Jesus am Ölberg verstecken. Gewiss haben sich danach alle seine Begleiter versteckt, da sie befürchten mussten, als Mitläufer ebenfalls verurteilt zu werden. Außerdem war es ihm nicht gelungen, seine religiösen Vorstellungen den Mitmenschen zu vermitteln, obwohl er immer wieder Kontakt zu ihnen suchte, um sie von seinen Wundern zu überzeugen.

Viele Menschen jener Zeit hofften auf eine Erlösung von der römischen Besatzung, wovon man in der Bibel nichts zu lesen bekommt, da nicht der geschichtliche Hintergrund, sondern nur die religiöse Verklärung für die Erzähler von Wichtigkeit war. Erzähler deshalb, da kein Mensch die Geschichten von Jesus seit seiner Geburt mitgeschrieben hat, und man war somit auf Erzählungen und Verklärungen seines Wirkens aus zweiter oder dritter orientalischer Hand angewiesen.

Gerade im Atomzeitalter ist erkennbar, dass die christliche Nächstenliebe und Toleranz zum Überleben der ganzen Menschheit unumgänglich wird, um eine Selbstzerstörung durch sadistisch veranlagte und gewalttätige Menschen zu vermeiden.

Nachdem keine seiner Prophezeiungen eintraten, vor allem wollte er zu seiner Generation mit seinem Vater wiederkommen (wofür eigentlich), ist er als einfacher und normaler Mensch gestorben.

Auch wenn irreale religiöse Vorstellungen überholt sind, dient die charakterliche Einstellung von Jesus als Verkünder in seinem Wirken für Friedfertigkeit als ein Schwerpunkt künftigen Lebens.

Der Apostel Johannes berichtet, dass sich Jesus bei seinen Zuhörern unbeliebt machte, und man glaubte ihm nicht, dass er von „oben" geschickt wurde (Joh. 6:42). Auch die Jünger waren nicht mehr bereit, ihm zu folgen (Joh. 6:66). Seine Zuhörer waren über seine Reden so wütend, dass man ihn töten wollte (Joh. 7:20) Wegen Lästerung, da er sich zu einem Gott machte, wollte man ihn steinigen (Joh.10:33). Jesus: „Wenn ich nicht gekommen wäre und zu ihnen geredet hätte, so hätten sie keine Sünden, jetzt haben sie aber keine Entschuldigung für ihre Sünden." (Joh.15:22)

So wie in allen Religionen redeten die Priester den Gutgläubigen die Sündhaftigkeit ein.

Jesus: „Vater, die Stunde ist gekommen; verherrliche deinen Sohn, damit dein Sohn dich verherrliche." (Joh. 17:1) Man will sich gegenseitig verherrlichen? Wofür ist das nötig?

Er konnte seine Göttlichkeit, von der er unkritisch und felsenfest überzeugt war, weder seinen Jüngern, noch seinen öffentlichen Zuhörern vermitteln, und seine Vorhersagen liefen alle ins Leere! Bei Lukas kann man lesen, dass Jesus deshalb Gottessohn war, weil seine Vorväter bis zu Adam zurückverfolgt werden können (Luk 3:23).

Nun, dann sind eben alle Menschen, die von Adam abstammen, Kinder Gottes. Na und? Wobei nach Adam nicht Kain als Nachfolger gesehen wird, sondern Seth, der dritte Sohn. Wo blieben aber Kain und alle seine Nachkommen? Stillschweigen!

Hierfür gibt es keine Auskunft, und man kann nur spekulieren, wo die Nachkommen des Bösen geblieben sind. Keinesfalls gehören sie zur Verwandtschaft der Hebräer.

Aber der Joseph, der als sein Vater angegeben wird in der langen Liste, war ja nicht sein leiblicher Vater, sondern angeblich ein Heiliger Geist, damit bedarf es auch keiner langen Liste bis Adam.

Jesus war bestimmt davon überzeugt, dass er tatsächlich ein von Gott geschütztes Wesen sei und er selbst bei einer Verurteilung von seinem himmlischen Vater zu sich geholt werde. Erst am Kreuze hat er wohl gemerkt, wie schmerzhaft sein Leben zu enden hatte mit den Worten: „Mein Gott, warum hast du mich verlassen?" (Mat.27:46) Jesus bekennt sich nun zu einem Gott.

Jesus konnte damals nicht wissen, dass ein imaginärer Gott, den er Vater nannte, bereits vor ihm und auch alle Zeiten danach auf dieser Erde alles geschehen ließ und sich niemals positiv als Beschützer seiner Schöpfung eingebracht hat, weil es einen solchen Beschützer-Gott nach der Evolutionstheorie nicht geben kann, sondern weil er nur im menschlichen Wunschdenken existiert!

Das Kreuz, das Symbol einer Weltreligion, sollte heute als weltliches Zeichen für Toleranz und Menschlichkeit gedeutet werden. Auch wenn das Thema Religion für heutige Generationen unwichtig geworden ist, sollte es als ein Zeichen der Friedfertigkeit auch bei allen Nichtchristen gesehen werden. Vor allem sollte es nicht mehr zu Kritiklosigkeit und zum Beten im Rudel verpflichten.

Zu bedenken sei auch, dass Jesus selbst das Kreuzzeichen gewiss nie verwendet hat!

Schon lange kann man beobachten, dass in einer christlichen Gesellschaft Geborene, keine priesterlichen Weisheiten suchen oder brauchen. Es reicht ihnen die Taufe, die Konfirmation, da gibt es Geschenke, der Segen bei der Hochzeit, auch wenn ohnehin jede zweite Ehe entzweiget, und dann noch ein Segen beim Ableben. Damit hat das Christentum als Glaube seine Pflicht erfüllt.

Ob der Priester drei, fünf oder zehn oder gar 100 Kreuzzeichen schlägt, man weiß, das Wasser wird trotzdem nicht zu Wein. Alles ist nur Symbolik, verbunden mit einem guten Willen zu Anstand und Ordnung in unserer Gesellschaft.

Sowohl die Verkünder des Neuen Testamentes, als auch die Prediger bis in die Neuzeit verwendeten die einen oder anderen schlauen Aussagen vom Alten Testament, obwohl die Widersprüche offensichtlich sind, um entweder ihr gutes Wissen zu demonstrieren, oder sie fanden keine besseren Erklärungen für das Geschehen zwischen Himmel und der Erde.

Für einen Gläubigen scheint es keine Rolle zu spielen, wie viele Fehler oder Unzulänglichkeiten in „heiligen" Schriften stecken, es könnte ja der Rest noch ein wenig der Wahrheit entsprechen. Wenige Menschen sind konsequent und stellen die gesamte „Wissenschaft" infrage, wenn sich Erzählungen als einfache Lügen erweisen, wie die Geschichten von Adam und Eva oder von Noah und der großen Sintflut, die Moses von Gott am Berg von Sinai erfahren haben wollte, die aber schon mehr als 1000 Jahre vorher auf Tontafeln und in der Keilschrift der Sumerer, im Gilgamesch-Epos festgehalten worden waren. Moses und sein Gott haben wohl nichts davon geahnt, dass man im 20. Jahrhundert die in Keilschrift verfassten Tafeln entziffern und damit seine Behauptungen als Unwahrheiten entlarven würde.

Die Möglichkeit, dass ein höheres Wesen über seine eigene Schöpfung und über die ganze Menschheit wacht, konnte noch nie ein Theologe beweisen. Leider ist Gegenteiliges die Realität, denn kein göttliches Wesen mischte sich jemals gütig ein.

Visionen, Märchen und Fabeln hat der Gläubige zu glauben, denn dem Ungläubigen wird das Himmelreich angeblich für immer verwehrt. Der moderne Mensch lässt sich aber nicht zur Dummheit verpflichten, um ins Paradies der Gutgläubigen zu gelangen, denn die bereits vor Moses existierende Menschheit hatte auch ohne Moses oder Jesus das Recht auf ein Himmelreich.

Heute wissen wir, dass Religion zwar einen Sinn macht im kulturellen Leben einer Gemeinschaft, dass sie dabei aber der größte und gefährlichste Schwachsinn der Weltgeschichte ist, wenn sie nicht zu einem Miteinander, sondern eher zu einem Gegeneinander führt. Wie viele Kriege haben die Europäer gegeneinander geführt, und sie waren alle angeblich gute Christen.

Somit wurde heute, im nicht von Propheten vorhergesehenen Raumfahrtzeitalter, die sogenannte Heilige Schrift, über die einst Gelehrte, Pharisäer, mit großen starren Augen sprachen, zu einem Buch mit verzichtbaren Weisheiten.

Die alten Hebräer konnten sich damit noch umgeben, doch wer sich heute mit Geistern, Göttern und Dämonen umgibt, der hat für die Realität wohl ein eingeschränktes Wahrnehmungs-verhältnis.

Es kann einfach nicht sein, dass der Weg zu den Göttern über Propheten führt, die von ihrer Umwelt keine Ahnung hatten, die irreale Vorstellungen von da „oben" hatten, die in Visionen von „oben" Informationen erhielten und mit ihren Behauptungen ihren Mitmenschen Fluch und Elend brachten.

Es kann nicht sein, dass nur Menschen mit Visionen und Überlegungen an der Grenze zum Wahn die würdigen Gesprächspartner eines göttlichen und allmächtigen Schöpfers sein sollen. Ist die Religion nur für geistig Unterprivilegierte geschaffen worden? Sollte der Glaube nur etwas für die Dummen sein? Geschaffen wurde er als Ort aller Weisheit, was die Nachfolger Christi aber durch ihr mangelhaftes Wirken infrage stellen.

Ein allwissender Gott könnte sich auch intelligenten und gebildeten Menschen mitteilen, wenn er nicht nur für die geistig Einfachen geschaffen wurde, die für ihre Weisheiten „Visionen" brauchten.

Warum sollte es ein Schöpfer tun, wenn es ihn so nicht gibt und nie gegeben hat und er nur in einer weltweiten aber unterschiedlichen menschlichen Phantasie vorhanden ist?

Ein unwürdiges Bild würde dies heute ergeben, wenn ein Mensch öffentlich seine Visionen erklären möchte, die er von einem Gott erhalten habe, denn man würde ihn auf kürzestem Wege in eine Anstalt bringen! Damit ist das Ansehen von Propheten zur Nullwertigkeit verkommen.

Der Großteil der Menschen verhält sich so, als seien sie von einer Gottheit erschaffen worden und wollten die Evolution nicht zur Kenntnis nehmen, die Lernen und Weiterbildung verlangt.

Die Theologie hat sich zu verändern, zu einer humanen und realistischen Weltanschauung, oder sie wird mit ihren märchenhaften „heiligen Büchern" verzichtbar.

Den christlichen Kirchen ist es zwangsweise stillschweigend und in kleinen Schritten gelungen, sich von eigenen Steinzeit-vorstellungen zu entfernen, die man „wissenschaftlich" aus dem Alten Testament herausgefiltert hatte, damit die Gelder der Gläubigen auch nicht ganz versiegten. Immerhin stehen heute viele Kirchen leer, da es sowohl an Priestern auch an Gläubigen fehlt. Die Institution Kirche wird aber nicht aussterben, da genug an Kapital angehäuft wurde.

In der islamischen Welt sieht dies noch völlig anders aus. Hier ist der Bedarf an Moscheen unheimlich groß, vor allem in den Ländern der Ungläubigen, was den Verdacht einer gezielten Expansion natürlich bestätigt. Modernste Errungenschaften nimmt man nicht zur Kenntnis und lehnt auch die nachweisbare Evolutionstheorie ab. Alles nur, damit die eigene Religion weiter Bestand hat, so wie es auch die christliche Welt als Diktat erlebt hat.

Auch sollte man sich in Europa darüber klar sein, dass die Menschen, die von Ostanatolien bis hin zum Hindukusch in ihrer Tradition aufgewachsen sind, unverändert so seit Jahrhunderten lebten. Und sie lehnen alles Westliche mit seinen Errungenschaften, damit sind wir gemeint, weiterhin ab und mit Hilfe ihrer Imame werden wir sogar als teuflisch und verkommen verurteilt.

An erster Stelle genannt werden die USA, gemeint ist aber die Bevölkerung jener Länder, die sich keinen religiösen Zwängen mehr hingeben. Mit der Verteufelung des Westens sind somit alle Nichtmuslime als Ungläubige gemeint.

Auch im strengen, religiösen Mittelalter gab es in Europa ein mehrmaliges Beten am Tage. Auch die Fastenzeit hat die christliche Religion aus dem Orient mitgebracht, denn im kargen Europa, wo man mit verschiedenen Jahreszeiten zu kämpfen hatte, brauchte man nicht zu fasten, sondern musste Vorsorge treffen für die harten Monate des Jahres.

Selbst heute noch ist es für viele Menschen ein großes Wagnis und eine psychische Belastung, über das seit Jahrhunderten eingepeitschte religiöse Erbgut kritisch nachzudenken. So wie Kaiser Karl V., der im Religionsstreit zwischen Martin Luther und der katholischen Kirche vermitteln und diesen beilegen wollte, keine bessere Erklärung fand, als dass „nicht einfach falsch sein kann, was 1000 Jahre lang richtig war."

Was war denn 1000 Jahre lang richtig?

Diese Erklärung ist deshalb mangelhaft, da sie überhaupt nicht die einzelnen vorgetragenen Problempunkte differenzierte, die Luther zum Streit oder zur Anklage veranlasst hatten.

Zweitens, wie konnte Karl etwas als richtig ansehen, wenn er sich mit diesem „Wissen" nie kritisch auseinandergesetzt hatte? Auch wenn jahrhundertelang etwas windmühlenhaft immer wiederholt wird, muss es ja trotzdem noch lange nicht richtig sein oder gar zur Wahrheit werden.

Außerdem verpasste er der deutschen Nation die sogenannte Reichs-Halskrausordnung, in der die Folter als legales Mittel anzuwenden war. Der liebe Kaiser Karl V. hatte ganz vergessen, dass 1 500 Jahre vor ihm Jesus gelitten und gekreuzigt wurde, obwohl er vorher Nächstenliebe gepredigt hatte.

Vor allem trug die Entscheidung von Karl V. mit dazu bei, dass Deutschland danach im Dreißigjährigen Krieg 50 Prozent seiner Bevölkerung grausam verloren hat.

Es gibt Völker, die der Meinung sind, für einen besonderen Gott geschaffen worden zu sein und die dabei nicht merken, dass sie damit den Grundstein für eine extremistische Religion und für Rassismus gelegt haben, da es für sie unmöglich ist, sich mit Andersgläubigen zusammenzutun oder diese zu tolerieren, oder es sogar unmöglich wird, sich von ihrer eigenen Religion zu distanzieren.

Ist es denn verwunderlich, wenn sich eines Tages auf der anderen Seite ein vielleicht noch viel gefährlicherer Rassismus gegen solche Minderheiten mit einer totalen Ablehnung entwickelt?

Seit dem Bestehen von Religionen ist das sogar ein beobachtbares Geschehen in der Geschichte.

Religiöse Besonderheiten mit extremen Vorstellungen führen zwangsläufig zu Absonderungen, die nur in separaten Lebensräumen gelebt werden können. Diese religiöse Einstellung widerspricht den wünschenswerten Versuch, dass sich alle Rassen mischen und sich damit Rassismus erledigt.

Und natürlich muss eine extreme religiöse Lehre die schwachen Gläubigen immer daran erinnern, sich nur nicht mit Andersgläubigen zu verbrüdern, weil sie ja sonst an Macht und Einfluss verlören, was bedeutet, dass sie ihr tägliches Brot selber erarbeiten müssten.

Es berührt die Europäer nicht, wenn Hindus eine Kuh für „heilig" erklären und zum Beispiel ihren Urin dann auch für etwas Heiliges halten und ihm sogar Heilkraft nachsagen. Es berührt Europäer nicht, wenn Frauen mit einem Punkt auf der Stirn herumlaufen, oder Männer zum Tragen eines Turbans verpflichtet sind, egal, wie hoch die Tagestemperaturen sind. Es berührt Europäer nicht, wenn Frauen sich aus Gründen des Anstandes verschleiern müssen, oder sich nur in Begleitung eines Mannes in die Öffentlichkeit bewegen dürfen.

Es berührt die Europäer aber sehr wohl, wenn diese Menschen in den europäischen Lebensraum eindringen und hier leben wollen mit ihren archaischen Vorstellungen und nicht bereit sind, europäisches Denken zu akzeptieren, das immerhin Europa und die gesamte industrielle Welt zur nie zuvor erreichten Spitzentechnologie und nie zuvor gekannten individuellen Freiheit geführt hat. Dazu gehören auch Denkmuster, die nicht von unserer eigenen Religion vorgegeben wurden, sondern im Gegenteil: von unseren Vorfahren von der eigenen Religion erkämpft werden mussten.

Die Europäer haben längst erkannt, dass extreme religiöse Vorstellungen ein Bremsklotz für ein freies Denken sind, der damit auch jeden Fortschritt behindert.

Ohne den Islam näher zu kennen, haben die Europäer den Eindruck, dass das muslimische Leben da stehenblieb, wo das Christentum vor 200 oder gar vor 300 Jahren in der Entwicklung war. Im Islam scheint man dauerhaft in alten Zeiten leben zu wollen und findet jede Veränderung als Vergehen gegen ihren Religionsgründer. Deshalb empfinden die meisten Europäer den Islam heute als eine rückständige Religion.

Extrem problematisch wird die ganze Geschichte, wenn man nach Europa kommt und die liberalen Errungenschaften hier voll in Anspruch nimmt und trotzdem bei der eigenen Tradition keinen Schlussstrich zieht, sondern mit orientalischer Gesinnung hier zu leben verlangt.

Im achten Jahrhundert war der Orient dem damaligen Europa kulturell weit überlegen. Sei es in der Baukunst, Mathematik, Astronomie oder Medizin, wobei sich die Frage stellt, wie weit die Muslime das Wissen und die Fähigkeiten eventuell von Vorkulturen übernommen haben.

Die deutschen Politiker, die mit Besonderheiten der Zuwanderer nicht gerechnet haben, meinen nun in ihrer Hilflosigkeit, die Einwanderer sollten die deutsche Kultur als „Leitkultur" akzeptieren.

Vor allem die heute in Europa bestehenden Freiheiten, die man als selbstverständlich hinnimmt, erforderten einen jahrhundertelangen, aufopfernden Kampf gegen religiöse Vorstellungen und Zwänge bis in die Gegenwart.

Es bedarf auch nicht mehr einer Reformation irgendeiner Religion, es reicht einfaches Ignorieren!

Seit Karl dem Großen erlebte Europa eine undemokratische Herrschaft von Kirche und Staat. Eine unüberwindbare Partnerschaft, die freies Denken und Handeln ihrer Bürger nicht ermöglichte und bis zur Französischen Revolution eine Abhängigkeit festigte.

Wie eine undurchdringliche bleierne Decke ruhte für 1000 Jahre die Herrschaft zwischen Kaiser und Papst über ganz Europa.

Der wirtschaftliche Erfolg dieser Partnerschaft wird sichtbar in der Pracht der Gotteshäuser und in den Prunkbauten und Schlössern der Herrschenden, während das Volk in bitterster Armut unveränderlich dahinsiechte.

Nachdem Napoleon sich aber selbst mit einer Kaiserkrone geschmückt hatte, befand man dies als Verrat an der Revolution und damit als einen Rückfall in uralte Strukturen. Nach dieser Enttäuschung kam es erst im Jahre 1848 im Deutschen Reich zu einer misslungenen Revolution gegen die herrschende Dualität von Kirche und Staat.

Man denke dabei an Friedrich Schiller mit seinem Werk „Die Räuber": ein Aufbegehren für bürgerliche Rechte und gleichzeitig ein Werk gegen die Willkür der Obrigkeit. Literarisch sprach man großzügig von einer Zeit der Aufklärung, die nur ganz kurz währte.

Erst im Jahre 1918, nach dem verlorenen Ersten Weltkrieg, war es mit der uneingeschränkten Macht von Papst und Kaiser vorbei. Während man in Deutschland und Österreich eine parlamentarische Demokratie errichtete, wurde in Russland auch die Herrschaft von Religion und Zar beendet.

Leider blieben in Russland die Menschenrechte auf der Strecke, da es zu einer kommunistischen Gewaltherrschaft ohne demokratische Beteiligung des Volkes kam. Millionen Menschen fielen leidvoll des stalinistischen Terrors zum Opfer.

Leider konnte sich die Erste Republik in Deutschland nicht halten, die Weltwirtschaftskrise und der Druck von Reparationszahlungen waren zu gewaltig, und so schlitterte man allmählich in eine Gewaltherrschaft der Nationalsozialisten mit seinem unrühmlichen Ende.

Nach diesem bitteren Ende konnte man einen erfolgreichen Neubeginn in der Zweiten Republik mit allen bürgerlichen Rechten starten. Die Entwicklung verlief dennoch ungeplant mit einer Industrie und Wirtschaft, die auch den politischen Weg vorgab. Bedingt durch die weltweite Konkurrenz entfernte man sich von einem bürgerlichen Staat zu einer Herrschaft verteilt zwischen Industrie und Politik.

Im Vordergrund stehen hier der wirtschaftliche Gewinn und seine Maximierung, was man mit der Globalisierung zu erreichen hoffte, wobei das nationale Überleben eines Landes für die Industrie von keinem Interesse ist. Denn, aus welchen Gründen auch immer die Bürger eines Landes ihre Arbeit verloren, die Unternehmer haben sich immer aus der Verantwortung gewunden.

Was danach folgt, liegt in den Händen der Politik, während Unternehmer darauf hinweisen, ihre Steuern dafür bezahlt zu haben.

Wo der Gewinn bei dieser Regierungsform bleibt, lässt sich leicht erahnen. Sollte eine Währungserneuerung oder Reform unverzichtbar werden, wird es unbesonnene Unternehmer geben, die ein Leben danach nicht mehr als wünschenswert erachten könnten, wenn sie nicht weltweit ihr Kapital investiert und sich damit abgesichert haben.

Milde ausgedrückt ist die Entwicklung dieses Systems sehr bedenklich geworden, da das Wirtschaften mit Geld sich zu einem richtigen Sport entwickelt hat. Weltweit vagabundiert unermesslich viel Kapital, ohne dass ein Gegenwert dafür vorhanden ist. Mit Papiergeld wird Geld verdient, dafür bedarf es in diesem System keiner Waren und keines Transportwesens.

Man weiß, dass dieses vagabundierende Kapital einen höheren Umfang angenommen hat, als der Warenwert des gesamten Welthandels. Das System artet zu einem unüberschaubaren Spiel aus.

Der große Gewinner des derzeitigen Systems ist die Wirtschaft mit ihren verlängerten Armen in die Politik. Während die Politiker die Staaten in die größte Verschuldung aller Zeiten geführt haben, bekommen sie meist nach ihrer politischen Karriere einen guten Posten in der Industrie. Als Dank für die gute Zusammenarbeit winkt hier dann die schönste finanzielle Versorgung. Aufopferung für das Wählervolk ist dabei zweitrangig und warum sollte man finanzielle Vorteile ablehnen?

Es ist aber bereits heute sichtbar, dass dieses System oder Partnerschaft zwischen Politik und Wirtschaft, nicht einen so langen Bestand haben wird, wie einst Kirche und Hochadel.

Auf Geld und Wirtschaft wird man auch künftig nicht verzichten können, aber die maßlose Profitgier kann keine Zukunft haben, wenn sie nicht der Allgemeinheit zugutekommt. Vor allem wird man, wenn große Industriebereiche und Produktionsstätten an Investoren in die ganze Welt verkauft wurden, wieder zur Eigenversorgung zurückkommen und von vorne beginnen.

Man fragt sich, was kommt nach diesem wirtschaftlichen Erfolgs-rezept, das uns „Multi-Kulti" hinterlässt? Man kann heute nur hoffen, dass es kein gesellschaftliches Chaos geben wird, wie es in anderen Industriestaaten längst sichtbar wurde und warum diese Entwicklung für Deutschland von Politikern noch als unwahr-scheinlich bestritten wird, trotz massiver Vorzeichen! Die gro-ßen Gewinner könnten jene osteuropäischen Länder und China sein, die sich nicht für eine muslimische Expansion zur Verfü-gung stellen oder sich jeder Zuwanderung verweigern. Marxismus und Religion passten in diesem System nicht zu-sammen und das hat sich im Empfinden der Bürger verfestigt. Es besteht kein Bedarf an tief oder gar extrem religiösen Men-schen. Der Westen nennt diese Länder undemokratisch, morgen könnte man auf ihre innerpolitische Stabilität neidisch sein! Mul-ti-Kulti könnte sich sehr schnell als ein Irrläufer der Geschichte und alles andere als ein Erfolgsmodell erweisen, denn es ist ein nie dagewesenes Versuchsmodell!

Was bleibt von allen Weltreligionen im Zeitalter der Raumfahrt?
Man hat festgestellt, dass in unserem Universum sich Galaxi-en laufend neu bilden. Trotzdem hat man einen Urknall als den Schöpfungsbeginn definiert. Heute wissen wir von den unvor-stellbaren Dimensionen des Alls und müssen lächeln, dass dies alles eine bewusste Schöpfung einer Person in Menschengestalt namens Gott gewesen sein soll.
Woher kam denn diese Gestalt, die für diese Schöpfung ver-antwortlich war?
Wer waren seine Eltern – unbekannt – dann war ganz gewiss alles eine menschliche Erfindung, wie alle anderen antiken Göt-ter auch, von denen wir seit ihrem Verschwinden nie mehr etwas hörten. Wäre diese Welt bewusst von einer allwissenden Gott-heit geschaffen worden, warum bedurfte es dann all der Dinge des Himmels, wie Sonne, Mond, Sterne und Galaxien?
Wofür bedurfte es einer Schöpfung mit Tag und Nacht, Sturm und Regen, Erdbeben und Vulkanen? Alles um der Menschheit Prüfungen aufzuerlegen? Oder die Schöpfung in Staunen zu ver-

setzen? Und wer es wagte, einem Theologen kritische Fragen zu stellen, die er nicht beantworten konnte, der wurde mit dem starren Blick eines Fanatikers strafend angesehen, denn man berührte ein Tabu, danach konnte nur noch die größte aller Sünden kommen, nämlich die der Gotteslästerung.

Die Evolution ist die nachweisbare Wirklichkeit, in der eine imaginäre Gottheit keine Rolle spielt. Die Evolution braucht man nicht zu glauben, denn das hat mit Wissen und Realität zu tun! Nicht die Religion, sondern die Evolution kann die Frage beantworten, was zuerst war, das Huhn oder das Ei. Für den religiösen Menschen gibt es hierfür nur das Wort: Wunder!

Egal, ob wir die Schöpfung und damit unsere Existenz einem Gotteswesen oder einer Evolution zu verdanken haben, es bleiben dennoch Fragen nach dem „Warum".

Warum gibt es einen Weltraum, in dem sich Galaxien ausbreiten? War zuerst der Raum vorhanden oder bildete sich dieser erst, seit es die Galaxien darin schwebend und expandierend gibt?

Was spielt die Zeit für eine Rolle in diesem Geschehen? Beginnt die Zeit erst mit der Existenz von Materie und Bewegung? Warum ist es möglich, dass sich aus toter Materie organisches Leben entwickelt?

Vielleicht findet die menschliche Existenz bis zum Ende aller Tage keine Antwort auf diese Fragen, mit denen die Generationen vor uns aber auch schon gelebt haben. Damit müssen auch wir leben, egal ob man sich als Atheist oder als ein Gläubiger bezeichnet.

Aber es verbietet sich, dabei in eine religiöse Wunderwelt zu verfallen, die wir hinter uns haben.

Nur die Religionen meinen, darauf eine einfache Antwort zu haben und bleiben bei ihrem unveränderlichen Standpunkt: Ein Schöpferwesen hat mit seinen Wundern alles geschaffen und regiert seine eigene Schöpfung.

Diese Vorstellung hatte so lange Gültigkeit, solange der Mensch glaubte, dass die Welt aus einem flachen Boden (siehe Apostel Johannes: Off. 20:7/8) mit vier Ecken und mit etwas Wasser drum

herum besteht. Von den vier Ecken sollten die strafenden apo-
kalyptischen Reiter über die dann lebenden, sündhaften Menschen herfallen, denn ein ewiges theologisches Bedürfnis ist die
Sündhaftigkeit!

Man lebte in einem ptolemäischen Weltbild und hatte keine Ahnung, dass man in Wirklichkeit in eine unendliche Tiefe des Universums blickte. In 24 Stunden hat man einmal den Rundblick
vollendet. Alles, was dort oben zu sehen war an Sternbewegun-
gen, waren den religiösen Vorstellungen entsprechend Zeichen
der Götter. Unter anderem waren es böse Vorzeichen, wenn es
sich dabei um Kometen handelte.

Heute melden sich Wissenschaftler, die religiöse Vorstellungen nicht so extrem darstellen wollen und behaupten, dass man
schon immer gewusst habe, dass die Erde eine Kugelform habe.
Dieses „man" wird aber sehr klein geschrieben und bedeutet,
dass es nur wenige Gelehrte waren, die Kenntnis von Eratosthenes hatten und seine Berechnungen kannten, die aber wegen
religiöser Dominanz nicht zur Geltung kommen durften, da die
Heilige Schrift wichtiger war, die keine Realität zuließ. Beispiele dieser Unterdrückung sind unvergesslich in Geschichts-
büchern verankert.

Aber so, wie sich die Propheten und alle Heiligen die Schöpfung
vorgestellt haben, mit einem alten Mann mit einem sehr langen
Bart, diese Vorstellungen gab es auch bei anderen antiken Religionen, sind sie nach heutigem Wissensstand einfach zu kind-
lich oder zu naiv.

Der alte Mann mit dem langen Bart passte vielleicht noch in
das Weltbild von Ptolemäus, ist aber nach akribischen Forschun-
gen, nachgewiesenen Naturgesetzen und den heutigen astronomischen Erkenntnissen so nicht mehr haltbar.

Heute wissen wir sogar sehr genau, was sich unter unseren Füßen abspielt. Die Räumlichkeiten für eine Hölle hat man bislang
noch nicht gefunden, und man wird sie auch nie finden. Oben,

in und über den Wolken befindet sich auch kein Himmel – geehrte Propheten!

Was man früher „oben" nannte, ist ein sich in alle Richtungen ausbreitendes Universum, mit gefährlicher Strahlung, luftleer und kalt bis minus 273 Grad Celsius und in Sonnennähe bis plus 1,5 Millionen Grad Celsius.

Es ist schon bemerkenswert, dass sich in jener Zeit, als sich das antike Griechenland, in Europa zur Hochkultur entwickelte, die Orientalen sich einer religiösen Hysterie und Irrationalität hingaben.

Das, liebe Propheten, ist heute Realität, das ist unsere Welt, in der ihr aus religiösen Gründen nicht gelebt habt, denn ihr brauchtet Wunder in eurer Welt, kombiniert mit schamloser Irrealität. Kein einziger Wissenschaftler, der sich über unser Kommen und Gehen Gedanken macht, war jemals individuellen Visionen, einer religiösen Überhöhung oder gar einem religiösem Wahn verfallen, so wie man es bis in die Zeit nach Jesus in der Bibel bestätigt findet und es in der Offenbarung ihren irrealen, ja sogar perversen Höhepunkt erreicht.

Die Wissenschaften, sowohl über den Mikrokosmos wie auch über den Makrokosmos sind von allen Seiten betrachtet mit Religion inkompatibel. Deshalb ist es die Aufgabe der Wissenschaft, sich realistisch mit diesem Thema zu befassen und nicht wie die heiligen religiösen Visionären, die nur noch mit einem Orakel zu Delphi vielleicht vergleichbar sind.

Nicht erst seit dem Beginn der Raumfahrt haben die Religionen nichts hinzugewonnen, sondern blieben sprachlos bei ihren Steinzeitansichten und deren vakanten Geschichten. Was muss noch geschehen, damit sich etwas bewegt?

Nichts wird die Religionen zu irgendeiner Änderung veranlassen, da dann die berufliche Existenz von Priestern hinfällig werden könnte, die aber längst an Anhängerschaft in Europa verloren haben, nicht weil diese so gottlos ist, sondern weil man an der Religion vorbei an Wissen hinzugewonnen hat.

Die Propheten im Alten Testament schämten sich nicht, in ihren Visionen Mord und Torschlag als göttlichen Auftrag zu verkaufen, was der Gläubige mit großen, staunenden Augen zu glauben hatte.

Wie geistig einfach waren jene Propheten gestrickt, wenn sie behaupteten, der Herr habe sie beauftragt, Menschen bei Verfehlungen zum Tode zu verurteilen, sogar sadistisch grausam zu töten, wie bei der Steinigung.

Nach Moses war der Herr kein Mörder, denn er hatte Kain auch nicht getötet, sondern nur verstoßen. Nun, sollte er Moses und die nachfolgenden Propheten billigend zu Mord angestiftet haben?

Nach Moses erleidet hier der Herr mit seiner Schöpfung die größte Pleite, wenn er die eigene Schöpfung zur Tötung preisgibt, denn dann war sein Werk weder perfekt noch korrekt oder anständig gelungen, sondern stümperhaft und eines universellen, allwissenden Schöpfers unwürdiger Pfusch. Das ist Logik, die auch ein Gott versteht und hier auch gelten lässt!

Genauso grausam läuft das Geschehen in der Tierwelt ab, hemmungslos und gewalttätig, nach dem Recht des Stärkeren, wie es den Propheten aus Unkenntnis nicht bewusst war. Wo ist das Paradies, für das die Gläubigen so intensiv zu beten haben, jenseits von Eden?

Nein, jetzt nicht mehr, denn erst nach dem Tode kommt man dahin, dann kann der Herr über seine Schöpfung seinen menschlichen Sadismus ausleben. Wer es glaubt, wird selig!

Beweisbar ist das alles nicht, aber in der Religion wurde nie etwas bewiesen, und es wurde trotzdem geglaubt. Die Theologie als Wissenschaft verkommt heute zur reinen Bankrotterklärung. Noch heute versuchen Theologen, nicht nur die ewige Verdammung, wie auch alle anderen stupiden Aussagen der Propheten bis in unsere Tage herüberzuziehen, wenn auch die Zahl der Gläubigen schrumpft. Gewiss schrumpft sie auch deshalb.

Diese gesamte religiöse Geschichte mit ihrer Schöpfung ist für uns heute unbrauchbar, und im Zeitalter der Künstlichen Intelligenz (KI) wird man Moses und seine unfähigen Nachfolger zerlegen.

Als am 21.07.1969 amerikanische Astronauten unterwegs zum Mond waren, haben sie sowohl Himmel wie Erde verlassen, da sich der Himmel, nachlesbar in der Bibel, in und über den Wolken befand. Der Mond, der immer außerhalb der Erde ein Teil des Sternenzeltes war, wurde von Menschen betreten. Ein unvorstellbares Geschehen, das mit der Schöpfungsgeschichte und vor allem mit dem ptolemäischen Weltbild unvereinbar ist und unvereinbar bleibt, bis in alle Ewigkeit!

Es grenzt auch an ein Wunder, dass Theologen nicht erklärten, man habe damit die göttliche Schöpfung entehrt!

Gibt es ein deutlicheres Zeichen, wie wenig sich religiöse Menschen um die Wirklichkeit kümmern und an ihrer auf Unwissenheit und Visionen beruhenden Religion festhalten?

Hier spürt man deutlich, wie sich Realität und Wissenschaft auf der einen Seite und Träume und Visionen auf der anderen Seite mit Religion unvereinbar gegenüberstehen. Man möchte mit den religiösen Menschen fast Mitleid haben, da sie sich für die falsche Seite entschieden haben, da die Angst vor der ewigen Verdammnis für sie zu groß war. Heute kann man verstehen, warum Theologie mit allen Mitteln alle Wissenschaften bekämpft hat.

Gegenwart

Europa hat die atomare Bedrohung zur Zeit des Kalten Krieges mit viel Glück überstanden. Birgt nicht die hemmungslose muslimische Zuwanderung in Europa ebenfalls Gefahren? Durch das Wahlrecht der eingebürgerten Muslime können die erkämpften demokratischen Werte sehr schnell geändert werden und damit zu einer gesellschaftlichen Verfremdung führen. Anständige Muslime, die mit der von Imamen vermittelten Scharia aufgewachsen sind, werden diese auch in Zukunft aus religiösen Gründen immer wieder verlangen. Alle guten Vorstellungen von Integration sind dann nur Wunschdenken europäischer Politiker.

Man kann darüber grinsen und abwiegeln; man kann aber auch in die ganze Welt blicken und nach positiven Beispielen eines Zusammenlebens mit Muslimen suchen. Die Probleme, die sich dadurch ergeben, sind bereits heute von der Justiz in den europäischen Staaten kaum beherrschbar und werden mit weiterer Zuwanderung aus dem Ruder laufen.

Nach dem Kampf von Generationen gegen religiöse oder politische Willkür in Europa kann man von Zuwanderern, die diese Entwicklung nie mitgemacht haben, eine Einschränkung oder eine Rückentwicklung der erkämpften Werte nicht zulassen.

Wenn Politiker und Juristen aber nur Entgegenkommen für fremde Kulturen fördern und verlangen, dann wird man einer Integration keinen Dienst erweisen, sondern eine Parallelgesellschaft fördern, was man eigentlich vermeiden wollte.

Ein Entgegenkommen für andere Kulturen bedeutet eine Teilaufgabe eigener Werte, was einen gewaltigen und nicht hinnehmbaren Rückschritt für europäische Werte bedeuten würde. Nichts anderes als Angleichung muss von Zuwanderern verlangt werden und nicht endlose Rücksichtnahme aus falsch verstandener Toleranz mit dem Hintergrund von christlichen Werten.

Sollte man oder müssen wir gerade wegen unserer Rechtsauffassung, auf die sich diese Zuwanderer sofort berufen, diese Besonderheiten tolerieren, oder muss man Anpassung verlangen, damit sie nicht in eine Parallelgesellschaft und zum Außenseiter-Leben gezwungen werden?

Ja, selbst die christlichen Kirchen bringen sich positiv für die Zuwanderung ein und merken nicht, dass sie dadurch keine neuen Christen gewinnen, dafür aber die eigenen verlieren. Vielleicht planen Theologen sogar, gemeinsame Gottesdienste mit den Muslimen zu feiern?

In Europa hat sich eine distanzierte Haltung gegenüber Religion entwickelt, und Gotteshäuser werden aus Mangel an Gläubigen aufgegeben. Religion wird für den mündigen Bürger zur reinen Privatsache. Trotzdem kann jeder beten, wann, wo und so viel, wie er will.

Gleichzeitig strömen Muslime ins Land, die den Eindruck haben, es herrsche in ganz Europa ein religiöses Vakuum, und sie setzen sich umgehend für den Bau von Gebetshäusern und Moscheen ein.

Dies ist eines der wichtigsten Zeichen dafür, dass die Menschen aus dem Orient vom Empfinden der Europäer noch weit entfernt sind und eine gewisse religiöse Freizügigkeit und individuelle Selbstbestimmung nicht kennen, sondern auf religiöse Besonderheiten und Kennzeichnung Wert legen.

Vor 70 Jahren hatte man in Deutschland auch diese Ausrichtung einer straffen Ordnung und nationalen Einheit, mit einem fast religiösen Charakter erlebt, als dann das individuelle Leben in Freiheit für zwölf Jahre auf der Strecke blieb und im Abgrund endete.

Diese Erfahrung verbietet für immer eine Restaurierung gleichen Denkens und Schaffens. Die Rechte, auf die sich Zuwanderer berufen, die gibt es in ihren Herkunftsländern nicht. Man denke nur an das Rufen vom Minarett in Deutschland oder das

Leuten von Kirchenglocken im Herkunftsland. Eine Unverfrorenheit aus muslimischer Sicht, darüber überhaupt nachzudenken oder gar zu sprechen.

Viele Bürger haben daher den Eindruck, dass das Rechtswesen in Europa zurzeit die Werte von Zuwanderern höher einstuft und bewertet als die Rechte der einheimischen Bevölkerung. Das Grundgesetz wird dabei von der deutschen Rechtsprechung zitiert, aber gerade dies wurde wortwörtlich nur für die Bundesrepublik Deutschland geschaffen und nicht für den Rest der Welt.

Das birgt ein künftiges Konfliktpotential, denn geht es um den sogenannten Wohlstand in den europäischen Ländern, dann ist das ein Ergebnis jener arbeitswilligen und fleißigen Menschen, die dieses Wohlergehen erarbeitet und nicht geschenkt bekommen haben.

Regierende Parteien haben sogar zu verstehen gegeben, dass man nun diesen Wohlstand mit allen anderen zu teilen hat, denen es nicht so gut geht. Die dafür gearbeitet haben werde gar nicht gefragt. Befinden sich diese Menschen heute im Rentenalter, dann ist für sie nur eine beschämende Minimalrente vorhanden, während Flüchtlinge, die man sofort Zuwanderer nennt und die in ihrem bisherigen Leben für ein Wohlergehen in Europa keinen Beitrag erbracht haben, mit leeren Händen kommen aber volle Leistungen in Anspruch nehmen können, und sei es nur für einen monatelangen, kostenlosen schönen Urlaub, solange wie ihr Asylverfahren dauert.

Würde es einem Europäer in einem ihrer Herkunftsländer auch so wohlergehen?

Ein Deutscher, der sich Gedanken über diese Tatsache macht, wird als Nazi abqualifiziert. Das wird sich aber in naher Zukunft gewiss ändern, wenn der Zustand unerträglich wird, je mehr auf die Idee kommen, in Europa auf diese Art und Weise einen unbezahlten Urlaub zu machen.

Wenn es den europäischen Staaten mit ihrem Rechtswesen nicht gelingt, die Rechte ihrer Bürger entsprechend einzuschätzen und zu würdigen, werden sich eines Tages die Wähler die Frage stellen, ob man nicht eine politisch anders ausgerichtete Regierung wählen sollte, die ihren Vorstellungen entspricht und damit ihre Wünsche berücksichtigt würde! Damit steht das auf der Kippe, was wir schwer erkämpfte Demokratie nennen!

Aus überwiegend muslimischer Welt kommen heute Menschen massenweise aus den gleichen Gründen nach Europa, wie jene Menschen, die aus den katholischen Ländern Lateinamerikas nach den USA oder nach Kanada drängen. Mexiko, Guatemala und Honduras sind andauernd im Gespräch.

Es beginnt mit der nicht bezahlbaren Bildung junger Menschen in den eigenen Ländern. Es fehlt an Geld, um Lehrer zu bezahlen und ausreichend Schulen zu bauen und zu betreiben.

Es fehlt an Nahrungsmitteln, und es gibt kaum berufliche Perspektiven für junge Leute, außer dem Drogenhandel, Diebstahl, Erpressung und anderen kriminellen Tätigkeiten. Die Anständigen unter ihnen verdienen sich ihren Lebensunterhalt noch auf Müllhalden. Es prägt sich Bandenwesen, Kriminalität und Verbrechen aus, weil man auch an den letzten noch vorhandenen Ressourcen sich beteiligen möchte oder muss, um zu überleben.

Es fehlt an Geld, um Polizeikräfte vernünftig zu bezahlen und zu verstärken, um Willkür und Korruption zu vermeiden, und damit sie sich nicht mit Verbrechern verbrüdern, sondern den Schutz und die Rechte der eigenen Bevölkerung nach dem Neutralitätsprinzip gewährleisten.

Es bleibt den Menschen nichts anderes übrig, das Gesetz selbst in die Hand zu nehmen, um einfach zu überleben in einer sich steigernden Verelendung und damit verbundenen Rechtlosigkeit.

Das schlimmste an der Geschichte ist, dass wir den Höhepunkt der Entwicklung noch lange nicht erreicht haben, eher sind wir noch am Anfang.

Alle Probleme in ihren Herkunftsländern bringen Flüchtlinge mit nach Europa oder Nordamerika. Vielleicht sollte sich jeder Mensch darüber Gedanken machen, dass in diesen Herkunftsländern geordnete Zustände weder in der nahen noch in der fernen

Vergangenheit geherrscht haben! Kommen weitere Menschenmassen, werden die Staaten, die ihnen Asyl und Staatsbürgerschaft gewähren, ebenfalls in die gleiche Situation kommen, da familiäre Bindungen und damit oftmals Clan- und Bandenwesen mitgebracht wird. Es ist natürlich, dass man sich gerade in der Fremde unter Seinesgleichen am wohlsten fühlt.

Genauso haben es einst auch die Auswanderer aus Europa gemacht, die nach Amerika kamen, indem sie mit den bereits anwesenden Landsleuten nach Gemeinsamkeiten suchten.

Die Ursache:
Mit dem Ende des Zweiten Weltkrieges und dem Entstehen der beiden Systeme, dem westlichen oder amerikanischen Kapitalismus auf der einen Seite und dem östlichen oder russischen Kommunismus auf der anderen Seite, begann auch der Wettstreit um weltweite Einflussnahme.

Vor allem die Entwicklungsländer kamen in den Genuss, von beiden Systemen umworben zu werden. Es gab Lebensmittellieferungen und technische Unterstützung ohne Gegenleistung.

In der Produktion wurde mit dem Verbrauch sämtlicher Ressourcen rücksichtslos geaast. Amerikanische Politiker sprachen vom Weizen als Waffe, womit man Verbündete gewinnen wollte. Mit den Lebensmittellieferungen, ohne gleichzeitige Verpflichtung zur Familienplanung, förderte man ein hemmungsloses Bevölkerungswachstum mit stetig steigendem Bedarf. So haben sich die Geberländer an der Überbevölkerung in der Dritten Welt mitschuldig gemacht!

Proportional zum Bevölkerungswachstum auf der Erde kann man die ständig steigenden Temperaturen an der Erderwärmung, dem Schmelzen des Eises an den Polkappen und dem damit gewiss ansteigenden Meeresspiegel feststellen.

Mit der Überbevölkerung entstand das erste Vergehen; Menschenrechtsverletzung gegenüber seinen eigenen Nachkommen, da die Lebensbedingungen in ihrem Umfeld gar nicht gegeben waren.

Es ist eine Menschenrechtsverletzung und Verachtung aller menschlichen Werte, wenn man Kinder in die Welt setzt, die man gar nicht ernähren kann, oder sich den steigenden Bedarf an Nahrungsmitteln von Kultur- und Industriestaaten bezahlen und liefern lässt.

Wie zum Hohn berufen sich Christen sogar auf „göttlichen" Auftrag: „Liebet und vermehret euch!"

Dass man an einem endlichen Zustand angekommen ist, sieht man daran, wenn Leute Lehm (!) mit Fett vermischen, einen Kringel daraus machen, ihn an der Luft trocknen und dieses als „Kekse" verkaufen. So geschehen in Zentralamerika und gezeigt Anfang 2017 im internationalen Fernsehen.

Im fernöstlichen Bereich von Indien und Pakistan wird in Berichten gezeigt, wie Menschen auf der Jagd nach Ratten sind und diese aus Erdlöchern ausgraben, töten und auf Holzspießen rösten.

Man konnte beobachten, wie sich zehn und mehr Leute um den Jäger scharten und neidvoll zusahen, wie er nach dem Rösten über einem kleinen Feuer voll Genuss die kleinen Knochen abnagte.

Schamlos werden auch bei uns geröstete Insekten und Maden oder Würmer als Delikatesse angeboten, was für die Generationen vor uns unmöglich gewesen wäre, da man sich davor geekelt hätte. Schlangen werden ohnedies schon immer in Südostasien verzehrt, man hat ja genug davon.

Zurück bleibt nur Sprachlosigkeit, denn jede Hilfe löst sich in nichts auf, da sich die Not in ihrem Umfang durch den Nachwuchs laufend vergrößert und bereits unüberschaubar geworden ist.

Unentwegt vergrößern sich die Wohnbereiche der Mittellosen in Slums, Ansiedlungen am Rande der großen Städte, erfüllt von Elend, Schmutz, Gewalt und Perspektivlosigkeit.

Wo bleiben die Menschenrechte, wonach jeder Bürger ein Recht auf Freiheit, Glück und Wohlstand hat? Menschenrechte werden hier mit Füßen getreten und werden so zu unhaltbarer und unerreichbarer Theorie und Wertlosigkeit, während man diese Rechte als Flüchtling für sich in Europa und Nordamerika nicht nur einfordern, sondern erzwingen möchte. Wie immer versucht man, die Schuld für dieses Elend bei den wohlhabenden Völkern zu suchen.

Ursprünglich hatten die europäischen Kolonialmächte die Schuld an der Ausbeutung, danach kam die Weltwirtschaft ebenfalls mit Ausbeutung, und dann bekamen die Industriestaaten die ganze Schuld an der Klimaveränderung mit Dürre und Trockenheit oder Hochwasser in ihren Ländern.

Jede weitere Hilfe fördert die Überbevölkerung, trotzdem betteln unzählige Hilfsorganisationen für jenes Elend, das sie damit nur verstärken, und wovon sie nebenbei selber kräftig profitieren. Es macht sehr nachdenklich, dass Schleuserbanden am Elend der Flüchtlinge verdienen und auch Hilfsorganisationen durch die Spendenbereitschaft in den noch wohlhabenden Ländern, wobei sie das Elend noch vergrößert durch weiteren unkontrollierten Bevölkerungszuwachs.

Es scheint nicht nur so, sondern die göttliche Schöpfung ist längst aus dem Ruder gelaufen. In Europa hat man anscheinend keine Vorstellung davon, was in der übrigen Welt los ist!

Unabhängig von jeder Religion haben sich weltweit Megastädte entwickelt. Kann man dies eine natürliche oder normale Entwicklung nennen?

Keines von beidem, denn es ist ein Zeichen dafür, dass ein vernünftiges Empfinden der menschlichen Spezies nicht vorhanden ist. Für diesen Zustand liegt auch kein „göttlicher" Auftrag vor. Wäre das so, dann wäre dies der größte religiöse Hohn in der Weltgeschichte. Vor allem in der Dritten Welt hat dies erschreckende Auswirkungen für die Menschen selbst und für ihre Umwelt. Dies bedeutet nicht nur ein Raubbau an der Natur, sondern: Diese Menschenmassen müssen auch versorgt werden mit Wasser, Energie und man sieht auch die Massentierhaltung und den unnatürlichen Landraubbau, der nötig wird mit Hilfe von Pestiziden, damit nicht Schädlingsbefall und Ungeziefer das Obst und Getreide in den Monokulturen vernichten.

Im Kampf gegen die Natur wird die chemische Keule nötig, denn die Massenproduktion muss auf preislich niedrigem Niveau gehalten werden. Es gibt keine Alternative, denn woher sollte eine höhere Kaufkraft auch kommen? Sollte man nicht lieber mit der Natur, als gegen sie arbeiten?

Es ist schockierend, was Adam aus seiner Existenz gemacht hat, und wir müssen dem Elend täglich zusehen. Im Laufe der Zeit neigt man dazu, eher drüber hinwegzusehen, weil keine Verbesserung des Zustandes erreichbar scheint, denn jede Hilfe von uns verlangt kurze Zeit später nach deren Verdoppelung.

Und warum hat ein Gott immer tatenlos zugesehen, dem die Theologen aus menschlicher Sicht so viel Weisheit und Gerechtigkeit, Liebe und Vergebung zu seiner Schöpfung nachgesagt hatten? Hat er überhaupt keinen Sinn für ihren Schutz, vor allem für den der armen Leute?

Nein – er hat immer geschwiegen und wird auch in Zukunft schweigen – in ewiger Abwesenheit, da er nur eine menschliche, steinzeitliche Erfindung ist, die man zur Wissenschaft machen wollte.

Die Religionen sehen ihre Aufgabe nur darin, die mittellosen Menschen zum Beten anzuhalten, sollte es nicht helfen, dann hat es auch nicht geschadet und kostete auch nichts!

So hat es Jesus einst gemacht, gebetet für sein tägliches Brot, denn an Arbeit als Alternative hatte er nicht gedacht und seinen Aposteln erklärt, dass auch die Vögel nicht säen und dennoch ernten.

Nicht ein Schöpferwesen wacht über die Tier- und Pflanzenwelt und die ganze Menschheit, sondern der Mensch selbst ist seit seiner Vertreibung aus dem Paradies für sich und seine Umwelt verantwortlich, da er es ist, der sich diese unterworfen hat.

Die Vertreibung aus dem Paradies war ein schleichender Prozess, so wie der Umfang des menschlichen Gehirns zugenommen und sich das Denkvermögen gesteigert hat.

Religion als „Wissenschaft" hat aber bereits in ihrer Entstehung die höchste Fülle an „Erkenntnissen" frühzeitig erreicht und ist zu keiner Erweiterung mehr fähig und verbietet sich selbst jede Erweiterung und Verbesserung, was jede echte Wissenschaft dankend ermöglicht und wünscht.

Das wird künftig ein nicht unwichtiger Grund sein, wenn Menschen ihren Religionen den Rücken kehren und nicht mehr bereit sind, für Märchenstunden und Wunderglauben Geld auszugeben.

Das übergeordnete, allwissende und gerechte Wesen, eine frühe ideelle Vorstellung unserer Vorfahren, hat es nie gegeben und wird es nie geben – leider, vielleicht schade.

Wie einfach wäre es, könnten wir uns mit Problemen an eine göttliche Macht wenden und wir bekämen unumwunden die besten Ratschläge.

Dieses Wesen, als Gott und Schöpfer tituliert, existiert nur in den phantastischen Vorstellungen und im umfangreichen Ideenreichtum in seiner Vielschichtigkeit bei allen Völkern der Erde.

Damit muss menschliches Gerechtigkeitsdenken ethisch und moralisch neu überlegt werden, wenn es dann auch kein göttliches Endzeitgericht geben kann und man sich mit irdischen Gerichten zufriedengeben muss.

Man hat ja schon den richtigen Weg eingeschlagen mit der Festlegung von allgemein gültigen Menschenrechten, was zwar alle Staaten unterzeichnet haben, woran sich aber nur wenige halten.

Ethik und Moral müsste bei allen Menschen gleich sein, egal welche Kultur oder Religion sich bei den Völkern entwickelt hat, da wir das gleiche Erbgut haben.

Schon vor unserer Zeitrechnung gab es kaum eine Zeitspanne ohne Krieg unter den Völkern. Sogar die Geschichtsschreibung richtet sich fast ausschließlich nach kriegerischem Geschehen. Trotz der hohen Verluste durch Kriege, Seuchen und Elend kam es zu einem weltweiten langsamen Bevölkerungswachstum, das man als natürlichen Vorgang ansehen konnte.

Der technische Fortschritt, sowohl in der Landwirtschaft als auch in der Industrie oder in der Medizin, führte auch zur Arbeitserleichterung und damit zu einem individuelleren, längeren Leben. Dazu kommt der medizinische Fortschritt in den modernen Staaten, der auch der Dritten Welt zugutekommend, einen Bevölkerungszuwachs ungeahnten Ausmaßes ermöglichte, den man deshalb als unnatürlich ansehen kann, da der Mensch imstande ist, mit seinen medizinischen Kenntnissen die negativen Einflüsse in der Natur zu korrigieren.

Verstärkt sich der Druck durch Überbevölkerung, führt es zwangsweise zu Gruppen- oder Clan-Bildung und danach weiter bis zum Bürgerkrieg. Es brauchen gar keine religiösen Verschiedenheiten vorzuliegen, die Unterschiede verfeindeter Gruppen finden sich automatisch. Man hat den Eindruck, dass die Politiker heute ihre Augen vor dem Geschehen in der jüngsten und auch der eigenen nationalen Vergangenheit völlig verschließen.

Werden auch Nachbarstaaten mit hineingezogen, wegen Hungersnot und Fluchtbewegung, bedeutet dies eine klare Völkerrechtsverletzung. Schuld und alle Probleme in diesen Ländern gehen vom eigenen Volke aus, und beziehen sich kausal auf seine Überbevölkerung. Erst sekundär könnte man auch klimatische Veränderungen anführen, die ebenfalls auf den Zuwachs basieren.

Eine Mitschuld haben alle zivilisierten Staaten dieser Erde, die diese Überbevölkerung mit Lebensmittellieferungen hemmungslos und ohne Ende unterstützt haben. Gerade deshalb werden die Hungernden immer mehr, da es an einem entsprechenden Zuwachs der Bevölkerung nicht mangelt.

Die konkurrierenden Staaten in Ost und West, aber nicht nur die, sondern auch viele wohlhabende Staaten mit gutem Willen verfolgen damit eine Strategie, um damit auch an politischem und wirtschaftlichem Einfluss in jenen Ländern zu gewinnen.

Asiatische Staaten (an erster Stelle China) kaufen in Afrika sogar Land, da Afrikaner anscheinend nicht willens sind, ihre Länder selbst zu bearbeiten und zu kultivieren. Berechtigterweise fragt man sich, wann man auch das Gebiet um die gesamte Serengeti aufkaufen wird, da hier ein mächtiges Potenzial an Biomasse in Form der freien Tierwelt vorhanden ist. Man bräuchte dann keine Ratten mehr zu essen, was ja appetitlicher wäre. Vielleicht klingt dies heute noch wie ein schlechter Scherz – heute – das kann morgen anders sein. In den von Bürgerkrieg bedrohen Ländern werden hemmungslos geschützte Tierarten, ja sogar die vom Aussterben bedrohten Primaten ohne Rücksicht gejagt und verzehrt. Traurige Tatsache, dass der Kontinent Afrika heute nur mit einem Prozent an der Weltwirtschaft beteiligt ist.

Wenn überhaupt die Leistungsbereitschaft vorhanden ist, dann ist man anscheinend nur bereit, so viel zu leisten, dass die eigene und persönliche Existenz einigermaßen gesichert ist. Schlimm daran ist, dass man selbst für die eigenen Nachkommen keine Verantwortung übernimmt.

Adam und seine Eva haben noch nicht erkannt, dass kein Gott, sondern sie alleine für ihr Tun und Handeln verantwortlich sind. Die eigenen Kinder dem Hunger preiszugeben muss bestraft werden.

Eine Frucht vor der Vertreibung, das war unumwunden viel zu wenig – leider scheint sich da bis heute nichts daran geändert zu haben. Wahrscheinlich, weil jeder Mensch mit seiner Geburt da anfangen muss, wo sich Adam nach seiner göttlichen Schöpfung befand. Im eigenen Leben bleibt dann jeder Einzelne irgendwo auf der Strecke auf dem Weg zu Albert Einstein oder Charles Darwin und vielen anderen geistigen Größen.

Evolution heißt, den eigenen Kopf zu gebrauchen und sich vor allem der Natur anzupassen. Hätten sie den Baum, der ihnen die Augen öffnete, mit oder ohne göttliche Hilfe völlig abgeerntet, dann wäre in allen Zeiten eine Entwicklung nicht nötig gewesen, da ein Universalwissen bereits seit Adam als Erbgut vorhanden gewesen wäre.

Adam hat aber nicht mehr viel Zeit, um sich zu entscheiden: Sollte man so weitermachen wie bisher, oder sollte man kurzfristig Weichen stellen, damit Wohlstand und Frieden und die damit verbundenen Menschenrechte für alle gesichert werden, oder wollen wir in einer Welt von Mord und Totschlag und letztendlich unter Menschenfressern enden? Und nicht zu vergessen die Erderwärmung und die Umweltbelastung, die in dem Ausmaß an Tempo zunimmt, wie die Weltbevölkerung ungehemmt wächst.

Natürlich weiß die Wissenschaft heute auch, dass sich die Erdachse vom 140sten Längengrad, der durch Grönland führt, in Richtung 40sten Längengrad, der über Japan führt, verschiebt. Mit anderen Worten, Europa gerät dadurch in südlichere Lage. Als in Europa die Eiszeit herrschte, war die Bewegung der Erdachse umgekehrt. Trotzdem ist der zusätzliche Einfluss auf das Klima durch die Zunahme der Weltbevölkerung unbestreitbar. Sowohl die Landwirtschaft und Tierzucht als auch die Industrie leisten hierzu ihren negativen Beitrag.

Aus Sicht der Biologen und Wissenschaftler, die sich mit der Erwärmung der Erde durch menschlichen Einfluss beschäftigen, scheint ohnedies bereits alles zu spät zu sein, und es scheint, dass selbst ein Anhalten des derzeitigen Zustandes keine Verbesserung mehr erreichen kann.

Sieht denn Adam nicht die Grenzen in seiner hemmungslosen Vermehrung, die sogar als Auftrag in religiösen Vorstellungen vorgesehen war, die seiner Möglichkeiten aber längst erschöpft sind?
Die Gewässer und Felder sind mit Chemikalien verseucht. Mit der Verseuchung einer geht das Artensterben, wie es auch mit den Insekten geschieht, die aber zur Bestäubung gebraucht werden. Das Saatgut genetisch verändert, für Schädlinge ungenießbar, damit es einen höheren Ertrag ergibt, das sich aber nicht weiter als Saatgut verwenden lässt. In Indien hat man schlechte Erfahrungen gemacht mit den europäischen Saatgut-Lieferanten und Abnehmern dieser Ernten.

Die Weltmeere sind leergefischt. Tiergattungen verschwinden, weil durch menschliche Eingriffe die Populationen zu klein werden und ihr Fortbestand damit nicht mehr gesichert ist. Gattungen, die noch nicht als menschliche Nahrungsquelle dienen, sterben aus, da der Mensch ihnen den Lebensraum streitig und das Gebiet für sich nutzbar macht.

Wer den Tieren in die Augen blickt und sich dabei nicht schämt, ist nicht frei von jeder Schuld und der hat selbst kein anständigeres Leben oder Schicksal verdient!

In gewissen Landstrichen Afrikas vermeidet man anstrengende Land- und Forstwirtschaft und geht lieber auf die Jagd. Man schießt sogar die Primaten ab, unsere nächste Verwandtschaft im Tierreich, um sie zu verzehren. Dies scheint der vorletzte Akt zu sein, bevor es zum Kannibalismus kommt.

Sind dies die Gesetze der Natur oder ist das der Plan einer vollkommenen göttlichen Schöpfung? Selbst göttliches Schweigen kann nicht über unsere Verantwortlichkeit hinwegtäuschen.

Die Klimaveränderung, eine Schuld aller Menschen, nicht nur der in den Industriestaaten, denn die haben für eine höhere Produktion zu sorgen wegen der steigenden Nachfrage aus der Dritten Welt.

Im Januar 2018 erfolgte ein Aufschrei von UNICEF (Welthungerhilfe), 48 Millionen Kinder hungern in der Dritten Welt, und man brauchte umgehend 2,9 Milliarden Euro, um ein großes Verhungern zu vermeiden. Schnell – schnell, damit niemand verhungert, denn Deutschland braucht Zuwanderung!

Nein, so schnell müssen deutsche Politiker nicht reagieren, denn für Nachschub wird permanent gesorgt. Jedes Jahr wächst die Weltbevölkerung um 80 Millionen Menschen, das ist so viel, wie es zurzeit in Deutschland Einwohner gibt. Also nur keine Hektik.

Das hat mit Zynismus nichts zu tun, sondern ist ausgesprochene und schamlose Realität! Als anständiger Mensch bekommt man dabei einen trockenen Hals, und schwer wird das Schlucken.

Unentwegt beklagt man auch fehlendes sauberes Trinkwasser und sagt, damit sei man Erkrankungen ausgesetzt. Da, wo die Menschen darüber klagen, da hat es früher auch kein Wasser gegeben, da es dort gar keine Bevölkerung gab. Trotzdem haben

Hilfsorganisationen besonders aus Frankreich und Kanada sich intensiv mit Brunnenbohrungen in Afrika beschäftigt. Was wiederum von Tierzüchtern dazu benutzt wurde, ihre Tierherden zu vergrößern. Das wiederum führte zur Versteppung der Umgebung, durch die Überweidung der vorher vorhandenen spärlichen Vegetation. Außerdem konnte man längst feststellen, dass auch der Grundwasserspiegel dramatisch absinkt.

Mit dem jährlichen Zuwachs kann man jetzt schon abschätzen, wie viel Menschen im nächsten Jahr hungern werden und wo es die nächsten mörderischen Auseinandersetzungen geben wird.
Der Ex-Präsident der USA, Barack Obama, sagte bei einer Rede im Mai 2017 in Mailand: Die Unterernährung von 800 Millionen Menschen und der Klimawandel sind die Ursache der Flüchtlingswelle.
Dazu passt auch die Meldung vom 23.04.2018: Der Ex-Präsident von Südafrika, Vorbild seines Volkes, Jacob Zuma, hat stolz seinen 23. Nachkommen gezeugt.

Es muss als Aufschrei gedacht sein, dass man sich endlich überlegen sollte, ob nicht die Hilfe der letzten Jahrzehnte vielleicht doch nicht ganz richtig war.
Man hätte eher dafür sorgen sollen, die ungebremste Vermehrung zu vermeiden, um dadurch für die Lebenden eine höhere Lebensqualität zu erreichen, in einem Dasein ohne Hunger, Krieg und Elend. In diesem Zusammenhang muss man den Bürgerkrieg in Syrien sehen, wo man versucht, die Überbevölkerung mit Fass-Bomben zu reduzieren. Andere Länder, die ebenso an der Überbevölkerung leiden, werden dasselbe Schicksal erleben.

Könnte dies der Adam der Neuzeit endlich verstehen, ohne dass sofort von Rassismus oder Nationalismus gesprochen wird?
Damit sollte endlich Schluss sein, denn wir haben heute andere Probleme als zu jener Zeit, als in Deutschland für zwölf Jahre die Nationalsozialisten bis zum bitteren Ende regierten und die Welt mit in den Abgrund reißen wollten. Kein Mensch in Deutsch-

land wünscht sich solche Verhältnisse. Gerade in Deutschland ist das Wort „Nazi" eine gern gespielte Karte, um jeden kritisch denkenden Menschen sofort mundtot zu machen oder ihn in die extreme rechte Ecke zu schieben.

Und dann wird man süffisant grinsend gefragt: „Was haben Sie denn gegen die Zuwanderung?" Genau dies ist auch die Ursache, warum die Gräben immer tiefer und unversöhnlicher werden, wenn es um das Thema der Zuwanderung geht. Die Deutschen, die für eine Zuwanderung sind, aus welchen Gründen auch immer, haben für ihre Mitmenschen, die nicht ihre Meinung teilen und von ihrer garantierten Meinungsfreiheit Gebrauch machen, nur eine Beleidigung über, indem man sie als Nazi abqualifiziert.

Vielleicht gibt es Menschen, die ein ausgeprägtes Gefühl für eine Heimat und ein Zuhause haben, was vielen Menschen etwa in den Großstädten anscheinend längst verlorenging.

Wie würden die Menschen in den muslimischen Ländern reagieren, würde ihnen das Gleiche mit einer christlichen Zuwanderung passieren? Welches Land käme dafür eventuell noch infrage?

Die Bevölkerung in den deutschen Städten hat voll mitbekommen, wie schnell es zu türkischen Enklaven und Ghettos kam. Wenn sich deutsche Mitbewohner über Lärmbelästigung durch türkische Jungens beschwerten, hörte man nicht: „Wir wollen dies ändern." Nein – man konnte eine Beleidigung hören, oder man hörte das Wort „Nazi", aber selber wollte man doch nichts ändern.

Deutschen Bewohnern blieb nichts anderes übrig, als sich kommentarlos eine andere Wohnung zu suchen, was das Ziel türkischer Mitbewohner war, die dies sogar als einen Sieg ansahen und den Zuzug neuer Mitbewohner aus ihren Herkunftsländern zum besseren Wohlbefinden befürworteten.

Dass sie so etwas wie ein Gastrecht grob verletzten, darauf kam man nicht, denn die Ungläubigen hatten sich zu bemühen. Hauptsache man erhielt kurzfristig die deutsche Staatsbürgerschaft, wegen der besseren Integration, die es von den deutschen Politikern mit allen Mitteln zu fördern galt.

Zur Ghettobildung erklärten aber die Zuwanderer, dass man gezwungen war, in miserable Häuser und Schrottimmobilien einzuziehen, die von den deutschen Mitbürgern längst gemieden wurden.

Wollen die Politiker in Europa weiterhin das ansteigende Gefahrenpotenzial weder sehen noch verstehen, oder sehen sie nur einige Jahre weg, in denen sie sich die Taschen vollmachen (Frau Merkel: „Wir sind ja so ein reiches Land."), um dann ihren ehrwürdigen Ruhestand zu genießen, vielleicht aber gar nicht in dem von ihnen veränderten Deutschland? Und warum sollte man als Europäer die selbst inszenierten Probleme der Dritten Welt ausbaden und gewaltbereite oder streng religiöse Neubürger herzlich willkommen heißen?

Viele Deutsche sind der Meinung, Frau Merkel sollte sich wegen ihrer herzlichen Flüchtlingspolitik in Deutschland kein Denkmal errichten lassen, denn es besteht die Gefahr, dass es nicht nur von Tauben beschmutzt werden könnte!
Natürlich gibt es auch eine Verbindung zum expandierenden Islam, dessen Gläubige sich jede Form von Stellungnahme, vor allem von „Ungläubigen", verbieten möchten, die aber mit ihrer Expansion nicht nur den Charakter der europäischen Länder belasten und verändern, sondern auch den sozialen Frieden innerhalb dieser Länder gefährden, je länger diese Zuwanderung anhält.

Auch hier muss von einer groben juristischen Ungleichheit gesprochen werden, denn an eine Familienzusammenführung in die andere Richtung wird überhaupt nicht gedacht und schon gar nicht gesprochen, da es nach Sippenhaftung aussehen könnte und damit zum Nazi-Thema wird.

Wenn es Europäer gibt, die sich an einer muslimischen Zuwanderung stören, könnte es dann sein, dass sie das unbotmäßige, aggressive Verhalten vor allem einiger weniger Menschen stört, die sich nicht an europäische Gepflogenheiten, sondern an ihre angeborene orientalische Lebensweise halten?

Das Verhalten von einigen wenigen dieser Zuwanderer und Neubürger wird dann als Schlussfolgerung auf alle übertragen, auch jene, die anständig sind, die aber nicht den Mut haben, sich über ein Fehlverhalten ihrer muslimischen Brüder zu beschweren. Warum schweigen sie?

Haben sie Angst vor ihrer Gewalttätigkeit, oder genießen sie leise eine Schadenfreude, oder sind sie sogar stolz auf ihre Glaubensbrüder, die sich für ihre Religion einsetzen?

Es gibt viele Europäer, die in diesem Verhalten keine Gemeinsamkeiten für die Zukunft sehen. Es ist lächerlich, dass Frauen sich das Haupthaar bedecken müssen, da es anscheinend Männer gibt, die sich sonst sexuell erregt fühlen und sich nicht beherrschen können.

Werden diese armen Islamisten von der vorhandenen europäischen Majorität von Frauen ohne Kopftuch erregt? Kann es sein, dass Adam noch so dumm ist und seinen animalischen Naturtrieb unverändert beibehalten möchte und alles niedermacht, was ihm vor die Flinte kommt, wie einst im Dschungel? In den Kulturen Europas kennt man dieses befremdende Verhalten schon lange nicht mehr.

An die Möglichkeit einer Geburtenkontrolle denkt man gar nicht? Nein, eine Geburtenkontrolle passt nicht zum Islam, war die Aussage vom türkischen Präsidenten Erdogan am Ende des Jahres 2017.

Die zweite seiner Aussagen war, dass Geburtenkontrolle einem Hochverrat gleichkomme. Wie soll ein Volk anders denken, wenn schon ihr höchster Repräsentant für eine sich rasant verändernde Welt (Hungersnot und Überbevölkerung) nicht mehr an Weisheiten draufhat?

Gleichzeitig erwähnte er auch noch, dass er nicht gewillt sei, die in Europa lebenden Türken wieder zurückzunehmen. Dies brauchte er gar nicht zu erwähnen, denn man kann sich vorstellen, was passiert, wenn Millionen Menschen dorthin zurückkämen.

Warum sollte er sie aber nicht zurücknehmen? Alle sind wohlgenährt und viele auch finanziell bestens versorgt. Ein nicht zu übersehender wirtschaftlicher Gewinn für sein Land. Oder träumt er noch von alten Zeiten, als seine Vorfahren mit Feuer und Schwert gegen Europa anstürmten, mit dem Ziele einer Weltislamisierung, so wie sich auch die christliche Religion um eine weltweite Verbreitung einst rücksichtslos bemühte, da sie dies auch als göttlichen Auftrag ansah?

Das wollen wir gar nicht annehmen, doch kann man vor allem in Afrika diese Tendenz einer gewaltsamen Expansion durch Boko Haram (radikale islamische Bewegung) beobachten.

Außerdem wird hier der Artikel 13/2 der Menschenrechtsdeklaration verletzt, nämlich dass jeder das Recht hat, sein Land zu verlassen oder in sein Land zurückzukehren, und auch ein Wechsel in der Staatsbürgerschaft ist jederzeit möglich laut Artikel 15/2 der Menschenrechte!

Es leben angeblich erst vier Millionen Türken in Deutschland, aber nach den täglichen Berichten in der Presse möchte man meinen, es seien bereits 50 Prozent der Bevölkerung in Deutschland türkisch.

Am 17.10.2016 meldet sich Burak Capur (Uni Duisburg – Essen) zu Wort und warnt vor türkischer Pegida in Deutschland, da sich Türken ausgegrenzt und als zweite Klasse fühlten. Dies sei ein Schrei nach Anerkennung und Wertschätzung, die fehle!

Man fühlt sich anscheinend schlecht behandelt und wenig geschätzt in den christlichen Ländern. Muss man Wertschätzung und Anerkennung nicht etwa selber erarbeiten und verdienen?

Wenn Zuwanderer bestrebt sind, nur unter sich zu bleiben, dann dürfen sie sich nicht wundern, dass spätere Generationen noch immer wie Ausländer aussehen werden.

Öffentlich kann man beobachten, dass sich die in Deutschland geborenen Männer, aufgewachsen in der von ihren Vätern geschaffenen Parallelgesellschaft, nicht als deutsche Staatsbürger empfinden. Werden sie für die deutsche Fußball-Nationalmannschaft nominiert, fühlen sie sich nicht bemüht, auch die deutsche Hymne zu singen, so wie es lautstark von Spielern mit afrikanischen Wurzeln in Frankreich oder in England praktiziert wird. Wahrscheinlich, weil diese keine Muslime sind?

Am gleichen Tag wollte al–Bacr, ein syrischer Flüchtling, einen Anschlag in Deutschland verüben und wurde von anderen Flüchtlingen und Landsleuten daran gehindert. Sie überwältigten ihn und übergaben ihn der deutschen Polizei. Es gelang ihm, in seiner Zelle durch Selbstmord sich der Verantwortung zu entziehen. Seine Familie in Syrien erklärte: „Wir sind stolz auf ihn und wir werden unseren Sohn rächen." Dies hier zu berichten, sollte keine weitere Provokation sein, um Vorbehalte zu fördern, sondern ein Hinweis auf die Logik oder Unlogik des Denkens in der muslimisch oder orientalisch geprägten Welt mit ihrer eigenen Rechtsauffassung!

Am 17.03.2017 ruft der türkische Präsident Erdogan seine Landsleute in Deutschland auf, je fünf Kinder zu bekommen, um so das „faschistische Europa" zu verändern.

Am 12.09.2017 erklärt der türkische Außenminister Merlüt Cavusoglu bei einem Besuch in Slowenien: „Deutschland kehrt zu den Werten vor dem Zweiten Weltkrieg zurück, dabei handelt es sich um Brutalität, Faschismus und Gewalt." Außerdem rechne er mit einem künftigen Religionskrieg.

Und alles nur, weil sich die Politiker in Deutschland weigerten, den Visumzwang für türkische Staatsbürger abzuschaffen und sich für ihre Reisefreiheit einzusetzen. Bitter die Aussichten für deutsche Politiker, die nicht mit einem Einfluss aus der Türkei rechneten.

Der türkische Außenminister kann beruhigt sein in seiner Unkenntnis über die moralische Einstellung der Europäer, denn die brauchen keine Religion, um religiös irregeleitete Fanatiker in die Schranken zu weisen. Diese religiösen Zeiten gehören für die Europäer längst der Geschichte und der Vergangenheit an.

Der Vorstand des Türkischen Elternbundes Hamburg, Malik Karabulut, nannte in Facebook die Deutschen auf Türkisch einen „Hundeclan", eine andere Übersetzung spricht auch von einer „Köterrasse", da von ihren Händen noch immer jüdisches Blut fließe.

Möge Gott ihren Lebensraum zerstören, denn sie haben nur Schweinereien im Sinne! Die deutliche Sprache deshalb, da er auf eine Resolution der deutschen Bundesregierung reagierte, die die Vertreibung und den Mord an den Armeniern im 20. Jahrhundert als Völkermord einstufte.

So ein Denken ist bedauerlich, denn was machen die Zuwanderer, wenn sich der Wunsch nach göttlicher Vernichtung erfüllt? Dann haben auch Zuwanderer keinen Lebensraum mehr.

Kein Deutscher würde so über Immigranten sprechen, da man dafür sofort das Wort Nazi zu hören bekäme und es vielleicht einen Eintrag beim Verfassungsschutz zur Folge hätte.

Wenn es laut deutscher Rechtsprechung schon keine Beleidigung darstellt, dann ist es auf jeden Fall eine Respekt- und Würdelosigkeit, die nicht von einem kultivierten Umgang zeugt und auch nicht dazu dient, von einer gelungenen Integration zu sprechen.

Man fragt sich auch, wo bleibt der Aufschrei der Gutmenschen, die sich immer lautstark bemerkbar machen, wenn von deutscher Seite etwas Bedenkliches kommt. Diese Leute dürfen sich nicht wundern, wenn nach ihrem Schweigen ihre Zwiespältigkeit nicht mehr ernstgenommen wird.

Am 05.07.2017 erklärte Erdogan: „Deutschland begeht Selbstmord." Der Anlass der negativen Äußerungen von türkischer Seite war ein Verbot für türkische Politiker, in der Bundesrepublik Wahlkampf zugunsten von Erdogan und seiner Partei zu machen.

Es gab nämlich schon mal einen Auftritt von Erdogan in Köln, und deutsche Politiker waren sprachlos über das Verhalten der in Deutschland lebenden Türken, von denen man eigentlich längst eine Integration erwartet hätte. Ein anhaltender Schock, der vielleicht doch kurzfristig zum Nachdenken anregte.

Für die westlichen Demokratien gehörte aber bislang gerade die Türkei zu den fortschrittlichen islamischen Staaten, seit der Ära von Mustafa Kemal Atatürk, der 1923 eine laizistische Staatsform in der Türkei einführte und damit einen Grundstein für einen modernen Staat mit der Trennung von Religion und Politik schuf.

In ihrer türkischen Heimat hatten die türkischen Frauen gar nicht so sehr auf das Tragen eines Kopftuches Wert gelegt, wie sie es allgemein in Europa jetzt demonstrativ tun und auch schon ihre Kleinkinder dazu erziehen. Schon im Kindergarten kann man diese religiöse Dominanz beobachten. Das Kopftuchverbot von Atatürk empfanden viele Studentinnen als Einschränkung ihrer persönlichen Freiheit, deshalb könnte man sagen, die allgemeine Meinung ist heute: „Jetzt erst recht." Sieht man im Fernsehen einen Beitrag über eine türkische Großstatt bekommt man den Eindruck, dass in deutschen Städten mehr Frauen mit Kopftuch unterwegs sind als in der Türkei. Auch von türkischen Männern konnte man schon mal hören, dass sie zu Hause gar nicht so religiös waren. Aber hier in Deutschland, in Gemeinschaft mit anderen Muslimen ist das jetzt anders.

Präsident Erdogan, von seinem Volke demokratisch gewählt, macht eine Rolle rückwärts! Das Verbot religiöser Zeichen, wie das Tragen eines Kopftuches in öffentlichen Gebäuden in allen Schulen, vor allem auch an Hochschulen und vor Gerichten, von Atatürk eingeführt, wurde seit der Regierung von Erdogan wieder aufgehoben. Nicht zu vergessen immer mit Zustimmung seiner Wähler, auch mit der, die in Deutschland oder ganz Europa leben.

Anders zurzeit in einem anderen muslimischen Land, nämlich im Iran, wo tausende Frauen auf die Straße gehen und gegen den Zwang zum Tragen eines Kopftuches demonstrieren.
Man hat längst den Eindruck gewonnen, dass mit der Vertreibung des westlich orientierten Schah Reza Pahlewi im Jahre 1979 und der Einsetzung von Ayatollah Khomeini, der aus dem französischen Exil geholt wurde, doch nicht bessere und glücklichere Zustände erreicht wurden. Im Gegenteil, es wird von Verfolgung, Folter und Mord in den Gefängnissen durch das religiöse Regime berichtet, das schlimmer sein soll als in den Zeiten des Schahs.

In der Türkei glauben 70 Prozent der Menschen nicht an die Evolutionstheorie von Charles Darwin. Daher ließ Erdogan das Thema im Lehrplan streichen. Anfang 2017 erklärte er: „Die Minarette sind unsere Bajonette, die Kuppeln unsere Helme, die Moscheen unsere Kasernen, die Gläubigen unsere Armeen!" Außerdem ist er der Meinung, man habe sich vom Westen viel zu lange „bevormunden" lassen.

Erdogan erklärte unter Jubel seinen Landsleute in Köln: „Ihr seid in Deutschland keine Bürger zweiter Wahl." Anscheinend findet man sich doch in einer nicht befriedigenden Außenseiterrolle. Und die türkischen Mitbürger sollten sich politisch engagieren, damit sie ein Mitspracherecht bei politischen Entscheidungen haben. Auch sollten alle fünf Kinder haben, damit man für die nächste Generation die Population verdoppelt!

Vor allem der Nato-Partner USA drängte die Europäer aus geopolitischen Überlegungen, die Türkei als Partner auch in die EU aufzunehmen und damit enger zu binden. Dieses Begehren der Amerikaner bekam einen riesigen Dämpfer, als sie im syrischen Bürgerkrieg ihre Luftwaffe in der Türkei stationieren wollten und dafür vom Partner Türkei keine Genehmigung bekamen. Schließlich konnte kurze Zeit später auch der deutsche Nato-Partner seine Anlagen zur Luftverteidigung in der Türkei ohne großes Aufsehen demontieren, da deutsche Parlamentarier keine Genehmigung zum Besuch der Truppen bekamen, die eigentlich zum Schutze des Nato-Partners Türkei aufgestellt wurden. So war man gezwungen, die Truppen nach Jordanien zu verlegen, wobei man von den vorgeführten deutschen Politikern nie erfahren hat, was das alles an Kosten für den deutschen Steuerzahler bedeutete und welche Zugeständnisse man Jordanien machen musste.

Das Spiel ging ja noch viel weiter, als sich die Türkei auch in den syrischen Krieg militärisch einmischte, da sie einen Machtzuwachs der Kurden im Nachbarland fürchtete, die wurden aber von den USA unterstützt. Eine partnerschaftliche Konfrontation könnte nicht größer sein.

Eine verlässliche Partnerschaft der Türkei mit der westlichen Welt hat damit an Glaubwürdigkeit dauerhaft Schaden genommen, das kann mit einem bisschen Grinsen nicht übertüncht werden. Nun – orientalisches Empfinden entspricht anscheinend noch lange nicht dem der Europäer. Erdogan trat sogar nach und sprach von einer „anatolischen Ohrfeige" für die Amerikaner. Man will es sich gar nicht ausmalen, wie sich Erdogan erst gebärden würde, wenn die Türkei ein fester Bestandteil der EU mit mächtigem Stimmenanteil wäre, denn immerhin hat die Türkei heute mehr Einwohner als Deutschland.

Von deutschen Politikern stetig beschworene Integration – ade, da sie von der muslimischen Zuwanderung so nie gewollt war, wie man es sich vorgestellt hatte.

Im September 2017 meldet sich der Justizminister von NRW zu Wort und spricht von totgeschwiegener „Paralleljustiz". Scharia, Mafia, Moskau Inkasso und islamische Familienclans stehen im Verdacht, Recht zu sprechen.

Er spricht das aus, was ohnehin schon längst bekannt ist und was man als Hilflosigkeit des Staates bzw. der Politiker einstuft, worüber man sich schon lange amüsiert. Der deutsche, demokratische Rechtsstaat ist der Herausforderung anscheinend nicht gewachsen.

Man sieht in Europa noch nicht, dass sich die Anwesenheit einer türkischen oder auch allgemeinen muslimischen Minderheit in Europa sehr negativ für die künftige Politik auswirken wird, vor allem dann, wenn diese Menschen auch politisch in Europa ihre Stimme erheben werden, dann wird es ein böses Erwachen geben. Oder haben die Politiker dies alles bereits einkalkuliert, zumindest für die Zeit, für die sie noch gewählt sind und damit die Verantwortung tragen?

Nein – es zeigt sich alltäglich, wie hilflos man der muslimischen Zuwanderung und ihrem stetig wachsenden Einfluss ausgesetzt ist. Man verlangt heute schon als Minderheit, türkische Gebräuche und Sitten in Deutschland leben zu können und bekommt von deutschen Gerichten auch recht.

Die deutsche Leitkultur, von deutschen Politikern gerne und immer wieder angesprochen, ist für die Muslime doch völlig unwichtig. Viel wichtiger ist die eigene Parallel-Kultur und ihre finanzielle Sicherheit und Versorgung in Deutschland.

Während zugewanderte Türken sich mit allen Mitteln bemühen, in Deutschland an Grund und Boden zu kommen und vor allem Immobilien kaufen, wird die Wirtschaft mit ihren Firmen an chinesische Investoren verkauft und befindet sich damit in Rivalität zu den Ölscheichs. Meist beginnt dies mit Aktienkauf oder Beteiligungen an den Firmen und führt zur späteren Übernahme.

In der Solarindustrie kaufte man sich ein und rang mit Dumpingpreisen jede Konkurrenz nieder. Als nur mehr ein Betrieb in Baden-Württemberg existierte, der auch unter chinesischer Regie lief, wurde der Laden ganz dichtgemacht. Seither gibt es keine Solarindustrie mehr in Deutschland.

In Afrika kauft China in großem Umfange Land auf und kümmert sich auch um die Infrastruktur, indem man Straßen und Bahnlinien baut. So kommt man den Ressourcen Afrikas immer näher. Die europäischen Kolonialmächte haben anscheinend etwas falsch gemacht.

Man darf nicht spekulieren, ob denn die Afrikaner selber nicht zu höherer Leistung fähig sind. Jedenfalls scheinen die Europäer zu schlafen, werden einfach ausgegrenzt oder machen sich unbeliebt, da sie vor dem Kommerz immer Menschenrechte von afrikanischen Politikern einfordern.

Nachdem 2015 ein erschreckendes Maß an Flüchtlingen eingetroffen war, erklärte Frau Merkel nach ihrem Willkommensgruß, dass sie nun auf die ganze europäische Union verteilt werden müssen, was zu einem Proteststurm vor allem der osteuropäischen Partnerländer führte. Was ihnen wiederum von deutschen Politikern als schamlos und menschenverachtend angekreidet wurde.

Das Selbstbestimmungsrecht der einzelnen Völker als demokratisches Recht wurde dabei mit Vorwürfen von allen Tischen gefegt. Deutsche Politiker spielten hier gerne den Lehrmeister, trotz oder wegen der eigenen Vergangenheit. Der Wille der Menschen in den Partnerländern wird damit nicht respektiert, und das Begehren der Flüchtlinge auf eine dauerhafte Bleibe höher bewertet.

Ebenso urteilt der Europäische Gerichtshof und macht die Situation damit nicht leichter.

Die Justiz kann gar nicht anders handeln, als die geltenden Gesetze anzuwenden, die alles vorgeben. Also müssen in Anbetracht der veränderten Zustände, die uns umgeben, neue Gesetze verabschiedet werden, wenn die alten von einer breiten Bevölkerung nicht mehr akzeptiert werden oder sogar zu Unruhen führen, weil sie von den Zuwanderern missbraucht werden!

Die heute regierenden Parteien rühren aber keinen Finger, um irgendwelche Veränderungen vorzunehmen. Also werden andere Parteien erstarken, deren Zuwachs aber nicht gewünscht wird aus der Sicht der heutigen Demokraten, da man die Demokratie in Gefahr und bedroht sieht!

Der luxemburgische Außenminister Jean Asselborn, Befürworter der Zuwanderung, erklärte sogar:

„Wir müssen nicht nur helfen, sondern wir sind verpflichtet zu helfen."

Den Europäern werden somit alle Pflichten auferlegt, während den Flüchtlingen alle Rechte zustehen. So kann das aber für alle Zeiten nicht weitergehen, da hier die Grundlage für soziale Unruhen geschaffen wird. Finanzielle staatliche Rücklagen in Deutschland sind längst verbraucht, und die Verschuldung astronomisch. Natürlich stellt sich die Frage, ob denn dieses Deutschland jemals seine Schulden begleichen kann? Man vermeidet Sterndeuter zu befragen.

Nach dem zweiten Weltkrieg gab es deutsche Flüchtlinge, die seit Jahrhunderten in Ostgebieten gelebt hatten und nun vertrieben wurden. Noch heute sind sie in Verbänden aktiv und sprechen davon, ihre Heimat wieder zurückhaben zu wollen.

Im Zusammenhang mit der Flüchtlingswelle erklärte die deutsche Kanzlerin öffentlich, man höre, staune und schlucke: „Wir werde ein anderes Land!" Wie kann ein einzelner Mensch, nur weil er oder sie vorübergehend politisches Gewicht hat, über die Zukunft eines ganzen Volkes entscheiden, ohne es vorher befragt zu haben? Wo hat es in der Welt so etwas schon mal gegeben, dass ein Land seine nationale Identität aufgibt? Wer hat Frau Merkel dazu den Auftrag erteilt? Man erklärt immer, wir leben in einer Demokratie. Mit solchen Sprüchen lockt man förmlich Gegner dieser Politik auf den Plan und läutet seinen eigenen Untergang ein. Wenn dies endlich verstanden wird, wird es für die Gutmenschen zu spät sein.

Es nützt kein Kopfschütteln, aber eine solche Politik ist eine Katastrophe für eine Demokratie. Noch schweigen die deutschen Wähler, weil sie vielleicht verschreckt wurden, und der Block der Nichtwähler wird jedes Jahr größer. Nur vergessen die Politiker, dass sie auf die Wähler angewiesen sind und nur auf Zeit von ihnen gewählt werden. Es kann aber nicht lange dauern, dann wird sich der Wähler, der auch um die Zukunft seiner Kinder bedacht ist, erwachen und den unfähigen Politikern eine Antwort geben, auch wenn die schreien: „Wir sind die Demokraten", während man auf der anderen Seite ruft: „Wir sind das Volk."

Man hat einst gejubelt über das Leben in Deutschland und von einer Demokratie gesprochen, die geprägt sei von Wohlstand, Recht und Freiheit, wie es sie auf deutschem Boden noch nie gegeben habe. Die letzten 25, 30 Jahre, seit Deutschland mit einer noch nie dagewesenen Zuwanderung zu tun hat, wurden solche Feststellungen im politischen Leben nicht mehr erwähnt, da ein höhnisches Echo verheerende Ausmaße annehmen würde!

Am 08.04.2018 wurde ein Papier veröffentlicht von einem Treffen von Merkel-Kritikern in Schwetzingen. Mitglieder der eigenen CDU sehen sich als „Werte-Union" und veröffentlichten ein Papier mit dem Titel „Das Konservative Manifest".

Ihre Kritik richtet sich an die eigene Parteivorsitzende Angela Merkel und kritisierte scharf ihre Flüchtlingspolitik von 2015. Der Druck an der eigenen Basis in der Partei wurde zu gewaltig. Man fordert eine konsequente Abschiebung illegaler Einwanderer und ein Ende der doppelten Staatsbürgerschaft, die sogar als Integrationshindernis bezeichnet wird. Der Generalsekretär der CDU von Baden-Württemberg, Manuel Hagel, erklärte: „Der Islam gehört nicht zu Deutschland." Selber bekennt man sich zu einem weltoffenen Patriotismus. Insbesondere islamischer Extremismus und Scharia sind mit dem Grundgesetz nicht vereinbar und gehören daher nicht zu Deutschland. Eine ungesteuerte Zuwanderung in die Sozialsysteme ist abzuwenden. Einen EU-Beitritt der Türkei wird abgelehnt. Opferschutz steht vor Täterschutz.

Am 27.03.2018 wollte Frau Sevim Dagdelen von der Partei „Die Linke" einen Vortrag in Iserlohn halten über den militärischen Einsatz der Türkei in Syrien. Es war sehr schwer, dafür Räumlichkeiten zu finden, und der Bürgermeister selbst stellte diese dann im Rathaus zur Verfügung. Natürlich gab es an die 150 von ihrer Heimat beeinflusste Türken, die dagegen protestierten.

Wenn sie noch größeren Einfluss auf die Politik bekommen, würden sie demokratisches Recht für andere Parteien mit dem Recht der demokratischen Mehrheit verbieten, wie das ganz legal auch in ihrer Heimat geschieht!

Sollte man der Meinung sein, dass dies ferne, unrealistische und negative Zukunftsmusik sei, dann sollten man auch wissen, dass in der gleichen Stadt Iserlohn in der Grundschule 2016/2017 insgesamt 28,82 Prozent evangelisch, 24,64 Prozent muslimisch, 23,81 Prozent katholisch, 18,39 Prozent konfessionslos und der Rest sonstiger Religionszugehörigkeit gemeldet sind.

In der katholischen Josef-Schule der benachbarten Stadt Menden wurden die Eltern zu einer Stellungnahme aufgefordert, um abzustimmen, ob die Schule den Bekenntnisstatus verlieren sollte da 58 Prozent der Schüler nämlich Nicht-Katholiken sind. Zusammensetzung der Schüler: Katholiken 42 Prozent, Muslime 25 Prozent, orthodoxe Christen 10 Prozent, evangelische Christen 9 Prozent, andere 3 Prozent und Konfessionslose 11 Prozent. Geht der Status verloren, müssen die Kreuze aus den Klassenzimmern verschwinden.

Düsseldorf meldete, dass 2017 fast 43 000 ausländische Schüler mehr in NRW als ein Jahr zuvor unterrichtet wurden. Demnach waren in NRW im Schuljahr 2016/2017 fast 268 000 der insgesamt 2,5 Millionen Schüler Ausländer, deren Sprache in der Familie nicht Deutsch ist. Gleichzeitig wird über zu große Klassen, zu wenig Lehrer und zu wenig Sozialarbeiter geklagt.

Iserlohn hat auch eine JVA (Jugendstrafvollzugsanstalt). Leider erfährt man nicht, wie viele deutsche und wie viele Straftäter mit Integrationshintergrund einsitzen. Man schätzt aber, dass ca. 50 Prozent der Insassen Zuwanderer sind. Meldung vom 18.01.2018: In der Pfeiffer–Studie (Kriminalwissenschaftler in Niedersachsen) wurde auf die steigende Gewaltkriminalität durch Flüchtlinge hingewiesen.

In Iserlohn wurden 2016 insgesamt 6 774 Straftaten angezeigt. Fast 31 Prozent der Verdächtigen sind Ausländer; eine Auswertung bezüglich Zuwanderer oder Flüchtlinge wurde nicht vorgenommen. Dominierende Gruppe der Tatverdächtigen sind die türkischen Staatsbürger mit 15,6 Prozent, gefolgt von den Marokkanern mit 9,3 Prozent.

Ein sehr mutiger Zeitungsbericht, da man sonst über Täter und ihre Herkunft nicht viel erfährt. Das kann man aber nicht „Lügenpresse" nennen, sondern hat damit zu tun, dass man nicht Vorurteile in der Bevölkerung gegenüber Zuwanderern verstärken oder schüren möchte.

Um diese politische Hilflosigkeit zu überspielen, hieß die deutsche Kanzlerin, als die große Flüchtlingswelle 2015 nach Europa einsetzte, die Ankommenden „herzlich willkommen".

Frau Merkel hat mit ihrer Entscheidung hat keinen Euro weniger in der Tasche. Als danach Kritik einsetze, fügte sie ihrer Aussage noch trotzig hinzu: „Wenn ich Hilfesuchende nicht herzlich begrüßen darf, dann ist das nicht mehr mein Land." Genauso denken immer mehr Deutsche, die diese Politik der offenen Grenzen ausbaden müssen und es langsam satt haben, mit einer steigenden Kriminalität in einem entfremdeten Alltag klarzukommen. Abgesehen von all dem Geschehen, Frau Merkel war nur für Minuten und für einige Fotos bei den Zuwanderern, um dann nicht mehr wiederzukommen, da die Kritik vor Ort von der noch vorhandenen eigenen Bevölkerung doch zu groß wurde. Es gibt viele negative Berichte über die ursprünglich willkommenen Flüchtlinge. Man beklagt, dass sie sich weder benehmen, noch anpassen wollen. Man beklagt sich über Lärmbelästigungen und Kriminalität, so zum Beispiel auch in Baden-Württemberg, was zu Ablehnung führte und sogar zu Hassgefühlen in der Bevölkerung, die nicht bereit sind, dies dauerhaft und gelassen hinzunehmen.

Man fühlt sich mit allen Problemen und Sorgen von der Politik alleine gelassen. Man warf Frau Merkel als Pfarrerstochter vor, übertrieben christlich handeln zu wollen, wobei für die Christenheit kein Gewinn zu erkennen ist. Viele witterten sogar „Verrat" an der Christenheit, die sich im Unterschied zur Religion der Flüchtlinge weiterentwickelt hat in Toleranz und Freizügigkeit und Hilfsbereitschaft, auch für Menschen anderer Religionen.

Dies wurde als Anreiz gesehen, dass sich noch mehr Flüchtlinge auf den Weg nach Europa machten, speziell nach Deutschland. Hier bekommt man auch ganz schnell die deutsche Staatsbürgerschaft mit der Begründung einer besseren Integration. Wenn dies nicht reicht, kann ein Flüchtling sogar seine ganze Verwandtschaft nachholen, ebenfalls mit dem Argument der besseren Integration!

Die Verwandtschaft wird dabei vorher gar nicht gefragt, sondern einfach eingeladen zu kommen.

Als der erste Zug mit Flüchtlingen Ende 2016 am Hauptbahnhof in Köln eintraf, wurden die Glocken geläutet, zum christlichen Zeichen der Nächstenliebe und des Willkommens!

Vielleicht war das Läuten ohnehin vorgesehen, doch die Presse sah es als Willkommensgruß.

Sollte es dennoch eine bewusste Aktion gewesen sein, dann könnte man sich auch fragen, warum eine christliche Kirche sich Menschen mit einer konkurrierenden Religion gegenüber so menschlich zeigt? Hat man keine Angst, umfangreiche Pfründe zu verlieren?

Hatte man nicht einst die eigenen Gläubigen mit einer „Heiligen Inquisition" unchristlich verfolgt? Nun will man ein gutes Zeichen setzen, wenigstens gegenüber den Muslimen, die in ihren Herkunftsländern nicht sehr nachsichtig umgehen mit Christen und Andersgläubigen!

Es ist mit Sicherheit anzunehmen, dass die Kirche mit solchen Zeichen aber keine weiteren Mitglieder gewinnt, sondern nur die eigenen Gläubigen, die mit Skepsis oder Kritik reagieren, mit ihren Sorgen alleine lässt. Vielleicht könnte man in dieser Geste auch ein Zeichen von Vergeltung sehen gegenüber den eigenen Gläubigen, die von Theologie nicht mehr sehr viel halten und aus Protest die Kirchensteuern einsparen wollen.

Wäre es nicht ein besserer Vorschlag, wenn die deutsche Kanzlerin, die so auf Nächstenliebe setzt, nach Afrika fährt und die hungernden Kleinkinder einsammelt, um sie nach Deutschland zu bringen?

Dann würden sich diese nicht künftig als Flüchtlinge großen Gefahren auf ihrem Wege nach Europa aussetzen. Die Kinder haben nur eine andere Hautfarbe, aber wir sind ja keine Rassisten. Vielleicht gibt es hier einige Einwände, aber politisch Andersdenkende argumentieren gegen diese Ansicht und fühlen sich nicht mehr gehört und verstanden von der Politik.

Eine Rückführung von Minderjährigen kommt nicht infrage. Eher ein Nachholen der Familie, was anscheinend auch so von den Betroffenen geplant war. Auch die Abschiebung von ganzen Familien kommt nicht infrage, wenn Familienmitglieder straffällig geworden sind. Die Gerichte argumentieren, dass dies einer Sippenhaftung entspricht und nicht zulässig sei.

Also bleiben die Familien der Abgeschobenen hier in Europa und müssen entsprechend versorgt werden. Als Normaldenker kann nur sagen, das kann nicht für immer und ewig gutgehen.

Wird ein straffällig gewordener Immigrant abgeschoben, dann bleibt seine Familie in Deutschland, da es keine Sippenhaftung gibt. In die Richtung zurück gilt noch nicht das gleiche Recht auf Familienzusammenführung. Es bedarf nur einer richtigen gesetzgebenden Körperschaft, wofür Politiker eindeutig zuständig sind. Viele Bürger können solche Vorgänge nicht nachvollziehen, da das Recht der eigenen Bevölkerung damit hinten ansteht und Rechte von Immigranten höher bewertet werden.

Vielleicht sind einige Überlegungen zu spitz formuliert, aber die Gedanken sind in der Bevölkerung vorhanden und manchmal sogar viel intensiver, wenn dann von Radikalismus gesprochen wird.

Die jungen Flüchtlinge aus ganz Afrika, die nach Libyen kommen, erleben dort den wahren Horror. Diejenigen, die in Gefängnissen unmenschlich festgehalten werden, sind gezwungen, ihrer Verwandtschaft nach Hause zu schreiben, damit diese Geld schicken für ihre Freilassung. Sie sind der Willkür von Banden völlig ausgesetzt. Seit der Westen mit dem sogenannten Arabischen Frühling in Nordafrika unter anderem auch die Herrschaft des Machthabers Gaddafi beendete, herrscht das Chaos und maßlose Willkür.

Ähnlich und für viele Flüchtlinge tödlich verläuft die Flucht über die mexikanische Grenze in Richtung USA. Auch hier, auf mexikanischer Seite herrschen Banden und Gangs, die die Flüchtlinge töten, wenn sie kein Geld haben, um eine „Hilfe" zur Flucht über die Grenze in Anspruch zu nehmen, Massengräber von ermordeten Flüchtlingen wurden bereits entdeckt.

Palästinenser, deren Eltern oder Großeltern früher in Israel gewohnt haben, wollen, wenn nötig mit Waffengewalt, zurück in das von Israel heute beanspruchte Land (April 2018). Was für eine verkehrte Welt, oder läuft da etwas nicht ganz richtig? Muslimische Zuwanderer in Europa äußern nicht den Wunsch, zurück in die Heimat zu wollen.

Während die einen ihre Heimat suchen und sogar mit Gewalt zurückhaben wollen, wehren sich Flüchtlinge aus aller Welt mit juristischen Mitteln dagegen, Deutschland je wieder verlassen zu müssen, sondern klagen auf ein Bleiberecht, auch wenn sie aus sicheren Herkunftsländern kommen. Deutsche Gerichte sind überlastet, da Flüchtlinge ihren Status auf Bleiberecht erstreiten wollen und klagen dürfen gegen ihren Bescheid, wenn dieser negativ ausgefallen ist.

Wenn es dann zur Abschiebung kommen sollte, findet man sie nicht wieder, da sie sich einfach bei Bekannten oder Verwandten verstecken oder zu einem anderen Wohnort wechseln und sich erneut als Flüchtling anmelden. Werden sie doch wieder gefunden, beginnt das juristische Spiel von vorne.

Wo gibt es so etwas, natürlich nur in Deutschland, wo ein offizieller Bescheid gerichtlich angefochten werden kann, damit die Gerichte weitere Arbeit haben. Nur keine Nazi-Methoden! Die Flüchtlinge, wenn sie heute das Wort Asyl aussprechen, werden gar nicht gefragt, ob sie für immer bleiben wollen, oder nur, solange es in ihrer Heimat Krieg und Verfolgung gibt.

Automatisch sprechen die Politiker von einer Integration, vor allem für den Arbeitsmarkt. Allgemein hat man dafür Verständnis, für die Hilfsbedürftigkeit, das könnte aber eines Tages ins Gegenteil umschlagen, wenn man keinen Dank für die Hilfe erkennen kann, oder von jenen Hilfesuchenden sogar eine Bedrohung ausgeht, die teilweise deutlich erkennbar wird, da man eine Lebenseinstellung mitbringt, die mit europäischer Ethik, Moral und Ansichten zur Rechtsprechung nicht übereinstimmt, aber von der Richtigkeit der eigenen Einstellung überzeugt ist.

Viele Probleme liegen in der Psyche eines Flüchtlings, der einen Lebensraum gewohnt ist und sich in einem anderen, für ihn fremden Land nicht unbedingt heimisch fühlen muss und auch deshalb intensiv eher die Nähe seiner Landsleute oder Menschen gleichen Glaubens sucht, als die Nähe der Ungläubigen.

Dazu kommt eben völlige Unkenntnis des tatsächlichen Lebens in Europa. Gewiss sieht man Vorteile, wie Sauberkeit, da der Dreck weggeräumt wird. Dafür müssen aber Leute arbeiten, was man bezahlen muss, dies findet im eigenen Verhalten aber oft keine Beachtung.

Meldung vom 01.05.2018: Vor Gericht in Hagen steht ein 19, 20 oder 21jähriger Syrer oder Libanese, er gibt über seine Person und Alter keine Auskunft. Er hatte auf einen 21Jährigen um 5 Uhr morgens auf der Straße blindlings eingestochen. Vorher hatte er auf dem Handy seines Opfers Fotos gesehen, die seine unverschleierte Mutter zeigten. Er sei Muslim, und die Ehre stehe für ihn an erster Stelle. Seine Aussage: „Es wurde für mich eine Ehrensache."

Gerichtsurteil noch offen. Der Staatsanwalt fordert sechs Jahre Haft. Von Abschiebung spricht niemand.

Braucht man den Islam als eine Religion, mit der man sich radikalisieren kann, um so etwas wie gekränkte „Ehre" wiederherstellen zu können? Gekränkte Ehre, weil man sich nicht vollwertig fühlt? Gekränkte Ehre, die mit einem Mord als „Ehrenmord" wiederhergestellt werden kann! Schöne Zukunftsaussichten für Europa. Ein Aufschrei wird erst erfolgen, wenn Nichtmuslime in dieses Geschehen hineingezogen werden.

Blickt man in andere europäische Länder, die schon länger als Deutschland mit muslimischer Zuwanderung zu tun hatten, dann kann man sehen, dass junge Menschen, Nachkommen von Immigranten sich unvorhergesehen radikalisieren. So formuliert man es, wenn ein Mensch aus religiösen Motiven zum Verbrecher wird. Nach seinem religiösen Verständnis begeht er sogar eine gute und belohnungswürdige Tat für sein späteres Leben im Paradies.

Vielleicht liegt aber auch eine Abneigung aus fehlendem Zugehörigkeitsgefühl vor. Warum wird man eher zum Mörder und Verbrecher, und folgt nicht einem Gefühl des Anstandes und geht in das Land, in dem man sich wohl und heimisch und verstanden fühlt? Es muss gewisse Vorteile geben, dennoch in Europa zu bleiben, anscheinend ist es selbst in Gefängnissen hier noch besser als in ihrer Heimat in Freiheit. Ja, es gab sogar Gerichtsurteile, nach denen Immigranten straffällig geworden waren aber nicht abgeschoben werden durften, da die Gefängniszellen in ihrer Heimat angeblich zu klein seien!

Dann gibt es die schmeichelnde Diskussion, ob der Islam zu Deutschland gehört? Vor 20 Jahren hätte man dem Fragesteller den Vogel gezeigt.

Den deutschen Politikern bleibt nichts anderes übrig als zu schmeicheln, da die gesamte Planung mit der muslimischen Zuwanderung aus den Rudern gelaufen ist und so nicht gedacht war. Man kann die Frage auch anders stellen: „Hat sich der Islam für Deutschland verdient gemacht?"

Nein? Vielleicht noch nicht! Man sollte die Hoffnung nicht aufgeben.

Es ist aber ein Zeichen dafür, dass eine Integration nicht geglückt ist, auch wenn der junge Mensch in diesem Lande geboren wurde und in seiner Familie hier aufgewachsen ist, aber kaum Kontakte zu seinen deutschen Mitbürgern pflegt.

Für eine Integration ist nicht eine Gesellschaft verantwortlich, sondern jeder Mensch selbst. Niemand geht durch die Stadt und sammelt wie auf dem Fließband neue Freunde ein. Auch nicht, wenn sich Deutsche treffen, die sich vom Sehen oder von der Arbeit her kennen. Vorurteil, oder gar Rassismus? Nein!

Im Gegenteil. Es gibt Hilfsbereitschaft in der deutschen Bevölkerung gegenüber den Flüchtlingen.

Aber Freundschaft kann nur langsam wachsen, wenn Interessengleichheiten vorhanden sind. Diesen Interessen steht aber anscheinend die extreme religiöse Einstellung der Zuwanderer im Wege, die von Europäern nicht geteilt und für rückständig gehalten wird.

Wenn Ehen zwischen Einheimischen und Zuwanderern als normal angesehen und möglich werden, dann kann von einer geglückten Integration oder sogar von einer Assimilation gesprochen werden. Davon ist man jedenfalls in Deutschland sehr weit entfernt, auch wenn es schon deutsche Frauen gibt, die mit Muslimen intensive Kontakte pflegen.

Das Gebet im Rudel, intensiv gepflegt im Islam, ist für Europäer im Allgemeinen nicht mehr nötig, weshalb dann auch Kirchen überflüssig werden.

Welch ein Ehrgefühl für den gläubigen Muslim, wenn durch sein Beten in gebückter Haltung, mit dem Kopf auf dem Boden, dann ein blauer Fleck auf der Stirn sichtbar wird. Natürlich gehört auch ein Vollbart zum Erscheinungsbild der gläubigen Muslimen.

Schon zu Zeiten der alten Römer gehörte die Rasur zur kulturellen Errungenschaft, da man auch die entsprechenden Rasiermesser dafür herstellen konnte.

Die muslimische Zuwanderung, die den Eindruck gewonnen hat, dass in Deutschland oder allgemein in Europa ein religiöses Vakuum herrscht, hat sich für eine religiösen Ausbreitung umgehend stark gemacht und den Bau von Moscheen uneingeschränkt vorangetrieben.

Der ehemalige Oberbürgermeister von Köln Fritz Schramma, dessen Sohn 2001 bei einem Unfall von einem muslimischen Autoraser getötet wurde, hatte sich ehrenamtlich mit seinem Wissen und Können für den Bau einer Moschee in Köln eingesetzt. Als der Bau fertig war, wollte man von ihm nichts mehr wissen und brach alle Kontakte ab.

Abgesehen davon, die Moschee macht vom Baustil her einen beachtlichen ästhetischen Eindruck. Vielleicht haben die Staaten in Europa auch an eine völkerrechtliche Äquivalenz nicht gedacht oder freiwillig verzichtet?

Eine völkerrechtliche Gleichwertigkeit wäre es gewesen, für jede neue Moschee hier in Europa auch eine christliche Kirche in ihrem Herkunftsland zu errichten, da dann der Verdacht einer gezielten muslimischen Expansion als versteckter Hauptgrund entfallen würde.

Eine völkerrechtliche Äquivalenz wäre es auch, Millionen Christen in muslimischen Ländern aufzunehmen! Was für eine unrealistische, ja sogar weltfremde und frevelhafte Vorstellung!

In keinem muslimischen Land wäre dies durchführbar, da doch die Menschen mit christlichem Glauben diese Länder wegen Verfolgung, oder sei es auch nur wegen andauernder Belästigung, längst verlassen haben oder verlassen mussten.

Nehmen deutsche Politiker dies stillschweigend hin, da es sich um Länder mit unsicherer Gesetzeslage handelt? Etwas unangenehm aber nicht veränderbar für die Gutmenschen in Deutschland.

Gibt es ein muslimisches Land, in dem ungestört christliche Gottesdienste abgehalten werden können? Die koptischen Christen in Ägypten sind gewaltigem Druck und der Verfolgung von ihrer muslimischen Umgebung ausgesetzt, bis hin zu Mord und Totschlag, der religiöse Hass kennt keine Grenzen. Europäer wundern sich über diese Zustände, da sie hier bereits der Vergangenheit angehören.

In der Turkei werden bis heute christliche Minderheiten schikaniert, verfolgt und vertrieben. In den Jahren 1894 bis 1896 wurden 80 000 bis 300 000 armenische Christen ermordet. Von 1915 bis 1917 wurden zwischen 300 000 und 1,5 Millionen armenische Christen ermordet. Genauere Auskunft über dieses erschreckende Thema von Christenverfolgung gibt Wikipedia.

Als das Parlament in Deutschland dies nachträglich als Völkermord einstufte, meinte ein erzürnter Präsident Erdogan: „Die Deutschen sollten sich lieber um ihre Nazi-Verbrechen kümmern." Genau so spricht man mit deutschen Politikern, denen ein gewisser Weitblick fehlt.

Die Juristen hierzulande sind der Auffassung, dass wir ein Rechtsstaat sind, was wir von anderen nicht erwarten können. Können wir dies nicht? Brauchen oder wollen sie dann unsere Rechte? Ja natürlich und umgehend, wenn es um ihre Vorteile geht. Sollte man sich über den Umstand aufregen, oder sollte man sich darüber amüsieren?

In Belfast, Nordirland, existiert noch eine bereits vergessene aber unrühmliche Ausnahme, wo noch heute überdimensionale Wände vorhanden sind, damit ein Hinübersehen zu den anderen Christen unmöglich wird. Wir finden dies für aufgeklärte Europäer beschämend.

In der Zeit von 2000 bis 2017 haben 500 katholische wie auch evangelische Kirchen in Deutschland dichtgemacht, während muslimische Moscheen einen wahren Bauboom erleben. Der deutsche Steuerzahler bezahlt sogar noch dafür mit seinem Steuergeld, und nicht überschaubar sind die Zuwendungen aus muslimischen Ländern. Vor allem die Ölscheichs wissen ohnehin nicht, wohin mit den Einnahmen aus dem Ölverkauf, die auch von europäischen Verbrauchern und Autofahrern bezahlt werden.

Somit finanzieren die Europäer selbst nicht nur den Bau von Moscheen in ihren Ländern, sondern fördern auch noch die Expansion des Islam! Radikale Kommunisten zur Zeit des Kalten Krieges erklärten: „Die Kapitalisten verkaufen alles, so auch den Strick, mit dem man sie später aufhängen kann." Gewiss wird auch direkt oder indirekt der Kauf von Grund und Boden durch muslimische Immigranten von ausländischen Banken finanziell gefördert. Damit steht man dann schon mal mit zwei Beinen fest auf dem Boden der Ungläubigen.

Im Jahre 1950 gab es in Westeuropa keine Muslime, heute sind es 20 Millionen, und wer glaubt, dass dies das Ende sei, der wird langsam eines Besseren belehrt werden. Eine amerikanische Studie hat ergeben, dass es um 2050 an die 50 Millionen Muslime in Europa geben wird, wenn nicht eine neue Flüchtlingswelle für noch gewaltigeren Zuwachs sorgen wird.

Warum ruft man nicht bei der unüberschaubaren Zuwanderung „Wehret den Anfängen!"?

Das wäre die wirkungsvollste Methode, um eine rechte Bewegung in ganz Europa am Entstehen zu hindern, da ihre Existenz keine Begründung hätte!
Leider wird es anders kommen, wenn es den sogenannten Demokraten nicht gelingt, gegenzusteuern, wenn bis dahin in

den europäischen Ländern der soziale Friede noch vorhanden ist. Dies soll nicht eine negative Spekulation eines Propheten sein, sondern eine realistische, konsequente und natürliche Schlussfolgerung, da dies in jeder anderen Gesellschaft auch so verläuft.

Bezüglich der Zuwanderung haben die politischen Parteien ihre fertigen Meinungen, die sie auch den Wählern abverlangen, oder anders gesagt, aufzwingen wollen. Hat ein mündiger Bürger und Wähler eine andere Meinung, dann wird er beleidigend als Nazi abqualifiziert. Man fragt die Leute, was sie denn gegen die Zuwanderung hätten. Warum erklärt man den Wählern nicht, welche Vorteile die muslimische Zuwanderung mit sich bringt, oder fehlt es hier an glaubhaften Argumenten, oder sieht dies in der Wirklichkeit nicht so positiv aus?

Die Art und Weise, wie man Gegner der Zuwanderung mit Verbrechen in Verbindung bringt und diese Mitbürger „Nazi" nennt, ist der falsche Weg, sie als Wähler zurückzugewinnen. Im Laufe der Zeit werden die so in die rechte Ecke gedrängten Wähler, die mit „Nazi" abqualifiziert werden sich damit abfinden und sagen, dass es ihnen egal ist, mit welcher Bezeichnung man sie beleidigt, und sie werden trotzdem gegen die Zuwanderung sein. Eigentlich sollte es möglich sein, dass demokratische Gutmenschen dies verstehen.

Gewiss hat auch diese Politik bei der Wahl zum Brexit (Austritt Großbritannien aus der EU) eine vielleicht nicht unbedeutende Rolle in der britischen Bevölkerung gespielt. Immerhin hat Großbritannien die Grenzen für Flüchtlinge dichtgemacht und dadurch auch Frankreich in Bedrängnis gebracht, das mit einem illegalen Flüchtlingslager in Calais kaum lösbare Probleme bekam.

Sofort kommt der Einwand der „Gutmenschen", dass wir verpflichtet seien, den Flüchtlingen zu helfen, was ja nicht ganz falsch ist. Wenn aber Flüchtlinge so viel Geld besitzen, dass sie um die halbe Welt reisen und sich ein gewisses Land für ihr Asyl aussuchen können, dann scheint dies mit gewisser Absicht zu erfolgen und ist absolut ohne Zustimmung des ausgewählten Landes.

Vielleicht bekommen sie sogar Geld, damit sie nach Europa gehen, um diese Länder zu destabilisieren, indem sie auch auf die Politik dieser Länder Einfluss nehmen. Dänemark, dessen Fahnen wegen einer Karikatur vor einigen Jahren noch verbrannt und in den Dreck getreten wurden, wird nicht vom Flüchtlingsstrom verschont. Man will aber den Flüchtlingen zuerst Geld und Wertsachen abnehmen, bevor sie Leistungen vom dänischen Staat erhalten.

Wenn dann Politiker in Deutschland äußern, dass die Menschen auch ein Recht auf ein gutes Leben hätten, dann kann dem nicht widersprochen werden.

Im Gegenteil: Alle Menschen haben ein Recht auf ein gutes Leben, in der ganzen Welt!

Deutschland hat aber nur ein Prozent (!) der Weltbevölkerung, und es ist anmaßend, wenn Politiker hier meinen, man sei für das Heil vom „Rest" der Menschheit zuständig.

Man fürchtet in Europa mit gewisser Berechtigung, das finanziell und wirtschaftlich starke Deutschland könnte langsam wieder in eine dominante, historische Rolle zurückfallen, womit man keine guten Erfahrungen gemacht hat. Es gibt heute noch Länder in Europa, die deutsche Investitionen in ihrem Lande mit größtem Argwohn betrachten und wenn möglich absolut vermeiden wollen.

Vielleicht sollten gerade deutsche Politiker aus historischen Gründen diesbezüglich immer ein gewisses Fingerspitzengefühl nicht vergessen und nicht über den größeren Teil von Europa bestimmen wollen, auch nicht, wenn es um die Verteilung der Immigranten geht.

Schon Kaiser Wilhelm II. hat erklärt: „Am deutschen Wesen soll die Welt genesen!" Gewiss meinte er damit nicht das damalige, gar nicht vorhandene Sozialwesen, sondern wollte seine militärische Expansion human begründen, wofür afrikanische Völker heute von Deutschland eine Entschädigung haben wollen und wegen des Völkermordes zu klagen beabsichtigen.

Dann strotzen die Politiker heute noch mit der Aussage, dass wir so ein reiches Land seien.

Die Politiker haben dabei nur ihr eigenes finanzielles Wohlergehen im Blick und den Boden der Tatsachen längst verloren, oder sie haben von der Realität und vom wahren Zustand im Lande keine Ahnung. Man stellt sich die Frage: Haben diese Leute für ihr tägliches Brot jemals manuell gearbeitet, oder reichte dafür ihre mündliche Begabung, die keines Schweißes bedarf?

Seit der ehemalige Kanzler Schröder mit seiner Agenda 2010 stolz verkündete: „Wir werden die Leistungen des Staates kürzen", gemeint waren die Leistungen für Arbeitslose und Geringverdiener, haben sich ganz langsam „Tafeln" eingerichtet, die Bedürftige mit Lebensmitteln versorgen, die sonst einer Entsorgung zugeführt würden.

Es ist nichts dagegen einzuwenden, sondern es ist sogar lobenswert, wenn Lebensmittel, die noch verwertbar sind, nicht weggeworfen werden. Traurig ist aber, wie viele Menschen dafür dankbar sein müssen, dass es diese freiwilligen Helfer mit ihren Aktivitäten gibt, während die Politiker ihre Augen verschlossen haben. Unübersehbar, dass seither die Bedürftigen immer mehr werden! Eine Schande und ein Zeichen der Unfähigkeit der Politiker zugunsten einer spätkapitalistischen aber so weltoffenen Wirtschaft und Industrie, die sich für diese Probleme nicht zuständig sieht!

Es ging dann auch um die Renten, die Norbert Blüm (1982 bis 1998 Bundesminister für Arbeit und Sozialordnung) immer als „sicher" bezeichnet hat. Allerdings hatte Helmut Kohl (Bundeskanzler von 1982 bis 1998) nach der deutschen Wiedervereinigung den in Russland lebenden Deutschen eine Rentenzahlung zugesichert, wenn sie nach Deutschland kommen. Man nahm das Angebot gerne an, obwohl man nie in die Rentenkassen eingezahlt hatte, und man kam mit ganzen Familien samt den angeheirateten Russen.

Der Wähler wurde nicht gefragt, nur seine Rentenkasse wurde dadurch erleichtert. Danach kam sein Nachfolger Gerhard Schröder (Bundeskanzler von 1998 bis 2005) zu der Überzeugung, da die Rentenkassen doch nicht so voll waren, wie immer behauptet wurde und junge Rentenzahler fehlten, mit rollenden Augen zu verkünden: „Wir brauchen Zuwanderung!" Wieder wurde der Wähler nicht gefragt, ob und wie diese denn sein sollten. Fachkräfte und IT-Spezialisten wollte man unbedingt anwerben. Gekommen sind Muslime aus den überbevölkerten Ländern, meist mit geringer oder gar keiner Schulbildung.

Zuwanderung, und dies ausgesprochen nur in Beziehung auf sichere Renten, da der Nachwuchs an deutschen Rentenzahlern immer geringer wurde.

Selbst 20 Jahre nach seiner großen Verkündung haben sich die Finanzen der Rentenkassen nicht gebessert! Wie auch – die Zuwanderer waren durchweg Geringverdiener, und es fehlte ihnen an Arbeitsjahren, weshalb sie zu geringe Beiträge einzahlten, sodass sie für ihre spätere Rente noch Sozialleistungen in Anspruch nehmen müssen. Darauf hatten sie Recht, da sie sehr schnell, wegen vermeintlich besserer Integration auch deutsche Pässe bekamen. Die Rechnung für sichere Rentenkassen war durch diese Zuwanderung nicht aufgegangen! Im Gegenteil, für viele Rentner werden die monatlichen Zuwendungen immer geringer und sie landen in erduldeter Armut.

Mit Kanzler Schröder und seinen großartigen Taten begann auch der Niedergang der Sozialdemokratischen Partei Deutschlands (SPD). Denn wer die Grenzen für preisgünstige Arbeitnehmer öffnet, der treibt die Löhne nicht nach oben, sondern zur Angleichung an Billiglohnländer eher nach unten. Genau dies ist im Sinne von Unternehmen und Industrie geschehen. Seine Erklärung zur Weltoffenheit ging ebenfalls nicht auf: Die reichen Länder müssten ein wenig abgeben, damit es den Menschen in den ärmeren Ländern besser geht.

Den Menschen in Europa geht es seither gewiss nicht besser, und das Niveau in der Dritten Welt hat sich auch nicht verbessert. Ein SPD-Politiker hat zugunsten der Wirtschaft gehandelt!

Die Folgen dieser Handlungsweise werden auf diese Partei noch zukommen, denn die Wähler vergessen nicht so schnell, es braucht aber etwas Zeit bis zu den nächsten Wahlen. Aus Mangel an geschichtlichem Weitblick hat es die SPD damals versäumt, sich als Alternative zur CDU/CSU zu positionieren. Damit wurden für eine neue alternative Partei Tür und Tor geöffnet.

Bundeskanzlerin Angela Merkel, die die Politik ihres Vorgängers alternativlos übernommen hat, sollte an das Schicksal der SPD denken. Wenn die Wähler in den kommenden Jahren die Folgen ihrer Politik zu spüren bekommen, könnte es auch ihrer Partei ähnlich ergehen wie der SPD.

Immerhin ist keine Lösung für die ungebremsten Flüchtlingsströme in Sicht, wonach alle Wähler in den nächsten Jahren europaweit verlangen werden. Denn es geht dann längst nicht mehr um die nötige Zuwanderung zum Wohle knapper Rentenkassen oder um Fachkräftemangel.

Für ihre Weltoffenheitserklärung und ihre christlich genannte Flüchtlingspolitik sollten sie sich auch kein Denkmal errichten lassen, denn es könnte nicht nur von Tauben beschmutzt werden.

Die Folge dieser Politik ist deutlich sichtbar. Je mehr unerwünschte Zuwanderung, umso größer das Erstarken der rechtsradikalen Szene. Als Gegenpol entwickelt sich auch eine linksradikale Szene, und dazu kommen noch radikale Elemente aus der Zuwanderung und aus der Flüchtlingsbewegung.

Die linksradikale Szene, ist gegen wirtschaftliche Globalisierung und Dominanz der Wirtschaft, womit sie sich ebenfalls gegen diesen demokratischen Rechtsstaat richtet.

Das scheint in der deutschen Geschichte schon mal da gewesen zu sein, und man erinnert sich an die unruhigen Jahre zwischen 1920 und 1930.

Wie sollte Europa auch konkurrenzfähig bleiben, wenn es in den ärmeren Ländern keine Kranken-, Unfall- oder Rentenversicherungen gibt? Auch an der Kinderarbeit störten sich die Konzerne nicht, da dies nur ein Übergang sei zu einer moderneren Wirtschaft. Leider ist in der Dritten Welt alles bis heute so geblieben, wie es immer war. Nichts hat sich in der Dritten Welt dadurch zum Besseren verändert, die Armut ist geblieben. Gestiegen sind nur die Gewinne der weltweit agierenden Firmen und Konzerne. Dies ist die bittere Wirklichkeit, mit der alle politischen Parteien konfrontiert werden. Aus welchen Gründen sollte man dann diese Parteien noch wählen, vor allem, wenn man Arbeitnehmer ist?

Im Februar 2018 meldete die Tafel in Essen einen Aufnahmestopp für Ausländer. Es folgte natürlich umgehend ein Aufschrei der Gutmenschen im Lande, die sofort wie üblich von Rassismus sprachen, und ein Fahrzeug der Tafel wurde mit dem Wort „Nazi" beschmiert.

Die Ursache des Problems ist schnell erklärt: Es hatte sich unter Flüchtlingen, die man auch sofort Immigranten nennt, schnell herumgesprochen, dass man hier kostenlos versorgt wird. Die fremdsprachigen jungen Männer haben teilweise mangelnden Respekt vor älteren Frauen oder vor Frauen allgemein, und es mangelt ihnen an Anstell-Kultur, wie man ihnen nachsagte, und man sagte ihnen auch ein rücksichtsloses Vordrängeln nach.

Außerdem bekommen sie vom Staat alles, was sie zum täglichen Leben benötigen. Insider behaupten, dass sie so ihr Taschengeld sparen, um es in ihre Heimat zu schicken. Wie weit dies der Wirklichkeit entspricht, kann aber nicht nachgewiesen werden.

Das Straßennetz in Deutschland ist mangelhaft, Brücken sind marode; Lehrer-, Fachkräfte- und Personalmangel bei Polizei, Justiz und Verwaltung, die Städte und Gemeinden sind hoch verschuldet, und der Staat selbst kann seine Schulden nicht mehr durch Tilgung verringern. Die Konkurrenz mit den Billigländern hat ihren Preis, was langsam sichtbar wird.

Deutschland nannte sich das Land der Dichter und Denker, dafür ist man heute Exportweltmeister. Politiker erwachet: Was sind wir für ein armes Land, trotz enormer wirtschaftlicher Leistung! Wurde einst ein Land von Kirche und Staat, sprich dem Papst und einem König oder Kaiser regiert, so ist dies heute die

Wirtschaft mit ihrer Lobby in der Politik. Wirtschaft, Politik und Justiz ziehen leider nicht am gleichen Strang, denn nur in der Politik wird geschworen, zum Wohle des deutschen Volkes zu handeln und Schaden abzuwenden. Die Wirtschaft ist an ein solches Gelübde nicht gebunden. Die Justiz handelt nur nach den vorhandenen Gesetzen, die aus einer Zeit stammen, in der die heutigen Probleme in ihrem gesamten Umfange noch nicht existierten.

Ein wunderschönes Beispiel des Gegeneinanders in Politik und Justiz konnte man im Juli 2018 verfolgen. Der NRW-Flüchtlingsministers Stamp hatte den Islamisten Sami A. lobenswerter Weise nach Tunesien abgeschoben, der zum engeren Kreis von Osama bin Laden gehört und sich natürlich mit seiner Familie im ruhigen und paradiesischen Deutschland zurückgezogen hatte. Seine Familie blieb natürlich auf Kosten des Steuerzahlers hier in Deutschland, der ja ohnehin nicht gefragt wird.

Das Verwaltungsgericht Gelsenkirchen verlangte unter Strafandrohung, man berichtete von 10 000 Euro monatlich, die Rückführung von Sami A. aus juristischen Gründen nach Deutschland. Die Kosten für diese Rückführung sollten sich auf 30 000 Euro summieren. Hier war von der Abwendung von Schaden für das deutsche Volk nichts zu erkennen!

Pressemeldung vom November 2017: 16 Millionen Menschen in Deutschland sind von Armut bedroht, das sind 20 Prozent der Bevölkerung! Dazu gehören alleinlebende Personen mit einem Einkommen unter 1 064 Euro im Monat. Dazu gehören auch immer mehr in Armut aufwachsende Kinder, deren Eltern Geringverdiener sind oder sogar von Hartz VI leben müssen. Man kann mit gutem Gewissen sagen: Je mehr Immigranten, desto mehr vergrößert sich die Armut. Was sind wir für ein armes Volk; nur die Wirklichkeit ist bei Politikern noch nicht angekommen!

Es hätte auch eine andere Lösung für Kanzler Schröder gegeben, wenn er gesagt hätte: „Wir müssen die Löhne anheben, damit sich Leistung wieder lohnt."

Aber auf diese Idee kam er nicht, oder es ging wegen der Produktion in den Billigländern nicht. Es war auch seine Idee, öffentlich zu erklären: „Wir brauchen Zuwanderung!" Wer, wir? Wäre es so schlimm, wenn in dem ganz dicht besiedelten Europa die Einwohnerzahlen zurückgingen und die Europäer sich wieder auf eine Selbstversorgung konzentrierten, anstatt die industrielle Produktion zur Gewinnmaximierung unter dem Deckmantel der Globalisierung voranzutreiben?

Kein Deutscher und kein Europäer braucht die muslimische Zuwanderung, nur die Unternehmer und die Industrie vor allem in Deutschland spekulieren mit ihnen als motivierte Arbeitskräfte. Die nachfolgenden Probleme, wenn diese Leute arbeitslos werden, da ihre Firma eventuell einer Konkurrenz nicht gewachsen ist oder aus anderen Gründen die Produktion einstellt und die Arbeit verlorengeht, dann übernehmen diese Unternehmen keine weitere Verantwortung gegenüber den ins Land geholten Arbeitskräften, sondern die fallen dann der Allgemeinheit und den sozialen Einrichtungen, dem Staate, das ist der Steuerzahler, zur Last.

Dann sind viele Zuwanderer Geringverdiener oder in einem Alter, dass sie zu wenige Jahre in die Rentenkassen einzahlen, um im Rentenalter davon leben zu können und beanspruchen dann zusätzliche staatliche Hilfe. Es hieß aber, dass wir laut Kanzler Schröder und seiner Nachfolgerin wegen fehlender Beiträge in der Rentenkasse eine Zuwanderung brauchen. Hier beißt sich eine politische Fehlspekulation selbst in den Schwanz.

Eigentlich suchte die Industrie Fachleute. Sind die aus den Zuwanderern nicht zu gewinnen? Bekannt ist von der IT-Branche, dass es in Indien solche Fachleute gibt. Es gelang der Industrie aber nicht, den bestehenden Bedarf mit den wenigen, die kamen, zu decken.

Hat man den geschichtlichen Verlauf vergessen, der sich in Amerika abgespielt hat?

Mit weißer Dominanz wurden Afrikaner als Sklaven nach Amerika gebracht, denn der Bedarf an Baumwollpflückern war riesig. Als dann dafür Maschinen entwickelt wurden, brauchte man auch die versklavten Afrikaner nicht mehr, und die verloren ihr Letztes, nämlich ihren Wert und landeten im Elend, denn sie wurden selbst als Sklaven nicht mehr gebraucht.

Beide Erklärungen von Kanzler Schröder wurden von seiner Nachfolgerin, ohne wenn und aber als „alternativlos" (Lieblingswort von Frau Merkel) übernommen.

Mit anderen Worten, die Deutschen seien dazu förmlich verpflichtet, die Grenzen zu öffnen und ihr Land, ihre Wirtschaft und natürlich den Wohlstand dem Rest der Welt zur Verfügung zu stellen und erklärt wird dieses Vorgehen mit Weltoffenheit.

Damit vergrößert sich in der deutschen Bevölkerung immer mehr die Armut, während der Ausverkauf der Industrie und Immobilien an die Weltöffentlichkeit weitergeht. Ist dies zurzeit doch noch übertrieben, oder sind wir schon weiter?

Enttäuschung über die Flüchtlinge stellte sich ein, denn als diese näher begutachtet wurden, stellte man fest, dass sehr viele nicht nur keine Qualifikation mitbrachten, mit der die Politiker und die Wirtschaft gerechnet hatten, sondern, dass viele von ihnen erst alphabetisiert werden mussten.

Sie beherrschten die Schrift ihrer eigenen Muttersprache nicht. Viele von ihnen besuchten noch nie eine Schule, und trotzdem spekulierten viele sogar mit einem Studium. Natürlich darf man nicht unerwähnt lassen, dass dies nicht alle waren, aber es gab sie zahlreich.

Es kamen tatsächlich Flüchtlinge hier an, die danach fragten, wo ihr Häuschen und ihr Auto wären, was man ihnen versprochen hatte, als sie auf dem Wege nach Deutschland waren. Immerhin hatten sie sehr viel Geld an gewisse Schlepper und Schleuser gezahlt, die sich als offizielle Helfer bezeichneten und die ihnen diese Versprechungen gemacht hatten.

Auch viele Türken, die nach 1970 nach Deutschland kamen, konnten nicht Rad fahren, aber was schlimmer war, viele konnten auch nicht lesen und schreiben, deshalb kamen einmal pro

Woche Imame in die Firma, um Briefe vorzulesen und deren Antworten zu verfassen. Die Analphabeten waren sehr zahlreich und waren somit keine Ausnahme.

Leider musste festgestellt werden, dass auch die hier geborenen Kinder der Immigranten nicht befähigt sind, den Bedarf an höher ausgebildeten Arbeitnehmern zu decken. Ihre schulischen Leistungen führen meist nicht zu erwarteten Abschlüssen, obwohl es auch löbliche Ausnahmen gibt.

Bereits am 02.11.2001 mahnte der damalige CDU-Vorsitzende Wolfgang Schäuble eine klare Trennung von Kirche und Staat an. Anscheinend merkte man, dass dies für die ins Land kommenden Muslime nicht so selbstverständlich oder gar nicht gewollt war.

Am 16.04.2018 regte der Ministerpräsident von Hessen an, dass in „Rechtsstaatsklassen" Kinder von Immigranten nicht nur die deutsche Sprache, sondern auch das Rechtssystem und die Werteordnung des Landes vermittelt bekommen sollten. Wie viele Jahre waren die Immigranten schon hier?

Die Gefahren aus dieser schwachen Politik zeichnen sich aber immer deutlicher ab.

Fehlendes Geld für Bildung und berufliche Ausbildung, für Polizei und Gerichtswesen sind die Probleme in ihren Herkunftsländern. Jetzt hat der deutsche Staat verstärkt und überproportional dafür zu sorgen und läuft dabei Gefahr, in dieselbe Situation zu kommen wie die Herkunftsländer.

Wobei eben die politisch Verantwortlichen vor dieser Entwicklung mit der Zuwanderung auch Einsparungen bei Polizei und im Schulwesen vorgenommen hatten, ohne diese Entwicklung voraussehend zu berücksichtigen.

Entscheidungen wurden von oben vorgenommen, ohne das Wählervolk vorher demokratisch zu befragen, dafür kommt bestimmt die Rechnung vom Wähler, der zur Meinungsbildung nur etwas Zeit braucht. Auch wenn der Wille des Wählers in der Vergangenheit übergangen wurde, es kommen wieder Wahlen, bis dahin hat man viel Zeit zum Nachdenken.

Man kann Wähler abqualifizieren und niedermachen, weil sie einer anderen Meinung sind, aber als Wähler für die eigene Politik wird man sie damit nicht gewinnen, eher für immer verlieren.

Man hat doch in ganz Europa die Erfahrung gemacht, dass gewisse Flüchtlinge gar nicht mehr die Absicht haben, in ihre Herkunftsländer zurückzukehren, auch dann nicht, wenn sie auf dem nach Fachleuten gierenden deutschen Arbeitsmarkt gar nicht gebraucht werden.

Unter anderem gibt es jene libanesischen oder arabischen Clans, die in fast allen deutschen Großstätten sesshaft wurden, meist keiner nachweisbaren oder gewinnbringenden Beschäftigung nachgehen aber sich sonst sehr gut „integriert" haben, kriminell in Erscheinung traten und natürlich für immer bleiben, da sie längst deutsche Staatsangehörige geworden sind. Teilweise schwimmen diese Clans im Geld und besitzen ein Vermögen, ohne dass sie nachweisen können, woher dieser Reichtum kam; bestimmt nicht vom Sozialamt trotz üppigem Kindergeld.

Um nicht Rassismus oder Vorurteile gegen Zuwanderung zu fördern, erfährt man kaum nähere Details, aber angeblich handelt es sich in Berlin um 40 000 Personen, die man im Libanon zum Wiederaufbau brauchen könnte, die aber ein schöneres und gut versorgtes Leben in Deutschland vorziehen, obwohl der Bürgerkrieg im Libanon längst vorbei ist.

Wenn ein Deutscher so ein Thema anspricht, ist er der Bezeichnung Nazi ausgesetzt! Es kann doch nicht sein, auch nicht in Deutschland, wo man so ängstlich darauf bedacht ist, alles was Rassismus bedeutet aus historischen Gründen zu vermeiden und Angst davor hat, in jenen Kategorien zu denken, dass man sofort in eine politische rechte Ecke gedrängt wird, wenn man das leidige Thema einer unerwünschten Zuwanderung anspricht. Das Problem gab es in der Nazi-Zeit gar nicht, man empfand sich selbst in einem zu kleinem Land.

Es muss ein Um- bzw. Weiterdenken stattfinden in Bezug auf die Überbevölkerung in der Dritten Welt und die daraus resultierenden Fluchtbewegungen. Es kann nicht sein, dass die Geberländer, die die Armut in den Ländern der Dritten Welt zu bekämpfen suchten und aus geschichtlichen Gründen sich selbst verpflichtet haben, Flüchtlinge aufzunehmen, nun durch ihre Ankunft die Aufgabe einer dauerhaften Ernährung zu übernehmen haben. Das kann nicht Recht sein, wenn dabei das Spiel einer Überbevölkerung und Zustände wie Elend, Hunger und Not ungehindert weitergehen und sich sogar rasend schnell vergrößern! Wir sind dazu verpflichtet, über die muslimische Zuwanderung Klartext zu sprechen.

Nicht nur muslimische Zuwanderer oder Flüchtlinge dürfen ihre Wünsche äußern, auch Deutsche haben noch ein kleines Stückchen Recht, hier mitzureden, wenn es um ihr ureigenes Zuhause geht!

Nur, viele Deutsche schweigen lieber, bevor sie sich als Nazi diffamieren lassen. Vor allem in Deutschland, oder besser gesagt, nur in Deutschland herrscht eine fürchterliche Panik vor dieser politischen Seite, die man populistisch, national oder neonationalsozialistisch nennt.

Unter den Gutmenschen in Deutschland herrscht eine förmliche Nazi-Phobie, entstanden aus dem Wissen über die eigene Geschichte.

In den Ländern, die schon länger mit muslimischer Zuwanderung zu tun haben als Deutschland, wie in Frankreich, Holland oder Belgien, hat man schon längst eine andere Richtung eingeschlagen, was man im Wählerverhalten erkennen kann, auch wenn es überall etwas gedauert hat.

Es gibt immer mehr Menschen, die sich über das Thema der muslimischen Zuwanderung nicht nur in Deutschland, sondern in ganz Europa kritische Gedanken machen, sogar auf muslimischer Seite.

Alleine die Titel ihrer Bücher reichen zum Aufhorchen:

Zama Ramadani, geboren am 10.01.1984 in Skopje, schrieb: „Die verschleierte Gefahr"

Hamed Abdal Samad (geb. in Ägypten und lebt in Deutschland):
„Integration, ein Protokoll des Scheiterns"
„Der islamische Faschismus"
„Der Untergang der islamischen Welt"
„Ist der Islam noch zu retten?" (und weitere Bücher)
Sein umfangreiches Wirken brachte ihm eine Fatwa ein, ein Todesurteil aus religiösen Gründen.
Wo bleibt hier der Aufschrei der Gutmenschen in Deutschland?

Dr. Bill Warner: „Scharia für Nichtmuslime"

Hans Joachim Löwer: „Mit Feuer und Schwert"

Inci Y., eine Türkin bricht ihr Schweigen: „Erstickt an euren Lügen"

Samia Shariff, geboren in einer reichen Familie in Paris: „Schleier der Angst"

Tuba Sarica: „Ihr Scheinheiligen"

Katja Schneidt: „Gefangen in Deutschland; befreit vom Schleier"

Lothar Fritze: „Der böse gute Wille; Weltrettung und Selbstaufgabe in der Migrationskrise"

Gabriele Schuster-Haslinger: „Verraten, Verkauft, Verloren"

Günter Lachmann: „Verfallssymptome; Ein Verlust an Werten und Tugenden"

Thierry Baudet: „Der Angriff auf den Nationalstaat"

Kelly M. Greenhill: „Massenmigration als Waffe; Zwangsgesteuerte Migration: Nötigungspolitik"

Dr. phil. Bruno Bandulet: „Beuteland Deutschland"

Willi Wimmer, Parlamentarischer Staatssekretär a.D.:
„Deutschland im Umbruch – vom Diskurs zum Konkurs" und
„Eine Republik wird abgewickelt"

Hans Herbert von Arnim, Staatsrechtler: „Die Hebel der Macht.
Die Parteien haben sich ihren Staat geschaffen statt demokratische Volkssouveränität."

Dr. phil. Udo Ulfkotte (geb.1960): „Geheimplan Europa; Wie
ein Kontinent erobert wird"

Bassam Tibi: „Islamische Zuwanderung und ihre Folgen"

Rainer Wendt, Bundesvorsitzender der deutschen Polizeigewerk-
schaft: „Deutschland in Gefahr"

Akif Pirincci, deutsch-türkischer Schriftsteller (geb. 1959):
„Deutschland von Sinnen", „Umvolkung" und „Der Übergang"

Douglas Murray: „Der Selbstmord Europas"

Petra Paulsen, Lehrerin mit beruflicher Erfahrung: „Deutschland außer Rand und Band"

Boris Palmer, Oberbürgermeister von Tübingen: „Wir können
nicht allen helfen"

Ralf Nienaber: „Geplanter Untergang; Wie Angela Merkel und
ihre Macher Deutschland zerstören"

Stephan Zantke, Strafrichter beim Amtsgericht Zwickau:
„Wenn Deutschland so scheiße ist, warum sind Sie dann hier?"

Kirsten Heisig, Jugendrichterin: „Das Ende der Geduld"

Peter Orzechowski: „Durch globales Chaos in eine neue Weltordnung"

Markus Gärtner: „Lügenpresse; Eine Abrechnung mit unseren Massenmedien"

Heinz Buschkowsky, ehemaliger Bürgermeister von Berlin-Neukölln: „Die andere Gesellschaft"

Thilo Sarrazin, von 2002 bis 2009 Finanzsenator in Berlin: „Deutschland schafft sich ab"

Inge Klöpfer, eine studierte Volkswirtin: „Aufstand der Unterschicht "

Christian Jung & Torsten Groß: „Der Links-Staat"

Stefan Schubert: „Die Destabilisierung Europas; Der Abstieg ins Chaos!"

Michael Ley: „Die kommende Revolution; Realistische und bittere Zukunftsaussichten"

Joachim Wagner (TV-Journalist): „Die Macht der Moschee; Ende einer Illusion"

Jost Bauch: „Abschied von Deutschland"

Lothar Sarica: „Der böse gute Wille; Selbstaufgabe in der Migrationskrise"

Elham Manea, Privatdozentin an Universität Zürich: „Der alltägliche Islamismus"

Susanne Wiesinger: „Kulturkampf im Klassenzimmer; und keine Reaktion der Politik"

Samuel Schirmbeck: „Der islamische Kreuzzug und der ratlose Westen" und „Gefährliche Toleranz"

Bruno Schirra (Nahost-Experte): „ISIS; Der globale Dschihad ist in Europa angekommen."

Michel Onfray (französischer Philosoph): „Niedergang"

Werner Reichel: „Der deutsche Willkommenswahn"

Rainer Thesen: „Deutschland stürzt ab"

Hermann Mitterer: „Bevölkerungsaustausch in Europa"

Brigitte Witzer: „Die Diktatur der Dummen; Idiokratie, wenn die Klugen immer nachgeben"

Andreas Müller, Jugendrichter: „Schluss mit der Sozialromantik"

Jens Gnisa, Vorsitzender des Deutschen Richterbundes: „Das Ende der Gerechtigkeit"

Günter Hannich: „Megacrash; gesellschaftlicher Zerfall auch durch Masseneinwanderung"

Haben alle diese Autoren unrecht, die sich eines wichtigen Problems unserer Zeit annehmen?

Nein – das weiß man schon, dass sie recht haben, weshalb sie alle als böse Menschen oder gar als Rechtspopulisten verunglimpft werden, die kein Gefühl für Notleidende hätten. Selbst die Verlage, die diese Bücher herausbringen, sind schamloser Kritik ausgesetzt.

So geht das vor die Hunde, was die Generation nach dem Zweiten Weltkrieg in Deutschland und in ganz Europa mühselig aufgebaut hat an Sicherheit, Freiheit und Wohlstand. Für die Zuwanderer gibt es kein Anrecht darauf, in Deutschland andere

Sitten und eine andere Kultur einzuführen, denn dafür waren die kulturellen Errungenschaften seit Generationen in Deutschland zu bedeutsam, und dagegen können alle Immigranten nicht wetteifern, egal woher sie in ihrer Not kommen.

Zum Leidwesen der deutschen Politiker werden die Mahner immer mehr, die sich über die unübersehbaren und unerträglichen Zustände beziehungsweise Missstände sehr wohl Gedanken machen, denn sachliche Kritik kann man auf Dauer nicht mit Verunglimpfungen niederringen, sondern verzögert nur den Ansatz für eine dauerhafte Lösung.

Die Politiker in Deutschland mit ihrer dicken Haut scheint jegliche Kritik nicht zu tangieren.

Haben Politiker in Deutschland den Kontakt zu ihren Wählern verloren? Vielleicht haben viele Politiker auch keine Ahnung von Psychologie, denn den meisten Bürgern ist bekannt, dass es Polizisten untersagt ist, von ihren beruflichen Gegebenheiten zu berichten, wenn sie mit Zuwanderern konfrontiert werden. Auch die Presse schließt sich dem Verbot an, indem man im Gegensatz zu früher bei kriminellen Geschehnissen die Namen der Täter nicht nennt, denn dies stört angeblich die Integration, die trotz aller Bemühungen ohnehin nur teilweise mit den Immigranten zu verwirklichen ist, die bereit sind, sich den europäischen Gepflogenheiten anzugleichen.

Werden nun die Namen der Täter nicht genannt, nimmt der Leser automatisch an, dass es sich um zugewanderte Straftäter handelt. Ein Sprechverbot mag kurzfristig gut sein oder seinen Zweck erfüllen, aber auf Dauer wird sich gegen jenes Klientel, das den Ordnungshütern unliebsam auffällt, eine gewisse Abneigung entwickeln, die bei Unabwendbarkeit zum Hass ausufern kann. Denn auch Polizisten und Angestellte des Staates in den Behörden sind nur Menschen.

Das höchste Gut der Europäer ist die individuelle Freiheit des Einzelnen, selbstverständlich auch von allen religiösen Zwängen, was der muslimischen Welt unbekannt ist. Droht dieser Freiheit Gefahr, dann könnte das Thema Zuwanderung böse ausarten.

Man gewinnt immer mehr den Eindruck, dass viele muslimische Zuwanderer alle Freiheiten gerne und voll in Anspruch nehmen, aber einige gleichzeitig für ihren Lebensstil missbrauchen. Die Zuwanderer selber leiden unter dem von ihnen inszenierten Zustand in einer Parallelgesellschaft. Es waren ihre Eltern oder Großeltern, die unter sich bleiben wollten.

Vor allem ihre Kinder, denen man längst eine deutsche Staatsangehörigkeit zuerkannt hat, fühlen sich durch dieses Nebeneinander ausgegrenzt. Am besten zu sehen im Sport, wenn die deutsche Hymne gespielt wird und sich kein Mund eines muslimischen Mitspielers regt, um den Text mitzusingen. Vielleicht kann man sich den Text nicht merken, oder wird es nichts mit dem neuen Vaterland?

Anders sieht dies bei den nichtmuslimischen Schwarzafrikanern aus, die in englischen oder französischen Mannschaften mitspielen und lauthals die Hymnen ihres Landes mitsingen, vielleicht auch aus Dankbarkeit, dass ihnen diese Ehre erwiesen wurde, und sie auch einen großen finanziellen Vorteil dadurch haben.

Kann man von Muslimen, die selbst hier aufgewachsen sind, nicht die gleiche Dankbarkeit erwarten, wenn sie hier zu Wohlstand gekommen sind? Wie lange werden die hilfsbereiten Gutmenschen in Deutschland noch ihre islamkritischen Mitmenschen mit der Bezeichnung „Nazi" abqualifizieren, während Christen in den muslimischen Ländern verfolgt werden und Kritiker in ihren eigenen Reihen mit dem Tode bestraft?

Es kann nur eine Frage der Zeit sein, bis ein Ende sichtbar wird, dafür wird die nicht integrierbare Zuwanderung selber sorgen, wenn man nicht bereit ist, europäisches, kulturelles Denken bedingungslos zu akzeptieren und dementsprechend sich in Europa einzufügen.

Es bedarf keiner deutschen Leitkultur, wie deutsche Politiker schon mehrfach erklärt haben. Genau dies entspricht aber vielen Muslimen in keiner Weise, vor allem nicht den Imamen, in ihrem religiösen, orientalischen Denken und Handeln. Siehe die ehrliche Aussage und die Erkenntnisse des türkischen Präsidenten Erdogan.

Waren es nicht die Nazis, die sich einen Lebensraum in den eroberten Ländern sichern wollten? Wie ist das heute, wenn Muslime nach Europa drängen und hier Grund und Boden erwerben? Gewiss ist der käufliche Erwerb von Lebensraum anständiger, als solchen gewalttätig zu erobern. Feuer und Schwert ist nicht mehr nötig denn Deutschland ist käuflich.

Für deutsche Politiker und alle Gutmenschen sind solche Feststellungen reiner Rassismus, auch wenn es der Wahrheit entspricht, denn man behauptet, solche Berichte seien diskriminierend und für ein Zusammenleben störend, auch wenn dies ohnehin nur ein Nebeneinader mit einer Parallelgesellschaft bedeutet.

Gewiss liegt aber gerade darin die Ursache für eine Parallelgesellschaft und nicht erreichbare Integration. Von einer Assimilation will man gar nicht erst sprechen. Uns ist nicht unbekannt, dass die muslimische Kultur im achten Jahrhundert dem christlichen Abendland auf allen Gebieten überlegen und auf dem Wege war, den ideologischen Kampf mit Feuer und Schwert gegen die Kulturen in Europa, die man als Ungläubige bezeichnete, zu gewinnen. Vielleicht hatten die Muslime kulturelles Wissen gar nicht selbst entwickelt, sondern von der Vorgängerkultur der Griechen oder anderen regionalen Völkern übernommen.

Den Karolingern gelang es, eine muslimische Vormachtstellung zu verhindern. Danach wurde für 1000 Jahre dem Abendland eine Entwicklung verweigert, da eine christliche Religion mit ihrer Dominanz jede individuelle Entfaltung und Weiterbildung mit allen Mitteln ihrer Macht verhinderte, um eigene Strukturen und gesellschaftlichen Einfluss nicht zu verlieren.

Nach 1000 Jahren im Dornröschenschlaf gelang es trotzdem ganz langsam und unter allergrößten Qualen, dieses Diktat abzuschütteln. Diese Möglichkeit entwickelte sich allmählich, da die Herrschenden nicht ohne Fehl und Tadel waren. Vor allem verlorene Kriege, die man im Namen von Gottheiten führte, brachten immer mehr Zweifler an dieser göttlichen Ordnung hervor.

Wahrscheinlich hat die muslimische Kultur auch nicht mehr die Zeit, sich durch Reformen zu ändern, weshalb nur durch Ignoranz von muslimischen Vorschriften dieses Diktat abgewendet werden kann.

Für die Europäer gilt der Islam als rückständige Religion, und dies wird sich erst ändern, wenn sich Muslime europäischen Gepflogenheiten angleichen werden. Solange Gläubige dem Islam intensiv huldigen, so lange wird sich die Einstellung der Europäer zum Islam nicht ändern.

Man fragt sich, ob es bezüglich der muslimischen Zuwanderung eine Verschwörung gibt? Wer steuert hier diese unfassbare, in der Geschichte noch nie dagewesene Entwicklung? Steckt dahinter Russland, das eventuell Europa destabilisieren will? Steckt dahinter die USA mit ihrer CIA, die Länder wie die Türkei mit allen Mitteln und Möglichkeiten aus geostrategischen Gründen nicht nur in der NATO, sondern auch in der EU haben wollen? Möchten die USA mit ihrem atomaren Schutzschild die Staaten der EU zu ihren Vasallen machen?

Nicht nur wegen des Erdöls pflegen die USA eine enge Partnerschaft mit Saudi-Arabien, das ebenfalls versteckt die Bauvorhaben von Moscheen vor allem in Europa finanziert.

Leider geht das Spiel unentwegt weiter, denn kein Ende findet die Flüchtlingswelle, für die man ehemalige Kolonialmächte, den profitgierigen Kapitalismus und den daraus resultierende Klimawandel verantwortlich macht, zu dem auch der Bedarf in der Dritten Welt negativ beiträgt.

Die Realität, dass eine ungehemmte Vermehrung der Bevölkerung in der Dritten Welt die kausale Ursache ist, wollen alle Hilfsbereiten und Gutmenschen ganz einfach nicht gelten lassen. Hat sie der Herr mit Blindheit geschlagen?

Alles wäre nicht schlimm, aber ein großer Teil geht von ihrer extremen religiösen Weltanschauung nicht ab, die man in Europa längst hinter sich gebracht hat (außer in Belfast).

Wie widernatürlich die Entwicklung ist, kann man erst erkennen, wenn man Extremfälle aufzeigt. Erschreckt sollte auf jeden Fall das Schweigen der muslimischen Mehrheit zur Kenntnis genommen und darüber nachgedacht werden. Sind sie vielleicht stolz auf ihre aggressiven muslimischen Brüder?

Man schämt sich ihrer nicht, wenn sie unanständig waren und im Lande der Ungläubigen deshalb im Gefängnis gelandet sind. Sie werden von ihren Familien würdevoll besucht und hofiert. Haben sie nach ihrer Religion richtig gehandelt, wird ihnen größte Bewunderung entgegengebracht. Oder haben sie Angst vor der Gewaltbereitschaft, dass man allgemein darüber lieber schweigt?

Man muss die Frage stellen, wie lange sich die Bevölkerung in Europa eine uneingeschränkte muslimische Zuwanderung und die Flüchtlingspolitik gefallen lässt. Gewiss so lange, bis die einheimische Bevölkerung mit dem Rücken zur Wand steht.

Man darf nicht vergessen, dass alle europäischen Staaten bis über beide Ohren verschuldet sind.

Läuft es wirtschaftlich einmal nicht mehr so richtig, und ein Kanzler, wie Gerhard Schröder, wird wieder Leistungskürzungen des Staates ankündigen, die mittellose Menschen und Geringverdiener treffen, dann könnten größte Gefahren vor der Tür stehen, worüber man nicht spekulieren möchte. Politiker haben anscheinend vergessen, dass in einer Demokratie die Macht vom Volke ausgeht!

Ergeben sich hier deutliche Parallelen zum Untergang einer gewaltigen antiken Kultur, nämlich des römischen Imperiums? Damals hatten kostengünstige Sklaven die Wirtschaft aufrechterhalten, die ohne Lohn und Gewinn alle Arbeiten verrichteten und die am Jahresende genauso reich waren wie zum Jahresanfang. Damaliges Motto im Imperium: „Brot und Spiele".

Scheint nicht auch heute die Bevölkerung zufrieden zu sein, wenn die Verpflegung gesichert ist und man sich den Spielereien der neuen Technologien widmen kann.

Hatte man damals auch Nichtrömer in die Legionen integriert, die dem Schutze des Reiches nach außen dienten (siehe Arminius bzw. Hermann der Cherusker), übernahmen dann auch

Nichtrömer schlussendlich die Sorge für die innere Sicherheit, womit das Imperium im Chaos sein Ende fand.

Vom gleichen Zustand berichten heute Menschen in Europa, dass sie auch keinen Gewinn erzielen. Man sollte in Deutschland, wo man den noch vorhandenen Wohlstand genießt, nicht zu früh darüber lachen, denn man braucht nur nach Großbritannien zu blicken, das vor 70 Jahren noch ein weltumspannendes Imperium besaß. Man möchte keine Vergleiche ziehen, sondern damit nur erwähnen, wie schnell sich die Weltgeschichte verändern kann.

Die Parallele zur Gegenwart: Menschen, die nicht einen, sondern mehrere Arbeitsplätze benötigen, um ihr eigenes Dasein und das derer, die die Hand aufhalten, zu finanzieren. Immerhin entspricht diese Feststellung einer schleichenden Verschlechterung der Wirklichkeit, da man bereits über 50 Prozent seines Lohnes heute dafür aufwenden muss, und dies mit einer steigenden Tendenz.

Viele Politiker sind ständig am Überlegen, wie noch mehr finanzielle Mittel aus den Bürgern herausgequetscht werden können, um ihre Misswirtschaft, trotz vielgelobter Zuwanderung, zu finanzieren. Im Mittelalter gaben sich die Raubritter einst mit dem Zehnt zufrieden.

Heute kommt zur achtstündigen Arbeitszeit dann noch eine ein- oder zweistündige Fahrt zum Arbeitsplatz, was alles zusammen mit dem Wort Stress umschrieben wird und einfach Leistungsdruck bedeutet, der sich familiär wegen Überforderung und Freudlosigkeit ungünstig auswirken muss. Nicht zu übersehen ist es daher auch, wenn Kinder in einem gestörten Familienleben heranwachsen.

Dazu kommt dann die sofortige finanzielle Bestrafung mit dem Hinweis auf ein berechtigtes Gefahrenpotential, wenn man etwas zu schnell mit seinem Auto am Feierabend unterwegs war. Vielleicht ist dieser Zustand auch mit Ursache, dass man Nachkommen eine noch schlechtere Zukunft ersparen möchte und auf eigene Kinder verzichtet, die ohnehin eine zusätzliche finanzielle Belastung bedeuten?

Alleine durch den aufrechten Gang, der den Menschen von der restlichen Schöpfung unterscheidet, ist die Wirbelsäule einem zusätzlichem Verschleiß ausgesetzt. Der Mensch ist nicht so belastbar wie ein stoischer Ochse, der den Vorteil hat, auf vier Beinen laufen zu können und mehr Kraft hat als mehrere Menschen zusammen.

Es gibt vor allem immer mehr junge Leute, die sich diesem Wahn der Aktivität von vornherein verweigern, was bereits schon bei ihrer schulischen Ausbildung beginnt. Sie können alles Böse, das durch den beruflichen Druck entsteht, im zerstrittenen Elternhaus miterleben. Später, wenn sie selber in den Arbeitskreislauf geraten, stellen sie fest, dass erstens zum Monatsende vom Verdienst nicht viel übrig bleibt und zweitens das Leben der Unproduktiven mitfinanziert werden muss.

Muss!

Gerichtshöfe haben entschieden, dass der Staat fur den Unterhalt eines jeden Bürgers zu sorgen hat, wie es bereits im Grundgesetz festgeschrieben steht. Mit anderen Worten, für Kleidung, Essen, ein Dach über dem Kopf und für Heizung in kalten Jahreszeiten muss gesorgt werden, auch für die, die sich verweigern und nur dem Fernsehen, Spielen oder Nichtstun hingeben. Die Versorgung steht ihnen deshalb zu, da sie ja unfreiwillig ohne Einkommen sein könnten.

Außerdem darf niemand zu einer Arbeit gezwungen werden. Das hat es im alten Rom nicht gegeben, da hatte trotzdem jeder für sich und eventuell noch für seine Sklaven zu sorgen.

Könnte es sein, dass sich hier und jetzt langsam das Ende eines großen Zeitalters ankündigt? Könnten die Hochkulturen, die sich in den verschiedenen Ländern in Europa, Asien und Amerika entwickelt haben, ganz unbemerkt in eine Schieflage kommen, die nicht mehr beherrschbar wird, da alle Bürger nur Rechte aber keine Pflichten akzeptieren wollen?

Man spricht auch zurzeit vom Aufstieg der Meritokratie, die zur neuen herrschenden Klasse und gleichzeitig zur aussterbenden Minderheit wird, da die gebildeten Leute zu wenig oder keinen Nachwuchs haben!

Die gebildete Oberschicht produziert einen zu geringen oder gar keinen Nachwuchs, was zur Folge hat, dass ihr Wissen und Können nicht auf die nächste Generation weitergegeben wird. Die Ursache könnte am Leistungsdruck und Stress liegen, und die Freizeit, zum Beispiel der Urlaub, wird zu einem teuren Vergnügen umfunktioniert, da man sich ja sonst nichts gönnt.

Der Bundesminister für Finanzen von 1978 bis 1982, Hans Hermann Matthöfer (25.09.1925 bis 15.11.2009) hat in einer Rede erklärt, dass eine gesunde Wirtschaft ein Wachstum von 2,5 Prozent benötigt, sonst gibt es keinen Kapitalismus. Nach diesem Satz folgte eine längere Gedankenpause bei ihm, gewiss dachte auch er, wie viele seiner Zuhörer: Ja, brauchen wir denn einen Kapitalismus?

Man sollte sich darüber Gedanken machen, denn der Kommunismus ging an seiner Ideologie zugrunde. Dem Kapitalismus könnte dasselbe passieren mit seinem Kapital. Das muss nicht heißen, dass die Geldwirtschaft damit ihr Ende findet, aber man bekommt immer mehr den Eindruck, dass hier etwas ins Rutschen geraten ist, wenn man an die gigantische Verschuldung der Industriestaaten denkt, während Superreiche sich nicht der Produktion von Gütern, sondern eher den Spekulationen mit Geldanlagen hingeben.

Amerika, als glücklicher Vorreiter des kapitalistischen Systems, wählte einen Präsidenten Trump, der den Wahlspruch ausgab: „Amerika First!" Nur, was führte dazu, dass ihm die amerikanischen Wähler folgten?

In Europa macht man sich deshalb keine großen Gedanken und wirtschaftet so weiter wie gehabt.

Nach dem Zweiten Weltkrieg kam es zum großen Bündnis mit den europäischen Staaten, und man schloss sich zur Nato zusammen, um einer kommunistischen Expansion, mit der man rechnete, entgegenzuwirken. Was hier in Europa glückte, hat man im fernen Osten nicht geschafft, denn da kam es zum Krieg in Korea und Vietnam.

Der Wiederaufbau in Europa und die wirtschaftliche Entwicklung kam vor allem den Europäern zugute, und man fühlte sich unter dem atomaren Schutzschirm der USA sicher vor einem mächtigen und bedrohlichen Russland und seinen Verbündeten. Seit die Sowjetunion sich aufgelöst hat, fehlt hier ein strategischer Gegner, und die Europäer sind nicht mehr auf ihre starken Armeen bedacht. Weniger finanzielle Mittel fließen in sogenannte Verteidigungsanstrengungen, was vor allem die Amerikaner stört, da sie weiterhin weltweite Interessen verfolgen und militärische Präsenz zeigen.

Das wiederum kostet den amerikanischen Steuerzahler viel Geld, und die Verschuldung der USA ist astronomisch. Um diesen Trend der Verschuldung einzudämmen, vollzieht man nun eine Abkehr von einem uneingeschränkten Welthandel, dem man Tür und Tor in Richtung Amerika geöffnet hatte.

Amerikanische Firmen waren der Konkurrenz der sogenannten Billiglohnländer auf Dauer nicht gewachsen. Die Firmen aus Europa und Ostasien zogen jahrzehntelang daraus einen großen Nutzen, der sich in Form eines Handelsdefizits zum Nachteil für Amerika auswirkte.

So stellt man sich am Höhepunkt der Verschuldung in Amerika die Frage: Braucht man die uneinigen Europäer noch als Bündnispartner, oder sind sie mit ihren Handelsüberschüssen nur eine unerwünschte Belastung? Auch Deutschland lebte gut von diesem System, das aber jetzt auch an seine Grenzen stößt, und man merkt, dass billige Arbeitskräfte fehlen, damit man mit Fernost preisgünstig mithalten kann.

In Deutschland sieht man langsam aber immer deutlicher den Niedergang der Infrastruktur. Es fehlt überall an finanziellen Mitteln, obwohl man bezüglich der Schulden nicht an eine Tilgung, sondern freudvoll nur die schwarze Null anstrebt.

Vielleicht kann dieser freie Welthandel, von dem man sich in den Industriestaaten nur Vorteile erhoffte, auch als unfair bezeichnet werden, da man in den Entwicklungsländern mit billigen Arbeitskräften rechnen kann und ein Überschuss an Menschen besteht, während man sich in Europa über Mangel an bezahlbaren Fachkräften beklagt.

Neuregelungen für die Weltwirtschaft werden nötig sein, so wie die Amerikaner über Zölle und damit über das Wohlergehen ihrer eigenen Wirtschaft nachdenken. Es war die Wirtschaft, die sich für einen uneingeschränkten Welthandel stark gemacht und mit Vorteilen gerechnet hat.

In der Politik schlug man die gleichen Töne an und verkündete stolz eine Weltoffenheit, ohne eine nähere Definition dafür zu schaffen. Das kann ja nicht bedeuten, dass ein Kulturstaat von Multi-Kulti abgelöst werden muss.

Der sogenannte freie Welthandel führte zu einer gewaltigen Verschuldung in astronomischer Höhe bei den westlichen Industriestaaten, und anscheinend nur die Unternehmer zogen ihren Nutzen daraus.

Schneller, besser und billiger als die Konkurrenz: Nach diesem Motto wurden auch Entwicklungsländer in die Produktion eingebunden. Gründe der Einbindung: Billiglohn! Heute spekuliert man mit einem letzten Trumpf: Vorsprung durch Technologie!

Man hat aber noch nicht gemerkt, dass man längst der Konkurrenz aus Fernost hinterherhinkt. Es ist ein Unterschied, ob eine Technologie von 80 Millionen Menschen entwickelt wird, oder ob dafür eine Milliarde Menschen zur Verfügung stehen.

Die Europäer glauben noch immer an ihre überlegene Denkfähigkeit und haben nicht gemerkt, dass dies heute keine Einmaligkeit mehr ist. Die Länder in Fernost haben nicht nur aufgeholt, sie haben Europa still und leise überholt. Waren es bislang Japan oder Südkorea, ist es nun China.

Die Konkurrenzfähigkeit war nur mit Niedrigpreisen gegeben, damit man mit den aufstrebenden Schwellenländern mithalten konnte. Länder, die keine Krankenkassen, keine Rentenversorgung, keine Kindergärten und kein Schulwesen finanzieren und Kinderarbeit als Normalität bezeichnen, waren die Konkurrenten, denen man auf Dauer nicht gewachsen sein kann.

Mit diesen Ländern im Wettbewerb zu stehen, heißt nicht, etwas von seinem Reichtum abzugeben, sondern führt unweigerlich in den Ruin und Ausverkauf bei den alten Industriestaaten.

Mit Trump als Präsident scheint Amerika die Notbremse gezogen zu haben, und andere Länder werden folgen, die sich ebenfalls mit ihrem freien Welthandel verkalkuliert haben. Solange Amerika die Verschuldung hinnahm und so weiterwirtschaftete, machten sich die Europäer auch keine Gedanken über die eigenen Schulden. Hauptsache die Wirtschaft boomte, wenn auch auf niedrigem Lohnniveau. Die Wirtschaft rief sogar händeringend nach Fachkräften, die kamen aber nicht.

Den Ruf gehört haben die Flüchtlinge mit geringer oder keiner Schulbildung, da in den Herkunftsländern die finanziellen Mittel dafür fehlten. Mit ihnen als Hilfskräfte konnte aber eine Produktion günstig weitergeführt werden. Sie begehrten auch nicht auf, da sie in den Herkunftsländern ein elendiges Leben führen mussten. Mit ihren geringen Löhnen bringen sie aber auch keinen Beitrag für die leeren Rentenkassen, womit Politiker gerechnet hatten. Das Gegenteil ist der Fall: Wenn diese Leute ins Rentenalter kommen, dann muss der Staat ihre erwirtschaftete aber zu geringe Rente aufstocken.

Gerade die Politiker in Deutschland, als beste Schüler des kapitalistischen Systems, sind mit dieser gewollten Zuwanderung in die Falle gegangen, aus der sie so schnell nicht mehr herauskommen, da man Zuwanderern gegenüber sehr großzügig war mit der deutschen Staatsbürgerschaft.

Die Deutschen müssen damit leben, dass ihr Land für zwölf Jahre vom Nationalsozialismus unter Hitler regiert wurde. Das war von 1933 bis 1945 und ist somit seit über 70 Jahren Geschichte. Viele Deutsche fühlen sich seither und auch heute noch gespalten bei diesem Thema.

Dass sechs Millionen Juden und eine Million Deutsche, Gegner der Nazis, in Lagern (KZ) ermordet wurden, kann man dabei weder vergessen, noch kann man dies einfach übergehen.

Viele sehen in jener Zeit den Abgrund aller Menschlichkeit. Die etwas Positives in jener Zeit sehen, verbinden dies mit dem gewaltigen technischen Fortschritt in den Bemühungen, jene militärische Auseinandersetzung mit einem Sieg zu beenden. Gleichzeitig sehen alle Europäer jene Zeit deshalb ein wenig sorgenvoll, da es für das NS-Deutschland möglich war, sich in einer so kurzen Zeit zu einer militärischen Großmacht hochzurüsten.

Die Erkenntnis aus dieser Geschichte ist eindeutig: Kein Deutscher und kein vernünftiger Mensch kann sich jemals eine solche Zeit zurückwünschen. Wofür auch Krieg? Jeder Krieg ist unnötig! Es kann heute, im Zeitalter der Atomwaffen, kein Mensch den Wunsch haben, einen selbstmörderischen Krieg vom Zaun zu brechen. Immerhin leben wir permanent mit einer latenten Bedrohung durch die vorhandene atomare Bewaffnung vieler Staaten. Es muss ein stetes Bemühen sein, den Kreis der Atommächte so klein wie möglich zu halten, wenn schon ein totaler Verzicht auf diese Bewaffnung nicht mehr möglich scheint.

Für Deutschland sollte gelten: Die zwölf Jahre Nationalsozialismus sind vorbei. Die Geschichte dieser Zeit kann man nicht vergessen, und man muss als Deutscher immer damit leben. Aber Söhne haften nicht für das Handeln ihrer Väter und auch nicht umgekehrt. Warum sollte sich ein in Deutschland lebender Muslim dem verpflichtet fühlen? Wer von den muslimischen Zuwanderern kennt schon die deutsche Geschichte? Dafür besteht doch überhaupt kein Interesse, und man hat doch mit der deutschen Geschichte nichts zu tun, weshalb man nach gewohnter Weise seines Herkunftslandes auch hier zu leben wünscht. Vielleicht sieht man dies in den Nachbarländern Deutschlands etwas mit Sorge. Die Generation der Deutschen, die nach dem Zweiten Weltkrieg aufwuchs, benahm sich bewusst zurückhaltend, vor allem beim Urlaub im Ausland. Nicht großartig auffallen und keinen Ärger mit den Einheimischen provozieren, die ohnehin keinen Kontakt zu den Deutschen suchten.

Um aus der NS-Ideologie herauszukommen, wurde den jungen Deutschen beigebracht, dass sie Europäer sind und das Deutschtum unwesentlich sei. Das ist ja nicht falsch und kam bei den europäischen Nachbarn auch gut an. Die junge Generation der Zuwanderer hat eine andere, eventuell sogar egozentrischere und dominantere und manchmal aggressivere Einstellung. In den an Deutschland grenzenden Ländern wird man dies deshalb als erschreckend „neudeutsch" wahrnehmen.

Man vermeidet jegliche Heldenverehrung und beschränkt sich auf Volkstrauertag und Gedenktage. Man möchte das Unrecht der Vorväter wachhalten, was eigentlich dem widerspricht, dass Söhne nicht für ihre Väter und Väter nicht für ihre Söhne verantwortlich sind.

Jede Gesetzgebung schließt eine Sippenhaftung aus. Nur bei Moses wurde dies angedroht, laut seinem Gott, Rache und Vergeltung bis in die vierte Generation.

Man braucht in Deutschland auch keine Helden zu verehren, die vielleicht in einem Kampf oder Krieg Unmenschliches angestellt haben, was man dann nachträglich als heldenhaft darstellen oder glorifizieren möchte.

Aber auf ein Deutschtum und seine kulturellen Errungenschaften völlig zu verzichten und nun auf Multi-Kulti zu setzen, birgt die Gefahr, dass eine Nation ihren Zusammenhalt verliert.

Deutschland hat so viele Menschen, die Großartiges geleistet haben in Kunst und Kultur, Wissenschaft und Technik, dass man auch auf Verehrung von Kämpfern und Kriegern oder auf ein Gedenken an deren Opfertod verzichten kann.

Aber jene zwölf Jahre Nationalsozialismus haben über 70 Jahre danach nichts mit dem heutigen Geschehen zu tun, und deshalb muss eine vergleichende Aufarbeitung erfolgen. Denn, wird man mit dem Thema muslimische Zuwanderung konfrontiert, wird in der deutschen Öffentlichkeit sofort zugunsten des Islam die Nazi-Keule geschwungen. Anscheinend ist man mit diesem

Thema Nationalismus noch lange nicht fertig in Deutschland. Darf man denn keine Nation mehr sein? Die Ursache liegt auch daran, dass in Deutschland keine politische Partei vorhanden war, die eine muslimische Zuwanderung kritisch gesehen und entstehende Probleme angesprochen hätte. Jede Kritik wurde unter den Teppich gekehrt, und man verlangte Toleranz. Man stellte aber keine Bedingungen an die Zuwanderer, sondern wünschte und hoffte auf eine unkomplizierte Integration. Statt Integration wurde aber Multi-Kulti praktiziert und führte zu einer Parallelgesellschaft. Heute beklagt man nicht nur eine Parallelgesellschaft, sondern sogar Paralleljustiz! „Was haben Sie gegen die Zuwanderung?" Wenn weitere vielschichtige Probleme durch diese befremdende und halbherzige Einbürgerung sichtbar werden, wird jede weitere Frage diesbezüglich überflüssig sein.

Die negativen Vorkommnisse sind zu viele, als dass man sie hier nur beispielhaft anführen kann, aber es werden im Laufe der Zeit noch weitere und schlimmere hinzukommen. Denn es ist eine Tatsache, dass von muslimischer Führung eine Integration oder gar eine Assimilation mit Ungläubigen als unmöglich und unerwünscht angesehen wird.

Mit den Vorgaben aus dem siebenten Jahrhundert möchten religiöse Extremisten auch im Europa des 21. Jahrhunderts glücklich nach ihrer Mentalität leben.

Es ist unübersehbar, dass sich muslimische Zuwanderer den eigenen religiösen Gepflogenheiten verpflichtet fühlen und dem politischen Führer oder Präsidenten ihres Herkunftslandes.

Eine Akzeptanz von allen Seiten wird erst dann erreicht sein, wenn sich die Menschen aus dem Orient den modernen Gepflogenheiten der Europäer angleichen und zwar in der Form, dass Religion als Privatsache zu gelten hat und jede extreme Form und jeder Zwang zur Religion sich verbietet. Mit anderen Worten, es bedarf keiner Reformation, sondern einfach eines Ignorierens.

Die Leute, die sich mit diesem Thema der muslimischen Zuwanderung ursprünglich befassten und Mitbürger mobilisierten, um auf die Straße zu gehen, bedienten sich ehemaliger Nazi-Überlegungen oder sympathisierten mit jener Ideologie.

Wer gegen diese Zuwanderung ist, wird deshalb Nazi genannt, was aber nicht in einen geschichtlichen Zusammenhang passt. Die Nazis arbeiteten nämlich vor, während und nach dem Zweiten Weltkrieg mit Muslimen und muslimischen Staaten zusammen. Die Ursache ist schnell erklärt, man hatte einen gemeinsamen Gegner, nämlich das Judentum.

Der Großmufti von Jerusalem, Mohammed Amin al-Hussein besuchte am 28.11.1941 Adolf Hitler auf dem Berghof und suchte um Unterstützung gegen jüdische Einwanderung in Palästina.

Hitler träumte vor 70 Jahren von einem Lebensraum für das deutsche Volk im eroberten Osten.

Aus dem neuen Lebensraum wurde nichts, sondern ein räumlich verkleinertes Deutschland musste nach dem Krieg noch an die zehn Millionen Vertriebene aus den Ostgebieten als Flüchtlinge aufnehmen. Heute denkt kein Immigrant daran, dass sie in ein Land kommen, das eine hohe Bevölkerungsdichte aufweist. Deutschland ist zu Exportwirtschaft gezwungen, da die eigene Produktion der Landwirtschaft zu Ernährung der eigenen Bevölkerung nicht ausreicht.

Dann fragt man sich: Was gibt es denn sonst für Zusammenhänge zwischen 1930 und 2010?

Keine, denn die gesellschaftspolitische Problematik ist eine völlig andere. Gewiss muss auch hier erwähnt werden, dass sich die große Mehrheit der Muslime sich nicht so auffallend verhält, aber sie schweigen zum negativen Erscheinungsbild ihrer Glaubensbrüder, die eine gewisse erhabene Rolle gegenüber den Ungläubigen anscheinend eingeredet bekommen.

Auch der deutsche Staat mit seiner Rechtsprechung, von dem man ein Handeln erwartet, um Schaden vom deutschen Volke abzuwenden, und vor allem auch die freie Presse, haben dafür zu sorgen, dass nicht nur die Meinung der deutschen Politiker, sondern auch die der übrigen Bevölkerung zur Geltung kommt. Sonst wird hier Artikel 18 der Menschenrechtsdeklaration bezüglich der freien Meinungsäußerung missachtet und verletzt. Danach ist es erlaubt und rechtens, eine andere Meinung zu haben als regierende Politiker. Eine Presse, die nur die Meinung einer starken Regierung vertritt, darf sich nicht wundern, wenn ihre Objektivität bezweifelt wird und man sogar von einer „Lügenpresse" spricht, oder schreit! Gleichzeitig waren diese Kritiker in den Medien kaum zu Wort gekommen. Waren sie trotzdem mal eingeladen, wurden sie so gefragt, dass sie nur mit „nein" oder „ja" zu antworten brauchten, um sie mundtot zu machen und sie als undemokratisch abzuqualifizieren zu können.

Ist es dann verwunderlich, wenn sich Politik und Presse eines Rechtsstaates so darstellen und damit demokratische Werte verletzen, dass sich ein starker Rechtsradikalismus entwickelt?

Nach der Bundestagswahl im September 2017 bekamen die regierenden Parteien in Deutschland eine ganz kleine Rechnung für ihre Politik, und es dauerte dann ein halbes Jahr, bis man wieder eine Regierung bilden konnte in einer gleichen Konstellation wie die vier Jahre zuvor, die man aber abgewählt hatte. Auch bei künftigen Wahlen könnten sich ähnliche Probleme ergeben, die aber auch geschichtlich bekannt sein dürften. Hatte nicht in der Weimarer Republik ein Adolf Hitler einst angekündigt, die 30 damals aktiven Parteien aus Deutschland hinauszujagen, da sie seiner Meinung nach unfähig waren, ein zerrüttetes Land aus der Krise zu führen und Arbeitslosigkeit zu bekämpfen oder Lebensbedingungen zu verbessern?

Wie kann es passieren, dass Politiker, die sich Demokraten nennen, ganz einfach vergessen, dass sie von einem Wählervolk und dessen Stimmen abhängig sind. Immerhin sind sie in einer Demokratie nur auf Zeit gewählt.

Ist denn nicht mehr die Stimme des Volkes gleichzeitig das Kennzeichen einer Demokratie? Man kann der deutschen Presse nicht Verlogenheit vorwerfen, wie es lautstark bei Demonstrationen geschehen ist, aber vielleicht sollte man sich überlegen, ob man nicht zu einseitig Bericht erstattete, wodurch diese pressefeindliche Stimmung entstand.

Gleichzeitig aber führt die gleiche Presse beispielhaft vor, dass in Russland nur die Meinung vom Präsidenten Putin in Presse, Rundfunk und Fernsehen zur Geltung komme. Dann sollte man sich in den deutschen Medien schon gegenteilig zur Schau stellen, oder kann man zu Putin und seinen Medien noch einen Unterschied erkennen?

Dazu kommt noch, dass sogar Politiker der übrigen EU-Staaten mit der Meinung der deutschen Kanzlerin nicht übereinstimmen und sich bevormundet fühlen. Wenn hier nicht dagegen gearbeitet wird von deutscher Seite, könnte es eines Tages das Ende einer von allen Seiten eigentlich gewünschten Gemeinschaft bedeuten. Großbritannien geht bereits, aber dafür will ja die Türkei herzlich aufgenommen werden.

Passt die Türkei besser in die EU und zu Deutschland? Andere Länder haben so ihre Probleme damit. Im Moment drohen nun die deutschen Politiker, den anderen europäischen Staaten finanzielle Zuwendungen zu kürzen, wenn sie nicht nach ihrer Pfeife tanzen, wenn es zum Beispiel um die Flüchtlingsproblematik und um die Aufnahme von Muslimen in ihren Ländern geht.

Langsam scheint sich aber im politischen Umfeld von deutschen Politikern ein Umdenken statt zu finden, sogar im engsten Kreise von Frau Merkel, die keinen Willkommensgruß wiederholt hat.

Im Deutschland der Jahre 1920 bis 1930 wurde einfach politisch rechts gegen politisch links unterschieden, damit man einen politischen Gegner hatte, den es im eigenen Volke zu bekämpfen galt.

Es gab kein Zuwanderungsproblem, sondern man träumte von einem Lebensraum im Osten. Heute geht es um muslimische Zuwanderung und Entfremdung, ja oder nein!

Zur Zeit des dreißigjährigen Krieges unterschied man sich religiös. Das mächtige katholische Herrschaftsgefüge konnte eine

Reformationsbewegung einfach nicht hinnehmen, da es Verlust an Macht und damit finanzieller Einbußen bedeutete. Erst nach 30 Jahren Krieg und dem damit verbundenen Verlust von 50 Prozent der Bevölkerung kehrte wieder Ruhe ein. Damalige Landsknechte, selbst Entwurzelte ohne Familien und Heimat, die vom Morden und Rauben lebten, waren gar nicht einverstanden mit friedlichen Zuständen, da ohne Krieg ihre Ernährung nicht mehr gesichert war.

Da haben wir den negativen Einfluss von Religion. Einen Einfluss, den wir im christlichen Europa längst überwunden haben. Damit haben wir den Zustand, um den uns der Rest der Welt beneidet, weshalb sie auch bei uns leben möchten – leider aber mit ihrer unveränderbaren Lebensweise und mit ihren religiösen Ansichten, die ihnen von Gelehrten als einzig richtige eingeredet wird: „Nur keine Verbrüderung mit den Ungläubigen."

Leben diese Imame noch in der Welt von gestern? Nein, das tun sie nicht, denn sie berufen sich auf die Scharia, und die wurde im siebten Jahrhundert entwickelt – anscheinend unveränderbar für alle Zeiten bis in alle Ewigkeit, verbunden damit ist die Ablehnung der Rechtsstaatlichkeit ihrer christlichen Gastländer in Europa.

Genau dies ist nämlich nicht der Weg einer geglückten und dauerhaften Integration, wobei hier verstärkt das Wort „dauerhaft" betont werden muss, wobei eine Assimilation ohnedies ein Tabu ist.

Deshalb sprachen deutsche Politiker, denen dieser Umstand nicht völlig passend erschien, die aber sonst nichts gegen eine ungehinderte Zuwanderung hatten, von einer vorhandenen deutschen Leitkultur. Dies ist aber ein verstecktes Eingeständnis ihrer politischen Hilflosigkeit und zeigt, dass ihre politischen und wirtschaftlichen Pläne damit zur Wertlosigkeit verkümmern.

Es gäbe eine einfache Lösung vieler dieser Probleme, durch eine Änderung der politischen Sicht und mit gesetzlichen Beschlüssen die Lage zu stabilisieren, nämlich ganz einfach: Asyl auf Zeit, wenn es sich um Kriegsflüchtlinge handelt, denn dahinter steht kausal die Überbevölkerung als Ursache. Dem wird aber in der Form widersprochen, dass wir ja so „weltoffen" seien. Mit keinem Wort wird von den Politikern näher erklärt, was man denn unter dieser einseitigen Weltoffenheit versteht. Man hat den Eindruck, dass dies nur zum wirtschaftlichen Nutzen gesehen wird.

Wenn man mit Weltoffenheit meint, dass man ungehinderten Welthandel betreiben kann, dann muss das doch nicht gleichzeitig heißen: Alle Notleidenden im Gegenzug nach Deutschland. Welthandel kann man auch ohne muslimische Zuwanderung betreiben.

Nun, sind dann Asylanten hier, werden sie möglichst schnell in die Arbeitswelt integriert, indem die Arbeitgeber aufgefordert werden, ihnen eine Ausbildung zukommen zu lassen. Danach, wenn der Antrag auf Asyl abgelehnt wurde und der betroffene Flüchtling wieder zurück in seine Heimat sollte, war aus der Sicht der Arbeitgeber, die ohnehin einen Fachkräftemangel beklagen, der Aufwand vergebens.

Aber auch Asylanten können hier Erlerntes in ihrer Heimat wirtschaftlich einbringen. Die Zusammenarbeit von Politik und Wirtschaft scheint nicht lückenlos harmonisch zu sein.

Der Arbeiter- und Fachkräftemangel hat gewiss auch mit einer Leistungsfähigkeit und Bereitschaft zu tun, die Asylanten und Zuwanderer anscheinend nicht immer mitbringen.

Was für ein endloses Thema mit der muslimischen Zuwanderung, denn man suchte eigentlich nur Arbeitskräfte für den deutschen Arbeitsmarkt, so wie man einst andere Gastarbeiter aus halb Europa herzlich willkommen hieß und damit keine weiteren Probleme hatte.

Nun steht man da mit offenem Mund und ist über die Dimension an Problemen überrascht und überfordert und so versucht man mit höchstmöglichen Zugeständnissen an muslimische Zuwanderer, die Wogen zu glätten.

Wurde auch nur ein Volk in Europa gefragt, ob es eine solche Entwicklung wünscht? Wurden völkerrechtliche Vereinbarungen getroffen über eine Gleichwertigkeit der Beziehungen, wenn es in Europa zum Beispiel um Errichtung von Moscheen geht? Dazu kommt die Flüchtlingsproblematik, die künftig kein Ende finden wird, da für permanenten Nachschub aus der überbevölkerten Dritten Welt gesorgt wird.

Durch Spenden und Lebensmittellieferungen fördern wir bestens diese Entwicklung. Jedes Jahr wächst die Weltbevölkerung um 80 Millionen Menschen! Eine halbe bis zu einer Million Flüchtlinge aus Nigeria, Guinea, Bangladesch, Elfenbeinküste u. a. befanden sich Anfang 2018 in Libyen, und alle wollen über das Mittelmeer weiter nach Europa.

Im Jahre 2017 hat Deutschland 17 Milliarden Euro für Flüchtlinge ausgegeben, die sich für Deutschland noch nicht verdient gemacht haben, während man für die alten Menschen, die den Wohlstand in Deutschland erarbeitet haben, sich langsam wenigstens eine Mindestrente überlegt.

Die Politiker der Volksparteien wundern sich dann über die Undankbarkeit der Wähler, die sich nach Alternativen in der Politik umsehen.

Die Politiker, die so für die Zuwanderung plädieren, da Arbeitskräfte fehlen, die in die Rentenkassen einzahlen, hätten mit diesen Beträgen die Lücken in der Rentenkasse mehrmals füllen können.

Für den Krieg in Syrien hatte man bis Ende 2017 über vier Milliarden Euro bezahlt und für 2018 ist wieder eine Milliarde vorgesehen. Wohin verschwindet diese Hilfe?

Die Lücken in den Rentenkassen müssen warten, die von Immigranten ohnedies nicht gefüllt werden, obwohl dies so von den Politikern angedacht und gewünscht war. Die vom ehemaligen Kanzler Schröder getroffene Feststellung, dass wir wegen unsicherer Rentenkassen eine Zuwanderung brauchen, hat sich als ein Schuss in den Ofen erwiesen, denn eine Sicherheit in der Finanzierung der Renten ist damit in weite Ferne gerückt.

Im Gegenteil: Die finanziellen Möglichkeiten sind noch dünner geworden, sodass weitere Kürzungen der Renten oder ein späterer Eintritt ins Rentenalter, höhere Beiträge oder staatliche Zuschüsse überlegt werden müssen.

Klartext zur Integration, gemeint ist natürlich von den Politikern eine Assimilation: Man meint nicht nur von deutscher Seite, sondern im europäischen Empfinden eine Möglichkeit einer nationalen und kulturellen Verschmelzung zweier oder mehrerer Kulturen, da nur damit eine Ausgrenzung oder Parallelkultur oder Ghettobildung, egal welcher Minderheit auch immer, verhindert wird. Das hat sich aber weder in den USA noch unter den europäischen Ländern verwirklicht, und dann sollte es mit muslimischer Zuwanderung vielleicht erzwungen werden? Man kann es spüren, dass auch bei allerbestem Willen dieser Plan zum Scheitern verurteilt ist.

Versteht man vielleicht langsam: „Amerika First!" Amerika hat seit Jahrzehnten ein immer großer werdendes Handelsdefizit, an dem Europa und vor allem asiatische Staaten die Schuld zugeschoben bekommen.

Auch der amerikanische Wähler ist nicht endlos bereit, dieses Spiel mitzumachen. Nur darum wird sich Amerika künftig besser vor einem defizitären Handel schützen.

Amerika hat Unsummen in seine Rüstung investiert, die auch der NATO zugutekommen, während die Europäer die NATO etwas sparsamer mit finanziellen Mitteln unterstützten.

Die Europäer verließen sich mehr auf den atomaren Schutzschirm der USA. Ohnehin sah man die ehemalige Sowjetunion, als Gegner der NATO, nicht mehr unmittelbar als große militärische Gefahr. Auch in Europa werden Stimmen laut, die erklären, mit dem Handelsüberschuss der Deutschen wird den anderen Ländern in der EU die Arbeit weggenommen.

In Amerika ist dieses Problem nicht erst seit gestern bekannt, wo sich in Großstädten aus rassistischen Gründen und damit verbundenen sozialen Unterschieden Ghettos gebildet haben, in denen sich die Staatsmacht nur mit einem Überaufgebot an Polizei bewegen kann. Banden und Clans herrschen mit krimineller Willkür in von ihnen errichteten Territorien. In Lateinamerika ist alles noch viel schlimmer, und immer spielen Drogen eine große Rolle.

Ob es Göttern gefällt oder nicht, es wäre ein Idealzustand, würden sich diese Rassen angleichen und in Zukunft eine vermischte Menschheit ohne Rassismus und Hass miteinander lebten. Warum hat ein Gott überhaupt für verschiedene Rassen gesorgt – Prüfungen? Es war eben nicht ein Gott, der dafür verantwortlich ist, sondern die Evolution. Da, wo man seit Jahrhunderten die Gelegenheit dazu hatte, ist eine Vermischung eingetreten?

In den USA zum Beispiel – auch wenn es Ausnahmen gibt – hat man sich nicht vermischt, und teilweise steht man sich sogar spinnefeind gegenüber. Es gibt rassistische Bewegungen wie „Black power" und dagegen auch „White power". Sogar die alten Nordstaaten, die im Bürgerkrieg gegen die Südstaaten für ein Ende der Sklaverei kämpften, bleiben von diesem Rassismus nicht verschont.

Schwarzamerikaner leben unter sich in Ghettos mit eigenen Gepflogenheiten und meist mit gewalttätiger, eigenmächtiger Rechtsauslegung. Der optische Eindruck, den Ghettos machen, ist nicht positiv und hat mit Armut alleine nicht viel zu tun, denn mit ein paar Nägeln könnte man sein Zuhause gewiss verbessern und auch mit mehr Sauberkeit der Verwahrlosung entgegenwirken. Man kann in keiner Weise von einem Idealzustand sprechen, wenn man schon vermeiden möchte, sich negativ darüber zu äußern. Gewiss spielen alle möglichen Drogen eine große Rolle.

Deutsche Politiker haben es versäumt, sich vor Ort darüber zu informieren und die richtigen Weichen für die Zukunft im eigenen Lande zu stellen. Vielleicht ein Versäumnis in ganz Europa.

Da gibt es auch noch die Rechtsprechung in Deutschland; die sofort das Grundgesetz vor Augen hat, das aber nicht primär für eine Zuwanderung, sondern auf die verschiedenen politischen und religiösen Gruppen im eigenen Lande geschaffen wurde.

Das Grundgesetz vom 23. Mai 1949 wurde nach dem schrecklichen Zweiten Weltkrieg geschaffen und sollte eine erneute Entwicklung, wie sie unter den Nationalsozialisten in Deutschland der Fall war, vermeiden oder unmöglich machen. In keiner Weise war es für andere Länder oder gar für die ganze Welt gedacht. Dies ist jederzeit in der weiten Welt überprüfbar, denn kein Mensch in anderen Staaten interessiert sich für die deutsche Verfassung.

Flüchtlinge kommen deshalb ausnahmslos zu der Meinung, Deutschland sei verpflichtet, Flüchtlinge, Verfolgte und Hungernde der ganzen Welt für immer bei sich aufzunehmen und zu versorgen. Die Flüchtlinge, die sich auf diesen Status von Krieg und Verfolgung berufen, sind es nur sekundär, denn primär ging dieser Entwicklung eine inakzeptable menschliche Vermehrung in den Ländern mit Krieg und Elend voraus, den die Bevölkerung durch Unfähigkeit zur Ernährung ihrer eigenen Nachkommen selber geschaffen hat.

Die Folge dieses unkontrollierten Zustromes ist eine von der einheimischen Bevölkerung empfundenen Überfremdung, durch einen unüblichen Vorgang in allen europäischen Ländern, auch bei jenen ohne Nazi-Vergangenheit.
  Dieser Werdegang der sogenannten Überfremdung ist aber ein gefährlicher Anfang! Genauso ist es ein vergebliches Unterfangen, wenn deutsche Politiker meinen, die muslimischen Zuwanderer werden sich integrieren und im Laufe der Jahre mit den Einheimischen vermischen. Gleich und gleich gesellt sich, wie der Volksmund schon zu berichten weiß.
  Und deshalb wird es dann bei religiöser Verschiedenheit schon gar keine Vermischung geben.
  In den USA leben ca.14 Prozent Afroamerikaner. Aber die Gefängnisse sind mit 40 Prozent von ihnen belegt. Die Ursachen sind vielfältig, und man kann darauf hier nicht näher eingehen.
  Die Probleme, die sich nun zwischen verschiedenen Rassen ergeben, scheinen eine späte Vergeltung für die christlichen Siedler zu sein, die sie einst als Sklaven nach Amerika gebracht haben.
  Die Industriestaaten unter den nördlichen Bundesstaaten der USA haben viel Erfahrung mit Ghettos.

Nach dem Bürgerkrieg 1866, in dem die Nordstaaten die in den Südstaaten gehaltenen Sklaven, die afroamerikanische Bevölkerung, von der Knechtschaft befreiten, drängten diese verstärkt in den Norden, um nach ihrer Befreiung Arbeit und bessere Lebensbedingungen zu suchen, die ihnen in den Südstaaten weiterhin nicht geboten wurden. So entstanden in den großen Städten im Norden Ghettos mit den befreiten Sklaven des Südens. Nur aus ihrer Befreiung wurde nicht viel gemacht, denn heute werden sie im Norden genauso abqualifiziert, wie einst vor ihrer Befreiung im Süden. Zusätzlich hat man in den geschaffenen Ghettos mit einer unkontrollierten Zuwanderung zu tun. Viele Städte haben Gebiete, in denen eine Vielzahl von verschiedenen Sprachen gesprochen werden. Die Kriminalitätsrate ist in den Ghettos bedeutend höher als sonst irgendwo in den USA. Die negativen Erfahrungen, die man hier machte und noch immer macht, haben die Europäer noch vor sich, oder ist eine Multi-Kulti-Gesellschaft bereits der Anfang von diesem Chaos?

In Deutschland leben angeblich zurzeit nur vier Millionen Muslime, das sind 5 Prozent der Bevölkerung. Die Gefängnisse werden aber auch zu 40 Prozent von ihnen belegt, in Berlin sind es 70 Prozent
Wenn es bei dieser Entwicklung bleibt, hat der deutsche Staat eine kostspielige Zukunft vor sich.

Bereits heute gibt es kaum eine größere Stadt in Deutschland, die nicht über einen Bereich verfügt, der mehrheitlich oder ganz von Immigranten bewohnt wird, den man als „no-go-area" bezeichnet. Die Politiker bestreiten diese rechtsfreien Räume permanent, und Angehörige der Polizei dürfen darüber nicht berichten. Der Bevölkerung braucht man nichts zu erzählen, denn die weiß Bescheid. Über Vorkommnisse und alle Unannehmlichkeiten wird geschwiegen.
Nur, wenn man sich später am Abend in gewissen Bereichen der Stadt aufhält, darf man sich nicht wundern, wenn man

schlechte Erfahrungen macht. Ohne darüber viel zu sprechen, halten sich vor allem Frauen von diesen Bereichen heute fern, was vor 20 Jahren noch undenkbar war.

Es reicht bereits, sich in den Straßen umzusehen, dass man mit fragenden oder abweisenden Blicken misstrauisch gemustert wird, ob man vielleicht mit Drogen ins Geschäft kommen möchte, oder was man sonst hier zu tun gedenkt. Man will in jenen Straßen unter sich sein und unter sich bleiben.

Der deutsche Wähler, der dies hautnah mitbekommt und dafür keine Hetzpropaganda braucht, reagiert dementsprechend und deshalb hat eine neue Partei namens AfD (Alternative für Deutschland) bei der Wahl 2017 aus dem Stand 12 Prozent der Wählerstimmen erhalten, und die Tendenz ist steigend, auch wenn die bislang herrschenden Parteien sie als „undemokratisch" bezeichnen und sie in ein schlechtes Licht setzen mit der Bezeichnung, eine neue Nazipartei zu sein, bzw. mit deren Ideologie zu sympathisieren. Solange man also in dieser Partei gewaltbereite Mitglieder duldet, wird man sie, aus historischen Gründen, in Deutschland als nicht wählbar bezeichnen.

Und wenn es mit einem muslimischen Mitbürger ein Problem gibt, vielleicht im Straßenverkehr, dann hat man binnen kurzer Zeit 40, 50 oder, wie von der Presse schon mal gemeldet wurde, bis zu 90 Clanmitglieder um sich. Das Handy als Kommunikationsmittel macht es möglich.

Sind die alle nicht bei der Arbeit? Warum macht man das so?

Man muss den Muslimen erklären, dass dies nicht nur undeutsch ist, sondern dass man dies in ganz Europa befremdend findet und dass es wohl einem orientalischen Charakter entspricht.

Druck ausüben auf die Beamten der Polizei und Beeinflussung der Rechtsprechung? Darstellung des Geschehens durch veränderte Zeugenaussagen und Unschuldsbeteuerungen? Oder ist dies in ihrem Herkunftsland so üblich, da es an der Rechtsprechung mangelt?

Damit einhergehend ist eine totale Respektlosigkeit gegenüber der Polizei, vor allem, wenn es sich um Polizistinnen handelt, von denen man sich überhaupt nichts sagen lässt. Ist es dann verwunderlich, wenn selbst Polizisten sich politisch äußerst rechts positionieren?

Anzeichen und Bemühungen für eine gelungene Integration liegen seit Beginn der muslimischen Zuwanderung nicht vor, und sie war damit nur ein untergeordnetes Wunschdenken der verantwortlichen Politiker, die zugunsten der Rentenkassen und der Industrie die Zuwanderung mit allen Mitteln förderten und jede negative Meldung und Meinung als Rassismus oder Nationalismus wegwischten oder unter den großen Teppich kehrten, wie man sich allgemein ausdrückt.

Wer es wagt, etwas unter diesem Teppich hervorzuholen, der wird beschuldigt, eine von der Politik gewünschte Integration zu stören oder zu behindern. Nicht die Zuwanderer haben die Schuld an einer nicht gelungenen Integration, sondern die Kritiker, die etwas unter dem Teppich hervorholen.

Welch ein Aufwand und welche Zustände in Deutschland, die man seit Jahrzehnten mit den Gastarbeitern aus allen Teilen Europas nicht gehabt hat. Solche Feststellungen sind Tatsachen, die angesprochen werden müssen und haben nichts mit den zwölf Jahren der Nazi-Herrschaft zu tun, auch nicht mit deren Ideologie oder Meinungen.

Nun machen sich Politiker in Deutschland Gedanken über ein Einwanderungsgesetz, das eine geregelte Zuwanderung ermöglichen soll, um so den Flüchtlingsdruck künftig zu verhindern. Fast stolz werden solche Pläne öffentlich verkündet, ohne daran zu denken, dass man dadurch begabte Arbeitskräfte aus jenen Ländern anwerben möchte, die nicht nur in Deutschland, sondern auch in ihren eigenen Ländern dringend gebraucht werden.

Auch künftig werden nur solche Menschen nach Europa drängen, die in ihren Herkunftsländern keine Perspektive auf ein vernünftiges Leben haben, da ihnen gewisse Fähigkeiten fehlen. Man muss sich damit auf einen Zuzug der weniger Begabten in Europa einstellen!

Auf muslimischer oder türkischer Seite meinte man sich am Ziele einer Integration, wenn man den deutschen Pass in die Hände bekommt. Mehr war nicht gewünscht, schon gar nicht von ihren aus der Türkei nachkommenden Imamen.

Wie sieht das mit den Muslimen und dem Rest der Welt aus? Die Volksrepublik China hat Probleme mit den muslimischen Uiguren.

Der türkische Präsident Erdogan sagte 2009, die Behandlung der Uiguren durch die Chinesen sei eine Art von „Völkermord". Pressemeldung Anfang 2018: China lässt Deutsche mit türkischem Namen nicht einreisen. Russland hat Probleme mit den muslimischen Tschetschenen und deren Extremisten. Russland hat unendlich viel Land und damit Platz für die muslimische Überbevölkerung, aber Sibirien hat in der Vergangenheit einen zu schlechten Ruf erworben mit seinen Strafkolonien. Präsident Putin sagte über die in Flüchtlingsfragen großherzige Kanzlerin Merkel, dass ihre Einstellung Deutschland noch sehr teuer kommen werde.

Man muss befürchten, dass er Recht behalten wird, denn die Entwicklung ist noch nicht zu Ende.

Von ihm kam auch nach einem Anschlag der Tschetschenen in Moskau die Aussage, dass man den Rest der tschetschenischen Attentäter von den Wänden der Kanalisation kratzen könne.

Die USA befindet sich mit fundamentalen Islamisten in mehreren Staaten im Dauerstreit, besser gesagt, seit dem 11. September 2001 im Kriegszustand, als die beiden Türme in New York in Schutt und Asche versanken. Man muss auch feststellen, dass eine Vermischung der Rassen nur in Ausnahmefällen erfolgt.

In Deutschland hat man mit diesem Gedanken noch gar nicht gespielt, da es zurzeit aus religiösen Gründen ein hoffnungsloses Unterfangen wäre.

Afrika erlebt Mord und Totschlag und Willkür, ausgeführt von Boko Haram, eine radikal muslimische Bewegung, die um Macht und Einfluss kämpft und auf ihre Art mit der Bevölkerungsreduzierung begonnen hat, und die sogar Kinder zu bewaffneten Kriegern ausbildet und zum Töten zwingt.

Hunderttausende muslimische Rohingya aus Bangladesch suchen Schutz in Myanmar vor blutiger Vergeltung, da ihre Glaubensbrüder etwas angestellt haben! Rohingya-Rebellen führen einen bewaffneten Konflikt mit dem myanmarischen Militär. AI (Amnesty International) meldete, am 25.08.2017 verübten Rohingya ein Massaker an hinduistischen Zivilisten in Myanmar mit 53 toten Hindus, darunter 23 Kinder. Daraufhin startete die Armee Myanmars eine Räumungsoperation, was eigentlich einer Vertreibung gleichkommt. Am 04.06.2018 meldet die Presse: Die Regierung im überwiegend buddhistischen Myanmar erklärt sich bereit, die 700 000 geflohenen Mitglieder der muslimischen Minderheit wieder aufzunehmen. Thaung Tun, Sicherheitsberater der Regierung, stellt klar, dass es keine ethnische Säuberung gäbe.

Am gleichen Tag meldet die Presse, dass in Witten (NRW) ein 14-jähriger Flüchtling aus dem Iran einen18-jährigen Iraker mit einem Messer angegriffen und lebensgefährlich verletzt hat. Ebenfalls am gleichen Tag wird gemeldet, dass Kantinen in Deutschland mit Rücksicht auf die muslimische Zuwanderung kaum noch Schweineschnitzel anbieten. Für Nachschub an negativen Meldungen bezüglich muslimischer Flüchtlinge und Zuwanderer wird täglich gesorgt, was man phlegmatisch oder resignierend zur Kenntnis nimmt.

Die unangenehmen Meldungen darüber findet man aber nur klein und kurz in den Tageszeitungen. Als der ehemalige französische Präsident Sarkozy Familien ohne Aufenthaltsgenehmigungen nach Rumänien zurückführte, schrien einige Politiker in Deutschland, das sei Rassismus! Aha – es waren also nicht Rumänen, die man umgehend zurückführen wollte, sondern es waren Sinti und Roma mit ihren Familien. Das bedeutet in Deutschland sofort Rassismus!

In Duisburg leben seit einigen Jahren 10 000 von ihnen; und weitere 6000 wollen noch kommen, da sie anders als die Flüchtlinge kein Visum oder sonstige Papiere brauchen, denn sie sind ja EU-Bürger. Aber auch die freie Wohnortwahl ist noch immer mit dem Nachweis einer entsprechenden Arbeit verbunden. Die Behörden tolerieren diesen Vorgang, um Rassismus-Vorwürfe zu vermeiden, da es sich um ganze Familien und ihre schulpflichtigen Kinder handelt.

Bekommen diese Menschen aus dem EU-Raum in Deutschland eine Arbeit, auch wenn sie unterbezahlt ist, erhalten sie vom Staat, das sind letztendlich die Steuerzahler, eine finanzielle Aufstockung bis auf den Mindestlohn. Sind sie entsprechend viele Jahre hier und unauffällig, erhalten sie auch die deutsche Staatsbürgerschaft und sind für den Rest des Lebens mit ihren Nachkommen versorgt.

Am 07.02.2018 in der Presse: Die Justiz rüstet sich gegen kriminelle Clans.

Der westfälische Justizminister, Peter Biesbach (CDU), will im Norden von Duisburg Staatsanwälte vor Ort abstellen, denn die Justiz werde dort sein, wo sie gebraucht wird. Das Clan-Wesen zeige eindeutig Parallelstrukturen auf, was man nicht dulden werde.

Mehr als 70 clanartig organisierte türkische, kurdische und arabische Großfamilien mit über 2 800 Angehörigen zeigen in Duisburg die Dimensionen der organisierten Kriminalität.

Auch aus Indonesien kommen immer wieder besorgniserregende Berichte.

Überfälle auf christliche Kirchen und Morde an Christen nehmen kein Ende.

Zum Nationalfeiertag in Frankreich brannten am 14.07.2017 in Paris fast 900 Autos, so wie dies in jedem Jahr praktiziert wird! Anschläge in Frankreich und Belgien von Selbstmordattentätern mit vielen Toten und Verletzten.

Involviert sind muslimische Zuwanderer der dritten oder gar der vierten Generation.

In Europa hatten wir auch Jugoslawien, als Serben gegen unge-
liebte Muslime in einem Bürgerkrieg vorgingen und ethnische
„Säuberungen" vornahmen, was Europa mit Hilfe der USA mit
Waffengewalt beendete.

Die überhörte Begründung der Serben damals: In vielen Städten, in denen Serben die Mehrheit der Bevölkerung bildeten, verloren sie diese, da Muslime plötzlich über eine Majorität verfügten.
Die Erklärung war gewiss nicht falsch, nur berechtigt dies
nicht, deshalb diese Menschen zu töten.

Die Probleme der Israelis mit diesem Thema kann man nicht ansprechen, da es seit Jahrzehnten ein unabwendbares und belas-
tendes Dauerthema ist. Ein unlösbarer Unruheherd in Nahost.
Man macht sich aber auch in Israel darüber Gedanken, da
der Anteil der Muslime im eigenen Staatsgebiet stark zunimmt.

Dem Bürgerkrieg in Syrien ging folgende Entwicklung der Be-
völkerung voraus:
Im Jahre 1910 hatte Syrien 1,2 Millionen Einwohner.
Im Jahre 1950 hatte Syrien 3,9 Millionen Einwohner.
Im Jahre 2010 hatte Syrien 21,0 Millionen Einwohner. (1950 bis
2010: 5,4fache Einwohnerzahl)

Die seit dem Bürgerkrieg geflohenen Millionen Bürger sind hier
nicht berücksichtigt, womit der Faktor noch bedeutend höher
ausfallen würde.

Hier war wohl ein Maximum erreicht und das Land nur mehr
mit einem Diktator zu regieren, der mit weichen Aktionen und
Menschenrechten die Lage nicht mehr unter Kontrolle brachte.
Die Proteste der Bevölkerung wegen Menschenrechtsverletzungen und Folter führten schließlich zum Bürgerkrieg. Sogenannte
Fass-Bomben und anscheinend auch Giftgas kamen zum Einsatz,
um Gegner der Regierung und die Bevölkerung zu dezimieren.
Je höher in einem Lande die menschliche Population anwächst,
umso würdeloser wird der einzelne Mensch behandelt. Das ist nicht

nur im Nahen Osten so, sondern in der ganzen Welt zu beobachten. Deshalb sollten Politiker, so traurig es klingt, keine europäischen Maßstäbe mit den hier erkämpften Menschenrechten bei Kontakten mit nichteuropäischen Staaten in den Vordergrund stellen.

Zum Vergleich:
   Hätte sich die Bevölkerung in Deutschland ebenfalls so hemmungslos vermehrt, wie es in Syrien der Fall war, dann hätte Deutschland heute unglaubliche 80 Millionen mal 5,4 = 432 Millionen Einwohner. Im Falle Honduras hätte Deutschland heute sogar 480 Millionen Einwohner!
   Unvorstellbar: Denn eine solche Überbevölkerung könnte in Deutschland nicht einmal in Elendsvierteln und Slums vegetieren. Einfach unvorstellbar was in der Welt geschieht!

Geht die Bevölkerungsentwicklung so weiter wie bisher, dann hat Deutschland in 40 Jahren 72 Millionen Einwohner, aber Äthiopien 174 Millionen, wenn wir weiterhin ihre hungernden Kinder ernähren! Vor fünf Jahren hatten beide Länder noch ungefähr gleich viele Einwohner von 80 Millionen.
   Versteht der Leser endlich und verstehen auch alle Hilfsbereiten, was in der Welt los ist? Mit den wachsenden Bevölkerungszahlen in jenen Ländern wird das Mitleid nicht mitwachsen.

Vor einigen Jahren sprach man vom „arabischen" Frühling, da alle Herrscher Nordafrikas mit Wohlwollen demokratischer Länder gestürzt wurden. Nachdem die „Despoten" weg waren, fielen diese Länder einem Chaos zum Opfer und wurden unregierbar. Menschenrechte blieben auf der Strecke, für die man sich eigentlich einsetzen wollte.
   Woher sollte der Frühling kommen, bei steigenden Bevölkerungszahlen mit Hunger und Elend? Diese überbevölkerten Länder sind nicht mit demokratischen Mitteln zu regieren. Syrien ist nicht alleine mit einer gewaltig gewachsenen Bevölkerung, womit man bereits abschätzen kann, wo sich die nächsten sogenannten politischen Unruhen zusammenbrauen.

Einige Beispiele:

Ägypten	1800	2,5 Millionen	
	1900	12,5 Millionen	
	1960	29 Millionen	
	2000	70 Millionen	
	2016	96 Millionen	davon 50 Prozent Analphabeten (Wikipedia)
Äthiopien	1900	11 Millionen	
	1960	22 Millionen	
	1987	44 Millionen	
	2017	105 Millionen	
Türkei	1927	13,6 Millionen	
	1940	17,8 Millionen	
	2014	77,7 Millionen	
Mexiko	1805	5,7 Millionen	
	1900	13 Millionen	
	2000	100,4 Millionen	
	2017	123,6 Millionen	
Marokko	1950	9 Millionen	
	2017	35,7 Millionen	Wurden hier die in Europa Lebenden auch mitgezählt?
Nigeria	1950	38 Millionen	
	1980	73 Millionen	
	2015	181 Millionen	Davon leben 46 Prozent unter der Armutsgrenze

Guatemala	1950	3,1 Millionen
	1980	7,3 Millionen
	2017	16,9 Millionen

| Honduras | 1950 | 1,5 Millionen |
| | 2017 | 9,3 Millionen |

Nicaragua	1950	1,3 Millionen
	1980	3,2 Millionen
	2017	6,2 Millionen	Es gibt weitere Länder mit ähnlichem Zuwachs

Die Weltbevölkerung:

300 Millionen	um Christi Geburt
310 Millionen	1000 n. Chr.
500 Millionen	1500
1 Milliarde	1804
2 Milliarden	1927
5 Milliarden	1987
6 Milliarden	1999
7 Milliarden	2012

Alle Hilfsorganisationen werden in Europa noch gewaltig betteln müssen, um den Hunger der Überbevölkerung in der Dritten Welt in Grenzen zu halten, oder kommen sie alle über das Mittelmeer?

Namhafte Schauspieler haben vor allem in den Medien wirkungsvoll und tränenreich für die Hungernden in Äthiopien gebettelt, ohne darauf hinzuweisen, dass man die Überbevölkerung damit noch weiter und schneller vorantreibt.

Man kann Lebensmittellieferungen nur mit einer verpflichtenden Familienplanung verbinden!

Da Äthiopien nicht alleine mit diesem Problem der wachsenden Überbevölkerung ist, werden sich die Hungersnot und das Elend in der gesamten Welt vergrößern.

Auch die Türkei gehört zu den Ländern, die mit ihrer Einwohnerzahl Deutschland überholt hat.

Für die Türkei wird aber von den Organisationen nicht so gebettelt, da sie ihren Bevölkerungsüberschuss längst nach Deutschland und Europa exportiert hat. Trotzdem vergrößert sich der Zuwachs, weshalb man eine Reisefreiheit nach Europa wünscht.

Die österreichische Hauptstadt Wien hatte 2,1 Millionen Einwohner und war damit 1920 auf Platz 6 der weltgrößten Städte.

2020 befindet sich die Stadt Wien auf Platz 255 der weltgrößten Städte und hat heute mit stolzen 11,5 Prozent muslimischer Zuwanderung nur 1,9 Millionen Einwohner. Unfassbar! (Wikipedia)

Istanbul hatte 1920 zwischen 0,8 bis 1,5 Millionen Einwohner. Bereits 2007 zählte man in Istanbul 11 Millionen Einwohner.

In Frankreich leben 1,2 Millionen Marokkaner, in Spanien 250 000, in Belgien 350 000, in den Niederlanden 330 000, in der BRD 100 000 (Wikipedia).

Werden sie in der Wirtschaft unbedingt gebraucht? Vor allem in Frankreich bringen sie ihren Unmut bei Demonstrationen zum Ausdruck und machen mit Ausschreitungen auf sich aufmerksam.

Die kaum nennenswerte wirtschaftliche Leistung von Marokko scheint das eigene Volk zum kostenlosen Exportschlager zu machen. Natürlich gibt es auch anständige marokkanische Zuwanderer, die sich über ein aggressives Verhalten ihrer Landsleute ärgern und ihrem Treiben nicht zustimmen, sondern sich dafür sogar schämen.

Diese Entwicklung in der Dritten Welt und die Folgen für Europa sind weder normal, noch natürlich, wenn man schon zwischen Natur und Norm unterscheiden möchte.

Dies sollte ein Weckruf für all jene sein, die seit 50 Jahren den wiederkehrenden Spendenaufrufen für die ewig Hungernden in der Dritten Welt zum Opfer gefallen sind!

Völker, die durch Fleiß und Arbeit ihren Wohlstand erarbeitet haben, sollen diesen jetzt aufgeben, da Menschen in der Dritten Welt ihren umfangreichen Nachwuchs nicht in den Griff bekommen, anders oder besser gesagt: nicht in der Lage oder nicht gewillt sind, diesen zu ernähren.

Wer Menschenrechte oder das Völkerrecht verletzt, ist ein Verbrecher.

Wenn jemand Kinder in die Welt setzt, obwohl er sie weder ernähren, noch ihnen eine Bildung beibringen kann und sich hemmungslos auf die Industriestaaten oder Geberländer verlässt, verletzt ein fundamentales Menschenrecht gegenüber seinen eigenen Kindern und muss verurteilt werden. Es gibt kein Recht oder berechtigte Forderungen der Unterprivilegierten in der überbevölkerten Dritten Welt, die nur zum Schaden oder gar zum Untergang der Hochkulturen führen können.

Die Zusage für Lebensmittel mit einer Familienplanung zu kombinieren, wäre eine Pflicht gewesen!

Bei einer permanenten und sich noch verstärkenden Überbevölkerung in der Dritten Welt gehen wir einer steigenden Abkühlung aller Mitgefühle entgegen.

In Presseberichten beklagt sich UNICEF am 29.12.2018: „Die Welt lässt die Kinder im Stich." Ja, gezielt werden Kinder und Jugendliche als besonders Schutzbedürftige nach Europa kommen. Solange die Länder der Dritten Welt eine Rücknahme aller ihrer Flüchtlinge verweigern, kann eine völkerrechtliche Übernahme weiterer Immigranten nicht erzwungen werden.

Wo bleibt die Hilfe der muslimischen Staaten, die lieber Moscheen in Europa finanzieren und dann Imame für ihre Glaubensbrüder hinterherschicken?

Am gleichen Tag der UNICEF-Meldung wird berichtet, dass man den unkontrollierten Geldfluss der ausländischen Staaten für muslimische Gemeinden in Deutschland endlich kontrollieren möchte, um damit eine „ausländische Einflussnahme" einzuschränken, die nicht einem friedlichen Miteinander dient. Bislang hat man noch nichts über Erfolge diesbezüglich gehört. Dollars in Milliardenhöhe, verdient mit Erdöl, fließen in den Bau und die Finanzierung von Moscheen und muslimischen Schulen und Kindergärten und dies nicht nur in Deutschland, sondern weltweit. Deshalb muss man von einer bewussten muslimischen Expansion sprechen!

Bekannt hierfür sind die kuwaitische „Revival of Islamic Heritage Society" oder auch die „Shaykh Eid Charity Fondation" aus Katar und die „Muslim World League" mit Sitz in Mekka. Gerade für die Saudis gehört die weltweite Missionierung nach Analyse der Geheimdienste unverändert zur Staatsräson. In Bosnien-Herzegowina hat man nach dem Balkankonflikt massiv investiert mit dem Ergebnis, dass der ursprünglich vorhandene weltoffene, tolerante Islam dort weitgehend als verdrängt gilt. Der Balkanstaat gilt als abschreckendes Beispiel. Den Serben warf man ethnisches „Säubern" vor, nachdem sie von einer muslimischen Dominanz und Expansion vor dem Balkankonflikt gesprochen hatten.

Vor Jahren herrschte in der Sahelzone wegen Trockenheit eine große Hungersnot. Hilfsorganisationen sammelten in Europa erfolgreich hohe Spendenbeträge und organisierten die Versorgung. Die Kosten für das Personal der Hilfsorganisationen und der Transport verschlangen 90 Prozent der Spendengelder. Die Einheimischen kennen nur die Hirse als Getreide, und damit sie dort schnell ankam, wurde sie in Säcken aus Flugzeugen abgeworfen. Kostenaufwand: zehn Prozent der Spenden. Hilfsorganisationen sind auch Arbeitgeber. Personal und Organisation müssen finanziert werden.

Da, wo es niemals Wasser gab, schon gar nicht sauberes, wurden Brunnen gebohrt mit dem Nebeneffekt eines stetig sinkenden Grundwasserspiegels. So Gott will (wie alte Leute zu sagen pflegten). Es gibt keine Abhilfe gegen eine sich stetig vermehrende Bevölkerung auf dieser Erde!

Langsam muss erkennbar sein, dass mit Spenden vielleicht ein Fehler gemacht wurde, da nun die Überbevölkerung vehement von den Spenden abhängig wird und es gleichzeitig Flüchtlinge zu den noch in geordneten Verhältnissen befindlichen, wohlhabenden Ländern drängt.

Wenn das Maß voll ist, dann kommt gewiss auch der Tag mit dem Ende der Barmherzigkeit!

Die Spendenbereitschaft der Europäer, vor allem in Deutschland, hat mit einer gewissen Empathie der Bevölkerung zu tun, die in der eigenen Geschichte liegt.

Laut dem amerikanischen Psychologen Paul Bloom ist das Mitgefühl ein Ausdruck der Vernunft.

Aber, wenn diese Vernunft zu der Einsicht kommt, dass man vielleicht nicht alles richtig gemacht hat, dann könnte das Ende des Mitgefühls gekommen sein.

Das Thema Überbevölkerung in der Dritten Welt und die damit verbundene Flüchtlingswelle bewirkt einen steigenden Widerstand gegen eine erzwungene Zuwanderung.

Aus kritischer Einstellung entwickelt sich unweigerlich Ablehnung. Wenn der Zustrom kein Ende nimmt oder sich sogar verstärkt, besteht die Gefahr, dass nach Ablehnung dann Hass entsteht. Diese Zustände sind weltweit zu beobachten, und das sollte alarmierend sein! Denn der Hass ist der letzte Schritt vor der Tat.

Spätestens, wenn jeder Ureinwohner von „Trizonesien" (Dreizonenland, so nannten die Kabarettisten den westlichen Teil Deutschlands, da Deutschland nach dem Kriege in drei Westzonen und eine Ostzone geteilt war) seinen muslimischen Nachbarn hat, dann ist fraglich, von wem der soziale Frieden noch gewährleistet wird. Vielleicht von der türkischen Regierung, ihrer Polizei oder gar ihrer Armee?

Gewiss ist die Vorstellung heute überzogen, und es wird nicht so weit kommen: „Wehret den Anfängen", die Rechtsradikalen lassen bereits grüßen, die durch eine Überfremdung aus ihren Nischen gelockt werden. Je länger die Welt in diesem Zustand verharrt und die Politik nicht reagiert, umso weniger geniert man sich, zu einer sogenannten rechten Gesinnung zu stehen, um das zu verteidigen, was man sein Zuhause oder seine Heimat nennt, die man vor Überfremdung schützen möchte.

Dies alles ist psychologisch beweisbar und hat mit einstiger Nazi-Herrschaft nichts zu tun, sondern eher mit Naturinstinkt. Man kann ähnliche Vorgänge in anderen Ländern dieser Erde beobachten.

Die Politiker, die die Psyche der Mitmenschen nicht berücksichtigen, tragen die Verantwortung für diese negative Entwicklung, denn sie wissen, was sie tun!

Zwischen den Rechten und den Zuwanderern wird die Polizei stehen, die heute schon ihre eigenen Erlebnisse mit einem gewissen Klientel hat, über die sie nicht informieren darf und die sich bei Überforderung entscheiden wird, welcher Seite sie sich eher zuwenden wird.

Das haben gutwillige, christlich motivierte Politiker in Deutschland längst übersehen, weshalb es sehr schwer sein wird, Wähler aus einem rechten Spektrum wieder zurückzugewinnen.

Bereits heute wird man mit hasserfüllten Blicken angesehen, wenn man es wagt, der muslimischen Zuwanderung kritisch gegenüberzustehen und sich dementsprechend äußert.

Bereits heute wird in diesem Punkte die freie Meinungsäußerung eingeschränkt, womit nicht nur die Menschenrechte, sondern auch das Grundgesetz der Bundesrepublik Deutschland, Artikel 5 zur freien Meinungsäußerung, zum Wohle einer erzwungenen Zuwanderung verletzt wird.

Das Grundgesetz der Bundesrepublik Deutschland vom 28.03.1949 ist entstanden nach der Herrschaft der Nationalsozialisten, die beschämend auf Menschen- und Völkerrecht keine Rücksicht nahmen.

Solche Zustände sollte es in diesem Lande nie wieder geben.

So schön und so gut, aber dieses Grundgesetz wurde einzig und alleine für dieses Land geschaffen, und man hat überhaupt nicht an eine Zuwanderung oder an eine Islamisierung gedacht, der man gewiss nicht Tür und Tor öffnen wollte. Zumindest ist nichts davon bekannt. Sollte sich hier ein Missbrauch abzeichnen, dann muss man politisch reagieren und gesetzliche Änderungen vornehmen, nicht nur in Deutschland, sondern weltweit. Die Justiz wird dies nicht tun, denn die hält sich nur an die Vorgaben, die ihr die Politik macht.

Kein Politiker hat die Bevölkerung jemals gefragt, ob sie mit dieser Entwicklung einverstanden sein könnte. Deutsche Politiker nannten die Zuwanderung alternativlos, was zu bezweifeln ist, da man eine Alternative gar nicht ins Kalkül brachte. Die Industrie und das Handwerk melden permanenten Personalmangel. Jedes Land hat nun mal nur eine gewisse oder begrenzte Leistungsfähigkeit, egal wie hoch die Nachfrage auch ist.

Ebenso kann man auch in der Altenpflege mit Zeitverträgen arbeiten, solange ein übermäßiger Bedarf besteht, was sich in einigen Jahren wieder ändern kann und bedarf dann kein Nachkommen der Familien. Arbeitsplätze müssen nicht unbedingt mit Zuwanderung gedeckt werden.

Was nützt es auch, Exportweltmeister zu sein, wenn der Gewinn ohnehin nur der Zuwanderung und dem Flüchtlingswesen zugutekommt und die Löhne stagnieren oder sogar nach unten gehen und die Renten trotz Zuwanderung auch nicht zu retten sind?

Alternativlos: Längere Lebensarbeitszeit und geringere Renten, die man immer mehr zu besteuern gedenkt. Die Rente ist das Geld, das ein arbeitender Mensch während seiner Tätigkeit selber sozusagen angespart hat (Generationenvertrag) und das damit bereits einmal versteuert wurde.

Sozialausgaben in Deutschland:
Renten, Kranken- und Pflegeversicherung, Hartz IV, Bafög, Kindergeld

1970   84 Milliarden €
1980   223 Milliarden €
2017   965 Milliarden € Das ist ein Drittel der wirtschaftlichen
        Leistung in Deutschland.

Wie kommt eine deutsche Bundeskanzlerin darauf, dass wir so ein reiches Land sind? Den Berufstätigen in Deutschland bleibt heute nicht mehr die Hälfte ihres Lohnes übrig. Warum hat man sich nicht im europäischen Raum nach Arbeitskräften umgesehen, vor allem in den Ländern, in denen ohnehin Arbeitslosigkeit herrscht und deren Betriebe nicht ausgelastet sind? Oder, warum hat man ihnen als Alternative industriellen Aufträge nicht weitergereicht?

Nicht die ehemaligen europäischen Kolonialmächte, sondern die Völker der Dritten Welt selbst tragen die große Mitschuld an der Klimaveränderung, der durch höheren Bedarf an Lebensmitteln und an Gütern des täglichen Bedarfs verursacht wird, die aber zum großen Teil in den Industriestaaten produziert werden.

Die Zahlen bezüglich der Bevölkerungsentwicklung in der Dritten Welt sind deshalb so alarmierend, ja sogar schockierend, da sie nur eine Zwischenbilanz bedeuten, denn es geht fröhlich so weiter, und es kommt ein progressiver Zuwachs Jahr für Jahr hinzu.

Ägypten hat die höchste Geburtenrate unter den arabischen Staaten. In Ruanda herrscht die höchste Geburtenrate der Welt: Sechs Kinder im Durchschnitt bei jeder Familie.

Dieser Kreislauf der Verantwortungslosigkeit und der erbarmungswürdige Ruf nach Menschenrechten sollten diesen Menschen solange verweigert werden, bis sie Gepflogenheiten der Kulturstaaten angenommen haben und ebenfalls auf Familienplanung setzen. Es kann nicht sein, dass man keine Verantwortung für seine Nachkommen übernimmt und die Ernährung nicht nur den Mitmenschen, sondern anderen Völkern überlässt!

Wohin mit der weiterhin zu erwartenden Überbevölkerung?

In Deutschland wird es kein Politiker mehr wagen, ein „herzliches Willkommen" auszusprechen.

Bei der letzten Wahl in den Niederlanden, ein Volk, das vorbildlich mit Menschenrechten und Toleranz umzugehen wusste, hörte man den Wahlspruch: „Wollt ihr noch mehr Marokkaner?"

Es ist nicht anzunehmen, dass die Niederländer auch von Familienzusammenführung sprechen.

Es ist kein Wunder, dass mit steigender Zahl an Muslimen in den europäischen Ländern eine steigende Abneigung verbunden ist und damit rechte Parteien an Zustimmung gewinnen, nicht zum Wohlwollen der Politiker in Deutschland, hinter denen meist die Industrie steht und die noch immer eine nötige Zuwanderung propagieren.

Aber die letzten Wahlen haben in Deutschland gezeigt, wohin diese freizügige Einladung für alle muslimischen Zuwanderer führt. In allen Länderparlamenten ist die AfD seither mit guten zehn Prozent vertreten. Wenn der Trend der Zuwanderung von den demokratischen Parteien nicht gebremst wird, werden sogenannte Populisten an Zustimmung gewinnen, und dafür bedarf es keiner negativen prophetischen Vorhersagen oder Visionen. Demokratische Politiker sorgen dabei selbst für ihren Untergang. In anderen europäischen Staaten ist dieser Trend längst sichtbar.

Geht von Muslimen die Aggression aus, oder haben immer nur die anderen die Schuld? Diese Frage sollte von Muslimen selbst beantwortet werden, wenn sie bereit sind, selbstkritisch zu überlegen und zu handeln, vor allem ohne Einfluss ihrer dominanten und integrationsunwilligen Imame, die nach einer Integration oder Assimilation an Einfluss verlieren würden.

Am 25.04.2018 erhielten 350 Titip-Imame (Titip ist dem türkischen Präsidenten unterstellt) ein Einreisevisum von der Bundesrepublik Deutschland.

Am 20.07.2017 erklärte der türkische Parlamentspräsident die Liste der Heiligkeiten: Volk, Fahne, Koran, Glaube, Gebetsruf, Freiheit, Unabhängigkeit (natürlich alles für Muslime). Daran hält sich die muslimische Zuwanderung auch in Deutschland und in ganz Europa.

Am gleichen Tag veröffentlichte der damalige deutsche Außenminister Sigmar Gabriel, nach einem Disput mit Erdogan, eine Erklärung in einer deutschen Tageszeitung in Deutsch und Türkisch. Deshalb auch in Türkisch, da man den Zuwanderern schon entgegenkommen müsse, um Integration zu erleichtern, wie man in politischen Kreisen der Meinung ist.

Die christliche Welt hat intensives religiöses Gebaren längst hinter sich gebracht, indem sie der eigenen Religion berechtigt die größtmögliche Ignoranz entgegenbringt. Berechtigte Ignoranz deshalb, da sich die christlichen Kirchen seit ihrer Existenz nicht immer mit Menschlichkeit und Toleranz „beschmutzt" haben!

Es gibt Kenner der muslimischen Religion, die behaupten, der Islam sei nicht reformierbar.

Man braucht heute auch keine Religion mehr zu reformieren, man braucht sie nur zu ignorieren, wenn sie nicht für ein besseres Miteinander mit Andersgläubigen oder Ungläubigen dient, die nun auch immer schon existierten, auch in archaischen Zeiten, als es auch noch keine Religionen gab und sie trotzdem ein Teil einer sogenannten göttlichen Schöpfung waren. Gerade in Deutschland machen Politiker wahre Kopfstände, damit man sich als Muslim hier wohlfühlt und damit vor allem eine Nazi-Bemerkung ausbleibt.

Insgesamt 1 541 000 Ausländer erhalten Unterstützung, sogenanntes Hartz VI, das bedeutet pro Monat 404 Euro fürs Nichtstun. Natürlich mit zusätzlich bezahltem Wohnraum, Beheizung und Kindergeld. Unvorstellbar in ihren Herkunftsländern, wo ein Arbeitsloser von seiner Familie mitversorgt werden muss und vom Staat nichts bekommt.

Das Thema Kindergeld, das Arbeitnehmer für Kinder erhalten, die noch im Herkunftsland leben, ist ein weiteres gewaltiges Unterfangen, abgesichert vom EU-Parlament und EU-Rechtsprechung.

Alles konform den Bestimmungen aus dem Grundgesetz, das ursprünglich und eigentlich nur für die Bundesrepublik Deutschland bestimmt war.

Menschen, die in Armut leben, wären dumm, würden sie nicht nach Deutschland kommen und um Asyl ansuchen. Während ihr Fall bearbeitet wird, bedeutet dies einen kostenlosen Aufenthalt mit Kost und Logis, wofür Europäer im Urlaubsland viel Geld bezahlen müssen.

So entsteht der Unfrieden in der Bevölkerung, wenn dann zum Beispiel Rentner, die ihre Jahre mit Arbeit verbracht haben, den Alltag mit ihrer monatlichen kargen Rente begleichen müssen, während Zuwanderer ohne Gegenleistung eine Rundumversorgung geschenkt bekommen.

Regt sich jemand auf, wird er Nazi oder Populist genannt, oder man wirft ihm Neiddenken vor, aber allemal landet er in der rechten Ecke, die man als schmutzig darstellt.

Es muss auch recht sein, dass man alle Seiten über dieses Thema ansprechen darf und sich darüber Gedanken macht, denn die Nazis hatten das Problem der muslimischen Zuwanderung nicht!

Wie dem auch sei, es müsste bei Muslimen doch eine Überlegung reifen, dass ein friedliches und respektvolles Miteinander möglich wird. Mit Intoleranz und Abqualifizierung von Mitmenschen, aus welchen Gründen auch immer und sei es nur, weil man die Meinung eingeredet bekommt, den einzigen und wahren Gott zu haben, wird man dies nicht erreichen.

Immerhin ist man heute in eine Situation gekommen, wofür man eigentlich dankbar sein sollte, dass man als Muslim in Ländern der Ungläubigen ein erträgliches Leben führen kann und dass dafür kaum eine Gegenleistung verlangt wird und alle erdenklichen Vergünstigungen zur Verfügung stehen. Hat einmal ein Großvater in Deutschland gearbeitet, gibt es für den Rest der üppigen Nachkommenschaft keine Probleme mehr, sondern eine dauerhafte, rechtlich verbürgte Versorgung. Zum besseren Wohlfühlen in Deutschland bekommen sie zum Pass ihrer unverzichtbaren Heimat auch den deutschen Pass hinzu.

Polizeiakademie in Berlin: Schüler mit muslimischen Wurzeln erklären, gegenüber ihren Glaubensbrüdern nachsichtiger zu sein, wenn es Probleme geben sollte (Pressemeldung von Anfang 2018).

Unvorstellbar, aber das Ende ist eine Zusammenarbeit zwischen Polizei und Gesetzesbrechern. Beginnt hier nicht das, was man in der Dritten Welt allgemein als Korruption bezeichnet?

Dagegen erklärten extreme Muslime, dass amerikanisches Militär im Irak-Krieg durch seine Anwesenheit in Saudi-Arabien den Boden eines „heiligen" muslimischen Landes entehrt hätte. Grund und Boden in allen Ehren, aber ein gewisses Gebiet für heilig zu erklären, verstößt gewiss gegen den Rest der gesamten göttlichen Schöpfung. Darüber sollten sich Gläubige auch Gedanken machen und nicht leeren Phrasen hinterherlaufen.

Wie man den deutschen Politikern auf der Nase herumtanzt, zeigt sich in der Tatsache, dass es für gewaltbereite Muslime möglich war und ist, ganz einfach nach Syrien auszureisen, um am Bürgerkrieg auf der extremistischen Seite des IS (Islamischer Staat) teilzunehmen. Wie sollte dies möglich sein, wenn die Leute hier in Arbeit und Brot stehen – oder doch nicht?

Mit dem türkischen Pass reiste man nach Syrien, und mit dem deutschen Pass kam man zurück nach Deutschland, so als sei man im Urlaub gewesen.

Was geschieht mit denen, die vom Krieg-Spielen mit Toten und Verletzten nach Deutschland zurückkommen? Kann man ihnen juristisch nichts Böses nachweisen, geschieht ihnen gar nichts.

Im Unterschied dazu werden heute SS-Leute verurteilt, die vor 70 Jahren unfreiwillig in ein Lager befohlen wurden. Auch wenn sie nicht an Verbrechen beteiligt waren, werden sie alleine wegen ihrer Anwesenheit als Mittäter verurteilt. Rückkehrer, die sich am Syrien-Krieg beteiligt haben, dürften sich über die ungleiche deutsche Rechtsprechung amüsieren.

Es waren sogar Frauen dabei beteiligt, die während ihrer Zeit in Syrien von IS-Gewalttätern geschwängert wurden und nun mit Kleinkind zurückkommen, das natürlich auch umgehend die deutsche Staatsbürgerschaft bekommt, das Geburtsland spielt in diesem Falle keine Rolle! Werden Salafisten aber dennoch verurteilt, dann bekommen sie geringe Strafen und sind kurzfristig wieder frei und neigen dazu, sich mit Gleichgesinnten weiter zu radikalisieren.

Was für eine schöne Zukunft für unsere Kinder und Enkelkinder in ganz Europa! Dieses Thema sollte nicht zu lange gären, damit sich nicht zu viel Zündstoff ansammelt. Der Bürger fragt sich, ob denn der deutsche Staat und die deutsche Justiz völlig hilflos sind? Warum greift man nicht endlich und radikal durch, so wie es diese Leute verdienen? Ach so, das darf man heute in Deutschland nicht mehr, da dies Nazi-Methoden gleichen könnte.

Mit Schrecken musste man auch feststellen, dass die Salafisten-Szene in Deutschland, die als Nährboden des muslimischen Terrorismus gilt, von Jahr zu Jahr zunimmt.

Im Jahre 2011 gab es 3 800 Salafisten. Ende 2015 waren es bereits 8 300 und im Juni 2017 überschritt ihre Zahl bereits 10 000. Am 09.11.2016 standen im Landgericht Wuppertal sieben Muslime vor Gericht, da sie als „Scharia-Polizei" auftraten. Der erfolgte Freispruch wurde aber vom BGH im Januar 2018 aufgehoben und der Fall wurde an das Landgericht zur Neuverhandlung zurückverwiesen.

Die meisten Salafisten gibt es in NRW, von denen 44 Prozent die deutsche Staatsbürgerschaft haben, mit der der deutsche Staat sehr großzügig umging, zur vermeintlichen besseren Integration.

Die meisten Anhänger der Salafisten sind in Deutschland geborene Muslime, was die deutschen Politiker mit ihrer freizügigen Integration erreicht haben, aus Unkenntnis orientalischer Mentalität. Wenn jemand meint, dies könne sich alles zum Guten wenden, der ist längst einem Irrtum aufgesessen, welchen die nächste Generation ausbaden wird müssen.

Der Verfassungsschutz beobachtet 73 Moschee-Vereine in NRW wegen salafistischer Tätigkeiten. Im Visier der Beobachter waren im Jahre 2018: 310 Terrorverdächtige aus Afghanistan, 218 aus Somalia, 139 aus Syrien, 52 aus Pakistan und 27 aus dem Irak. Dazu schweigt man in der Politik, da man außer dem Teppich keine andere Lösung anbieten kann. Man kann sich keine Beobachtung der Gefährder rund um die Uhr auf Kosten des deutschen Steuerzahlers leisten, weshalb die Angelegenheit weiter gärt.

Eine religiöse Radikalisierung ist die unterste Stufe der geistigen Einfachheit. Mit anderen Worten, mit Religion und unkritischem Glauben kann man Ungebildete radikalisieren. Keine Wissenschaft der Neuzeit hatte es je nötig, sich durch ihr eigenes Wirken zu radikalisieren. Auf diesem Niveau sind auch die Selbstmordattentäter einzustufen. Ihnen sind angeblich mehrere Jungfrauen im Paradies durch ihren Mord oder Verbrechen an Ungläubigen versprochen. Sie übersehen jedoch, dass nach ihrem Attentat von ihnen nicht viel übrigbleibt, um mit Jungfrauen körperlich glücklich zu werden. Aber so viel Substanz kann man anscheinend in den Köpfen von religiös motivierten Mördern nicht erwarten.

Außerdem könnte ein junger Selbstmordattentäter auf den Gedanken kommen, dass lieber ein alter Mensch eine solche Tat begehen sollte, der mit Jungfrauen ohnehin nicht mehr viel anfangen kann, oder die Zeit mit ihnen hinter sich hat. Da auch auf dieser Erde Jungfrauen vorhanden sind, könnte man ein Attentat einfach auf später verschieben. Aber ein älterer Mensch würde erkennen, wie wertvoll ein längeres Leben ist, weshalb er auch zu einer solchen Tat gar nicht bereit sein kann.

Wenn die Politiker in Europa der Meinung sind, die Entwicklung der Zuwanderung könne sich zum Guten wenden, dann sind sie einem gewaltigen Irrtum erlegen, der sich nicht erst im Laufe der Zeit zeigen wird, sondern bereits heute Realität ist, durch ihr gewaltbereites Auftreten in der Öffentlichkeit und ihre Respektlosigkeit vor der Exekutive und einer verständnisvollen deutschen Rechtsprechung. Ein Unterordnen bei Ungläubigen entspricht anscheinend nicht einer muslimischen Ethik.

Wenn man in Deutschland die öffentliche Zurschaustellung der eigenen Religion nicht mehr praktiziert, dann wird man die Zurschaustellung einer für uns als fremd und überholt geltenden Religion, etwa ein öffentliches muslimisches Beten oder ein Spielen mit einer Gebetskette, noch weniger als normal akzeptieren. Man wird von einem Muslim genau beobachtet, ob man als Ungläubiger wohl auch seine Gebetskette gesehen hat, mit der er provokativ in der Öffentlichkeit spielt.

Kein Katholik wird mit einem Rosenkranz durch die Stadt spazieren und die Kügelchen zählen.

Das Kopftuch als Zeichen einer religiösen Zugehörigkeit ist gar nicht so schlimm, wohl aber eine Verschleierung mit Burka, Tshador oder Niqab, diese sind ganz einfach eine Provokation und ein Zeichen der „Nicht-Bereitschaft zur Integration" und vermitteln einem Deutschen eher eine Karnevalsinspiration.

Das geht alles gut, solange nicht der Volkszorn überkocht. Wenn dies der Fall sein sollte, dann werden die Parteien, die für diesen Zustand verantwortlich sind, längst verschwunden sein. Was machen die Politiker dagegen, die sich stolz als Demokraten bezeichnen und ihre politischen Gegner Populisten nennen?

Populismus kommt vom lateinischen Populus was Volk heißt. Was also keine negative Bezeichnung in einem demokratisch regierten Land bedeutet, vielleicht sogar als positiv gesehen werden kann. Ein Populist zu sein, heißt also, die Meinung des Volkes zu vertreten. Warum lassen demokratische Parteien ihre Wähler und allgemein die Bürger alleine mit dem Thema muslimischer Zuwanderung und dessen kritischer Aufarbeitung, ohne sofort die Nazi-Keule zu schwingen?

Nichts unternimmt man gegen diesen negativen gesellschaftlichen Trend, denn man ist schon glücklich, wenn der Zulauf zur salafistischen Bewegung nicht weiter ansteigt. Was sollten Politiker auch sonst machen in ihrer Hilflosigkeit? Vielleicht sollte man einmal darüber nachdenken, dass man nur entsprechende Gesetze machen müsste. Ein Schritt wäre als Strafandrohung eine Rückführung in ihr Herkunftsland, wovon kein Politiker heute zu sprechen wagt.

Da die muslimische Zuwanderung bereits einen solchen Umfang angenommen hat, fürchtet man bei jeder Form von Einschränkungen einen Aufschrei im eigenen Lande von den Parteien, in denen Muslime bereits stark vertreten sind und vor allem in den muslimischen Ländern, deren Einfluss sich von Jahr zu

Jahr verstärkt. Immerhin gehören erdölfördernde Länder dazu, mit denen man es sich nicht verscherzen möchte, da sie längst mit ihrem Kapital in der europäischen Wirtschaft involviert sind, als Geldgeber in der Industrie und im Erwerb von Immobilien ihrer Glaubensbrüder.

Vor der Kritik muslimischer Staaten haben die deutschen Politiker deshalb heute die meiste Angst. Dies wird sich erst ändern, wenn man eines Tages auf Erdöl als Energieträger verzichten kann! Natürlich darf man aber auch allgemeine Sonderwünsche der Muslime nicht übersehen. Eigene Badetage für muslimische Frauen in voller Kleidung und verhüllte Fenster in der Badeanstalt, das ist nur einer von vielen Wünschen, die immer mehr werden.

Keine Fleischwaren von Schweinen in den Schaufenstern von Metzgereien. Das Auge eines Muslims könnte sich beleidigt fühlen. Kantinenessen ohne Angebote von Schweinefleisch. Verschleierung und Vollverschleierung und keine Annäherung oder Kontaktsuche eines Deutschen mit einer Muslimin, die mit familiärer Bestrafung rechnen muss wegen verletzter Ehre.

Die Polizei muss bei muslimischen Hochzeiten die Straße sperren, da es in Anatolien so üblich ist, dass vor dem Hause auf der Straße getanzt wird. Der Gehweg reicht nicht, es muss die Straße sein.

In Deutschland verzichtet man auf einen Hinweis über eigene Werte, und man ist den Zuwanderern gegenüber sehr entgegenkommend, im Unterschied zu den muslimischen Ländern. Klassenräume und Krankenzimmer ohne christliche Kreuze, wegen Neutralitätsgebot. Ziegen oder Schafe schlachten in der Badewanne, wovon in der Vergangenheit berichtet wurde und Schlachtung ohne vorherige Betäubung, Schächten nach religiöser Vorschrift!

Im Mai 2018 meldet die Presse, dass in Belgien eine rituelle Schlachtung nur noch in vorgesehenen Schlachthöfen und nach vorheriger Betäubung genehmigt wird. So geht das, es müssen nur entsprechende Gesetze gemacht werden, davor schrecken deutsche Politiker zurück, denn es könnte einseitig die Bereitschaft zur Integration gestört werden.

Die Kultur der muslimischen Zuwanderung findet sich auch in der Musik. Es gibt da eine neue Richtung der Rapper (Sprechgesang), die einen enormen Zulauf hat und damit bezeichnen sie ihre Darbietungen auch als Kunst. Viele ihrer Texte sind von einem Straßendeutsch gekennzeichnet, wie man es früher als Sprache der Gosse bezeichnet hätte.

Wahrscheinlich herrscht hier ein gewisser Mangel an der deutschen Sprache.

Es stellt sich auch hier die Frage nach dem kulturellen Gewinn für Deutschland?

Man fragt sich auch, wo bleibt der Aufschrei der „Gutmenschen", die sich immer bemerkbar machen, wenn von deutscher Seite über Zuwanderung etwas Bedenkliches kommt.

Die Leute dürfen sich nicht wundern, wenn man ihren Einsatz und ihre einseitigen Argumente immer weniger ernst nimmt, auch wenn sie manchmal berechtigt sind. Die Befürworter der Zuwanderung haben nie erklärt, wo denn dafür eventuell für sie eine personelle Obergrenze erreicht sein könnte. Für diese Gutmenschen bedurfte es bislang keiner Obergrenze. Denn für das Elend in der Welt gibt es anscheinend auch keine Obergrenze!

Man kann einer Unbegrenztheit nicht zustimmen, da man eigene Mitbürger im Regen stehenlässt. Die Firmen, die von der Politik die Genehmigung erhielten, in Hinter-Anatolien Arbeitskräfte anzuwerben, übernehmen keine weitere Verantwortung, wenn sie die Arbeitskräfte nicht mehr brauchen. Stehen sie ohne Arbeit auf der Straße, dann ist der Staat, das sind die Steuerzahler für ihr Wohlergehen zuständig. Bei künftiger Digitalisierung ist die Gefahr riesig, dass diese Leute für einfache Tätigkeiten nicht mehr gebraucht werden.

Die Massen, die künftig kommen werden, vielleicht sogar mit Gewaltanwendung, siehe die spanischen Enklaven Melilla und Ceuta in Nordafrika, werden zur Bedrohung für ganz Europa. Wie viel christliche Zuwanderung ein muslimisches Land verkraftet, ist keine Frage, denn jeder Mensch weiß, dass die Antwort „null" bedeutet. Es gibt also keine völkerrechtliche Äquivalenz und damit wird die muslimische Expansion sichtbar.

Bericht vom 09.04.2018: Bayern kündigt eine Initiative gegen Vielehen an. Es geht gar nicht mehr um Bigamie, sondern um Vielehen und deren Kinder, für die Kindergeld fällig wird. Einerseits ist Bigamie in Deutschland nicht zulässig, andererseits werden aber Kinder mitgebracht, die einer Versorgung bedürfen, das bringt unsere Demokratie irgendwie an ihre Grenzen. Im Prinzip geht es gar nicht nur um muslimische Zuwanderung, sondern um eine allgemeine Zuwanderung, da diese durch den Menschenüberschuss in der Dritten Welt verursacht wird. Dann kommen die Politiker auf die Idee, die Zuwanderung steuern zu wollen. Nur diese Menschen sollten nach Europa kommen, die man aus Arbeitskräftemangel händeringend sucht. Beschämend, denn sollte es viele von diesen gebildeten Fachleuten geben, dann werden sie auch in ihren eigenen Ländern gebraucht.

Und genau darum geht es auch in Zukunft, ohne dass man das Gefühl von einer Entfremdung im eigenen Lande bekommt. Dieser Prozess scheint aber schon viel zu weit fortgeschritten zu sein. Kein Politiker vor Frau Merkel konnte es wagen zu erklären, dass Deutschland ein anderes Land werde. Wer oder was zwingt Deutschland zu dieser Handlungsweise? Ein übermächtiger Gegner, die Schuld eines vor 70 Jahren verlorenen Krieges oder eine höherwertige Kultur der Zuwanderer, ohne die man nicht mehr auskommt?

Man ist auch der Meinung, dass sich Zuwanderer für ein sicheres Leben nicht dankbar zeigen, sondern alles als ihre Rechte ansehen und damit sogar mit stolzer Brust auf diese Rechte pochen. Alle bestehenden Probleme werden von den Politikern unter den Teppich gekehrt, und es hat den Anschein, dass sogar eine geneigte Presse dabei behilflich ist, um einer Integration dienlich zu sein. Je mehr unter den großen Teppich kommt, umso größer wird das Staunen oder gar die Verbitterung sein, wenn dieser einmal zu fliegen anfängt und alles sichtbar wird.

Während die Politiker in Europa sich dem Islam gefügig zeigen und dabei sogar von christlichen Kirchen mit dem Argument der Nächstenliebe unterstützt werden, sind Christen in vielen muslimischen Ländern einer Schikane ausgesetzt und werden oft ihres Lebens bedroht.

Unter stärksten Verfolgungen haben Christen in folgenden Ländern zu leiden: Nordkorea, Afghanistan, Somalia, Libyen, Pakistan, Eritrea, Sudan, Jemen, Iran und Indien. (Wikipedia)

Wir sind heute da angekommen, wo eine unnatürliche Entwicklung in der Dritten Welt bis hin zur Entrechtung und menschlichen Entwürdigung eine abnorme Reaktion der Politiker dokumentiert.

Wir sind heute da angekommen, wo ein staatliches Existenzrecht geringer bewertet wird, als das völkerrechtsverletzende Verhalten der Menschen in der Dritten Welt, mit ihrer unverminderten Produktion an Überbevölkerung, die die kultivierte Welt ernähren soll und die ein friedliches Leben nicht nur in ihren eigenen Ländern gefährdet.

Düster sieht die Zukunft nicht nur für die Dritte Welt, sondern für alle aus, ohne dass man sich als Prophet negativ positionieren muss, da die Realität zu erdrückend vor unseren Augen liegt.

Die Menschenrechtsdeklaration der Vereinten Nationen vom 10.12.1948 umfasst 30 Artikel, die die Rechte eines jeden Menschen erklären und garantieren sollen.

Man findet nur einen einzigen Artikel, nämlich Nr. 29, der auch das Wort „Pflicht" beinhaltet: Jeder Mensch hat Pflichten (die werden hier nicht näher erwähnt) gegenüber der Gemeinschaft, in der alleine die freie und volle Entfaltung seiner Persönlichkeit möglich ist.

Jeder ist bei der Ausübung seiner Rechte und Freiheiten nur den Beschränkungen unterworfen, die das Gesetz ausschließlich zu dem Zweck vorsieht, die Anerkennung und Achtung der Rechte und Freiheiten anderer zu sichern und den gerechten Anforderungen der Moral, der öffentlichen Ordnung und des allgemeinen Wohles in einer demokratischen Gesellschaft zu genügen. Ja und, geschieht dies verantwortungsvoll in den Ländern, die für Überbevölkerung sorgen? Nein, denn sie wissen, dass die kultivierten Staaten Lebensmittel ohne Ende schicken und jede Form von Hilfe, damit sind ihre Nachkommen bestens versorgt, und alles wurde zur täglichen Normalität. Kommt die Hilfe unzureichend, dann reisen sie in die Geberländer, weil sie der Meinung sind, da müsse absolut noch mehr Wohlstand für sie möglich sein, worauf sie glauben ein Anrecht haben.

Diese Möglichkeit ist aber nicht grenzenlos, sondern es wurde längst eine Sättigung der Zuwanderung erreicht, da in den Zufluchtsländern der soziale Friede, die nicht finanzierbare staatliche Ordnung, steigende Kriminalität und dadurch das Gefühl der Entfremdung das demokratische System für Freiheit und Wohlstand zu kippen droht.

Wenn in einer Gesellschaft ein Fremdkörper als inakzeptabel empfunden wird, dann kann es sehr schnell zur Ablehnung oder gar zum Hass kommen, wenn keine Abhilfe geschaffen wird. Solche Entwicklungen sind in der Dritten Welt bestens bekannt. Die überbevölkerten Länder, die davon noch verschont blieben, werden früher oder später gewiss von unruhigen Zeiten eingeholt.

Als im Jahre 1948 die Generalversammlung der Vereinten Nationen sich zur Menschenrechtserklärung zusammenfand, war die explosionsartige Entwicklung der Bevölkerung in der Dritten Welt in diesem Umfange noch nicht erkennbar. Es ist zwar ein fröhliches Bild, wenn man als Reisender von so vielen fröhlichen Kindern umringt wird, und sie sind sogar heiter, da sie sich ihrer unwürdigen Lebensumstände oft nicht bewusst sind. Die Verantwortung für seine Kinder sollte eine verbriefte Pflicht in allen Kulturen sein und muss in der Menschenrechtserklärung berücksichtigt werden.

Kein Artikel verurteilt den Vollzug von Todesstrafen, da sie in weiten Teilen der Welt praktiziert werden und eine grausame Verletzung eines menschlichen Grundrechtes auf Leben bedeuten.

Man muss sich ernsthaft bezüglich der damals geschaffenen Menschenrechte kümmern und diese möglichst auf den neuesten Stand bringen, indem vor allem die Menschen der Dritten Welt in die Verantwortung eingebunden werden. Vor allem, wer seinen Pflichten nicht nachkommt, kann sich auch nicht auf Rechte berufen! Der wichtigste Punkt ist die Pflege und Erhaltung der Natur wie der ganzen Erde. Vom Weltraum aus sieht man, wie dünn und verletzlich die Atmosphäre, das Biotop, unser Lebensraum ist. Es ist eine dünne Schicht, die wir hegen und pflegen sollen, nein müssen!

Beispiel einer Neufassung der Menschenrechte, die Menschenpflichten voraussetzen.

Präambel

Da die allgemeine Erklärung der Menschenrechte in der Generalversammlung der Vereinten Nationen vom 10.12.1948 mit unübersehbarer Deutlichkeit nicht den gewünschten Erfolg brachte,

da sich alle Artikel auf die Rechte des Einzelnen beziehen und ihn aber nicht zur Akzeptanz verpflichten, dass die gleichen Rechte des anderen zu seiner Verpflichtung gehören,

da in weiten Teilen der Erde die Anerkennung der angeborenen menschlichen Würde mit Füßen getreten wird,

da die Nichtanerkennung der Menschenrechte zu Akten der Barbarei und als letztes Mittel zum Aufstand gegen Tyrannei und Unterdrückung führten und heute wieder oder noch immer führt,

da trotz Verbriefung der Rechte diese nicht geschützt werden und deshalb die Menschen gezwungen sind, als letztes Mittel zum Aufstand gegen Tyrannei und Unterdrückung zu greifen, da die unterzeichnete Erklärung nicht wesentlich die Entwicklung freundschaftlicher Beziehungen zwischen den Nationen förderte,

da es noch immer an der Würde und dem Wert der Person mangelt, muss die Gleichberechtigung von Mann und Frau erneut bekräftigt werden, um den sozialen Fortschritt und bessere Lebensbedingungen in größerer Freiheit zu fördern,

da Kinder in die Welt gesetzt werden, die von ihren Eltern weder ernährt werden noch jene für ihre Schulbildung sorgen können und damit die Rechte ihrer Kinder sträflich verletzen,

da die Mitgliedstaaten sich zwar verpflichtet haben, die allgemeine Achtung der Menschenrechte durchzusetzen aber anscheinend das Gegenteil erreicht wurde,

da der Lebensraum von Flora und Fauna bezüglich menschlicher Aktivitäten immer kleiner und teilweise unwiederbringlich vom Aussterben bedroht wird,

da eine gemeinsame Auffassung über die Rechte und Freiheiten für die Menschheit von größter Wichtigkeit ist und daher volle Erfüllung verlangt, da dadurch eine Durchsetzung der unterzeichneten Menschenrechte nicht mehr gegeben ist, verkündet die Generalversammlung eine betreffende Erneuerung der

„Allgemeinen Erklärung der Menschenrechte"

Artikel 1

Alle Menschen sind frei und gleich an Würde mit Rechten und Pflichten geboren. Sie sind mit Vernunft und Gewissen begabt und sollen einander im Geiste der Brüderlichkeit begegnen.

Artikel 2

Jeder hat die Pflicht, seinen Mitmenschen ohne Unterschied etwa nach Rasse, Hautfarbe, Sprache, Religion, politischer oder sonstiger Ansicht, nationaler oder sozialer Herkunft, Vermögen, Geburt oder sonstigem Stand, mit Anstand und Achtung zu begegnen.

Artikel 3

Jeder ist verpflichtet, das Recht auf Leben, Freiheit und Sicherheit anderer Personen zu achten.

Artikel 4

Niemand darf in Sklaverei oder Leibeigenschaft gehalten werden; Sklaverei und Sklavenhandel in allen Formen sind verboten.

Artikel 5

Niemand darf der Folter oder grausamer, unmenschlicher oder erniedrigender Behandlung oder Strafe unterworfen werden.

Artikel 6

Jeder hat das Recht, überall als rechtsfähig anerkannt zu werden.

Artikel 7

Alle Menschen sind vor dem Gesetz gleich und haben ohne Unterschied Anspruch auf gleichen Schutz durch das Gesetz. Jede Diskriminierung oder Aufhetzung sind ein Verstoß.

Artikel 8

Jeder hat Anspruch auf einen wirksamen Rechtsbehelf vor allen Gerichten.

Artikel 9

Niemand darf willkürlich festgenommen, in Haft gehalten oder des Landes verwiesen werden.

Artikel 10

Jeder hat bei strafrechtlichen Beschuldigungen Anspruch auf ein gerechtes und öffentliches Verfahren vor einem unabhängigen und unparteiischen Gericht.

Artikel 11

Jeder gilt auch vor Gericht als unschuldig, solange ihm kein Vergehen nachgewiesen werden kann.

Niemand darf wegen einer Handlung oder Unterlassung verurteilt werden, die zur Zeit seiner Begehung nach innerstaatlichem oder internationalem Recht nicht strafbar war.

Ebenso darf keine schwerere Strafe als die zum Zeitpunkt der Begehung der strafbaren Handlung angedrohte Strafe verhängt werden.

Artikel 12

Jeder hat die Pflicht, das Privatleben, die Familie, die Wohnung, den Schriftverkehr anderer zu respektieren und jede Beeinträchtigung der Ehre und des Rufes anderer zu unterlassen.

Jeder hat Anspruch auf rechtlichen Schutz gegen solche Eingriffe und Beeinträchtigungen.

Artikel 13

Jeder hat das Recht, sich innerhalb eines Staates frei zu bewegen und seinen Aufenthaltsort frei zu wählen, wenn er keine kriminellen Ziele verfolgt.
Jeder hat das Recht, jedes Land, einschließlich seines eigenen, zu verlassen und in sein Land zurückzukehren.

Artikel 14

Jeder hat das Recht, in anderen Ländern vor Verfolgung Asyl zu suchen und zu genießen.
Der Anspruch entfällt bei begangenen Verbrechen nichtpolitischer Art.

Artikel 15

Jeder hat ein Recht auf eine Staatsangehörigkeit, die nicht willkürlich entzogen werden kann.

Jeder hat das Recht, seine Staatsangehörigkeit zu wechseln.

Artikel 16

Männer und Frauen haben ohne Beschränkung aufgrund von Rasse, Staatsangehörigkeit oder der Religion das Recht, eine Familie zu gründen. Bei Auflösung der Ehe bestehen gleiche Rechte.

Eine Ehe darf nur bei freier Willenseinigung der künftigen Ehegatten geschlossen werden.

Die Familie ist die natürliche Grundeinheit der Gesellschaft und genießt Schutz durch den Staat.

Artikel 17

Jeder hat das Recht, sowohl alleine als auch in Gemeinschaft mit anderen Eigentum innezuhaben.

Niemand darf willkürlich seines Eigentums beraubt werden.

Artikel 18

Jeder hat die Pflicht, die Religion oder Weltanschauung anderer zu respektieren und deren Ausübung in Kulthandlungen oder Gottesdienst zu akzeptieren.

Artikel 19

Jeder hat die Pflicht, die Meinungsfreiheit anderer zu schützen und zu gewähren.

Artikel 20

Jeder hat die Pflicht, das Versammeln und Vereinen anderer zu akzeptieren.
Niemand darf gezwungen werden, einer religiösen oder politischen Vereinigung anzugehören.

Artikel 21

Jeder hat das Recht, an der Gestaltung der öffentlichen Angelegenheiten mitzuwirken.
Jeder hat das Recht auf gleichen Zugang zu öffentlichen Ämtern in seinem Lande.

Der Wille des Volkes ist die Grundlage für öffentliche Gewalt und wird durch geheime Stimmabgabe herbeigeführt.

Artikel 22

Jeder hat ein Recht auf Grundsicherung, wenn er auch die Pflicht zur Arbeit übernimmt.

Artikel 23

Jeder hat die Pflicht und das Recht auf Arbeit, freie Berufswahl, gute Arbeitsbedingungen sowie Schutz vor Arbeitslosigkeit.
Jeder ohne Unterschied hat das Recht auf gleichen Lohn für gleiche Arbeit.

Jeder, der arbeitet, hat ein Recht auf befriedigende Entlohnung, die eine menschenwürdige Existenz sichert, gegebenenfalls ergänzt durch soziale Schutzmaßnahmen.
Jeder hat das Recht, zum Schutze seiner Interessen Gewerkschaften zu bilden oder beizutreten.

Artikel 24

Jeder hat das Recht auf Freizeit und regelmäßigen bezahlten Urlaub.

Artikel 25

Mütter und Kinder, eheliche wie uneheliche, genießen den gleichen sozialen Schutz.
Kinder dürfen nicht zur Arbeit gezwungen und auch nicht sexuell missbraucht werden.

Artikel 26

Jeder hat nicht nur ein Recht auf Bildung, sondern auch die Pflicht zum Besuch einer Schule.
Je nach Fähigkeiten muss jedem eine höhere Weiterbildung ermöglicht werden.

Die Bildung soll zur Entfaltung von Toleranz und Freundschaft zwischen den Nationen führen.
Die Eltern haben ein vorrangiges Recht, die Art der Bildung ihrer Kinder zu wählen.

Artikel 27

Jeder hat das Recht, am kulturellen Leben wie am wissenschaftlichen Fortschritt teilzuhaben.

Jeder hat das Recht auf Schutz der geistigen und materiellen Interessen, die ihm als Urheber von Werken der Wissenschaft, Literatur oder Kunst erwachsen.

Artikel 28

Jeder hat Anspruch auf eine soziale und internationale Ordnung, in der die in dieser Erklärung verkündeten Rechte und Freiheiten voll verwirklicht werden können.

Artikel 29

Jeder hat Pflichten gegenüber der Gemeinschaft, in der allein die freie und volle Entfaltung seiner Persönlichkeit möglich ist. Jeder ist bei der Ausübung seiner Rechte und Freiheiten nur den Beschränkungen unterworfen, die das Gesetz ausschließlich zu dem Zweck vorsieht, die Anerkennung und Achtung der Rechte und Freiheiten anderer zu sichern und den gerechten Anforderungen der Moral, der öffentlichen Ordnung und des allgemeinen Wohles in einer demokratischen Gesellschaft zu genügen.

Die Rechte und Freiheiten dürfen in keinem Fall im Widerspruch zu den Zielen und Grundsätzen der Vereinten Nationen ausgeübt werden.

Artikel 30

Keine Bestimmung dieser Erklärung darf dahin ausgelegt werden, dass sie für einen Staat, eine Gruppe oder eine Person irgendein Recht begründet, eine Tätigkeit auszuüben oder eine Handlung zu begehen, welche die Beseitigung der in dieser Erklärung verkündeten Rechte und Freiheiten zum Ziel hat.

Artikel 31

Was dem einzelnen Menschen untersagt ist, wie das Ermorden eines Mitmenschen, darf auch keiner Gruppe, Volksgemeinschaft, Staat oder Nation, auch nicht als Folge einer Strafe, erlaubt sein.

Artikel 32

Wer sich seiner Pflichten, zu seinem eigenen und zum Wohle aller nicht bewusst ist, kann sich auch nicht auf irgendwelche Rechte berufen, sondern muss mit einer Verurteilung rechnen.

Wie sehen muslimische Zuwanderer den Artikel 20, in dem es heißt:

Niemand darf gezwungen werden, einer religiösen oder politischen Vereinigung anzugehören. Man hat den Eindruck, hier besteht ein gewaltiger Nachholbedarf an demokratischen Prinzipien.

In Bezug auf den vorausgegangenen Zweiten Weltkrieg wurde diese Menschenrechtserklärung geschaffen und in dem Punkte mit Asyl verfestigt. Aber weiter beschäftigte man sich auch damit nicht, denn es bleibt die Frage, ob die ganze Welt mit ihren Problemen nach Europa kommen kann, da hier eine dauerhafte Versorgung wartet. Und vor allem: Wie lange sollte dieses Asyl andauern?

In keinem Punkte, wie sich der Leser in der Originalfassung überzeugen kann, wird der fröhliche Kinderreichtum in der Dritten Welt als negativ angesehen oder verurteilt. Es gab diese bedrohliche Überbevölkerung damals noch gar nicht in diesem Ausmaße, weshalb die Menschenrechte um dieses Thema erweitert werden müssen.

Haben wir Hilfsbereiten uns an dieser kinderreichen Entwicklung in der Dritten Welt durch unsere Hilfe mitschuldig gemacht? Man kann längst erkennen, dass es der größte Fehler der Menschheitsgeschichte war, der Dritten Welt bedingungslos Hilfe gegen den Hunger zur Verfügung zu stellen.

Mit dem Entstehen der Großfamilien und dem Kinderreichtum handeln die Menschen der Dritten Welt konträr gegen die Hungerhilfe, die sich damit permanent zu steigern hat! Wie kann es so lange dauern, bis man erkennt, dass die Menschen der Dritten Welt aber gleichzeitig zur Familienplanung und Geburtenregelung zu verpflichten sind, so wie es auch in den Geberländer praktiziert wird, obwohl die christlichen Religionen es waren und sind, die sich gegen diese Art eines geplanten Lebens stemmen. Die verbrieften Menschenrechte müssen umgehend durch massive Pflichten erweitert werden.

Auch das deutsche Grundgesetz vom 24. Mai 1949 wurde nach den bitteren Erfahrungen aus dem Zweiten Weltkrieg gestaltet. Danach hat jeder ein Recht auf Asyl, der Verfolgung erleidet.

Die sogenannten Väter dieses Grundgesetzes konnten damals von der Entwicklung in der Dritten Welt noch nichts ahnen, und eine Regelung für jene Völker war damit überhaupt nicht vorgesehen. Vor allem das Elend in seinem heutigen Umfang war nicht vorstellbar.

Auch hier muss nachgedacht werden, dass nicht Deutschland mit einem Anteil von einem Prozent der Weltbevölkerung für sämtliche Verfolgten der Erde zuständig sein kann. Sonst tritt der Zustand ein, dass alle Flüchtlinge nur nach Deutschland kommen wollen, was ja nicht dem Sinne des Grundgesetzes entsprechen kann und so nicht vorgesehen noch geplant war.

Nach dem Grundgesetz Artikel 4 (2) wird die ungestörte Religionsausübung gewährleistet.

Die Artikel 8, 9, 11, 12 beginnen mit: „Alle Deutschen", da das Grundgesetz auch für die Deutschen geschaffen wurde und nicht für den Rest der Welt.

Sind Zuwanderer, die sich nicht zum Deutschtum bekennen damit auch eingeschlossen in die Freiheit der ungestörten Religionsausübung? Denn an die hatte man damals auch nicht gedacht.

Vor allem in Deutschland möchte man jede kritische Meinung bezüglich anderer Völker oder Religionen umgehend als die Meinung von Nationalisten oder Rassisten hinstellen. Das ist ein undemokratisches Verhalten, denn laut Grundgesetz-Artikel 5 hat jeder das verbriefte Recht, seine Meinung in Wort, Schrift und Bild frei zu äußern!

Diese Mitbürger und Gutmenschen sind der Meinung, sie seien die wahren Demokraten, und alle Kritiker seien eben Nazis. Die sogenannten Gutmenschen sind es, die ihren Mitmenschen gegenüber durch Meinungseinschränkung gegen das Menschenrecht und das Grundgesetz verstoßen.

Dazu gibt es in der Menschenrechtskonvention vom 10.12.1948 ebenfalls eine klare Definition in Artikel 19: Jeder hat das Recht auf Meinungsfreiheit und freie Meinungsäußerung usw. Auch die UNO-Flüchtlingskonvention erklärt: Asyl zu suchen, ist das Recht jedes Menschen.

Man kann sich nicht allgemein auf das Asylrecht berufen, wenn man vorher selber die Menschenrechte verletzt, indem man hemmungslos Kinder in die Welt setzt, die man nicht ernähren kann. Die Flüchtlinge, die aus den Ländern der Überbevölkerung kommen, vor allem wenn in diesen bereits Mord und Totschlag das tägliche Unrecht bestimmen, sind nicht unbedingt als Opfer anzusehen, sondern sie sind ein Teil eines unweigerlichen Geschehens. Es ist bitter, aber es handelt sich um eine selbstverschuldete Menschen- und Völkerrechtsverletzung, anders kann man diese seit Jahrzehnten andauernde Fehlentwicklung nicht einstufen. Das Elend und das Verbrechen sind eine natürliche und erzwungene Folge einer solchen hemmungslosen Entwicklung. Es ist ein Naturgesetz bei den Menschen wie in der Tierwelt, Hunger macht aggressiv.

In der menschlichen Gesellschaft sieht man sich nach einem Verantwortlichen um, wenn die Aggression aus dem Ruder läuft. Entweder beruft man sich auf religiöse Motivation, oder man beruft sich auf einen politischen Führer, der die Verantwortung übernimmt, damit man sich moralisch aus der Verantwortung winden kann.

Die Menschen in der Dritten Welt haben längst bemerkt, dass weder Frauen noch Männer in der christlichen Welt das Weinen von Kindern unberührt lässt. Vor allem bei den Männern erwacht ein Beschützer-Instinkt. Es bricht einem das Herz, vor allem wenn es um den Schutz von kleinen Mädchen oder Kindern im Allgemeinen geht.

Deshalb ist das zügellose Treiben ohne Familienplanung und damit ohne Geburtenkontrolle in der Dritten Welt ein hemmungsloses Vergehen, das man schändlich nennen muss. Umgehend muss die Hilfe gegen den Hunger in der Welt einer Überprüfung unterzogen werden, und die muss mit einer Bereitschaft zur Geburtenkontrolle verbunden werden.

Der verlorene Zweite Weltkrieg und das Schuldeingeständnis können doch nicht dazu führen, dass ein Industrie- und Kulturstaat deshalb seine nationale Existenz und Identität aufgibt. Die ersten Schritte dazu wurden von deutschen Politikern bereits gemacht, indem man sich zu einer Multi-Kulti-Ideologie bekennt. Hierbei wird aber der nationale Zusammenhalt eines Landes sehr infrage gestellt und es verliert diesen sogar, wenn es einmal um Probleme im Herkunftsland der Zuwanderer gehen sollte, so wie es sich bereits deutlich abzeichnet. Multi-Kulti kann keine staatliche Gemeinschaft fördern; eventuell nur ein verschieden national geprägtes Nebeneinander mit allen negativen Folgen.

Ein geschichtliches Schuldbekenntnis im Gastland kann juristisch nicht auf alle nachfolgenden Generationen weitergegeben werden. Multi-Kulti hat damit ohnehin nichts zu tun. Es gibt keine Sippenhaftung. Väter haften nicht für ihre Söhne, und umgekehrt haften Söhne nicht für ihre Väter, denn sonst könnte man berechtigt von Nazi-Methoden sprechen. Es besteht aber sehr wohl bei vielen Menschen der Hang zum Eigennutz, das nationalsozialistische Geschehen nicht ruhen zu lassen, um ein schlechtes Gewissen aufrechtzuerhalten. Man muss als Deutscher damit leben, dass es für zwölf Jahre einst eine Nazi-Herrschaft gab.

Es ist erst seit der muslimischen Zuwanderung zu beobachten, dass sich die Lager der Befürworter und der Gegner der Zuwanderung immer intensiver gegenüberstehen und der Umgangston rauer wurde. Solange man es mit Gastarbeitern zu tun hatte, waren Nazi-Beschuldigungen untereinander kein politisches Thema.

Es entwickelte sich gegenüber den Kritikern dieser Zuwanderung eine förmliche Hysterie, so als sei die Entwicklung alternativlos, wie die deutschen Politiker immer erklärten, wobei man eher ihre Hilflosigkeit bezüglich dieses Themas verspürte, da sie nicht handelten oder handeln wollten.

Diese Nazi-Phobie scheint sich zu steigern, je mehr sich die Zuwanderung verfestigt, vor allem mit ihren kriminellen Schattenseiten, weil Kritiker damit auch berechtigte Argumente anführen. Jeder Deutsche, der es wagt, über seinem Lebensraum von einer Heimat zu sprechen, wird automatisch mit dieser Nazi-Phobie abqualifiziert, auch wenn keiner der Kritiker jemals den Wunsch geäußert hat, in Stalingrad oder vor Moskau erfrieren zu wollen, und nie jemand von der Errichtung von Konzentrationslagern geträumt hat.

Unumwunden kommt die Nazi-Beschuldigung, wenn der Kritiker der Zuwanderung für sein eigenes Land das Wort Heimat gebraucht und damit Deutschland meint. Gewiss haben die Nazis das Wort „Heimat" gebraucht, aber auch das Bindewort „und" haben sie gebraucht, wollen wir deshalb jeden verdächtigen Nazi-Sprachgebrauch verbieten?

Hitler hat sogar das Wort „Ausrottung" gebraucht, sollte man deshalb die Bibel verbieten oder neu schreiben? (Jes 10:22 und Jes 28:22), (Ze 1:18), (Da 9:27)

Das Wort „Ausrotten" wird mindestens zehnmal gebraucht, und „Auslöschen" kommt mindestens sechzehnmal vor! Selbst, wenn man sich politisch nicht am täglichen Geschehen beteiligt, man spürt zurzeit eine Unerträglichkeit in der politischen Diskussion mit einer gewissen Hysterie und Nazi-Phobie. Heimat zu verteidigen, gegen Feinde oder Unterwanderung, ist heute reine Nazi-Ideologie.

Was sagen die Nato-Partner dazu, wenn Deutschland seine Verteidigungsbereitschaft infrage stellt, denn dahinter steht auch der Slogan „Nie wieder Krieg", dem man sich natürlich nur anschließt. Darf man sich denn über eine Verteidigung seines Landes gar keine Gedanken machen, um nicht Nazi genannt zu werden?

Viele Zuwanderer, auch die in der zweiten Genration, können sich mit einer Identifikation zum Deutschtum nicht anfreunden oder stehen dem distanziert gegenüber. Man sieht dies unter anderem bei den jungen Sportlern, denen die deutsche Hymne keine Herzensangelegenheit ist, auch wenn sie in diesem Lande aufgewachsen sind und gutes Geld verdient haben.

Einem in Deutschland lebenden aber kritischen Europäer kann man sagen, dass er wieder da hingehen kann, woher er gekommen ist, wenn es ihm hier nicht gefällt. Mit dieser Einschätzung muss man als Demokrat leben, da die freie Meinungsäußerung demokratisch verpflichtend ist.

Einem muslimischen Zuwanderer oder einem aus Afrika stammenden Asylanten darf man dies nicht sagen, dass er da wieder hingehen kann, woher er kam, denn das wird dann als Rassismus ausgelegt und bewertet, natürlich aber nur in Deutschland.

Hat Rassismus mit Norm oder Natur zu tun? Aus menschlicher Sicht ist Rassismus unverzeihlich, da wir alle den gleichen genetischen Ursprung haben. Rassisten aber sehen oder suchen Unterschiede im sozialen Verhalten, um für sich positive und den anderen negative Eigenschaften abzuleiten.

In der Natur aber, wenn man in die Tierwelt blickt, stellt sich die Frage: Warum gibt es so viele Vogelarten? Dies scheint ja nur möglich zu sein, wenn jeder Vogel bei seiner Art bleibt, sonst hätten wir ja nur eine Art! Auch hier scheint zu gelten: Gleich und gleich gesellt sich.

Was soll das unendliche Spiel mit den Nazi-Anschuldigungen, die nur in dieser extremen Form in Deutschland zu erleben sind? In keinem anderen europäischen Lande wird dies so praktiziert, da man aus geschichtlichen Gründen an keinem Nazi-Komplex gebunden ist.

Vielleicht macht es Sinn, dem deutschen Volk mit Gedenktagen immer die Schuld der Vorfahren vor Augen zu führen, damit das Thema einer Wiedergutmachung nicht aus den Augen verloren geht.

Zudem hat man der eigenen Jugend beigebracht, dass man auf das Wort „deutsch" keinen zu großen Wert legen sollte, man sollte sich als Europäer erklären, was nicht falsch ist und weniger schändlich. Aber bis zur Selbstverleugnung sollte man dies nicht treiben, da dann ein staatlicher Zusammenhalt verloren geht und eben in einem nicht zukunftstragenden Multi-Kulti endet. Heute kennt man nur noch Gedenktage und den Volkstrauertag. Soll das für immer so weitergehen?

Vielleicht sollte man Kriegs-Helden auch gar nicht verehren, die sich in der Geschichtsschreibung durch Waffengewalt bemerkbar gemacht haben. Leider ist dies noch bei allen Völkern so und hat mit der Vergangenheit zu tun, als es oft um nationales Überleben ging.

Selbst Hermann den Cherusker kann man nicht mehr verehren, da er von den Nazis gefeiert wurde. Deutschland ist das erste Land der Welt, das keine Kriegs-Helden mehr verehrt, und das ist gut so. Mit Stolz könnte man andere stille Helden feiern, die in Kunst, Kultur, Literatur, Malerei, Musik, Chemie und Physik, Technik und Wissenschaft Großartiges geleistet haben. Deutschland hat auf allen Gebieten sehr viele Leute, die diesbezüglich verehrungswürdig sind.

Zudem wird den Kleinen im Kindergarten schon beigebracht, dass der Klügere nachgeben sollte, damit ein Streit oder Schwierigkeiten beendet werden, womit der Dümmere dann der Sieger ist.

Es gibt Stimmen, die darauf hinweisen: Wenn man den Dümmeren oder Gewaltbereiten immer nachgibt, wird man einst von diesen auch regiert. So ergibt sich dann die Frage, wie weit ist denn dieser Vorgang schon fortgeschritten, oder wann ist es denn endlich soweit?

Je stärker eine Multi-Kulti-Gesellschaft dominiert, umso mehr scheint die Leistungsbereitschaft des Einzelnen dafür zu sinken. Vor allem wenn man sieht, dass der, der dem Nichtstun frönt, am Monatsende das Gleiche im Portemonnaie hat, wie der, der gearbeitet hat. Der Konkurrenz Paroli zu bieten, führt zur Ausbeutung in einer Leistungsgesellschaft?

Auch in einer Leistungsgesellschaft, oder gerade in dieser, muss so viel übrig bleiben, dass sich ein Urlaub und einige Vergnügungen finanzieren lassen, da man sonst gleich zu Hause bleiben kann. Man hört aber meist nur von den Abfindungen von Führungskräften, die mit Millionen abgespeist werden, während bei den Menschen unten nicht viel übrig bleibt. Auch Politiker sollen ein gutes Geld verdienen, aber wenn sie einigen Tätigkeiten neben ihrer politischen Arbeit nachgehen, dann können sie sehr leicht sagen: „Wir sind ja so ein reiches Land!"

Die Politiker, die so warmherzig von gewünschter Zuwanderung sprechen, sollten endlich wach werden und daran denken, dass künftig durch Digitalisierung und Automatisierung weniger oder gar keine Zuwanderung gebraucht wird, die ohnehin nichts für die deutschen Rentenkassen bringt, wofür deutsche Politiker, wahrscheinlich unter dem Druck der Wirtschaft, sich stark gemacht haben und wofür sie ursprünglich vorgesehen war.

Dazu kommt noch die vor der Tür stehende Ära von KI (Künstliche Intelligenz). Auch dafür wird keine Zuwanderung gebraucht, die für ein Gesamtvolk keinen Gewinn, sondern eher eine unberechenbare finanzielle Belastung und künftig unermesslichen Unfrieden bedeuten kann.

Eine richtige Integration kann nur gelebt werden, wenn deutsche Frauen sich mit Immigranten einlassen, was häufiger der Fall ist, und für gemeinsame Nachkommen sorgen. Wehe, wenn ein deutscher Mann es wagen sollte, sich einem weiblichen Immigranten zu nähern, was von ihrer Verwandtschaft nicht akzeptiert und sie dadurch familiärem Druck ausgesetzt wird.

Muslimische Frauen, Töchter von Immigranten, wurden von eigenen Familienmitgliedern schon ermordet, da man ihnen einen westlichen Lebensstil vorwarf und damit eine gewisse Familienehre als verletzt und beschmutzt betrachtete.

Ein Zeichen dafür, dass man zwar in Europa lebt, hier aber mental noch nicht angekommen ist.

Ein Mord, das Verwerflichste und mit höchster Strafe belegte Verbrechen in unserer Kultur, sollte bei einem Orientalen die „Ehre" wieder herstellen?

Jeder Mann weiß, dass es besser ist, die Finger davon zu lassen, als einer latenten Blutrache ausgesetzt zu sein.

Es geht nicht anders, dass sich Zuwanderer europäischen Gepflogenheiten angleichen müssen. Sind sie dazu nicht in der Lage oder willens, sollten sie um Europa einen weiten Bogen machen. Immerhin gibt es auch in Sibirien viel Land für ein ruhiges Siedlungsgebiet, auch wenn der Gegend aus der Vergangenheit ein schlechter Ruf vorauseilt.

So, wie man aus den negativen Erfahrungen der Nazizeit gelernt hat und Parteiuniformen danach verboten hat, genauso muss man sich über ein Verbot religiöser Kennzeichnung Gedanken machen, da sie einem ruhigen Zusammenleben verschiedener Religionen nicht dienlich ist, ja sogar zu extremer Abneigung führen kann.

Europäer sind längst zu Toleranz und Entgegenkommen bereit – sind es auch die Orientalen oder alle übrigen Zuwanderer aus der Dritten Welt, die in ihrer Not in Europa Fuß fassen wollen? Der Artikel 16 der Menschenrechtsdeklaration von 1948 wird auf das Schamloseste verletzt, und das mitten im Europa des 21. Jahrhunderts und nicht im orientalischen Mittelalter, wenn es um die freie Partnerwahl ohne Beschränkung aufgrund einer anderen Rasse oder Religion geht.

Es ist schon sehr bedenklich, dass man über die muslimische Zuwanderung wie von einer Selbstverständlichkeit spricht und niemand dagegen kritisch das Wort erheben soll. Alle Probleme, die sich seither mit muslimischer Zuwanderung ergeben haben, waren mit allen anderen Gastarbeitern aus halb Europa kein Thema und völlig unbekannt.

Es geht hier längst nicht mehr um Zuwanderung für den deutschen oder europäischen Arbeitsmarkt, sondern ganz einfach um eine muslimische Expansion oder Unterwanderung, was man aber aus rassistischen Gründen nicht aussprechen darf, obwohl sich ein umgekehrter Vorgang ausschließt.

Wo sind bei diesem Thema die Schlaumeier mit einem Patentrezept für eine geglückte Integration?

Man gibt einfach den Deutschen und vielleicht auch dem Rest der Europäer die Schuld, wenn Integration mit den Muslimen nicht so verläuft, wie sie die Politiker immer schönreden wollen. Man wird einfach von den deutschen Politikern gezwungen einer muslimischen Zuwanderung gegenüber positiv eingestellt zu sein, da sie nicht in der Lage sind, diese wirkungsvoll zu verhindern.

Alle hier angeführten Kleinigkeiten und Probleme über die muslimische Zuwanderung sind nur eine winzige, zeitliche und geografische Momentaufnahme, die überall, nicht nur in Deutschland, sondern in ganz Europa oder sogar in der ganzen Welt in gleicher oder ähnlicher Form und manchmal noch viel schlimmer vorkommen und auch in Zukunft weiter vorkommen werden. Politiker sind es auch, die jede kritische Haltung dazu als Rassismus und Nationalismus verteufeln.

Gerade deshalb sieht es auch immer mehr nach einem Scheitern all ihrer Bemühungen aus. In all dieser problematischen Vielschichtigkeit und Suche nach Ursache und Schuld, meldete sich am 24.05.2018 der deutsche Bundespräsident, Frank-Walter Steinmeier, zum 69. Jahrestag des Grundgesetzes zu Wort und erklärte: „Wir spüren, dass etwas ins Rutschen geraten ist und beklagen den Verlust an Vertrauen in die Demokratie!"

Das sollte kein Wunder sein, sondern eine völlig normale Reaktion einer skeptisch gewordenen Bevölkerung nach der „Weltoffenheitserklärung" von Kanzlerin Merkel. Weltoffenheit kann doch nicht bedeuten, dass deutsche Firmen, wie auch Grund und Boden, über die Köpfe der Bevölkerung hinweg an aller Herren Länder verkauft werden können. Wenn das einer florierenden Wirtschaft dienen sollte, dann sollte man wissen, dass die Wirtschaft und der Handel mit der ganzen Welt auch ohne diese Erklärung immer funktionierten.

Händeringend suchen muslimische Zuwanderer nach Immobilienbesitz, um damit mit zwei Beinen im Lande der Ungläubigen fest verankert zu sein, während der umgekehrte Fall völlig unmöglich ist. Interessenten aus Fernost auf der Suche nach industriellen Angeboten und Beteiligungen finden in Deutschland offene Türen, denn wir sind weltoffen! Fragt sich nur noch, wie lange?

Ernsthaft sollen Muslime auch erkennen, wenn sie sich nur in ihrer Gemeinschaft wohl fühlen, dass eine angestrengte Mehrheit für sie in Europa nicht realistisch ist. Auch wenn man zu solchen Vorstellungen tendiert, werden sie immer als Minderheit hier leben müssen. Bislang gab noch keinen Zuwanderer, der voll Demut und ehrlich gesagt hätte: „Ich freue mich über die herzliche Aufnahme in Europa, aber meine Lebensweise möchte und werde ich nicht ändern."

Nur über berechtigte Kritik zu grinsen oder sich eine solche einfach zu verbieten, ist keine Lösung. Denn dann hat man noch nicht verstanden, wie eine gemeinsame Zukunft von muslimischer Seite in Europa positiv gestaltet werden kann und vielleicht gestaltet werden muss, damit es nicht zu negativen Entwicklung gegen Muslime oder durch Muslime kommt, wie es in weiten Teilen der Welt der Fall ist. Erst dann könnte man eine solche Zuwanderung akzeptabel nennen, obwohl sie völkerrechtlich nicht zwingend erforderlich und auch nicht unbedingt gewünscht wird. Außerdem gibt es für eine von Religion motivierte Expansion keinen völkerrechtlichen Zwang.

Solange weltweit keine positiven Anzeichen dafür zu erkennen sind, verbietet sich eine solche Expansion sogar. Von vielen Staaten wird sogar strikt mit den Argumenten gehandhabt, den inneren Frieden wahren zu wollen. Man möchte nicht mit religiösen Spannungen zu tun haben.

Zurzeit hat es den Anschein, dass die deutschen Kinder und Jugendlichen mit ihren gleichaltrigen Muslimen keine größeren Probleme haben. Möge es zum Wohle aller so bleiben, auch wenn allergrößte Skepsis angeraten ist, da die negativen Anzeichen dafür weltweit zu sehen sind.

Wie sieht denn der Weg für Deutschland oder ganz Europa in der Zukunft aus? Die Regentschaft von Kirche und Staat, anders gesagt von Papst und Kaiser oder Klerus und Adel, die sich wie eine bleierne, undurchdringliche Decke über Europa gelegt hatte, wurde mehrfach versucht, mit Aufständen zu durchbrechen. Die Vergeltung der Herrschenden war jedes Mal brachial.

Den Vorteil dieser Herrschaft sieht man in der Ansammlung von Wohlstand und Reichtum beim Hochadel und Klerus und ihren herrlichen Bauten von Kirchen und Schlössern, während das Volk in unveränderlicher und gleichbleibender Armut lebte und schuften musste.

Alle Prachtbauten, erarbeitet und erschaffen von den Untertanen ihrer Herrschaft, sind im Grunde genommen das kulturelle Eigentum der Nachkommen dieser Menschen.

Über 1000 Jahre lagen diese unveränderlichen Strukturen über Europa, die erst mit der Französischen Revolution (1789 bis 1799) zum ersten Male wirkungsvoll und brutal abgeschüttelt wurde. Auch im Heiligen Römischen Reich deutscher Nationen bestanden die Hoffnung und der Wunsch der Leute auf eine gleiche Entwicklung zum Wohle des einzelnen Bürgers, der mit der herrschenden Obrigkeit schon lange nicht mehr zufrieden war.

Als sich Napoleon selbst die Kaiserkrone aufsetze, war man enttäuscht, da er mit seiner Krönung die Revolution und die erwarteten Rechte mit seiner Alleinherrschaft verwässerte, was ein Zeichen dafur war, dass die Macht wieder nicht vom Volke ausging.

Nachdem Napoleon seine Möglichkeiten überschätzt hatte und den Herrscherhäusern Europas doch nicht gewachsen war und von ihnen besiegt wurde, dauerte es bis 1848, als es auch im Deutschen Reich zur Revolution kam, die letztendlich auch nicht von Erfolg gekrönt war.

Dann kam 1914 das Attentat auf den Thronfolger Franz Ferdinand und seine Gattin in Sarajevo, das als Beginn des Ersten Weltkrieges zu sehen ist. Die Herrscherhäuser Englands, Deutschlands und Russlands waren miteinander ganz eng verwandt, was trotzdem kein Hindernis war, gegeneinander Krieg zu führen.

Nachdem Deutschland, Österreich und Russland nicht als Sieger aus dem Konflikt hervorgegangen waren, wurden die Kaiser von Deutschland und vom zerstückelten Österreich ins Exil geschickt, und in beiden Ländern wurde die Republik ausgerufen. In Russland dagegen konnten sich nach langem Kampf die Bolschewiken gegen die Menschewiken (extreme gegen gemäßigte Kommunisten) durchsetzen und die Regierung bilden. Sie ermordeten die Zarenfamilie, die von der europäischen Verwandtschaft im Stich gelassen wurde, und errichteten danach die Diktatur des Proletariats.

In Deutschland erfreute man sich nach den Goldenen Zwanzigern nicht lange der erreichten Freiheiten, da nach dem Börsencrash vom 24.10.1929 für die Bürger katastrophale wirtschaftliche Zustände folgten. Politisch kam es in Deutschland zu Auseinandersetzungen zwischen extremen Bewegungen von Nationalisten und Kommunisten, woraus der rassistische Nationalismus als brutaler Sieger hervorging und danach den Zweiten Weltkrieg inszenierte. In der Person von Hitler fand sich ideologisch ein Diktator, in dem sich für viele fast mystisch Kaiser und Papst vereinten, dem man blind vertraute und bis zum bitteren Ende Gefolgschaft leistete.

Nach dieser Epoche, die mit dem gewaltigen Zweiten Weltkrieg und 55 Millionen Toten ihr Ende fand, wollte man endlich eine gerechte und bessere Welt schaffen, die künftige Katastrophen verhindern sollte. Daher hat man nicht nur in Deutschland, sondern in ganz Europa demokratische Staatsformen errichtet, die allen Bürgern zugutekamen und verbriefte Rechte sicherten.

Die Wirtschaft hat das amerikanische System übernommen, und auch die Politiker richteten sich nach den wirtschaftlichen Vorgaben. Damit liegen sich in der heutigen Demokratie Wirtschaft und Politik in den Armen, wobei die Politik sich nach den wirtschaftlichen Vorgaben zu richten hat, denn man sagte schon immer: Geld regiert die Welt.

Wenn diese Regierungsform einmal scheitern sollte, dann würden sich Politik und Wirtschaft die Schuld gegenseitig in die Schuhe schieben. Würde man auch die Verantwortung dafür übernehmen? Ganz gewiss wird man die Menschen dann mit der von ihnen geschaffenen Multi-Kulti-Gesellschaft und ihren Problemen alleine lassen. Durch die Globalisierung haben weltweit agierende Unternehmen dann längst ihre Gewinne gemacht und leben in ruhigeren Gefilden.

Nun aber haben die Mächte der Wirtschaft den Globus erobert, und damit geben sie den Ton an. Diese Entwicklung sieht für Deutschland, als wirtschaftlicher Motor Europas, und damit eventuell für ganz Europa nicht so günstig aus.

Noch spricht man von Überlegenheit im technologischen Fortschritt, um mit Fernost konkurrieren zu können. Sowohl in der Technik wie auch von der Preisgestaltung her ist man nicht konkurrenzfähig in Europa, und man übersieht, dass Fernost bereits zum Überholen angesetzt hat. Zurzeit versuchen globale Unternehmen durch Mischproduktion in Fernost und Europa, preislich noch mitzuhalten. Die Europäer müssen aber erkennen, dass man nicht mehr führend ist, und es wird nicht lange dauern und Asien wird nicht nur global, sondern auch im Weltraum eine führende Position einnehmen, gewiss auch aus wirtschaftlichen Gründen und zum Wohle seiner Völker. Für die in Ruhe lebenden und hilfsbereiten Europäer ist diese Situation noch gar nicht vorstellbar.

Wenn Fernost sowohl politische wie auch wirtschaftliche Dominanz ausübt, wird Europa nur noch eine untergeordnete Rolle spielen. Die vielen europäischen Staaten, wenn auch vereint dennoch uneins, werden außenpolitisch oder weltweit keine große Rolle mehr spielen.

Die Regierungen müssen darauf reagieren und sich vielleicht mehr auf Selbstversorgung einstellen. Man wird dann die Firmen wieder aktivieren, die man geschlossen oder verkauft hat, da ihre Produkte bislang in Billiglohnländern gefertigt wurden, womit weltweit agierende Unternehmen ihre Gewinne maximieren konnten.

Jede Staatsform wird auch künftig nicht ohne Kapital auskommen, aber man wird es zum Wohle der Bürger einsetzen müssen, um die innenpolitische Ruhe zu erhalten und damit die Versorgung gesichert wird. Das Ende wären sonst chaotische Zustände, wie bereits in lateinamerikanischen Ländern zu sehen, mit Unruhen und tausenden von Toten jedes Jahr, da eine Versorgung nicht mehr gewährleistet ist.

Osteuropa und die kommunistisch geführten Staaten, die lautstark von den westlichen Politikern als undemokratisch abqualifiziert werden, könnten künftig wirtschaftlich und politisch stabiler dastehen als die westeuropäischen Staaten, die sich vermehrt mit ihrem innenpolitischen Multi-Kulti und etwaigen Unruhen herumschlagen und beschäftigen müssen.

Dies muss als ein zusätzliches Problem gesehen werden, das sich nicht verringern wird, auch wenn die Politiker heute laufend zu beruhigen versuchen und gegen den aufkommenden Nationalismus heftig agieren und jede Problematik unter den Teppich kehren.

Die westlichen Demokratien, die 1948 im guten Willen die Menschenrechtskonvention geschaffen haben, haben dies sehr gut gemeint. Aber sie haben nicht den Werdegang der Entwicklung in der ganzen Welt berücksichtigt, sondern mehr in die Vergangenheit dabei geblickt. Der Grund ihres Wirkens liegt noch heute in der politischen Erklärung: die Ereignisse des Zweiten Weltkrieges.

Es sieht immer mehr danach aus, als hätten sich die demokratischen Staaten ein Eigentor geschossen, indem sie zwar die Rechte, nicht aber die dazugehörenden Pflichten manifestierten. Damit haben sie sich verpflichtet, dem menschlichen Überschuss aus der Dritten Welt alle Türen zu öffnen. Was man seit der Proklamation der Menschenrechte versäumt hat, muss schnellsten nachgeholt und durch Pflichten ergänzt werden, bevor unveränderliche Situationen entstehen und das Geschehen unkontrollierbar wird und innenpolitische Auseinandersetzungen in Europa ausgetragen werden.

Gemeinsame Zukunft

Das Leben ist real, denn es wird mit unserer Existenz auf dieser Erde begründet.

Auch der Tod ist ein Bestandteil des Lebens und beendet die Realität jeder Existenz, die der organischen Chemie zugeordnet wird. Warum sich aus Anorganischem Organisches entwickelt, kann die Wissenschaft noch nicht erklären, wohl weiß es aber die Religion: nämlich nur mit göttlicher Hilfe und seinen Wundern.

Ein „Leben" nach dem Tode ist nicht realistisch beweisbar. Man kann daran nur glauben. Im Gegenteil, wir wissen, dass die Substanz unseres Körpers ins Nichts zerfällt. Deshalb hat man sehr früh ein Gebet entwickelt, in dem man an die Auferstehung des Fleisches zu glauben verpflichtet wird. Wer dies nicht glaubt, gehört eben nicht zum Kreise der Gläubigen.

Und Karl der Große, der erste germanische Kaiser mit katholischem Glauben, hat den germanischen Stämmen die Tradition verboten, ihre Toten zu verbrennen, gewiss im Hinblick darauf, dass sich die Auferstehung des Fleisches nicht zu schwer tut.

Im Gegensatz dazu wird bei der Beerdigung eines Menschen vom Priester erklärt: „Aus Staub bist du und zu Staub sollst du zurückkehren." Was ist nun richtig? Realistischer ist wohl die Erklärung am Grabe.

Religiöse Sprüche und Ansichten sind dehnbar und vielschichtig veränderbar. Hier sehen sich die Religionen in der Pflicht und bieten den Menschen Erklärungen an, die eben nichts mit der Realität zu tun haben und damit zur Irrealität werden.

Nachdem jeder vernunftbegabte Mensch erkennen muss, dass wir einer Evolution entstammen und die religiösen Vorstellungen damit überholt, ja sogar falsch sind, muss man den Menschen auch als einen Bestandteil der Tierwelt betrachten, womit er einfache Biomasse wäre. Obwohl sich unser Verstand, wohl nicht ganz unser Empfinden, von der Tierwelt weiterentwickelt hat, ist es für uns sehr schwer vorstellbar, nur ein Teil dieser Biomasse zu sein. Der Natur würde es entsprechen, auch wenn wir dies doch nicht glauben wollen. Dies wollen wir nicht glauben, obwohl wir sonst leichtgläubig sind.

Die menschliche Unwissenheit wurde einst, wie auch heute noch, mit Glauben befriedet. Den Religionen zu glauben, kann dann auch negative Auswirkungen haben, wenn sich Glauben zum Diktat und zu verbrecherischen Aktionen gegen Mitmenschen und vor allem gegen Gläubige anderer Religionen entwickelt. Wir wissen heute von vielen Menschen, die Nahtoderlebnisse hatten, dass es nach dem Leben sehr schön weitergeht und man vorm Sterben keine Angst haben muss. Es muss stimmen, dass es so wunderschön nach dem Tode ist, denn keiner kam jemals für immer zurück.

Trotzdem bleibt die Frage offen: Was ist nach dem Ableben, und wo kommen wir hin? Als Antwort kann man sich vorstellen: dahin, wo wir vor der Geburt waren. Eigenartig, dass jeder Mensch meint, da war doch nichts.

Der erste Lehrsatz in der Wärmetechnik lautet: „In einem geschlossenen System kann Energie nicht verlorengehen." Da unsere Gehirnfunktionen mit Energie zu tun haben, stellt sich die Frage: Kann diese Energie nach unserem Tode erhalten bleiben und für wie lange?

Existiert das Gehirn in einem geschlossenen System? Es entwickelt sich mit Hilfe anderer Körperfunktionen im Mutterleib. Sterben diese ab, muss mit größter Wahrscheinlichkeit auch mit dem Ende aller anderen Funktionen gerechnet werden. Fehlt der Motor als Antrieb, dann fehlt es auch am geschlossenen System.

Das möchte kein lebender Mensch wahrhaben und hofft auf die Richtigkeit der Religionen, die ihre Weisheiten aus der grauen Vorzeit und von Leuten beziehen, die absolut noch weniger Ahnung hatten als wir heute und damit schon gar kein Monopol auf eine Allwissenheit besaßen.

Gerade jene Weisheiten stellen wir heute in Frage, da sie für uns nicht mehr akzeptabel sind.

Unser Wissensstand heute ist weiter entwickelt, als er je bei unseren Vorfahren vorhanden war, und damit sind wir nicht bereit, Menschenrechtsverletzungen als göttlichen Willen hinzunehmen.

Wir können aber müssen keinesfalls aus jener Zeit kommende Weisheiten als Diktat übernehmen, egal, ob es den Religionsgemeinschaften gefällt oder auch nicht gefällt.

Gleiches muss die Tierwelt akzeptieren, die vom Fressen und Gefressen werden existiert und sogar der Menschheit zur Ernährung diente und weiterhin dienen wird. Der religiöse Mensch sollte sich auch darüber einmal Gedanken machen, ob das ein so gewaltiges, göttlich vollendetes Werk sein kann oder eben nur das Ergebnis der von Charles Darwin nachgewiesenen Evolution, deren Richtigkeit die Wissenschaft durch Ausgrabungen belegen kann. Sollte diese Nahrungsquelle mit einem geringeren Denkvermögen, als es dem Menschen gegeben ist, auch in den ewigen Jagdgründen erhalten bleiben? Der religiöse Mensch sieht ein ewiges und friedliches Miteinander, dann wird aber sehr eng.

Es ist zu wünschen und wird gewiss auch zu verwirklichen sein, dass der Mensch in naher Zukunft nicht mehr auf Tierzucht als Nahrungsquelle angewiesen sein wird.

Dies wäre das höchste Zeichen dafür, dass sich der Mensch aus dem, von den selbsternannten Propheten so hochgelobten Paradies, endgültig verabschiedet hätte und nicht mehr dem Rhythmus von Fressen und Gefressen wird angehören.

Somit sollte sich jeder Mensch Gedanken machen, wie kostbar und wertvoll und einmalig das Leben ist, denn unvorstellbar ist die Situation, nicht geboren worden zu sein. Unvorstellbar ist die unendliche und nie endende Stille und nie endende Dunkelheit. Wie dankbar hat man zu sein, das Diesseits auf dieser Erde kennengelernt und gesehen zu haben.

Nicht nur die Vielfalt der Menschen, sondern auch die Tier- und Pflanzenwelt, das Singen der Vögel und das Grunzen der Schweine, das Summen der Bienen und den Duft der Blumen.

Welch ein unerschöpflicher Reichtum, den die Natur und das Leben zu bieten haben, auch wenn man das Fressen und Gefressen werden als tagtägliche Tatsache zur Kenntnis nehmen muss.

Es gibt niemals einen Grund, diese Einmaligkeit riskant aufs Spiel zu setzen oder wegzuwerfen, in Anbetracht der funkelnden Sterne in der Nacht und der wohltuenden Strahlen der Sonne am Tage.

Jede Stunde, jeder Tag und jedes Jahr ist vergänglich und ist ohne Wiederkehr, so ergeht es allen Lebewesen, Pflanzen wie

Tieren und so erging es auch unseren Vorfahren. Weil die Erde sich bewegt, gleicht kein Tag dem vorherigen, denn Leben heißt Veränderung. Ist es nicht eigenartig, dass alle Religionsgründer aber auf eine Unveränderlichkeit bestehen und gegen das tägliche Leben und damit widernatürlich handeln? Nur die Religionen berichten von „normalen" Widernatürlichkeiten und wollen diese zur Wirklichkeit erklären, indem man alles Geschehen als Wunder und göttlichen Willen darstellt. Je intelligenter und wissender der Mensch, desto eher kommt das Ende dieses „Wunderglaubens".

Wegen der Begrenztheit und Einmaligkeit hier auf dieser Erde ist die Verwirklichung der Menschenrechte eine unumstößliche Verpflichtung in unserer Existenz. Menschenrechte, die nicht von einem Gottwesen, sondern von mündigen Menschen für Mitmenschen geschaffen wurden, haben eine höhere Wichtigkeit als die Zehn Gebote.

Ein Glaube an eine göttliche Ordnung und Allmacht basiert auf dem minimalen geistigen Vermögen der Steinzeitmenschen und der Weiterentwicklung am Lagerfeuer.

Er erfüllt aber nicht die uneingeschränkte Glückseligkeit und das individuelle Leben des einzelnen Menschen auf dieser Erde und behindert das Miteinander, da Unkenntnis und falsche Vorstellungen der Religionen ein Hindernis dafür sind und bleiben werden, solange sie existieren.

Nicht nur ein religiös überzeugter Mensch, sondern auch einer mit ausgeprägten oder gar befremdenden religiösen Vorstellungen, der sich von der allgemeinen Menschheit entfernt, landet unweigerlich in der Einsamkeit, die er nur mit seinen Idealvorstellungen von einer übergeordneten Macht teilen kann, von der er aber allzeit alleine gelassen wird. Gebete oder Gottesdienste in der Gemeinschaft haben dieser Verlorenheit nicht nur in der Vergangenheit entgegengewirkt, sondern tun es auch noch heute.

Dass sich ein allmächtiger und allwissender Schöpfer einer Person namens Moses vor über 3000 Jahren alleine auf einem Berg in Sinai „offenbarte" und ihn mit Zehn Geboten beglückte, ist heute einfach unrealistisch, da es an der logischen und zeitlosen göttlichen Allmacht bis heute fehlt.

So ein Schöpferwesen hätte heute eine viel bessere Gelegenheit, sich seiner Schöpfung zu widmen und nicht in verschleierter, grauer Vorzeit einem einzigen Vertreter eines „auserwählten" Volkes.

Die Behauptung, dass die Zehn Gebote von einem Gott kommen, stehen diese auch über Könige und Kaiser oder wie sonst sich ein Herrscher auch nennen mochte. Das heißt, auch sie unterstehen diesen Gesetzen. Trotzdem hat es in seiner und allen folgenden Zeiten immer Menschen gegeben, die den Geschichten von Moses mehr oder weniger in berechtigter Weise skeptisch gegenüber standen. Die nachfolgenden Propheten berichten ausführlich und wiederkehrend davon.

Und etwas zu bestrafen, was man nicht glauben kann, ist ein Verbrechen an der Schöpfung!

Etwas zu glauben, heißt noch lange nicht, etwas zu wissen! Gerade umgekehrt: Für das Wissen ist der Glaube verzichtbar.

Deshalb kann eine Wissenschaft auch nur Pseudowissenschaft genannt werden, wenn sie nur von einem abgeschlossenen Glauben und nicht von lebendigem Wissen profitiert. Unverkennbar haben die Menschen Religion in ihr Erbgut eingepeitscht bekommen, oder sie pflegen ihren Glauben, so wie Vögel ohne Wissenschaft ihren Nestbau betreiben.

Nicht nur die christlichen Kirchen, sondern fast alle Religionen haben den Sprung in eine neue Zeit der Raumfahrt kommentarlos und stillschweigend hingenommen.

Gewiss haben auch Theologen sprachlos und mit staunenden Augen am 21. Juli 1969 die erste Mondlandung verfolgt. Hat man dabei auch daran gedacht, dass es Menschen waren, die damit Himmel und Erde verlassen haben? Man konnte nichts dagegen sagen, da es kein Gott verboten hat!

Der Himmel lag immer irgendwo hinter den Wolken und nicht zu vergessen: Auch die Hölle ist nicht nur da unten, sondern auch da draußen, je weiter man sich von der Erde entfernt. An der Sonne kann man sich den Hintern verbrennen, wenn man ihr zu nahe kommt. Bereits auf den höchsten Bergen dieser Erde wird der Sauerstoffgehalt in der Luft so gering, dass man Schwierigkeiten hat, in dieser Höhe ohne gesundheitlichen Schaden zu überleben. Ein den Propheten völlig unbekannter Umstand, da sie sich in ihren Visionen in diesen Höhen himmlische, ja sogar paradiesische Zustände vorgestellt haben und Langeweile ohne Ende.

Nachdem man jahrtausendelang den Himmel hinter den Wolken und die Hölle unter unseren Füßen vermutet hatte, ging man doch langsam aber sicher dazu über, dass sowohl Himmel wie Hölle erst nach dem Tode auf uns warten und somit eine örtlich Zuordnung nicht mehr nötig ist. Die Theologie hat hinzugelernt, hat heilige Schriften ignoriert, die einst mit starren und großen Augen gelesen wurden und unumstößlich Geltung hatten, und sie hat sich realistischen Gegebenheiten leise angepasst.

Nicht beten und das Schicksal erdulden, sondern eigenständiges Denken und Handeln, vor allem die sorgfältige Umsetzung aller Pläne hat die Menschheit zu dem Erfolg und Triumph in der Raumfahrt geführt, was erst als Anfang zu bezeichnen ist.

Wäre man in der Raumfahrt auf ein Gebet angewiesen, dann wäre schon alles zu spät, denn dann ist in der Planung etwas falsch gelaufen, oder die Technik war nicht perfekt.

Es ist auch nicht das Gebet, sondern es sind Technik und Mathematik, die den Weg zu den Sternen weisen, von dem alle alten Propheten von Unwissenheit nur so strotzend weder Ahnung noch eine Vorahnung hatten, weswegen sie für unsere Zeit keine Rolle mehr spielen.

Die Propheten kann man vergessen, denn sie sind schon lange ausgestorben, heute unnötig, und deshalb haben sie in unserer

Zeit ausgedient, von der sie nichts gesehen noch die sie vorhergesagt haben. Deshalb sind auch alle noch so hochstilisierten Propheten religiöse Vergangenheit und ihre Aussagen bedeuten für die ganze Menschheit keine unumstößliche Zukunft. Heute können wir berechtigt von allen Nationen und der ganzen Menschheit sprechen, denn heute kennen wir sie in ihrer Gesamtheit. In der Heiligen Schrift wurde immer großspurig von allen Völkern gesprochen, ohne den gesamten Umfang der Schöpfung zu erahnen und ohne die Wirklichkeit gekannt zu haben.

Religion als Kulturträger beinhaltet das gesamte vermeintliche Wissen aus der Steinzeit mit allen Fehleinschätzungen, die in unserer Zeit als falsch bezeichnet werden können oder als falsch bezeichnet werden müssen. In unseren Tagen ist Religion längst kein Wissensträger mehr, denn Geister, Götter und Dämonen wurden von Technik, Forschung und Wissenschaft abgelöst. Religion in jener klassischen Form hat somit ausgedient und sollte sich neuen Aufgaben widmen.

Bei dem Thema Raumfahrt hüllen sich die Religionen in Schweigen, obwohl es ihre alten Schriften keinesfalls positiv tangiert. Wie wird sich ein gläubiger Muslim im Weltraum verhalten, wenn er sein Gebet in Richtung Mekka zu verrichten hat? Was wird mit ihm passieren, wenn er beim Überflug sein Gebet zu nahe über Rom verrichtet? Was ist, wenn er auf dem Mond oder gar auf dem Mars unterwegs ist? Die Überlegungen sind nicht mehr als weltfremd zu bezeichnen.

Muss dann jeweils ein neues Mekka eingerichtet werden? Das war im Islam nicht vorgesehen! Alle Propheten und die Heiligen haben unsere Zeit und die Raumfahrt, trotz angeblicher göttlicher Mithilfe, nicht vorhergesehen. Somit haben sie den göttlichen Willen damals nur vorgespielt. Ihre Götter haben sich nicht entsprechend mitgeteilt, oder das Thema Weltraum war ihnen unbekannt, da das Maximum im Himmel lag, und der befand sich irgendwo hinter den Wolken.

Die Möglichkeiten in der Mikrobiologie, nämlich der Gentechnik, die erste Schritte gemacht und Erfolge erzielt hat und weitere unendliche Möglichkeiten erahnen lässt, sehen die Theologen noch immer als einen Eingriff in die göttliche Schöpfung, und damit rühren sie am Gewissen ihrer Gläubigen.

Es ist aber anzunehmen, dass sich nichtchristlich geprägte Länder unbeeindruckt über alle Einschränkungen hinwegsetzen werden, was sich für christliche oder andere religiös gebundene Länder zum Nachteil auswirken könnte und auswirken wird.

Wie muss man den von Menschen erfundenen Göttern dankbar sein, dass sie es zuließen, die religiös verblendeten Elemente unter den Menschen, die Ihre „Weisheiten" einst mit Mord und Totschlag und mit brachialer Gewalt über ihre Mitmenschen brachten als billige und rücksichtslose Hexenmörder und Totschläger darstellen zu lassen! War das auch göttlicher Wille?

Der Schritt in den Makrokosmos, und damit der Weg zu den Sternen, ist mit den heutigen Möglichkeiten noch sehr begrenzt, weshalb bei den Theologen keine Panik ausbricht, selbst wenn man im Universum auf Leben stoßen sollte, werden das alle Religionen überleben.

Selbstverständlich wird man im Universum Leben bzw. seine Keime nachweisen, da es sich sonst auch auf der Erde aus logischen Gründen niemals entwickelt hätte.

Wenn die Oberfläche der Erde einst feuerflüssig war, kamen wir selber aus den Tiefen des Universums, mit allen anderen Lebensformen. Anscheinend aus unterschiedlichen Richtungen, da es Lebensformen existieren, die nicht miteinander harmonieren. Man denke dabei an schädliche Bakterien, Viren, Pilze und Flechten, die der Tier- und Pflanzenwelt Schaden zufügen können.

Es muss Leben im All vorhanden sein, da auf dieser Erde nichts durch Wunder entstanden ist, wie es sich der religiöse Mensch jahrtausendelang vorgestellt hat, oder wie es ihm eingeredet wurde. Einst im europäischen, finsteren aber religiösen Mittelalter wurde mit brachialer Gewalt alles nichtreligiöse Denken untersagt oder Kritiker und Querdenker wurden im Namen Gottes einfach liquidiert.

Kein Gott hat sich jemals bei irgendeinem himmelschreienden Vergehen eingemischt! Man hat auch vergessen, Robert Oppenheimer (22.04.1904 bis 18.02.1967), theoretischer Physiker deutsch-jüdischer Herkunft und wissenschaftlicher Leiter des „Manhattan-Projekts" und verantwortlicher Konstrukteur der ersten Atombombe, zu befragen, ob er vor seinem erfolgreichen Test gebetet hat. Wenn ja, hat ihm dann ein Gott danach wohlwollend geholfen? Dann wäre es aus religiöser Sicht vielleicht besser gewesen, vorher nicht zu beten?

Hätte Nazi-Deutschland zuerst Atomwaffen entwickelt und eingesetzt, dann wäre dies das größte Verbrechen der Weltgeschichte gewesen, und man hätte Deutsche für alle Ewigkeit verflucht. Welches Glück hatte man in Deutschland oder in ganz Europa, das der Krieg zu Ende war, bevor die Atombomben der Amerikaner einsatzbereit waren.

Wenn Wernher von Braun negativ abqualifiziert wird, da er gewiss von den unmenschlichen Bedingungen gewusst hat, unter denen seine Raketen (V 2) für das Nazi-Regime gebaut wurden, trifft dies dann auch auf Oppenheimer zu, mit dessen Wissen eine der schrecklichsten Waffen aller Zeiten gebaut wurde, die jemals zum Einsatz kam? Spielt die Anzahl der Opfer oder Toten keine Rolle? Gibt es zweierlei Maß für Gut und Böse; für ein „gerechtes" und ein „ungerechtes" Töten?

Hitler wird der größte Verbrecher aller Zeiten genannt, da er für 55 Millionen Tote zuständig ist. Er hat es aber nicht geschafft, sich als unwissend hinter seinen Vollstreckern zu verstecken, um nicht als Urheber all der Verbrechen zu gelten. Immerhin hatte er persönlich die Vernichtung der jüdischen Rasse in Aussicht gestellt, wenn es wieder zu einem Kriege kommen würde, den er dann selber inszeniert hat.

Nazi-Deutschland, wie jede in der Geschichte kriegführende Partei, hat sich bemüht, den Krieg mit allen Mitteln für sich zu entscheiden, dafür war jeder Kriegspartei kein Preis zu hoch. Auch wenn man den Söhnen keine Schuld einreden kann, so muss man als Deutscher mit der Geschichte des Zweiten Weltkrieges und den begangenen Verbrechen für immer leben. Es ist zu befürchten, dass eine dominierende Multi-Kulti-Gesellschaft sich davon nichts annehmen wird, denn Zuwanderer kommen nicht nach Deutschland, um dauerhaft mit Schuld zu leben. Man sollte das Thema ruhen lassen und eine Bewertung der Geschichtsschreibung überlassen, die nichts unter den Teppich kehren wird und auch nichts vergessen wird. Es gibt weder einen gerechten Krieg noch ein gerechtes Töten! Mord bleibt für immer nur Mord. Nur im Alten Testament kann man von einem gerechten Töten lesen, wenn der Gegner vorher „geheiligt" wurde. So wie man auch den Opfertieren vorher die Hände auf den Kopf legte und sie somit laut Moses „geheiligt" wurden, damit der Herr das Opfertier als solches annahm!

Was ist zurzeit los mit dem Lehrer namens Amerika und seinem Präsidenten Trump? Die Bundesrepublik Deutschland, war nach dem verlorenen zweiten Weltkrieg ein begieriger und gelehriger Schüler des amerikanischen kapitalistischen Systems, während der von der Sowjetunion besetzte Teil Deutschlands (DDR) dem kommunistischen System angeschlossen wurde. Die Sowjetunion ging an ihrer systembedingten Ideologie wirtschaftlich zugrunde und löste sich auf. Mehrere verbündete Staaten schlossen sich danach dem bislang erfolgreicheren westlichen Bündnis an.

Es mehren sich aber die Anzeichen, dass auch der Kapitalismus scheitern könnte, und zwar an seinem eigenen Kapital! Die Anzeichen dafür werden immer deutlicher. Das Zahlungsmittel muss nicht abgeschafft werden, sondern die Geldwirtschaft muss sich erneuern.

Die Verschuldung der Weltwirtschaft ist astronomisch, da man die Schulden nicht mehr tilgen kann. Es gibt auch kein Orakel, das man um Abhilfe befragen könnte oder danach, wie lange dies noch gut geht.

Staaten mit ihren Schuldenbergen:

USA	22,0 Billionen Dollar
Deutschland	2,1 Billionen
Italien	2,1 "
Frankreich	1,9 "
Großbritannien	1,6 "
China	1,4 "
Brasilien	1,3 "
Kanada	1,1 "
Spanien	1,0 "

Seit dem Ende des Zweiten Weltkrieges und dem nachfolgenden Kalten Krieg verschuldete sich Amerika immer mehr. Handelsdefizite wurden von Jahr zu Jahr immer größer, und die entstandenen astronomischen Staatsschulden können künftig gar nicht mehr abgebaut werden.

Sind die systembedingten Veränderungen beim visionslosen aber fleißigen Schüler Deutschland bereits angekommen? Nein – durch die eigene Geschichte sieht man die Entwicklung mit Sorge.

Man setzt in Deutschland nämlich Nationalismus sofort mit Rassismus auf die gleiche Stufe. Man hat noch nicht den Eindruck des Verstehens der amerikanische Kehrtwende, und man hört auch noch nichts vom Nachdenken, denn zurzeit verurteilt man nur die Reaktion von Weltoffenheit hin zu Nationalismus, ohne den Grund zu hinterfragen, doch Gründe gibt es mehr als genug.

Der Trend ist beim amerikanischen Präsidenten Trump nicht zu übersehen, auch wenn ehemalige Zuwanderer in den USA, die es bereits in großer Zahl gibt, heftig dagegen demonstrieren.

Die Grenzen hemmungslos und ohne Kontrolle zu öffnen, ohne die Konkurrenz in der Wirtschaft einer Kontrolle zu unterwerfen und damit ein Dumping anderer Staaten zu ermöglichen, hat sich als Fehler gezeigt, da sich damit nicht nur die USA, sondern auch alle Verbündeten stetig steigernd verschulden. Ein

untragbarer Zustand, dem Präsident Trump erstmals entgegen-
tritt. Genauso will er die Fluchtbewegung der Überbevölkerung
aus Lateinamerika in Richtung USA unterbinden, wenn auch
mit fragwürdigen Mauern.

Schon während des Wiederaufbaues nach 1945 ging es auch wirtschaftlich in der BRD aufwärts, nur fehlte es an Arbeitskräften.
Die fünf Millionen im Krieg gefallenen Männer fehlten, weshalb man in Südeuropa um Arbeitskräfte warb.

Es kamen Italiener, Spanier, Portugiesen, die keine zu großen
Vorbehalte gegen die Deutschen hatten. Später schlossen sich Ju-
goslawen und Griechen an. Als auch dieses Potenzial erschöpft
war, fuhren einige deutsche Arbeitgeber persönlich mit Arbeits-
verträgen in die Türkei, um Arbeitnehmer anzuwerben. Immerhin hatte man mit den bisherigen Gastarbeitern keine schlechten
Erfahrungen gemacht.

Nun kamen aber Muslime ins Land, wurden gleich gut bezahlt
für ihre Arbeit wie andere Mitarbeiter auch, schickten Geld in die
Türkei und sprachen vom Wunderland Deutschland, da sie finanziell sehr viel besser gestellt waren als ihre Landsleute zu Hause.
Sie konnten sogar in ihrer Heimat mit den Ersparnissen Häuser
bauen, was wiederum weitere Türken nach Deutschland lockte.

Schließlich erkannte man die große Möglichkeit, auch in
Deutschland eine Zukunft aufzubauen und damit auch die Familien nachzuholen, da die BRD dies förderte und zur besseren Integration sogar schnell die deutsche Staatsbürgerschaft zu
bekommen war. Als die Zahl türkischer Arbeiter sehr groß geworden war, kamen Imame hinterher und konnten von den Beiträgen der Arbeitenden leben oder wurden von der Türkei bezahlt. Außerdem darf nicht vergessen werden, dass es finanzielle
Zuwendungen vom deutschen Staat in Millionenhöhe gab, nach
dem Motto: gleiches Recht für alle, da auch andere Religionsgemeinschaften finanzielle Unterstützung vom Staat erhalten hatten.

Es gab keinen Politiker in Deutschland, der irgendwie skeptisch war, denn man hatte keine schlechten Erfahrungen mit den
Gastarbeitern aus ganz Südeuropa gemacht, die meist nach län-

gerem Aufenthalt in Deutschland, spätestens wenn sie in Rente gingen, wieder in ihre Heimat zurückkehrten, wenn sie nicht in Deutschland Familien gründeten und damit hier blieben.

Der weltweite Konkurrenzdruck, dem die deutsche und europäische Wirtschaft durch sogenannte Billiglohnländer ausgesetzt ist, führt dazu, dass man in den massenweise kommenden Flüchtlingen eine Möglichkeit sieht, dem Preisdruck mit günstiger Entlohnung entgegenzuwirken. Noch geht die Rechnung sogar auf, denn Deutschland, mit nur einem Prozent der Weltbevölkerung ist Exportweltmeister. Nur, was man mit den Händen erarbeitet, wird mit dem Hintern wieder zerstört, indem man den Gewinn unkontrolliert in die ganze Welt verschenkt und verschleudert, wobei die Infrastruktur im eigenen Lande zerbröckelt und verkommt, und es muss von Mindestrenten gesprochen werden, und ständig sind von Politikern die Überlegungen da, wo noch mehr an Steuern und Geldmitteln herausgequetscht werden kann.

Die Idee, die für alle Länder gelten sollte, nämlich das Leben eines ganzen Volkes durch Selbstversorgung zu sichern, wird völlig außer Acht gelassen, und das führt weltweit längst erkennbar nicht nur ins Verderben durch hemmungslose Belastung der Umwelt, sondern belastet auch durch Fluchtbewegungen den Frieden unter den Völkern! Die Entwicklung ergibt bedrückende Zukunftsaussichten!

Die Rechnung für dieses politische Entgegenkommen zugunsten von Wirtschaft und Industrie kommt spätestens dann, wenn diese Menschen in schlechten wirtschaftlichen Jahren mit durchgezogen werden müssen. Oder wenn sie einst in Rente gehen und ihre eingezahlten Beiträge nicht für ein Existenzminimum reichen, wie es heute bereits vielen Deutschen geht, vor allem den älteren Frauen, die auch ein Leben lang gearbeitet haben oder Witwen, die nur 60 Prozent vom Lohn ihres Mannes bekommen.
Die muslimischen Arbeitnehmer legten großen Wert auf ihren kinderreichen Familiennachzug, richteten sich dauerhaft in

Deutschland ein, blieben aber aus religiösen Gründen unter sich. Viele dieser Zuwanderer bekommen für ihre spätere Rente aber nicht die entsprechenden Jahre zusammen, weshalb der fehlende Rest zum Lebensunterhalt vom deutschen Staat bezahlt werden muss, so wie es auch für deutsche Staatsbürger der Fall ist. Man bringt aber eine religiöse Einstellung mit, die von Europäern als überholt betrachtet wird. Den Europäern war es nicht gelungen, die Menschen im Orient von ihrer besseren Religion zu überzeugen. Jetzt scheint die Gelegenheit günstig zu sein eine gegenteilige Entwicklung zu versuchen.

Es war die Religion, mit der man bereits in archaischen Zeiten versuchte, unsere Existenz zu erklären und unserem Kommen und Gehen einen kulturellen Rahmen zu verleihen.

Heute müssen wir mit klaren Augen erkennen, dass das Wissen jener Zeit dafür nicht ausreichend war, denn Kenntnisse über die Natur, über andere Völker oder die Geografie waren nur in minimaler Form vorhanden. Somit wurde der gesamte Bereich aus Unwissenheit dem bewussten Willen eines höheren Wesens zugeordnet, und damit war „Gott" erfunden.

In Afrika gibt es noch heute Orte, wo die Leute nach dem Genuss von Drogen in rituelle Handlungen eingebunden werden. Haben sie sich mit Gesang und Trommelklängen in Trance getanzt, liegen sie dann auf dem staubigen Erdboden, wobei ihnen aus Nase und Mund Flüssigkeiten entrinnen und sie etwas Unverständliches vor sich hin stammeln, das dann vom Medizinmann gedeutet wird. Oft geht es dabei nur darum, wie denn das Wetter eventuell zur Erntezeit sein wird.

Für uns sind diese Vorgänge heute verzichtbar, da wir einen umfangreichen Wetterbericht im Fernsehen bekommen, der bestimmt genauer ist als der von den Medizinmännern.

Religion als Wissenschaft bezüglich unserer Existenz hat ausgespielt, da andere wissenschaftliche Zweige, wie Gentechnik oder die Weltraumforschung, unser Kommen und Gehen bis ins Detail

besser erklären und beweisen können, was den Religionen nicht gelingt. Vor allem durch die Weltraumforschung ist der Platz für die
Existenz von einem oder mehreren Göttern sehr klein geworden.
Der Kirche bleibt nur die Aufgabe der Seelsorge, da die Psyche
der Menschen anscheinend mit dem Leben heute und den Veränderungen unserer Zeit empfindsamer geworden ist. Es bedarf
in der Zukunft keiner kindlichen und mysteriösen Märchenerzählungen, selbst wenn diese einer vagen Wahrheit entsprechen
würden, sondern nur der Behandlung der menschlichen Seelen.

Das Besondere am Leben ist die Tatsache, dass es diese Existenz
überhaupt gibt. Wir können es uns eigentlich nicht erklären, warum aus der toten Materie nicht nur Lebensbausteine entstanden
sind, sondern komplexe Lebensformen für Pflanzen- und Tierwelt.

Heute sind wir dabei, nachdem wir erkannt haben, dass unser Lebensraum ein Planet ist, der sich mit seinem Mond um eine
Sonne bewegt, in den Kosmos einzudringen, der sich nicht nur
in seiner Größe, sondern auch der Ursache vom Anfang einer
menschlichen Vorstellungskraft verschließt.

Der Blick in die Unendlichkeit des Alls lässt eine Frage nach
Gott einfach verblassen, da nach den Vorstellungen unserer Religion Gott sehr menschlich dargestellt wird. Dass ein menschen-
ähnliches Wesen für dieses Universum zuständig sein könnte, dafür taugen die religiösen Vorstellungen nicht mehr.

Für ein überschaubares ptolemäisches Weltbild hätte ein Gott
mit Bart noch gepasst. Da sich die Frage stellt, ob wir eine Einmaligkeit im All sind oder ob auch weitere Lebensformen da draußen existieren, wird der Mensch versuchen, seinen Wissensdurst
zu stillen. Selbstverständlich muss es Bausteine des Lebens auch
an anderen Stellen im Weltall geben, da wir nicht durch Wunder entstanden sind, sondern eher aus günstigen Bedingungen.

Vielleicht werden wir die Frage, warum es diese Welt überhaupt
gibt, nie beantwortet bekommen. Aber auch unsere Vorfahren
haben diese Frage nicht beantwortet bekommen und haben trotzdem gelebt. Also machen wir ruhig weiter und das Beste daraus!

Auch die von den religiösen Spezialisten eingeredeten Sünden kann man vergessen, denn die dienten bislang nur der dauerhaften Einkommenshilfe und waren damit Existenzmöglichkeit für Priester und ihre Organisationen, denen es nicht gelungen war, eine friedliche Entwicklung mit religiöser Dominanz zu erreichen. Alle Religionen kochen ihre eigene Suppe und dies in der Vergangenheit und vielerorts bis heute, meist mit brachialer Gewalt und Dominanz.

Im Finale aber noch eine fehlende Erkenntnis, die sich in aller Konsequenz ergibt:

Wenn die Schriftgelehrten oder allwissenden Theologen der Meinung waren, dass man einen Galileo Galilei (15.02.1564 bis 08.01.1642) ungestraft wie eine Laus zerquetschen und ihn dann auf den Scheiterhaufen werfen und verbrennen kann, dann sollte dies ein geschichtlicher Irrtum sein. Und diese klaren Zeilen hier und jetzt, wenn auch mit verzichtbarem göttlichen Anspruch oder Allmacht, die noch nicht vollzogene, gerechte irdische Strafe bedeuten.

Der Herr der himmlischen Heerscharen lässt dies alles so geschehen und verhindert gar nichts! Eine Wahrheitsfindung mit nachfolgender Bestrafung im Zeitalter von KI (künstliche Intelligenz) kann ohnehin nicht ausbleiben, und es bedarf eigentlich nicht dieser umfangreichen Kritik.

Wer hat für diese Entwicklung gesorgt? Ein allessehender und alleswissender Gott oder nur der denkende und wissende Nachkomme Adams?

Die Wissenschaft ist mit einer oder ohne eine Vorstellung an eine göttliche Schöpfung noch lange nicht zu Ende in ihrer Entwicklung, dafür wird sie permanent selber sorgen.

Hatte nicht auch der Papst, Johannes Paul II, im guten Willen um Vergebung, einem lebensgroßen hölzernen Jesus am Kreuze die Waden geküsst, als es um verachtungswürdige Verbrechen an sogenannten Hexen und Ketzern ging? Verachtungswürdig deshalb, da sie im Namen eines Gottes begangen wurden, dem eigentlich übergroße Liebe zu seiner Schöpfung nachgesagt wurde! Es war dies eine recht kostengünstige, nichtssagende und schmerzfreie Geste.

Wären die in ihrer Zeit zu Tode Gequälten noch zugegen, dann würden sie gewiss meinen, er könnte sie etwas höher küssen, da sie auf eine solche geheuchelte Geste verzichten können. Denn ihnen wurde ein nicht wiederbringbares Leben gestohlen, von einer „heiligen" und „unfehlbaren" Kirche, die von einem unbeweisbaren, von Gnade erfüllten und gerechten Gott spricht. Auch Theologen müssen damit leben, dass die Rechtsprechung heute sagt: Mord verjährt nie!

Es ging in der Vergangenheit nicht um die Durchsetzung eines göttlichen Willens, sondern eindeutig sichtbar um den Machterhalt einer Kirche, die den christlichen Auftrag vernachlässigte, wenn nicht sogar falsch auslegte, da von Nächstenliebe und Toleranz nichts zu erkennen war.

Den Gläubigen wird immer eingeredet: Gott höre und sehe alles, vor allem die menschlichen Sünden! Sieht er zu, vom Himmel aus, hoch hinter den Wolken? Freut er sich da oben, wenn sich Menschen milliardenfach vermehren und dann gegenseitig abschlachten, da ihnen permanent Lebensmittel und Lebensraum fehlen?

Sieht der aus dem Paradies vertriebene Adam nicht die vielen Megastädte mit ihren Wolkenkratzern und den immer größer werdenden Slums, in denen Menschen unwürdig dahinvegetieren?

Kann sich niemand mehr vorstellen, wie die Natur einst hier ausgesehen hat, mit Wiesen und Wäldern und kleinen Bächen, wo eine vielfältige Tierwelt ebenfalls als göttliche Schöpfung die Herrlichkeit des Tages im wärmenden Sonnenlicht genossen hat?

Wie anständig, dass die Menschen dem Ruf der Propheten folgten, die immer behaupteten, dass sie von einem Gott ihre Weisheiten haben, und damit am Ende die Schönheit der Natur vernichteten. Hat Adam das Ziel noch immer nicht erreicht, mit „Liebet und vermehret euch"?

Macht nur weiter so, dann schafft ihr auch noch das Feuer vom Himmel. Schafft es der liebe Gott nicht, dann schafft es einer der Nachkommen von Adam, dann erspart dies die Auferstehung des Fleisches am Jüngsten Tage, da es restlos gegart und verbrannt sein wird. „Liebet und vermehret euch", damit sich eine emotionale Prophetie bis zum bitteren Ende erfüllt.

Kriege, mörderisches Treiben, wofür zu allen Zeiten sogar göttlicher Segen eingeholt wurde, all das wird dabei völlig vergessen. Nun, hat ein gerechter Gott sein Einverständnis dafür gegeben? Vielleicht wird der Sieger einer kriegerischen Auseinandersetzung dem zustimmen. Ein vernunftbegabter Mensch kann mit einem erduldeten Unrecht, das vielleicht nicht vergessen und erst in einem eventuellen Jenseits bestraft wird, nicht sein ganzes Leben verbringen.

Warum hat ein Allmächtiger kein Verbrechen verhindert, und warum wird er auch in Zukunft nichts verhindern? Vielleicht weil es ihn nach den menschlichen Vorstellungen so gar nicht geben kann? Es kann kein Trost sein, sondern es ist Unrecht auf dieser Erde, dass erst zum „Jüngsten Gericht", nach allem individuellen Ableben vielleicht für Recht und Gerechtigkeit gesorgt wird! Vielleicht gibt es deshalb auf Erden schon eine juristische Rechtsprechung, da man einer Verurteilung nach dem Tode doch nicht ganz traut oder nicht so lange warten möchte?

Der umfangreichen, von Menschen geschaffenen Rechtsprechung ist mehr zu vertrauen, als den zu gering ausgefallenen Zehn Geboten, an die sich weder Moses noch die Kirche gehalten haben. „Du sollst nicht töten!"

Zur Zeit der Heiligen Inquisition sprachen die dafür verantwortlichen Bischöfe von einem „hochnotpeinlichen" Verhör. Nur, für wen war es denn so hochnotpeinlich? Dem nackten unschuldigen Delinquenten oder der nackten Delinquentin auf der Streckbank oder an den Daumenschrauben, oder dem Theologen mit seinen sadistischen Gefühlen unter der Kutte?

Welch eine paradiesische Zeit für Sadisten, wenn einem die Daumenschrauben angelegt wurden und ein schmerzhaftes Jammern die Folge war. Welche Lust, oh Herr, nur noch eine halbe Drehung und dann komm, komm, oh Orgasmus! Ist das Treiben von Folterknechten anders zu beschreiben?

Erschütternd die Meldung vom Anfang 2018, als sich Papst Franziskus anscheinend der Höhe der Zeit verweigerte, indem er erklärte, dass die Kirche auf den Exorzismus nicht verzichten kann und auch nicht auf den Glauben an eine Hölle. Ein wichtiger Teil des Glaubens, der geschaffen wurde, als der Menschheit allgemeines Wissen und logisches Denken noch sehr fremd waren.

Gewiss dachte er an Jesus, der einem Besessenen namens Legion angeblich zwölf Dämonen ausgetrieben hatte; Dämonen, an deren Existenz ein heute lebender Mensch nicht zu glauben verpflichtet werden kann. Legion weinte nach der Austreibung seiner Dämonen, womit die Geschichte zu Ende war. Welch eine Erlösung, wer weiß aber, ob er bis zu seinem Tode auch dauerhaft geheilt war?

Erschütternd auch die Tatsache, dass die Heiligen Väter in Rom, wer auch immer dieses Amt bekleidet, die Gläubigen zur Opferbereitschaft für die Armen aufrufen, ohne zu verstehen, dass sie es sind, die Verhütungsmittel und Familienplanung als nicht „gottgewollt" ablehnten. Und dafür noch immer dem heiligen Spruch nacheifern: „Liebet und vermehret euch", womit sie einer grenzenlosen Vergrößerung der Armut und dem kriegerischen Treiben Tür und Tor öffnen und damit den Verstoß gegen ein anderes Gebot fördern, das da lautet: „Du sollst nicht töten".

Wobei gewiss ein Verbot, nicht zu töten, höher einzustufen ist als der Aufruf zur Vermehrung! Diese Botschaft hat mit Vernunft zu tun und sollte in unseren Tagen endlich angekommen sein. Die Lernfähigkeit ist anscheinend bei vielen Menschen mangelhaft, trotz göttlicher Schöpfung.

Die einst von Theologen festgestellte Norm für Sexualität besagt, dass sie nur zum Zeugen von Nachwuchs erlaubt ist und natürlich ohne Lustgefühl, da dies nach religiöser Ansicht sündhafter Abnormität entsprechen würde!

Dieser hemmungslose Blödsinn kann nur für einen Lachkrapf sorgen, da er nur zur Feststellung von Sünden dient, welchem man endlich widersprechen muss, denn 99,9 Prozent der

Sexualität dient ausschließlich zur Trieb- oder Lustbefriedigung, und der Rest dient vielleicht zur Zeugung von Nachwuchs. Viele Menschen, die kinderlos bleiben, wie sogar zu 100 Prozent Nonnen und Priester, wurden somit aus religiöser Sicht selber zu einer verfehlten Schöpfung.

Das ist die Realität, der sich die Theologen verweigern, womit sie sich auf Unvermögen und Vorstellungen vergangener Zeiten und damit laut den vermeintlichen Propheten auf Gottes Wort berufen. Vor allem in der Tierwelt, der sündenfreien göttlichen Schöpfung, läuft die Sache viel brutaler ab.

Man fragt sich: Wann werden angebliche Stellvertreter Gottes oder Nachfolger Petri endlich erleuchtet und trennen sich von ihrer Unfehlbarkeit und von unhaltbaren Dogmen, deren Basis von Menschen geschaffen wurden, die mit ihrem mangelnden Wissen in ihrer damaligen Welt gelebt und die auch nichts mehr mit unserer heutigen Zeit zu tun haben, da wir ein grundlegend anderes Weltbild haben, das noch dazu der Wirklichkeit und nicht Visionen entspricht?

Warum war der Schöpfer ein „Er"? Warum war es keine „Sie" oder ein „Es"? Warum musste es unbedingt ein triebloser alter Mann mit einem langen Bart sein?

Ach ja, nicht nur die semitische, sondern auch andere antike Religionen ließen kritiklos das Patriarchat und überhaupt keine andere Überlegung zu.

Wie sollten auch Propheten und Heilige bei fehlender Technik gewusst haben, dass die Natur bei allen Säugetieren, zu denen auch der Mensch gezählt wird, im embryonalen Zustand primär Weiblichkeit hervorbringt, bevor sich daraus Männlichkeit entwickelt? Welch eine Scham für einen richtigen Macho oder den verblendeten religiösen Menschen. Manchmal ist sogar beides gleichzeitig vorhanden, was religiös Verblendete komplett durcheinanderbringt auf der Suche nach den Schuldigen, denn Gott kann ja der Schuldige niemals sein. Trotzdem gab es bei anderen Religionen jener Zeit männliche und weibliche Götter, wenn auch der Chef wenigstens männlich sein musste. Weder ein „Er" noch eine „Sie" noch sonst jemand mit menschlichem Denken, menschlicher Gestalt oder irgendeiner Form hat diese Welt und das gesamte, überdimensionale Universum geschaffen, das damals zur Zeit der prophetischen Weisheiten noch völlig unbekannt war.

Wir sollten das fehlende Wissen einstiger Propheten ohne Lachkrämpfe zur Kenntnis nehmen, denn die Situation für die gesamte Menschheit ist mit den verschiedenen Religionen bereits zu bedrohlich geworden, vielleicht sogar hoffnungslos bedrohlich, da man nicht mit göttlicher Hilfe rechnen kann.

Mit dem Glauben wollte man die Welt und unser Kommen und Gehen erklären, was in einer Sackgasse endete, da die religiösen Erkenntnisse nicht mehr erweiterbar sind. Für die Theologen waren das Ende und der Fluch über die sündhafte Menschheit immer nah, weshalb man gottesfürchtig zu sein hatte – das reichte, um seinen Berufsstand zu rechtfertigen.

In rasantem Tempo haben sich in den letzten 200 Jahren die Wissenschaften entwickelt, die realistisch auf der Suche nach der Wahrheit sind, währenddessen ist die Theologie zum Stillstand gekommen und damit zum Zusehen verurteilt worden. Seit Jahrhunderten werden von Kirchen Reliquien verehrt, deren Echtheit können Forscher heute beweisen oder widerlegen, ein für Gläubige völlig unwichtiges Bedürfnis. Der Glaube braucht keine Realität, denn er lebte immer schon von der Irrealität und von Wundern.

Die Frage aller Fragen lautet: Welche Götter waren denn nun die richtigen? Waren es die Götter der Schamanen, oder die der Sumerer, der Babylonier, der Perser, der Ägypter, die mit dem Bau der Pyramiden aus Überzeugung ihres Glaubens die größten Bauwerke aller Zeiten vollbrachten, oder waren es die Götter der Griechen und der Römer oder die der Maya, Azteken oder Inka, und wo sollte man die Götter der Asiaten einordnen?

Im Christentum sind wir davon überzeugt, dass der Gott der Hebräer der einzige und wahre Gott ist, denn der Gläubige befasst sich nicht näher damit, da er nicht Wissen, sondern nur Glauben sucht.

Im Alten Testament kam es zwischen dem Gott der Hebräer und den Göttern Ägyptens zur Rivalität, stellvertretend ausgetragen zwischen Moses und den Priestern des Pharao. Die Stöcke, die man hingeworfen hatte, wurden zu Schlangen. Die Schlange von Moses fraß die der Priester, das war für Moses damals ein Zeichen, dass sein Gott der Mächtigere war.

Die Götter der Ägypter sind danach nicht ausgestorben, sie existierten noch 1 300 Jahre weiter! Und wie verhält es sich mit allen anderen Göttern, die rund um die Erde existierten und heute noch verehrt werden und mit dem Gott der Hebräer nichts zu tun haben? Wie viele Himmel oder Höllen muss es denn geben, wenn es so viele unterschiedliche Götter gibt? Was passiert, wenn sich die Götter bei einem Urteil über die geschaffene Kreatur nicht einig sind? Was geschah mit den Göttern, deren Völker oder Kulturen für immer verschwunden sind, gingen ihre Götter in den Ruhestand, oder schweben sie auch noch immer da oben herum? Kommen die Götter nicht in Streit, wenn die einen so und die anderen anders entscheiden?

Die Antwort ist so realistisch und deshalb ganz einfach: Es waren die Menschen selbst, die sich mit Wissensdrang und aus Unwissenheit die verschiedenen Götter geschaffen haben.

Welche Götter haben denn die Saurier aussterben lassen; waren sie auch sündhaft? Wurde ihnen vorher von ihren Göttern auch die Ausrottung angedroht, wie der menschlichen Spezies?

Ach, davon haben die von göttlichen Ideen inspirierten Propheten kein einziges Wort berichtet! Nun ja, es geschah ja auch weit vor ihrer Zeit. Ihre Unwissenheit entschuldigt dies aber nicht.

Alle hochstilisierten Propheten, die man nicht kritisieren durfte, da sie Gottes Worte vermittelten, inszenierten ohne irgendwelche realistische Rechtfertigung ihren irrealen Visionen selbst. Einer Rechtfertigung bedurfte es nicht, da es um Glauben ging, der von Priestern bestimmt wurde. Warum hat ihnen ihr Gott nichts davon berichtet, weder von archaischer Vergangenheit, noch von den technischen Entwicklungen unserer Tage und noch weiteren in der Zukunft? Mit starren Augen vorgetragene, ewige Verdammnis aus Gründen der Sündhaftigkeit, das kann nur ein Ausdruck von religiöser Überhöhung sein oder gar einer geistigen Verwirrtheit entsprechen, oder das ganze Thema der Religion überstieg einfach ihr Denkvermögen.

Was machen die Götter alle da oben; sehen sie zwischen den Wolkenlücken hindurch und den Menschen freudvoll zu, wenn sie sündigen oder gar Kriege führen? Wenn diese Götter den Ersten und den Zweiten Weltkrieg wortlos geschehen ließen, dann würden sie auch einem Dritten Weltkrieg schweigend zusehen, so wie sie auch dem Aussterben der Saurier zugesehen haben! Endlich kann kein Mensch mehr behaupten, er wisse über diese Realität nicht Bescheid!

Wer von Mordplänen weiß und nichts dagegen unternimmt, der macht sich als Mitwisser eines Verbrechens schuldig. Gilt das nicht für einen christlichen Gott?

Wenn ein gerechter Gott, der noch dazu allmächtig und allwissend dargestellt wird und im Voraus bereits alles weiß, trotzdem alles Böse geschehen lässt, dann brauchen wir eine solche göttliche Vorstellung nicht, da sie uns niemals eine Hilfe sein kann und sein wird!

Was will ein Mensch noch mehr an Beweisen, dass wir für uns selbst verantwortlich sind!

Auch Jesus ist seinen Vorstellungen von Gott hilflos zum Opfer gefallen, was er erst am Kreuze sterbend erkennen musste. Seine Vorstellung von einem Gott entsprach eben nicht der von Moses!

Sein Wiederkommen, von ihm so intensiv vorhergesagt aber nicht erfolgt, beweist den Rest seiner Fehlspekulation!

Für die Menschheit ist er aber nicht vergebens gestorben, denn er hinterließ uns eine große Botschaft über Nächstenliebe und Brüderlichkeit, auch wenn er von keinem Menschen irgendwelche Sünden mitgenommen hat, weder die aus der Vergangenheit noch die, die es noch in Zukunft geben könnte und die es ohnehin auch nur für Gläubige geben kann.

Gewiss war seine Botschaft von der Nächstenliebe übertrieben, denn man muss seinen Nächsten nicht unbedingt mit Liebe begegnen, es reicht eigentlich auch aus, wenn man selber lebt und auch leben lässt und mit seinen Mitmenschen respektvoll und mit Achtung umgeht. Unabhängig davon, ob man seinem Nächsten mit Sympathie begegnet oder ihn gar nicht ausstehen kann. Jeder hat die gleichen Rechte und auch Pflichten, wenn er in der Gemeinschaft leben möchte, denn die gesamte Welt ist heute mit ihren Umweltproblemen zur Schicksalsgemeinschaft geworden.

Wir sind nicht die Nachkommen von einem Ehepaar ohne genetischen Unterschied, sondern wir entstammen einer genetischen Vielfalt, wie es die Gentechnik heute beweisen kann.

Wer trägt die Schuld am Rassismus? Ein Gott, der die Rassen geschaffen hat?

Nein, die Evolution ist dafür verantwortlich, und damit müssen wir fertig werden. Vielleicht sollte man bedenken, dass heute keine unterschiedlichen menschlichen Rassen leben, dass aber durch die Evolution verschiedene Arten entstanden sind, die sich mischen und vermehren können. Auch die von Menschen geschaffenen Hunderassen können sich ungehindert mischen, da ihre Kreuzungen noch nicht lange zurückliegen und sie haben den gleichen Stammvater oder Mutter. Anders bei den verschiedenen Vogelarten. Hätten die sich alle vermischt, wäre nur eine Art vorhanden.

In der Tierwelt herrscht allgemeiner Rassismus. Gleich gesellt sich zu Seinesgleichen. Auch wenn es durch menschliches Zutun Kreuzungen zwischen Pferd und Esel oder Pferd und Zebra oder Tiger und Löwe gibt: Die entstandenen Hybride vermehren sich nicht mehr weiter.

Der Rassismus ist eine natürliche Vorgabe und nicht das Ergebnis einer menschlichen Erfindung. Ein Volk, das auf die Existenz seiner Art keinen Wert mehr legt und zugunsten anderer Arten seinen Lebensraum aufgibt, ist für die Herausforderungen in dieser Welt nicht mehr geschaffen. Es gab in historischen Zeiten bereits Völker, die in der Geschichte spurlos verschwunden sind.

Von Gott aus Dreck geschaffener aber dummer Adam, besser noch gesamte Menschheit, öffnet die Augen und erwachet endlich, denn wir sind für uns selbst verantwortlich! Ist die menschliche Dummheit und Unwissenheit eine Schuld der Götter, da sie Adam nicht mit mehr Verstand ausgestattet haben?

Wenn es nach Religion und Schöpfungswunder geht, dann hat gewiss der Schöpfer die Schuld. Bei einer evolutionären Entwicklung bleibt die Schuld beim Menschen selber hängen, da er noch zu ungebildet und sich der Tragweite seines Handelns anscheinend noch nicht voll bewusst ist.

Weil aber die Menschheit durch Evolution entstand, hat jeder neu geborene Adam die Aufgabe, sich nicht durch den Glauben, sondern durch Lernen und das Aneignen von Wissen zu bemühen, auf das heutige Niveau zu kommen. Leider gibt es noch immer zu viele Menschen, die der Meinung sind, dass sie von einem Gott erschaffen wurden und die sich der eigenen, mühevollen Entwicklung und Verantwortung verweigern, oder sie haben dazu nicht den Willen, oder es fehlen ihnen dazu die natürlichen Fähigkeiten.

Es gibt Philosophen, die bedauern, dass sich Religionen in einer unreifen Phase der Menschheitsgeschichte entwickelt haben. Ganz gewiss haben sie sich aber nur aus diesem Grunde überhaupt entwickelt.

Der Papst als Oberhaupt der katholischen Kirche sieht sich als große Vertretung Gottes auf Erden. Der Mensch, oder besser die gesamte Menschheit, ist aber als göttliche Schöpfung bezeichnet worden. Dann ist das Papsttum auch nicht ein von einem Gott, sondern nur ein von Menschen geschaffenes Amt. Also, nur keine religiöse Selbstüberhöhung, auch wenn sie von allen Göttern stillschweigend hingenommen wird, muss sie noch lange nicht richtig sein!

Die Idee ist nicht neu, denn schon die Pharaonen sahen sich selbst als Söhne ihrer Götter. Wie dem auch sei, die Gläubigen sind damit zufrieden, wenn sie einen Hirten haben. Trotzdem darf ein gläubiger Mensch alles Wissen einbringen und mit seinem Glauben kombinieren, was von keinem noch so mächtigen Vertreter Gottes auf Erden verboten werden kann.

Weder das Denken noch der Glauben sind etwas Verbotenes, und Wissen schadet schon gar nicht! Gewiss ist das Denken seit der Vertreibung aus dem Paradies unsere uneingeschränkte Pflicht. Wer sich dem Denken verweigert, ist unweigerlich der Verdammnis geweiht, und er wird seinen Nachkommen keine bessere Welt hinterlassen, was am Sinn und am Fundament des Lebens rüttelt.

So glauben wir den Erkenntnissen eines Jesus, der als Erlöser seines Volkes zum Retter der ganzen Menschheit von seinen Verehrern hochstilisiert wurde, ohne dass man alle anderen Völker überhaupt gekannt hätte, noch diese um einen Erlösungswunsch gefragt worden seien.

Es ist ein Unterschied, ob die Hebräer von der römischen Besatzung erlöst werden wollten, oder ob Menschen bei allen Völkern der Erde von ihren Sünden befreit werden sollten.

Vor der Erlösung muss aber die Sündhaftigkeit stehen, die von Propheten und Priestern erfunden wurde, da es sonst weder der Erlösung noch der Existenz der Priester bedarf.

Der größte theologische Widerspruch liegt darin, dass man erklärt, Jesus habe mit seinem Tode die Sünden der Welt auf sich genommen und trotzdem die Beschuldigungen der Priester gegen ihre Gläubigen und deren Sündhaftigkeit kein Ende finden, sondern Angst schüren, um Geld zu verdienen. Hält man sich an die Zehn Gebote, kommt man in den Himmel, wenn nicht, droht die Hölle.

Unsere Rechtsprechung heute ist etwas umfangreicher. Das BGB ist eine dicke Schwarte. Hält man sich an sie, wird einem nicht das Himmelreich versprochen, hält man sich aber nicht daran, wird man bestraft, oder man kommt ins Gefängnis. Für uns ist es eine Selbstverständlichkeit, die von Menschen geschaffenen Gesetze einzuhalten, auch wenn man dafür nicht in einen Himmel kommt.

Die Menschen mit christlicher Religion haben es aber geschafft, auch wenn es 1000 Jahre dauerte, dass es zu einer gesellschaftlichen Weiterentwicklung kam, was vielleicht auch durch die vielen Völker und ihre Kulturen in Europa ermöglicht und erleichtert wurde. Die Menschen in den verschiedenen Ländern haben aber in unserer Zeit gemerkt, dass trotz unterschiedlicher Sprachen ein gleiches Denken vorhanden ist. Anscheinend blieb der Orient in seiner intensiven Religiosität, bis hin zu Fanatismus und Selbstmordattentätern, davon unberührt.

Alle „Wunder" von einst wurden der christlichen Religion langsam zunichte gemacht, durch Entdeckungen wie zum Beispiel die Neue Welt und damit den endgültigen Beweis, dass die Erde ein Kugelform hat und durch Wissenserweiterungen wie die Erkenntnis von Nikolaus Copernikus, dass unsere Erde nicht das Zentrum der Welt und auch nicht das Zentrum im Universum ist.

Heute wissen wir, dass auch unser Sonnensystem nicht der Mittelpunkt einer Schöpfung ist, da sie nur ein winziger Teil unserer Galaxie ist, die einst aus Unwissenheit Milchstraße genannt wurde, obwohl sie nichts mit Milch zu tun hat. Solche gibt es milliardenfach im Universum, wo sich wahrscheinlich ohne göttliche Wunder auch Leben aus der toten Materie entwickelt hat.

Alle Schamanen von einst waren der Meinung, wenn sie die Arme nach „oben" erheben, dann ist dies die Richtung zum Himmel, da sie in ihrer Vorstellung von der Schöpfung eine flache Erde mit vier Ecken angenommen haben, worüber sich ein Himmelgewölbe mit dem Sternenzelt befindet und sonst nichts. Bestens nachlesbar in der unbrauchbaren Offenbarung!

Man hat mit zwölf Sternzeichen sogar Ordnung in dieses Durcheinander am Himmel gebracht, die über das menschliche Schicksal bestimmend sein sollen. Angeblich gehen diese Erkenntnisse bis zu den Persern zurück, und man versucht bis heute, damit zu arbeiten und Wahrheiten für heute und für die Zukunft zu finden – in den Sternen, von wo wir wahrscheinlich auch kamen, als die Erde einst einen bewohnbaren Zustand erreicht hatte.

Auch die irrigen Formulierungen von einst, aus der Zeit der Unwissenheit, sind geblieben. Das Wort Himmel beschrieb den schönen Ort, wo einen das Paradies oder ein viel schöneres Leben erwartet. Heute gebrauchen wir das Wort Himmel, wenn wir über das Wetter sprechen. Die Götter hatten gar kein Versteck, wenn der Himmel wolkenlos war, und kein Mensch hatte eine Ahnung davon, dass man in 24 Stunden einmal rundum in die Tiefe des Universums blickte. Die Welt war einst das Biotop unter den Sphären, umspannt vom Sternenzelt, in dem sich das gesamte Leben der göttlichen Schöpfung abspielte.

Heute verwenden wir den Begriff Erde, wenn wir über denselben Raum sprechen, der aber bedeutend anders aussieht, als er einst von den Propheten ihrem Unwissen entsprechend beschrieben wurde.

Zum urbanen Leben auf der Erde gehörte nicht der Mond, der sich so veränderlich am Himmel zeigt und auf dem in unserer Zeit bereits Menschen Mondgestein sammelten.

Einst unvorstellbar, man hätte diese Idee einem Phantasten zugeschrieben und lachhaft gefunden. In früherer Zeit war es auch unvorstellbar, dass man auf einem veränderlichen Stern, wie man den Planeten Mars nannte, eines näher kommenden Tages wohnen könnte. Diese Möglichkeit wird mit heutiger Technik immer wahrscheinlicher, und wir rücken der Verwirklichung immer näher.

Im Religionsunterricht hat man uns beigebracht, dass ein Nachdenken über den Glauben bereits eine Sünde sei und dass Kritik sogar Gotteslästerung bedeutet, denn die Bibel sei das Wort Gottes.

Wer das Alte Testament liest und feststellen muss, dass die Propheten dies durch unklare „göttliche" Visionen vermittelt bekamen und Mord und Totschlag nicht als Verbrechen an der Schöpfung, sondern, wie es bereits von Moses praktiziert wurde, eine gesellschaftliche Verpflichtung waren, ist heute nicht nur berechtigt, sondern sogar verpflichtet, diesem angeblichen Willen Gottes zu widersprechen. Selbst wenn deshalb von Blasphemie geschrien wird oder man sogar von ewiger Verdammnis bedroht wird.

Das verlangt vor allem das Gebot: „Du sollst nicht töten", oder das Gebot ist für die Katz, oder die ganze Theologie ist für die Katz. Die Geschichte von Kain und Abel sollte nicht vergessen werden, auch wenn sie in archaischen Zeiten spielt und so gewiss nicht stattgefunden hat, aber ähnliche Vorkommnisse sind uns nicht fremd.

Es liegt überhaupt kein einziger Beweis dafür vor, dass jemals eine schützende göttliche Hand über diese wunderschöne Schöpfung gewacht hätte.

Im Gegenteil, ein jeder Mensch muss sich im Grunde genommen gottverlassen fühlen, vor allem wenn man dabei an Menschen denkt, die als Soldaten zum Töten verpflichtet werden, auch wenn sie nie einen Mord begehen wollten. Deshalb brauchen sie auch nach einem kriegerischen Einsatz eine psychologische Betreuung, da sie sonst für den Rest ihres Lebens darunter leiden, wenn ihr Verstand keine Ruhe gibt und ihnen sagt, dass man eigentlich Kain, einen Mörder, zum Bruder hat. Nie wieder Krieg, das wäre die größte Errungenschaft in der menschlichen Existenz!

Nach dem Zweiten Weltkrieg waren die Kirchen sehr voll, und kaum ein Heimkehrer, der nicht zugegen war, wenn Nachlass der Sünden und nachfolgender Segen angesagt waren. Du sollst nicht töten! Das verlangt jeder Rechtsstaat von seinen Bürgern und dazu ist auch er selber verpflichtet. Und was dem Einzelnen verboten ist, ist auch einer Gruppe, einem Land oder einer ganzen Nation untersagt!

Auch die Gemeinschaft hat nicht das Recht, selbst einen Mitbürger, der sich eines schlimmen Verbrechens schuldig gemacht hat, zu Tode zu bringen, durch wen auch immer, und wenn er es auch verdient hätte. Hat man schon böse Menschen in der eigenen Gesellschaft, dann hat man das Recht, diese in sicheren Gefängnissen unterzubringen, solange eine Gefahr von ihnen ausgeht.

Eine Tötung ist zu unterlassen, da nie ausgeschlossen werden kann, dass die Gesellschaft selbst an dem Fehlverhalten des Einzelnen und seinen Lebensumständen eine gewisse Mitschuld haben könnte. Oder der Schöpfer hat sich bei ihm irgendwie mit der genetischen Vergabe vertan.

Richter, die in vergangenen Zeiten Todesurteile gefällt haben, wandten sich sprachlich sehr elegant aus der Affäre. Sie sagten nicht: „Scharfrichter, bringen Sie den Verurteilten vor unseren Augen um". Nein, das hätte nach Mordgier ausgesehen, sondern sagten: „Scharfrichter, walten Sie ihres Amtes". Bereits Moses hatte erklärt, dass Aaron, sein Bruder, als Priester „amten" sollte.

Im Zeitalter atomarer Bedrohung muss man sich mit Jesus verbunden fühlen, der der Meinung war: „Liebet euch und liebe deinen Nächsten mehr als dich selbst."

Nur einem friedfertigen Menschen kann man atomare Waffen anvertrauen, wenn sie nun schon mal existieren. Doch wehe, wenn sie in die Hände von Sadisten kommen, dann stehe Gott der Menschheit bei, wenn er sich auch in allen vergangenen Kriegen immer versteckt hat.

Der Auffassung, auch die linke Seite hinzuhalten, wenn dir einer auf die rechte schlägt, sollte man sich nicht bedingungslos anschließen, da ein Sadist dies als Einladung auslegen könnte. Es sei denn, man ist ein Masochist, was auch im menschlichen Erbgut vorhanden ist.

Es gibt nun mal Menschen, die eine Freude daran haben, Schmerzen zu ertragen, wie zum Beispiel bei Tätowierungen, die dann gerne und sogar mit Stolz gezeigt werden.

In gleicher Anzahl wie diese Masochisten muss es gewiss auch Leute geben, die sich zum Sadismus hingezogen fühlen und leicht erkennbar zu Sportarten neigen, bei denen etwas Blut fließt.

Wir sind nun mal durch eine Evolution entstanden und haben unsere animalischen Instinkte bis heute nicht ganz abgelegt. Hätte das Individuum Mensch diese Instinkte nicht gehabt, hätte die Menschheit vielleicht auch keine Entwicklung erfahren, und sie wäre ein Teil der Tierwelt geblieben oder wäre von ihr aufgefressen worden.

Eine perfekte göttliche Schöpfung, die durch Wunder entstand, hätte keinen weiteren Aufwand benötigt, wie eine kugelförmige Erde mit einem Mond und einer Sonne, von dem gesamten Universum ganz zu schweigen. Es hätte ein Leben unter einer Käseglocke gereicht, wie es dem ptolemäischen Weltbild entsprach, dem sich die christlichen Kirchen angeschlossen hatten. Leider alles überholt und nicht mehr rechtsgültig, da wir heute mehr wissen, trotz göttlicher Verschwiegenheit.

Doch bei einem überschaubaren ptolemäischen Weltbild könnte man sich noch eine durch Wunder entstandene göttliche Schöpfung vorstellen, aber nicht mehr in den Dimensionen des Universums, denn da hat ein Gott in Menschengestalt endgültig ausgedient!

Das hat mit Gotteslästerung nichts zu tun, wenn eine Entwicklung nach Charles Darwin beweisbar die richtige ist und hochgepriesene „Wunder" irgendeiner Religion nicht wiederholbar sind oder nachvollzogen werden können, sondern als irreale, menschliche Gedankenwelt bezeichnet werden, die letztendlich zur geistigen Sackgasse geführt haben, da man sich von richtigen Wissenschaften eines Besseren belehren lassen musste.

Charles Darwin wurde verspottet und verlacht und in Karikaturen mit Primaten gleichgesetzt und auch so dargestellt, da er von gemeinsamen Vorfahren gesprochen hatte.

Allerdings wird der Mensch selbst mit der Gentechnik das Heft in die Hand nehmen, da auch diese Existenz eine natürliche und nicht durch göttlichen Zauber entstanden ist. Menschen, die die psychische Kraft besitzen und sich jedes religiöse Diktat verbieten und sich davon distanzieren, erleben bereits auf Erden die Erlösung von allem Übel – Amen!

Der Begriff „Gotteslästerung" war für die Theologie die schärfste Waffe, um nicht die Herrschaft oder Existenzberechtigung zu verlieren und damit ist man 1000 Jahre lang gut gefahren. Sekten wie auch Weltreligionen bestanden allzeit auf brutalste Bestrafung, um ihre „Weisheiten" zu schützen, auch wenn diese menschenrechtsverletzend, beweisbar falsch oder nur verlogen waren.

Es ist fatal, beschämend und moralisch unchristlich, dass wohlhabende religiöse Herrscher sich an armen, gutgläubigen Menschen durch Mord und Totschlag bereichert haben, denn man hat von verurteilten Hexen und Ketzern in widerrechtlicher Bereicherung den Besitz eingezogen, und wie man berichtet hat, wurde sogar der Totenschmaus von ihrem Besitz bezahlt.

Die Kirchen haben es ohne körperliche Anstrengungen zu einem wahrhaften Reichtum gebracht.

Laut Carsten Frerk, Sozialwissenschaftler, verfügt die katholische Kirche in Deutschland über ein derzeitiges Vermögen von ca. 270 Milliarden Euro an Grundbesitz (8250 Quadratkilometer und somit der größte private Landbesitz in der Deutschland) sowie Immobilien, Geldanlagen und Beteiligungen.

Der Vatikan ist der größte Landbesitzer der Erde; z. B.: 50 000 Hektar Ackerland in Italien und 100 000 Hektar Ackerland in den USA. In Verona (Italien) sind 50 Prozent der Stadt Vatikanbesitz usw. (Wikipedia). Der Vatikan zeigt auch gerne seinen Reichtum, wobei man dann von einer Tradition spricht.

So wurden die Päpste früher, der letzte von ihnen war Johannes XXIII, auf einer Sänfte im Vatikan herumgetragen, während er die dreiteilige, aus purem Gold gefertigte Tiara auf dem Kopf hatte.

Es ist leichter für ein Kamel, durch ein Nadelöhr zu gehen, als für einen Reichen, in das Königreich Gottes einzugehen (Mat. 19:24).

Gerade diese gebildeten und wohlhabenden Theologen sollten aber an das Nadelöhr denken und dass ihnen damit das Himmelreich verwehrt wird. Gewiss gilt das nur für alle armen Sünder, aber nicht für Bischöfe oder gar für den Papst, für die alle wird ein extrem großes Nadelöhr geschaffen, damit sie sogar mit einem Kamel hindurch kommen. Es steht nur noch nirgends geschrieben.

Gewiss ist die Hölle auch überfüllt von jenen Theologen, die vermeintlichen göttlichen Willen mit Mord und Todschlag unter den eigenen Gläubigen praktiziert und die Zehn Gebote vergessen haben.

Es gibt Christen, die in der Existenz eines Papstes keine Ebenbürtigkeit mit Jesus sehen, der am Palmsonntag auf einem Esel durch Jerusalem ritt. Sollte ein Papst es ihm einmal gleichtun, dann könnte man so etwas wie christliche Demut vor dem Herrn erkennen. Demut, die man aber bislang nur dem Gläubigen abverlangte. Eine demütige, einmal im Jahr vorgegebene Fußwaschung am einfachen Gläubigen kann über fehlende Demut und opulente Haltung nicht hinwegtäuschen.

Theologen führen gerne an, dass beim Turmbau zu Babel höhnisch gelacht worden sei über die göttliche Warnung, danach aber sei die Bestrafung durch eine sprachliche Verwirrung gekommen.

Diese lächerliche Unwissenheit bezüglich einer irrealen Vorstellung dieser Leute über Himmel, Hölle und unsere Existenz hat mit heutigen Erkenntnissen keine Gemeinsamkeiten.

Man überlegt sich heute bereits, ob wir vielleicht sogar in einem mehrfachen und nicht nur in einem Universum leben. Die wissenschaftlichen Fachgebiete sind auch ohne göttliche Hilfe und die dafür unbrauchbaren Propheten noch lange nicht am Ende ihrer Erkenntnisse angekommen.

Dass Sonne, Mond und Sterne laut Bibel angeblich zum Wohlgefallen des Menschen geschaffen wurden, wird bei den heutigen Erkenntnissen zur Lachnummer, da man die menschliche Existenz längst als kümmerlich erkannt hat, als vergleichbar mit einem vergänglichen Ameisenhaufen.

Wer sich dessen heute nicht bewusst ist, hat die Dimensionen eines dem Vakuum ähnlichen, eiskalten und verstrahlten Raumes noch immer nicht begriffen und sollte sich darüber endlich einmal in Ruhe Gedanken machen.

Apropos Sterne: Einst hat man sie in Fixsterne und bewegliche Sterne eingeteilt, da man nicht wusste, dass die beweglichen Sterne, gleich der Erde, um unsere Sonne kreisen.

Für jeden vernunftbegabten Menschen im 21. Jahrhundert ist es irreal, dass ein alter Mann, den man als Gott bezeichnet, aus einem Nichts auch nur ein Staubkorn im Universum geschaffen hat.

Für alle Vorgänge im All kann aber die Wissenschaft heute bereits umfangreiche Antworten anbieten. Theologie kennt nur eine Antwort: Wunder! Heilige Bücher haben dazu nichts zu sagen!

Das Ziel der Theologen in ihren eigenen Worten war es, die „frohe" Botschaft zu verkünden: „Der Herr wurde geboren und hat alle Sünden der bekannten und unbekannten Welt auf sich genommen!" So, oder so ähnlich oder doch nicht ganz, da man noch immer bittet, bettelt, beichtet und betet! Die Vermittler dieser Botschaft wirkten aber nicht so, dass sie vor Glückseligkeit nur so strotzten. Vielleicht ist das heute anders, aber man konnte Priester kennenlernen, die sich von der Gesellschaft abkapselten und durch ihr Zölibat alleine und einsam und damit distanziert durchs Leben gingen. Die frohe Botschaft schien an ihnen vorbeigegangen oder zumindest sehr fern zu sein.

Vielleicht lag es daran, dass sie ihr Vermögen der Kirche überlassen mussten und keine menschlichen Beziehungen eingehen durften. Es wurde von normal veranlagten Menschen Widernatürlichkeit verlangt, da auch die Götter nach Vorstellung der Theologen ohne Sexualität waren und im Himmel anscheinend keine Zerstreuung brauchten.

In ihren Vorstellungen hatten sie nur vergessen, dass Menschen nach dem Ebenbild Gottes geschaffen wurden, der aber anscheinend selber kein Mensch mit Fortpflanzungswillen war. Außerdem hat er ohnehin genug an Konkurrenten rund um den Erdball!

Warum das Universum existiert, kann die Wissenschaft heute auch nicht erklären und wird es vielleicht nie können, aber die Religionen haben sich auf der Suche nach einer Erklärung selbst disqualifiziert, da sie sich dem Wissen verweigert, an kindlichen Märchen und nicht beweisbaren oder nicht wiederholbaren Wundern mit brachialer Gewalt festgehalten haben.

Egal, ob Wunder oder Evolution, es bleiben dennoch Fragen, auf die die Menschheit wahrscheinlich nie eine Antwort bekommen wird: Warum existiert ein Raum, in dem die Materie in Form von milliardenfachen Galaxien schwebt? Für menschliches Denken gibt es nur begrenzte Räumlichkeiten. Das Wort Raum weist eben auf eine Räumlichkeit hin, die es anscheinend für das All nicht gibt. Alle Menschen vor uns haben auf alle kritischen Fragen, wenn sie überhaupt gestellt wurden, auch keine

Erklärung bekommen und haben trotzdem gelebt. Also, lebensnotwendig ist es nicht, wenn man auf die letzte aller Fragen keine Antwort bekommt.

Eine göttliche Schöpfung mit dem Menschen als wichtigsten Mittelpunkt, das ergibt bei den Dimensionen des Weltalls keinen Sinn mehr. Mit anderen Worten: Ein Gott hätte einen solchen Aufwand für uns Menschen nicht treiben müssen. Ein Leben im ptolemäischen Weltbild mit religiösen Wundern wäre voll ausreichend gewesen. Hierin liegt der riesige Unterschied zwischen den Ergebnissen von Wissenschaft und Technik und den religiösen Erkenntnissen, denen ein Mensch der Zukunft keinen Glauben schenken muss.

Das Kreuzzeichen, das von Jesus bestimmt nicht gebraucht worden ist aber von den Priestern zu allen Anlässen immer feierlich Verwendung findet, kann nur als Geste des guten Willens gewertet werden. Denn egal ob es einmal, fünfmal oder hunderte Male wiederholt wird, niemals wird ein Priester damit Wasser in Wein verwandeln.

Das Kreuz sollte daher nicht als ein Kennzeichen einer Weltreligion, sondern einfach als Zeichen für alle Friedfertigen dieser Erde dienen, wofür Jesus indirekt sterben musste.

Der Astrophysiker Stephen Hawking (08.02.1942 bis 14.03.2018), Atheist und trotzdem seit 1986 Mitglied der „Päpstlichen Akademie der Wissenschaften", erklärte die Nichtexistenz eines Gottes aus mathematischen Gründen und meinte: Nähert man sich einem Schwarzen Loch, erhöht sich die Geschwindigkeit, wodurch aber die Zeit immer langsamer vergeht, bis sie endgültig zum Stillstand kommt. Steht die Zeit aber still, dann existiert weder ein Gott, noch gibt es sein Wort.

Damit erübrigt sich für ihn die Frage nach der Existenz eines Schöpfers.

Eine andere Erklärung reicht bis zum Urknall, von dem die Wissenschaft heute überzeugt ist. War damals alle Materie an einem Punkte vereint, dann gab es keinen Raum und auch keine Zeit, da sich erst mit der Expansion der Materie eine Bewegung ergibt, die dann zeitabhängig wird. Was vor dem Urknall war, werden wir also nie erfahren, da weder Raum noch Zeit existierten. Für einen Menschen unvorstellbar, da wir in eine Räumlichkeit hineingeboren wurden.

Der Mensch und die ganze Menschheit hat nicht das Recht, alle Verantwortung von sich zu weisen und einer imaginären Gottheit in die Schuhe zu schieben, die damit für eine verpfuschte Schöpfung die Schuld zu tragen hätte! Das natürliche Leben auf dieser Erde birgt nun mal Gefahren, mit denen wir fertig werden müssen.

Es war immer schön und wird es gewiss immer bleiben, an einen gütigen Vater da oben zu glauben und in einem Gebet mit ihm zu sprechen. Jeder weiß, dass man keine Antwort bekommt, aber in der Not bleibt eben oft nur die Hoffnung, dass man vielleicht doch begünstigt wird.

Auch wird man auf keinen christlichen Feiertag, schon gar nicht auf Weihnachten oder Ostern verzichten, da bereits unsere unchristlichen Vorfahren, Heiden genannt, für gleiche Zeiten ebenfalls besondere Festtage hatten, die nur vom Christentum geschickt kombiniert wurden.

Nach den Erkenntnissen des Philosophen Immanuel Kant (22.04.1724 bis 12.02.1804) sollte der Mensch mit der Maxime seines Willens immer so handeln, dass es auch einer allgemeinen Rechtsprechung gleichkommt (Kants-kategorischer-Imperativ).

Nach 200-jähriger Erfahrung kann man aber die Aussage unserer Zeit angleichen und es viel einfacher sagen, ohne eine hochgestochene wissenschaftliche Sprache zu gebrauchen: „Handle stets so, dass dich auch kommende Generationen nicht negativ beurteilen können."

Selbst, wenn es nachweisbar keinen Schöpfer gibt, der über seine Schöpfung schützend wacht, denn niemand war da, als so viele Tiergattungen ausstarben, ist der Mensch seit den Tagen von

Adam verpflichtet, diesen Schutz zu übernehmen. Oder wir werden an unseren animalischen Wurzeln, die wir vom biblischen „Paradies" mitbekommen haben, zugrunde gehen. Nach dem damaligen geographischen Wissen lebte man diesseits von Eden, denn jenseits davon befand sich ja das Paradies, das es in der Realität so nie gegeben hat und nie geben wird. Heute sind solche Formulierungen nicht mehr haltbar oder üblich, denn wir wissen, jenseits von Rom kann auch diesseits von Rom bedeuten, denn es ist nur eine Frage des Standortes.

Trennt sich die Menschheit nicht von den archaischen Erkenntnissen der Religionen, dann steht auch dem Ende ihrer Existenz, nach den schönen Prophezeiungen mit dem undatierten Feuer vom Himmel und einem nachfolgenden sadistischen Strafgericht, kein Hindernis mehr im Wege.

Adam ist heute da angekommen, wo es um die Zukunft der gesamten Tierwelt und der menschlichen Spezies mit allen Errungenschaften geht, und dabei spielt Religion keine Rolle mehr, sondern es geht um die bedrohliche Überbevölkerung rund um den Erdball, an der die zivilisierte Welt zu ersticken droht und die sich selbst durch ein falsches Verständnis von Hilfsbereitschaft mitschuldig gemacht hat.

Jede weitere Hilfe für die hungerleidenden Menschen in der Dritten Welt bedarf ihrerseits einer Verpflichtung zur Familienplanung, damit sie nicht als Menschenrechtsverletzung bewertet wird.

Seit 1945 befinden wir uns mit unserer Existenz im Schatten einer latenten atomaren Bedrohung. Nun kommt das Problem der Überbevölkerung in der Dritten Welt als neue Bedrohung hinzu. Wer vor dieser Bedrohung die Augen verschließt, vergeht sich an seinen eigenen Nachkommen.

Es ist dieser Spezies Mensch nur zu wünschen, sich über die eventuell unter Einfluss von Drogen und „Visionen" entstandenen Religionen, für die sich jene gewaltbereiten Visionäre heute abgrundtief zu schämen hätten, da sie aus Unwissenheit falsche

Zeugnisse ablegten, zu erheben und zu erkennen, dass wir selbst
für alles verantwortlich sind und nicht eine angebliche Gottheit,
die über ihre gesamte Schöpfung, so auch die Tier- und Pflanzenwelt, weder liebend noch strafend wacht!

Die Priester, die von ihrer Religion leben wollen, haben längst
die Bestrafung, die auf Erden nicht gesühnt werden kann, in das
kommende, fragwürdige Reich des Todes verlegt und versuchen
dadurch, die Angst bei den einfachen Menschen aufrechtzuerhalten, um den Einfluss und damit ihre Verdienstquelle mit ihren religiösen Vorstellungen nicht zu verlieren.

Was ist mit jenen Tätern, die auf Erden schon von Menschen geschaffene Gericht verurteilt wurden? Ist für sie der Weg in ein
göttliches Paradies dann frei? Oder können sie sich einen Gott aussuchen, der ihnen wohlwollend gestimmt ist? Die Antwort wollen
wir von keinem religiösen Gelehrten mehr bekommen, denn deren Weisheiten wird kein Glauben mehr geschenkt. Eigentlich ist
jede Antwort überflüssig geworden, denn jeder Mensch ist geistig so frei, dass er sich sein eigenes Bild machen kann und darf.

Es steht keiner Organisation das Recht zu, weder politisch
noch religiös, Mitmenschen einzureden, was sie zu denken und
zu glauben haben, denn hier beginnt die Manipulation und das
Unrecht. Jedem Menschen steht ohnehin frei zu denken oder zu
glauben, was er möchte, weshalb es künftig keiner großen Lehren und Weisheiten aus der Vergangenheit mehr bedarf.

Es besteht ohnehin der Verdacht, dass der Mensch mit Religion bewusst unmündig gehalten wird.

Ob es ihn gibt, da oben, oder nicht gibt, er bleibt für viele Menschen in der Not ein kostenloser Ansprechpartner, vor allem, wenn
man sich von allen verlassen wähnt. Es ist zu wünschen, dass die
Worte von Jesus, wiedergegeben von Matthäus (Mat. 5:5) zutreffen:
„Glücklich sind die Mildgesinnten, da sie die Erde erben werden."

Somit besteht noch immer Hoffnung auf Vernunft in der
Menschheit, und für diese Welt wäre noch nicht alles verloren,
weder im Himmel noch auf Erden hinter den Wolken oder bei

den Sternen. Nur wird von Tag zu Tag deutlicher, dass die Menschen der Dritten Welt und alle anderen, die mit ihrer Überbevölkerung die Mutter Erde und die ganze Zivilisation überfordern, und wir alle damit einer katastrophalen Wirklichkeit entgegengehen, sofern sie nicht schon längst zugegen ist.

In Anbetracht von Gewalt, Hunger und Elend, nicht nur unter den Erwachsenen, sondern auch unter den Kindern in der überbevölkerten Dritten Welt, möchte man trotzdem, wenn auch mit Tränen in den Augen, da das Potenzial so übermächtig ist, den kommenden Generationen alles Gute und viel Glück wünschen. Vor allem die Erkenntnis, dass ein langes Leben in Gesundheit das Schönste, das Wichtigste und das Wertvollste an der Schöpfung selbst ist und ein zweites, von den Religionen eingeredetes paradiesisches Leben nach dem Tode eine große und nicht beweisbare Illusion ist, der wir uns aber nicht verweigern wollen, indem wir im realen und einmaligen Leben mit Anstand und Würde füreinander und nicht gegeneinander da sind.

Wir benehmen uns wie ungebetene Gäste auf dieser Erde, obwohl wir nur für kurze Zeit hier sind.

Jeder Augenblick unseres Daseins ist nur eine Leihgabe der Ewigkeit, was die Einmaligkeit unseres Lebens unterstreicht. Der Sinn des Lebens liegt nicht darin imaginären Göttern zu dienen und zu huldigen, um ihre Gunst zu erlangen und nur keinen Sünden zu verfallen, denn dann müsste man bereits in jungen Jahren Selbstmord begehen, damit man der Sündhaftigkeit entkommt! Nein, der Sinn des Lebens liegt darin, die Einmaligkeit dieses Daseins solange in Anstand und Würde zu erleben, bis ein biologisches Ende unvermeidbar geworden ist. Es ist unvorstellbar nicht gelebt zu haben. Unvorstellbar die ewige Dunkelheit und nie endende Stille.

Die Gestaltung seiner Existenz auf dieser wunderschönen Erde lag und liegt alleine in der Verantwortung von Adam, so wie er in seiner Überlegenheit gegenüber der Tierwelt seine Umwelt immer gestaltet hat, sowohl in der Vergangenheit wie auch in der Gegenwart und in allen noch kommenden Zeiten – wünschenswert bis in alle Ewigkeit – Amen!

Epilog

Bevor uns Mutter abends ins Bett schickte, befeuchtete sie ihren Daumen mit Weihwasser und zeichnete uns Kindern intensiv und gut gemeint ein Kreuzzeichen auf Stirn, Kinn und Brust. Und dann musste ich nach meiner frühen Erkenntnis feststellen, dass „geweihtes" Wasser wie ganz gewöhnliches Wasser einfrieren konnte. Dass ich nach dieser Feststellung von Mutter als „dummer Junge" bezeichnet wurde, hat mich unvergesslich negativ berührt, weshalb ich mich permanent und kritisch mit dem Thema Religion beschäftigte, da ich den „dummen Jungen" nicht auf der Erde zurücklassen, aber auch nicht mit ins Grab mitnehmen wollte.

Gewiss sollte ich dem Leser auch erklären, dass ich selbst ein Immigrant mit europäischen Wurzeln bin. Ich konnte nur nach Deutschland kommen, weil ich einen Arbeitgeber gefunden hatte, der mir jedes Jahr eine Bestätigung übergab, womit ich bei der Ausländerbehörde einen kostenpflichtigen Vermerk in meinem Reisepass bekam, mit dem ich ein weiteres Jahr bleiben konnte. Ohne dieses Visum hätte ich wieder dahin gehen können, woher ich kam, denn ich durfte dem Gastland Deutschland finanziell nicht zur Last fallen. Auch damals galten die Menschenrechte, und Deutschland trieb Handel mit der ganzen Welt.

Vor allem brauchte ich für die Integration keinen deutschen Pass und betrachtete mich als Europäer.

Deshalb ist es eine hilflose politische Geste, wenn man den deutschen Pass schnellstens anbietet, um eine etwaige Integration zu begünstigen. Beschämend und unverantwortlich, dass mit dem deutschen Pass Extremisten nach Syrien ausreisen konnten, um am Bürgerkrieg teilzunehmen. Gehen diese muslimischen Neubürger keiner Arbeit nach? Es gibt aber Leute, die sich darüber Gedanken machen, ob man auf diese Leute als Mitbürger verzichten könnte, indem man ihnen die deutsche Staatsbürgerschaft aberkennt, wenn sie für eine fremde Macht in den Krieg ziehen! Angeblich besitzen viele dieser muslimischen Extremisten eine doppelte Staatsbürgerschaft, was das Reisen in die Krisenländer erleichtert.

Alle anderen Situationen, die wir heute mit Befremden zur Kenntnis nehmen müssen, sind nur eine Frage der Rechtsprechung, für die damals wie heute die Politik die Grundlagen zu schaffen hat. Damit offenbart sich ein Versagen der Politik nicht nur in Deutschland, sondern in ganz Europa, auch wenn man diese Politik als demokratisch bezeichnet, dann hat man sich mit ihr disqualifiziert.

Gewiss sollte ich dem Leser auch erklären, dass auch ich von den Bettelorganisationen beeinflusst wurde, um für die hungernden Kinder in der Dritten Welt zu spenden. Es waren keine riesigen Beträge, da ich selbst auf den Aufbau und die finanzielle Absicherung meines Lebens achten musste.

Für 25 Jahre Spendenbereitschaft bekam ich von der Organisation der SOS-Kinderdörfer eine Danksagung und eine Anstecknadel. Da die Adressen von Menschen mit Spendenbereitschaft weitergereicht wurden, womit man sicher auch Geld verdiente, summierten sich am Ende die Bittschreiben auf bis zu 30 und dies mehrmals in jedem Jahr.

Auch andere Organisationen bekamen deshalb von mir Geldspenden.

Als aber nach diesen 25 Jahren jene Mitmenschen, deren bisheriges Leben durch Spenden finanziert worden war, massenweise über das Mittelmeer kamen und damit den Europäern weitere Hilfe abverlangten, hatte ich den untrüglichen Eindruck, dass meine Hilfe nicht den richtigen Zweck erfüllt hat. Außerdem wurden in TV-Werbesendungen von den Bettelorganisationen Bilder von nicht schlecht ernährten afrikanischen Kindern gezeigt, die im Schatten saßen, und um deren verschmutzte Nasen und von Speiseresten verschmierten Münder herum sich Fliegen ein reichliches Mittagessen holten, ohne dass sie verscheucht wurden. Wir waren auch Kinder und lebten ohne fließendes Wasser, aber so phlegmatisch und verdreckt liefen wir nicht herum. Die Reinlichkeit bedurfte keiner Ermahnung von den Eltern, denn andere Kinder hätten mit uns so unappetitlich und verdreckt nicht gespielt.

Meine umfangreiche Kritik an den Menschen in der Dritten Welt hat nach meinem Bekenntnis zur Humanität absolut nichts mit Rassismus zu tun, denn ich sehe in allen Mitmenschen Brüder, und die Genetik gibt mir recht. Meine Kritik sollte deshalb als brüderlicher Rat gewertet werden.

In den Tagen meines Lebensabends empfinde ich es als unwiderstehliche Pflicht und Aufgabe, den religiös Überzeugten ein dickes „Ei" ins Nest zu legen, damit sie sich ihrer Verpflichtungen für die Psyche ihrer Mitmenschen bewusst werden und damit aufhören, unter dem Deckmantel einer Pseudowissenschaft die schleierhaften Geschichten von Wundern, Märchen und Fabeln zu erzählen, die selbst von Kindern nicht mehr ernstgenommen werden, weswegen die dann später der Religion den Rücken kehren. Somit hat für die Existenz der Menschheit die Theologie an Wert verloren.

Wie unter einem posthypnotischen Befehl wurden Wörter wie „heilig" und „selig" verwendet, um das Denken der Gläubigen einzuschränken oder gar auszuschalten, da nach diesen Wörtern ein Tabu folgte, das unverletzlich war. Es stellt sich auch die Frage, ob vielleicht ein extrem religiöses Verhalten sogar als Ursache für ein fehlendes logisches Denken angesehen werden kann.
       Es stellt sich auch die Frage: Wem sollten denn Begriffe wie heilig oder selig dienen?

Schon bei den Naturvölkern kann man sehen, dass sie „heilige" Orte, Flüsse oder Berge haben, die mit gewisser Mystik umgeben werden. Nicht nur für einen Schöpfergott, sondern eher für die ganze Menschheit muss die gesamte Erde als heiliger Lebensraum angesehen werden. Sieht man aus großer Höhe auf die Erde, dann muss man erkennen, wie dünn die Biosphäre ist, die unser Lebensbereich bedeutet, über den Wolken als weiße Schleier ziehen, unberührt von Meer und Land. Diese hauchdünne Schicht über der Erde hat uns in seiner Gesamtheit als heilig zu gelten, denn nur dieser schmale Streifen ermöglicht unser einmaliges Leben.

Vielleicht war Religion ein wichtiger Begleiter in der menschlichen Entwicklung, auch wenn sie nicht immer positiv dienlich war. Aber in dieser bestehenden Form der Märchenerzählungen hat sie für immer ausgedient, da dies für eine Universalschöpfung heute nicht mehr passend ist.

Eigentlich müsste es jedem Menschen einleuchten, dass sich Götter nicht nur halbgebildeten Visionären mitteilen, die ihr negatives Empfinden wie Hass und Gewalt mit göttlicher Erleuchtung bestätigen wollen, sondern vor allem intelligenten Menschen, die sich ohne Vorbehalt und wissenschaftlich mit unserer Existenz beschäftigen, die sich erfolgreich auf dem Weg in die Zukunft befindet. Menschen mit Bildung, Wissenschaftler, die sich mit Mikro- und Makrokosmos und der Molekularbiologie beschäftigen, die erkennen die Sprache der Schöpfung ohne Gebete, obwohl die Götter ohnehin für immer schweigen.

Deshalb erübrigt sich das Bemühen religiöser Bewegungen, die ihr „Wissen" aus einer Zeit der Unwissenheit beziehen, künftig auf diesem Gebiet großartige Beiträge zu erbringen.
    Damit hat Religion den Wettstreit mit Wissenschaft und Technik, deren Entwicklung sie sich immer vehement entgegen gestellt hatte, für immer verloren.
    Immerhin geht es hier um die Zukunft unserer Nachkommen und jedes einzelnen Menschen, den man nicht mit der Angst vor dem Jüngsten Gericht und der ewigen Verdammnis, sondern mit der Freude an einem erfüllten Leben begleiten sollte.
    Die Religion sollte sich ihrer Aufgabe bewusst sein, die „frohe Botschaft" zu verkünden und für eine gesunde Psyche ihrer ver-

bliebenen Gläubigen zu sorgen, ohne gleichzeitig immer wieder in irreale Steinzeitgeschichten zu verfallen und eine Sündhaftigkeit zu vermitteln, die ihre ureigene, unnatürliche Erfindung ist. Ein künftiges Konfliktpotenzial ist heute leider sehr deutlich erkennbar, da sich Völker neu formieren und unübersehbar mit wirtschaftlicher Dominanz für ihre Zukunft sorgen wollen und dies auch mit militärischer Stärke unterstreichen. Eine permanent ansteigende Überbevölkerung fördert diese bedrohliche Entwicklung. Ein Mangel an christlichen Werten, wobei man eigentlich an Jesus mit seiner Toleranz und dem Respekt vor dem anderen denkt, ist unverkennbar vorhanden.

Wenn man die Geschichtsschreibung betrachtet, dann muss man feststellen, dass sie von Nachkommen des Brudermörders Kain und von Krieg und Elend als Selbstverständlichkeit dominiert wird. Im Zeitalter von Atomwaffen sollte diese Dominanz der Gewalttäter ein Ende gefunden haben, da sonst die ganze Menschheit ein katastrophales Ende finden wird. Nicht nur Hiroshima und Nagasaki, sondern auch Tschernobyl sollte als ewiges Mahnmal dienen.

Mögen friedfertige Menschen und Nachkommen von Jesus die Macht über die latente Bedrohung der atomaren Bewaffnung haben, wenn diese schon nicht mehr unschädlich zu machen ist, damit sie künftig niemals angewendet werden. Meine besten Wünsche werden für immer mit ihnen sein.

Inhalt

Der Autor

Günther Wurzer wurde 1944 in der Ost-Steiermark
geboren, wo er auch aufwuchs und seine Schulzeit
verbrachte. Nach einer Ausbildung zum Dreher arbei-
tete er zunächst sechs Jahre in seinem Beruf, schlug
dann den zweiten Bildungsweg ein und besuchte die
Berg- und Hüttenschule in Leoben/Österreich.
Seit 1975 „Ingenieur" für Berg- und Hüttenwesen.
Von 1972 bis 1992 war Wurzer im Kaltwalzwerk der
Firma P.W. Lenzen in Iserlohn beschäftigt. Der Betrieb
wurde Anfang der 1980er-Jahre von der Krupp Stahl
AG übernommen. Ab 1982 engagierte sich Wurzer
zusätzlich in der Verwaltung von Immobilien. 1992
beendete er seine berufliche Tätigkeit und ist seitdem
Privatier.
Günther Wurzer wohnt in Iserlohn, er ist verheiratet
und hat eine Tochter. In der Freizeit besucht er gern
Museen oder unternimmt Kurzurlaube. Sein Umfeld
kennt und schätzt ihn als interessierten und enga-
gierten Gesprächspartner mit fundiertem Wissen.

novum VERLAG FÜR NEUAUTOREN

Der Verlag

Wer aufhört besser zu werden, hat aufgehört gut zu sein!

Basierend auf diesem Motto ist es dem novum Verlag ein Anliegen neue Manuskripte aufzuspüren, zu veröffentlichen und deren Autoren langfristig zu fördern. Mittlerweile gilt der 1997 gegründete und mehrfach prämierte Verlag als Spezialist für Neuautoren in Deutschland, Österreich und der Schweiz.

Für jedes neue Manuskript wird innerhalb weniger Wochen eine kostenfreie, unverbindliche Lektorats-Prüfung erstellt.

Weitere Informationen zum Verlag und seinen Büchern finden Sie im Internet unter:

www.novumverlag.com